Témoin muet

La dernière énigme

Agatha Christie

Témoin muet

La dernière énigme

FRANCE LOISIRS
123, boulevard de Grenelle, Paris

Témoin muet a paru sous le titre original : *Dumb Witness*.
Traduit de l'anglais par Élisabeth Luc.

La dernière énigme a paru sous le titre original :
Sleeping Murder (Miss Marple's Last Case)
Traduit de l'anglais par Jean-André Rey.

Une édition du Club France Loisirs, Paris,
réalisée avec l'autorisation de la Librairie des Champs-Élysées.

ISBN : 2-7441-1443-X.

Témoin muet

À mon cher Peter,
le plus fidèle des amis et le plus merveilleux des compagnons, un chien comme on n'en fait pas.

1

La propriétaire de Littlegreen

Miss Arundell mourut le 1er mai. Si sa maladie fut brève, son décès n'étonna guère à Market Basing, petite bourgade provinciale où elle vivait depuis l'âge de seize ans. Dernière survivante de ses cinq frères et sœurs, Emily Arundell avait plus de soixante-dix ans et on lui connaissait des problèmes de santé depuis belle lurette. Quelque dix-huit mois plus tôt, elle avait d'ailleurs bien failli succomber à une crise semblable à celle qui venait de l'emporter.

Mais si le fait qu'Emily Arundell ait en fin de compte rendu l'âme ne surprit pas grand monde, il en alla tout autrement de son testament. Les dernières volontés de la défunte suscitèrent en effet les réactions les plus diverses : stupeur, commentaires hilares, vertueuse réprobation, fureur, désespoir, colère et commérages à n'en plus finir. Pendant des semaines – voire des mois ! –, il ne devait plus être question que de ça à Market Basing. Chacun tenait à y aller de son grain de sel, de Mr Jones, l'épicier, qui clamait à tous les échos que « les liens du sang, c'est tout de même sacré », jusqu'à Mrs Lamphrey, la receveuse des postes, qui répétait jusqu'à plus soif : « Ça cache quelque chose, je vous en fiche mon billet. Ça cache quelque chose et vous m'en direz des nouvelles. »

Que le testament n'ait été rédigé que sur le tard, le 21 avril, ajoutait encore aux spéculations. Si l'on se remémore de surcroît que les proches d'Emily Arundell étaient venus passer le week-end pascal avec elle juste avant la date fatidique, on comprendra sans peine que les populations aient pu échafauder les théories les plus scabreuses – heureuse diversion dans le morne train-train quotidien de Market Basing.

Quelqu'un était à juste titre soupçonné d'en savoir sur la question plus long qu'elle ne voulait bien l'admettre. C'était miss Wilhelmina Lawson, la dame de compagnie de la défunte. Miss Lawson déclarait cependant à qui voulait l'entendre qu'elle se perdait en conjectures comme tout un chacun. Et elle se plaisait à avouer que la teneur du testament l'avait laissée pantelante.

Beaucoup, on s'en doute, n'en croyaient pas un traître mot. Néanmoins, que miss Lawson fût ou non aussi ignorante qu'elle le prétendait, une seule personne eût pu le dire. Et la personne en question c'était la morte. Selon une habitude bien ancrée, miss Arundell avait gardé le fond de sa pensée pour elle. Même à son notaire elle n'avait rien laissé entrevoir des motifs qui la poussaient à agir ainsi qu'elle le faisait. Et ses dernières volontés, elle s'était contentée de les décréter – sans fioritures.

Cette propension au mutisme était le trait dominant du caractère d'Emily Arundell, créature en tous points typique de sa génération. Elle en possédait les qualités et les défauts. Autoritaire et volontiers arrogante, elle pouvait se montrer parfois des plus chaleureuse. Capable de vous dire vos quatre vérités en face, elle savait faire preuve d'une gentillesse extrême. Sous des dehors d'un sentimentalisme bêlant, elle cachait des trésors de perspicacité. Ses innombrables dames de compagnie, elle les avait certes malmenées sans pitié, mais toujours récompensées avec le maximun de générosité. Son sens de la famille, enfin, était poussé au plus haut degré.

Peu avant sa mort, le vendredi de Pâques, Emily Arundell trônait encore dans le hall de Littlegreen et donnait ses instructions à miss Lawson.

Ravissante jeune fille en son temps, Emily Arundell avait encore de beaux restes. Bon pied bon œil, elle se tenait droite comme un i. Son teint, seul, tirait un peu vers le jaune et signalait qu'elle ne pouvait se laisser impunément aller à des excès alimentaires.

Miss Arundell en vint tout naturellement à s'enquérir :

– À propos, Minnie, comment avez-vous prévu de les installer ?

– Je... j'espère n'avoir pas commis d'impair : le Dr et Mrs Tanios dans la chambre de Chêne, Theresa dans la chambre Bleue et Mr Charles dans l'Ancienne Nurserie...

Miss Arundell la coupa :

– Theresa pourra parfaitement se contenter de l'Ancienne Nurserie, et vous mettrez Charles dans la chambre Bleue.

– Oh ! pardonnez-moi... Je m'étais dit que l'Ancienne Nurserie était moins confortable et que...

– Elle est bien assez confortable pour Theresa.

Du temps de miss Arundell, les femmes étaient quantité négligeable. Dans la société, c'étaient les hommes qui comptaient.

– Je suis tellement navrée que les chers petits ne viennent pas, larmoya miss Lawson.

Elle adorait les enfants – dont elle était parfaitement incapable de se faire obéir.

– Quatre personnes à la maison, ce sera bien suffisant, assura miss Arundell. D'ailleurs Bella pourrit ses enfants. Il ne leur viendrait jamais à l'idée de faire ce qu'on leur demande.

– Mrs Tanios est une mère très dévouée, murmura Minnie Lawson.

– Bella est une femme remarquable, approuva miss Arundell avec un sérieux imperturbable.

Miss Lawson soupira :

– Ce doit être parfois très dur, pour elle... vivre ainsi au bout du monde... à Smyrne.

– Comme on fait son lit on se couche, rétorqua Emily Arundell sur un ton sans réplique.

Et, sur cette déclaration très grand-siècle, elle ajouta :

– Maintenant, je vais au village passer les commandes pour le week-end.

– Oh, miss Arundell, laissez-moi faire. Je veux dire...

– Ne soyez pas sotte ! Je préfère y aller moi-même. Rogers a besoin d'être secoué. Le problème avec vous, Minnie, c'est que vous n'êtes pas assez ferme. Bob ! Bob ! Où est encore passé ce chien ?

Un terrier à poils durs dévala l'escalier en trombe. Il se mit à tournicoter autour de sa maîtresse, remuant la queue et jappant frénétiquement.

Maîtresse et chien franchirent la porte d'entrée et s'éloignèrent dans l'allée qui menait au portail.

Miss Lawson resta sur le perron à les suivre du regard, la bouche entrouverte en un sourire niais.

– Ces taies d'oreiller que vous m'avez données, m'selle, eh ben elles font pas la paire, déclara soudain dans son dos une voix revêche.

– Quoi ? Oh ! que je suis bête...

Arrachée à ses rêves, Minnie Lawson dut se replonger, une fois de plus, dans ses tâches domestiques.

Quant à miss Arundell, flanquée de Bob, c'est avec des airs de souveraine qu'elle descendait la rue principale de Market Basing.

Et cela évoquait en effet beaucoup une visite royale.

Dans tous les magasins où elle entrait, le patron – ou la patronne – se précipitait pour s'occuper d'elle.

C'était miss Arundell de Littlegreen House. C'était « l'une des plus anciennes clientes ». C'était « quelqu'un de la vieille école. Au jour d'aujourd'hui les gens comme ça on les compte sur les doigts de la main ».

– Bonjour, miss. Que vais-je avoir le plaisir de vous servir ?... Pas tendre ? Vraiment, si je m'attendais à entendre ça... Et moi qui me disais qu'une jolie petite selle d'agneau comme ça... Oui, bien sûr, miss Arundell. Si vous le dites, c'est parole d'évangile... Non, vous pensez bien ! Jamais il ne me viendrait à l'idée de vous livrer du Canterbury à vous, miss Arundell. Mais oui, bien sûr ! j'y veillerai personnellement, miss Arundell.

Grondant en sourdine, poil hérissé, Bob et Spot, le chien du boucher, se tournaient autour avec lenteur. Spot était un solide molosse d'ascendance plébéienne. Il savait qu'il ne devait pas se battre avec les chiens des clients, mais il s'autorisait à leur faire comprendre, de manière subtile, qu'il était prêt à les réduire en chair à pâté pour peu que l'occasion lui en fût donnée.

Bob, qui ne manquait pas de cran, lui répondait sur le même registre.

Emily Arundell lança un « Bob » définitif et quitta la boutique.

Chez le marchand de légumes siégeait une auguste assemblée. Une autre vieille personne, aux formes quelque peu sphériques mais dotée du même air de royale distinction, l'accueillit comme chez elle :

– Comment va, Emily ?

– Bonjour, Caroline.

– Vous attendez la jeune classe ? demanda Caroline Peabody.

– Oui. Ils viennent tous. Theresa, Charles et Bella.

– Ainsi donc, Bella est rentrée, c'est ça ? Son mari aussi ?

– Oui.

Un mot, un seul – mais il évitait de s'étendre sur une situation que les deux femmes ne connaissaient que trop.

Car Bella Biggs, la nièce de miss Arundell, avait épousé un Grec. Or, dans la famille d'Emily Arundell, gens de bon ton s'il en fut, on n'était pas censé épouser des Grecs.

D'un ton qui se voulait discrètement réconfortant

– bien entendu, un tel sujet ne pouvait être évoqué en public –, miss Peabody ajouta :

– Le mari de Bella est très intelligent. Et puis il a de si bonnes manières...

– Des manières exquises, voulut bien admettre miss Arundell.

Une fois dans la rue, miss Peabody s'enquit :

– Qu'est-ce que c'est que cette histoire de fiançailles de Theresa avec le petit Donaldson ?

Miss Arundell haussa les épaules.

– La jeune génération est d'une insouciance ! J'ai bien peur que ce ne soient des fiançailles qui tirent en longueur – si toutefois elles se concrétisent. Il n'a pas le sou.

– En revanche, Theresa possède une certaine fortune personnelle, dit miss Peabody.

– Un homme ne peut sérieusement songer à vivre aux crochets de sa femme, répliqua sèchement miss Arundell.

Miss Peabody laissa échapper un petit rire de gorge.

– Ça n'a plus l'air de les déranger, de nos jours. Nous sommes vieux jeu, Emily. Toutes les deux. Moi, ce que je n'arrive pas à comprendre, c'est ce que cette petite peut bien lui trouver. Dans le genre grand dadais, on ne fait pas mieux.

– C'est un excellent médecin, je crois.

– Ces besicles... et ce ton guindé ! De mon temps, on l'aurait traité de raseur !

Il y eut un silence, au cours duquel les pensées de miss Peabody vagabondèrent dans le passé, avec son cortège de sémillants gommeux à favoris...

Elle ajouta en soupirant :

– Dites à ce chien fou de Charles de passer me voir – s'il vient.

– Bien sûr. Je n'y manquerai pas.

Les deux femmes se séparèrent.

Elles se connaissaient depuis cinquante ans bien sonnés. Miss Peabody n'ignorait rien de certaines frasques regrettables du général Arundell. Le père d'Emily. Elle savait exactement quel choc le mariage de Thomas Arundell avait été pour ses sœurs. Et elle avait une idée très précise des problèmes de la jeune génération.

Mais les deux femmes n'avaient jamais évoqué aucune de ces questions. Elles possédaient toutes deux un sens trop aigu de la dignité et de la solidarité familiales, pour ne pas observer en ce domaine une discrétion de bon aloi.

Miss Arundell rentra chez elle, Bob trottinant à pas menus sur ses talons. En son for intérieur, elle devait bien admettre ce qu'elle n'eût jamais avoué à quiconque : à savoir qu'elle désapprouvait hautement la jeune génération Arundell.

Theresa, par exemple. Elle n'avait plus aucun pouvoir sur Theresa depuis que celle-ci était rentrée, à vingt et un ans, en possession de son héritage. Depuis lors, la jeune fille avait acquis une certaine notoriété. On voyait souvent sa photo dans les journaux. Elle appartenait à un groupe de jeunes Londoniens m'as-tu-vu et brillants qui donnaient des fêtes invraisemblables et se retrouvaient plus souvent qu'à leur tour devant les tribunaux de simple police. C'était le genre de publicité qu'Emily

Arundell réprouvait pour un membre de sa famille. En fait, elle n'était absolument pas d'accord avec le style de vie de Theresa. Quant à ses fiançailles, elle ne savait trop qu'en penser. D'un côté, elle considérait qu'un arriviste comme le Dr Donaldson n'était pas assez bon pour une Arundell. Mais d'autre part, elle ne pouvait s'empêcher de se dire que Theresa n'était pas, et de loin, l'épouse idéale pour un paisible médecin de campagne.

Elle soupira et ses pensées se portèrent sur Bella. Elle n'avait rien à reprocher à Bella. C'était quelqu'un de bien, Bella – bonne épouse, mère dévouée, conduite exemplaire –, et puis elle était tellement insignifiante ! Cependant, même Bella ne pouvait recueillir une totale approbation. Car Bella avait épousé un étranger – et pas seulement un étranger : un Grec ! Dans l'esprit de miss Arundell, bourré de préjugés, un Grec ne valait guère mieux qu'un Argentin ou un Turc. Que le Dr Tanios fût homme de bonne compagnie et, affirmait-on, excellent médecin, ne faisait qu'accentuer les préventions de la vieille demoiselle à son encontre. Elle se méfiait du charme et des compliments faciles. C'était aussi pourquoi elle avait du mal à aimer vraiment les deux enfants du couple. Tous deux ressemblaient à leur père – il n'y avait rigoureusement rien d'anglais, chez eux.

Et puis il y avait Charles...

Oui, Charles...

À quoi bon refuser de regarder la réalité en face ? Charles, aussi adorable fût-il, n'était pas digne de confiance.

Emily Arundell soupira derechef. Elle se sentait soudain fatiguée, vieille, déprimée...

Elle songea qu'elle n'en avait plus pour bien longtemps...

Elle repensa au testament qu'elle avait rédigé quelques années plus tôt.

Des legs aux bonnes – à des œuvres de charité – et le plus gros de sa considérable fortune à diviser en parts égales entre ces trois-là, ses seuls parents en ce bas monde.

Elle estimait toujours qu'elle avait fait ce qu'il fallait et agi équitablement. L'espace d'un instant, elle se demanda s'il n'y avait pas un moyen de protéger la part de Bella, pour que son mari n'y touchât pas... Il faudrait poser la question à Mr Purvis.

Elle parvint au portail de Littlegreen House et entra.

Charles et Theresa Arundell arrivèrent en voiture – les Tanios, par le train.

Le frère et la sœur débarquèrent les premiers. Charles, grand garçon séduisant, lança de son ton gentiment moqueur :

– Salut, tante Emily ! Comment va ma tantine bien-aimée ? Vous m'avez tout l'air en pleine forme.

Et il lui sauta au cou.

Theresa posa une joue fraîche et indifférente contre celle, toute flétrie, d'Emily.

– Comment allez-vous, tante Emily ?

Theresa, estima sa tante, semblait fort loin d'aller bien. Sous une tartine de maquillage, son visage était quelque peu défait, et elle avait les yeux cernés.

Le thé fut servi au salon. Bella Tanios, mèches rebelles s'échappant d'un chapeau dernier cri incliné du mauvais côté, dévorait sa cousine Theresa des yeux dans un effort désespéré pour assimiler les détails de sa toilette et se les fixer en mémoire. C'était son drame, à Bella, que d'être aussi folle de mode que totalement dépourvue de goût. Les vêtements de Theresa, jeune femme aux formes parfaites, étaient coûteux et quelque peu excentriques.

Bella, à son retour de Smyrne, s'était désespérément appliquée à copier l'élégance de Theresa, mais à moindre prix – et pour un piètre résultat.

Le Dr Tanios, bon gros barbu jovial, bavardait avec miss Arundell. Il avait la voix chaude et pleine – une voix attirante, capable d'envoûter n'importe qui à son corps défendant. Et miss Arundell, quoi qu'elle en eût, ne pouvait s'empêcher de succomber comme tout le monde.

Miss Lawson ne tenait pas en place. Elle virevoltait, passait les assiettes, s'agitait autour de la table. Charles, dont les manières étaient parfaites, se leva plus d'une fois pour l'aider sans qu'elle lui en témoigne une quelconque gratitude.

Quand, après le thé, tout le monde alla faire un tour dans le jardin, Charles murmura à sa sœur :

– La mère Lawson ne peut pas m'encaisser. Bizarre, non ?

– Très bizarre, répondit Theresa, moqueuse. Il existe donc une personne au monde qui puisse résister à ton charme fatal ?

Charles eut un large sourire – un sourire ravageur – et dit :

– Dieu merci, il ne s'agit que de Lawson...

Dans le jardin, miss Lawson, qui marchait à côté de

Mrs Tanios, lui demanda des nouvelles des enfants. Le visage plutôt morne de Bella Tanios s'illumina. Elle en oublia de s'hypnotiser sur Theresa. Et elle se mua en moulin à paroles. Mary avait dit quelque chose de tellement cocasse sur le bateau...

Elle avait en Minnie Lawson une auditrice captivée par avance.

On vit bientôt un jeune homme blond, visage grave et pince-nez, sortir de la maison et s'avancer dans le jardin. Il semblait du genre à ne jamais très bien savoir où se mettre. Miss Arundell le salua avec infiniment de courtoisie.

– Salut, Rex ! s'exclama Theresa.

Elle glissa son bras sous le sien. Ils s'éloignèrent d'un pas nonchalant.

Charles se fendit d'une grimace. Et il s'échappa pour aller bavarder avec le jardinier, un complice d'autrefois.

Lorsque miss Arundell regagna la maison, Charles jouait avec Bob. Planté en haut de l'escalier, sa balle dans la gueule, le chien remuait doucement la queue.

– Vas-y, mon vieux ! dit Charles.

Bob s'avachit sur son arrière-train et, du bout du museau, poussa lentement, très lentement, la balle jusqu'au bord de la première marche. Lorsqu'elle dégringola enfin, il se remit d'un bond sur ses pattes, tout frétillant de joie. La balle descendit comme au ralenti, en rebondissant de marche en marche. Charles la récupéra et la renvoya à Bob qui l'attrapa dans sa gueule avec adresse. Puis ils recommencèrent leur manège.

– C'est son jeu préféré, dit Charles.

Emily Arundell sourit.

– Oui, il pourrait continuer des heures comme ça.

Elle passa au salon, et Charles lui emboîta le pas. Bob laissa échapper un aboiement, déçu.

– Vous avez vu Theresa et son potache ? s'exclama Charles en regardant par la fenêtre. Quel drôle de couple ils font !

– Tu crois que Theresa songe vraiment à l'épouser ?

– Elle est folle de lui ! répondit Charles avec conviction. C'est incroyable, mais c'est comme ça. J'ai l'impression que ça vient de la façon qu'il a de la considérer comme un spécimen scientifique et pas comme une femme de chair et de sang. Pour Theresa, c'est plutôt une nouveauté. Dommage que ce type soit tellement fauché. Theresa a des goûts de luxe.

– Je suis certaine qu'elle peut changer son train de vie – si elle en a vraiment envie ! répliqua vertement miss Arundell. Et après tout, elle possède une fortune personnelle.

Charles jeta à sa tante un coup d'œil quasi coupable.

– Hein ? Oh, oui, oui, bien sûr...

Ce soir-là, tandis que tout le monde attendait au salon l'heure du dîner, on entendit soudain un affreux vacarme dans l'escalier, suivi d'un chapelet de jurons. Et Charles apparut, le visage apoplectique.

– Désolé, tante Emily, je suis en retard ? J'ai bien failli me casser la figure à cause de votre satané clebs ! Il a encore laissé traîner sa fichue balle en haut de l'escalier.

– Le vilain petit chien-chien étourdi ! bêla miss Lawson, en se penchant vers Bob.

L'animal lui lança un regard méprisant et détourna la tête.

– Je sais, dit miss Arundell. C'est très dangereux. Minnie, ramassez-moi cette balle et rangez-la.

Miss Lawson s'empressa d'obéir.

Pendant le dîner, le Dr Tanios monopolisa la conversation. Il raconta des anecdotes amusantes sur sa vie à Smyrne.

Tout le monde alla se coucher tôt. Miss Lawson récupéra les pelotes de laine, les lunettes, le grand sac de velours et le livre de sa patronne, puis l'accompagna jusqu'à sa chambre en pépiant joyeusement.

– Il est vraiment im-paya-ble, ce Dr Tanios. Quel hôte mer-veil-leux ! Non que j'apprécierais ce genre de vie, certainement pas... Il doit falloir faire bouillir de l'eau, j'imagine... Et ce lait de chèvre, je m'interroge... ça doit avoir un goût épouvantable...

– Cessez de débiter des âneries, Minnie, la coupa miss Arundell. Vous avez rappelé à Ellen de me réveiller à 6 heures et demie ?

– Bien sûr, miss Arundell. Je lui ai dit pas de thé, mais ne pensez-vous pas qu'il serait plus raisonnable de... Vous savez, le pasteur de Southbridge – un homme des plus scrupuleux – m'a bien précisé qu'il n'était pas indispensable du tout de venir à jeun...

Miss Arundell l'interrompit de nouveau.

– Je n'ai jamais rien pris avant l'office du matin, et ce n'est pas maintenant que je vais commencer. *Vous* pouvez faire comme bon vous semble.

Miss Lawson en bredouilla.

– Oh ! non... Je ne voulais pas dire... Je vous assure...

– Ôtez son collier à Bob, lui ordonna alors miss Arundell.

L'esclave s'empressa d'obéir.

Et, toujours soucieuse de plaire, elle s'exclama :

– Quelle dé-li-cieuse soirée ! Ils ont l'air tellement ravis d'être là !

– Bof !... marmonna Emily Arundell. Ils sont venus pour ce qu'ils pourront tirer de moi.

– Oh ! chère miss Arundell...

– Ma pauvre Minnie, je suis tout sauf une imbécile ! Simplement, je serais curieuse de savoir qui sera le premier à mettre le sujet sur le tapis.

Elle n'eut pas longtemps à attendre. Miss Lawson et elle revinrent de l'office peu après 9 heures. Le Dr Tanios et sa femme avaient déjà investi la salle à manger, mais les deux Arundell ne s'étaient pas encore manifestés. Après le petit déjeuner, lorsque tout le monde fut parti, Emily Arundell resta seule, et en profita pour noter quelques chiffres dans un petit carnet.

Charles apparut sur les coups de 10 heures.

– Désolé d'être en retard, tante Emily. Mais Theresa l'est encore plus. Elle n'a pas encore ouvert un œil ?

– La table du petit déjeuner sera desservie à 10 heures et demie, répondit miss Arundell. Je sais qu'il est de bon ton, de nos jours, de ne plus avoir la moindre considération pour les domestiques, mais ce n'est pas ainsi que ça se passe sous *mon* toit.

– Bravo ! Voilà du bon vieil autoritarisme à tous crins ou je ne m'y connais pas !

Charles se servit de rognons et s'assit à côté d'elle. Son sourire, comme d'habitude, était des plus ravageur. Emily Arundell se surprit bientôt à le lui rendre avec bienveillance. Enhardi par ce qu'il prit pour une approbation, Charles se jeta à l'eau.

– Écoutez, tante Emily, pardonnez-moi de vous barber avec ça, mais je suis dans un pétrin de tous les diables. Est-ce que vous ne pourriez pas me donner un petit coup de main ? Cent livres, c'est pas grand-chose – et ça me tirerait une drôle d'épine du pied.

L'expression de sa tante n'eut rien d'encourageant. Une inflexibilité manifeste se lisait sur son visage.

Emily Arundell n'avait pas pour habitude de mâcher ses mots. Elle ne les mâcha pas plus que d'ordinaire.

Miss Lawson, qui passait dans le vestibule, faillit entrer en collision avec Charles quand il quitta la pièce. Elle lui lança un regard plein de curiosité. Et lorsqu'elle pénétra dans la salle à manger, elle trouva miss Arundell, raide comme la justice et le visage rouge de colère.

2

La famille

Charles grimpa les escaliers quatre à quatre et frappa à la porte de sa sœur. Theresa répondit aussitôt « Entrez ! » – ce à quoi il obtempéra.

Assise dans son lit, elle bâillait à se décrocher la mâchoire.

Charles se laissa tomber à côté d'elle.

– Quelle belle plante tu peux faire, ma vieille ! remarqua-t-il en connaisseur.

– Qu'est-ce qui te prend ? lui répondit-elle d'un ton sec. Tu as besoin de quelque chose ?

Charles lui adressa un grand sourire.

– Ce que tu peux être de mauvais poil, quand tu t'y mets ! Eh bien, j'ai pris une longueur d'avance sur toi, ma poule. Je me suis dit que j'avais intérêt à lancer mon offensive avant que toi, tu t'y mettes.

– Et alors ?

Charles abaissa les mains en un geste de dénégation.

– Rien de rien ! Tante Emily m'a envoyé paître. Elle m'a signifié qu'elle ne se faisait aucune illusion sur les raisons qui ont réuni ici son affectueuse famille. Et elle a ajouté que ladite affectueuse famille courait à la déception. La seule chose qu'elle soit prête à nous donner, c'est son amour – et encore, avec parcimonie.

– Tu aurais pu attendre un peu, gronda Theresa.

– J'ai eu peur que Tanios ou toi ne preniez les devants. Ma petite Theresa, je suis au regret de t'annoncer qu'il n'y a rien à faire cette fois-ci. La vieille Emily est loin d'être une gourde.

– Je n'en ai jamais douté.

– J'ai été jusqu'à essayer de lui flanquer la frousse.

– Qu'est-ce que tu racontes ?

– Je lui ai dit que si elle continuait comme ça, c'était le meilleur moyen de se faire liquider. Après tout, elle n'emportera pas son fric dans la tombe. Pourquoi ne pas se montrer un peu plus coulante ?

– Charles, tu es un crétin !

– Mais non. Au contraire : je suis du genre psychologue, à ma façon. Rien ne sert de lui lécher les bottes, à la vieille. Elle préfère de beaucoup qu'on se rebiffe. D'ailleurs, ce que je lui ai raconté est logique. À sa mort, à nous le pognon – alors, autant nous en donner un peu à l'avance ! Dans le cas contraire, la tentation de l'aider à passer l'arme à gauche risquerait un beau jour de devenir trop forte.

– Et elle a admis ton point de vue ? demanda Theresa, dont les lèvres délicates se retroussèrent avec mépris.

– J'en sais rien. En tout cas, elle n'a pas voulu reconnaître que j'avais raison. Elle m'a juste remercié – d'un ton plutôt hargneux –, et a ajouté qu'elle était assez grande pour se débrouiller toute seule. « Bon, j'ai dit. Au moins, je vous aurai prévenue. » Ce à quoi elle s'est contentée de me répondre : « Je m'en souviendrai. »

– Vraiment, Charles, tu es le roi des imbéciles ! s'exclama Theresa, furieuse.

– Bon sang, Theresa, j'étais plutôt de mauvais poil, moi aussi ! La vieille roule sur l'or – ouais, sur l'or ! Je parie qu'elle ne dépense pas un dixième de ses revenus – à son âge qu'est-ce qu'elle pourrait bien faire de son argent, de toute façon ? Et nous, nous sommes là – jeunes, décidés à dévorer la vie à belles dents. Et rien que pour nous contrarier, elle est bien capable de devenir centenaire... Moi, c'est tout de suite que je veux profiter de l'existence... Et toi aussi...

Theresa acquiesça d'un signe de tête.

Puis elle murmura, d'une voix basse et fiévreuse :

– Ils ne comprennent pas... Les vieux ne comprennent pas... Ils en sont incapables... Ils n'ont aucune idée de ce que c'est que vivre !

Le frère et la sœur restèrent silencieux un moment. Charles, finalement, se leva.

– Bon, ma chérie, je te souhaite d'avoir plus de succès que moi. Mais j'ai mes doutes.

– Je compte sur Rex pour emporter le morceau, décréta Theresa. Si j'arrive à faire comprendre à la vieille Emily qu'il est brillant, qu'il faut à tout prix qu'on lui donne sa chance et qu'il ne doit pas végéter toute sa vie comme simple généraliste... Oh ! Charles, si on avait quelques milliers de livres là, tout de suite, ça changerait tout !

– J'espère que tu les auras, mais je n'y crois pas. Ces dernières années, tu as un peu trop gaspillé ton capital avec ta vie de bâton de chaise. Dis-moi, Theresa, tu ne crois tout de même pas, n'est-ce pas, que cette sinistre Bella et son douteux Tanios en tireront quelque chose, de la vieille peau ?

– Je ne vois pas ce que Bella ferait de cet argent. Elle est troussée comme l'as de pique et ne s'intéresse qu'à sa progéniture.

– Bof !... fit Charles, j'imagine qu'elle a envie d'un tas de trucs pour ses affreux morpions – études, appareils dentaires, leçons de musique, tout le bataclan... Et de toute façon, ce n'est pas Bella, le problème, c'est Tanios. Je te fiche mon billet que, lui, il le renifle le fric ! Il n'est pas grec pour rien. Tu sais qu'il a déjà claqué la fortune de Bella ? Il a spéculé avec, et il a tout perdu.

– Et d'après toi il va tirer quelque chose de la vieille bique ?

– Pas si je peux l'en empêcher, répondit Charles, d'un air résolu.

Il quitta la chambre de sa sœur et descendit sans se presser. Bob, qui était dans le hall, lui fit la fête en le voyant. Les chiens adoraient Charles.

Bob trottina jusqu'à la porte du salon et tourna la tête vers le jeune homme.

– Qu'est-ce qu'il y a ? dit Charles, en le suivant d'un pas nonchalant.

Bob s'engouffra dans la pièce et courut s'asseoir, tout frétillant, devant un petit secrétaire.

Charles s'approcha.

– Mais qu'est-ce que tu veux ?

Bob remua la queue, fixa le meuble et émit un jappement engageant.

– Un truc qui est là-dedans ?

Charles ouvrit le tiroir du haut. Ses yeux s'écarquillèrent.

– Tiens, tiens, murmura-t-il.

Le tiroir contenait une pile de billets de banque.

Charles s'empara du paquet et les compta. Avec un petit sourire, il préleva trois billets d'une livre et deux de dix shillings, qu'il fit aussitôt disparaître dans sa poche. Puis il replaça soigneusement le reste où il l'avait trouvé.

– C'était une bonne idée, Bob, dit-il. Comme ça, tonton Charles pourra couvrir ses menus frais. Un peu de monnaie, il ne faut jamais cracher dessus.

Bob poussa un aboiement réprobateur lorsque Charles referma le tiroir.

– Oh, excuse-moi, mon vieux.

Il ouvrit alors le tiroir du dessous. La balle y était rangée dans un coin. Il la prit.

– Tiens, fit-il. Amuse-toi avec ça.

Bob attrapa la balle et quitta la pièce. On entendit bientôt le plop-plop-plop caractéristique dans les escaliers.

Charles gagna le jardin. C'était une belle matinée ensoleillée. L'air embaumait le lilas.

Miss Arundell était flanquée du Dr Tanios. Il vantait les mérites de l'éducation anglaise – la meilleure de toutes –, et déplorait de n'avoir pas les moyens de l'offrir à ses enfants.

Un rictus mauvais passa sur les lèvres de Charles. Il se joignit à la conversation et, d'un ton léger, s'arrangea pour la faire dévier.

Emily Arundell lui adressa un sourire presque amène. Le jeune homme eut même l'impression que son manège l'amusait et qu'elle l'encourageait discrètement.

Il reprit espoir. Peut-être, finalement, qu'avant son départ...

Charles était un incorrigible optimiste.

Dans l'après-midi, le Dr Donaldson vint chercher Theresa en voiture pour la conduire à Worthem Abbey, l'une des curiosités touristiques de la région. De là, ils partirent marcher dans les bois.

Rex Donaldson parla longuement à Theresa de ses théories et de ses travaux récents. Elle n'y comprenait goutte, mais l'écoutait, fascinée.

« Rex est d'une intelligence ! pensait-elle. Et, avec ça, il est chou comme tout ! »

À un moment, son fiancé s'interrompit et dit, d'une voix hésitante :

– J'ai bien peur de t'ennuyer avec mes histoires, Theresa.

– Mais non, chéri, au contraire, c'est palpitant au possible ! répondit-elle d'un ton convaincu. Continue. Ainsi, tu as prélevé du sang sur ce lapin malade et... ?

Un peu plus tard, elle ajouta dans un soupir :

– Ton métier a l'air de vraiment compter beaucoup pour toi, mon trésor.

– Naturellement, répondit le Dr Donaldson.

Mais justement, cela ne paraissait pas du tout naturel à Theresa. Très peu de ses amis travaillaient, et ceux qui y étaient contraints en faisaient tout un foin.

Elle songea une fois encore que c'était vraiment curieux d'être tombée amoureuse de Rex Donaldson. Pourquoi vous arrivait-il ces choses-là, ces coups de folie bizarres et ridicules ? Vaine question. Ça lui était arrivé un point c'est tout.

Elle fronça les sourcils. Elle s'étonnait elle-même. Son entourage avait toujours été si insouciant et tellement cynique ! Bien sûr, l'amour était indispensable à l'existence, mais pourquoi diable le prendre au sérieux ? On s'aimait et puis on se quittait, voilà tout.

Mais ses sentiments pour Rex Donaldson étaient différents, ils devenaient même plus forts chaque jour. Son instinct lui disait qu'il ne s'agissait pas d'une passade... Son besoin de lui était simple et profond. Tout, chez cet homme, la fascinait : son calme et son détachement – si étrangers à sa propre existence, avide de plaisirs et trépidante –, la froideur pénétrante et logique de son esprit scientifique, et quelque chose d'autre, quelque chose d'indéfinissable, mais qu'elle sentait inconsciemment...

comme une force secrète dissimulée derrière ses manières tout à la fois un peu pédantes et résolument sans prétention.

Il y avait du génie en Rex Donaldson – et que sa profession fût la principale préoccupation de sa vie, alors qu'elle-même n'occupait qu'une part minime, quoique nécessaire, de l'expérience de cet homme, ne donnait que plus de prix à l'intérêt qu'il lui montrait. Pour la première fois, dans sa vie facile de jeune femme, elle se contentait de ne tenir que la seconde place. Et cette idée l'enivrait. Pour Rex, elle était prête à tout – à tout !

– Quelle plaie, ces questions d'argent ! s'exclama-t-elle avec humeur. Si seulement tante Emily mourait, nous pourrions nous marier tout de suite, et tu t'installerais à Londres, avec des tas d'éprouvettes et de cobayes, et tu n'aurais plus jamais à perdre ton temps avec les oreillons de ces sales gosses et les crises de foie de ces vieilles mochetés.

– Il n'y a pas de raison pour que ta tante ne vive pas encore de longues années – si elle fait attention, dit Rex Donaldson.

– Je sais...

Et Theresa, découragée, souffla.

Dans leur grande chambre à lits jumeaux et aux vieux meubles de chêne, le Dr Tanios dit à sa femme :

– Je pense que j'ai suffisamment préparé le terrain. Maintenant, c'est à toi de jouer, ma chérie.

Avec un broc de cuivre ancien, il versait de l'eau dans la cuvette de porcelaine décorée de roses.

Bella Tanios, assise devant la coiffeuse, se demandait

pourquoi, malgré tous ses efforts pour se coiffer comme elle, ses cheveux ne ressemblaient pas à ceux de Theresa.

Elle ne répondit pas immédiatement.

– Je ne crois pas que j'aie envie... de demander de l'argent à tante Emily, dit-elle enfin.

– Ce n'est pas pour toi, Bella, mais pour le bien des enfants. Nos investissements ont été si désastreux...

Comme il lui tournait le dos, il ne vit pas le coup d'œil rapide qu'elle lui lança – un coup d'œil furtif, craintif, même.

Elle reprit, avec une douce obstination :

– Peu importe, je préfère ne rien demander... Tante Emily n'est pas commode. Elle peut se montrer très généreuse, mais elle a horreur qu'on mendie.

Tout en s'essuyant les mains, Tanios s'écarta du lavabo.

– Vraiment, Bella, ça ne te ressemble pas de te montrer si têtue. Après tout, pourquoi est-ce que nous sommes ici ?

– Je n'ai pas... non, je n'ai pas pensé un instant que... que c'était pour lui soutirer de l'argent, murmura-t-elle.

– Et pourtant tu as toujours reconnu que notre seul espoir de donner une bonne éducation aux gosses, c'est que ta tante nous vienne en aide.

Bella Tanios ne répondit pas. Elle s'agita sur sa chaise, mal à l'aise.

Mais son visage avait ce petit air buté dont les hommes intelligents mariés à des femmes idiotes font constamment les frais.

– Peut-être que tante Emily nous le proposera d'elle-même..., souffla Bella.

– C'est possible, oui, mais jusqu'ici rien ne le laisse prévoir.

– Si encore nous avions pu amener les enfants..., geignit Bella. Tante Emily aurait forcément adoré Mary. Et Edward est tellement intelligent !

– Je ne crois pas que ta tante ait un penchant prononcé pour les gosses, rétorqua Tanios avec brusquerie. Et il vaut probablement beaucoup mieux qu'ils ne soient pas là.

– Oh ! Jacob, mais...

– Oui, oui, chérie. Je sais ce que tu penses. Mais ces vieilles filles anglaises rabougries... Pouah ! Elles n'ont rien d'humain. Notre souci, c'est de faire de notre mieux pour Mary et Edward, pas vrai ? Ça ne compliquerait pas vraiment l'existence de sa seigneurie miss Arundell de nous aider un peu.

Bella Tanios se retourna, les joues en feu.

– Oh, Jacob, je t'en prie, je t'en supplie ! Pas cette fois-ci. Ce serait maladroit, j'en suis sûre. Je préférerais tellement, tellement, ne pas le faire.

Tanios se tenait dans son dos, tout contre elle. De son bras, il lui entourait les épaules. Elle trembla un peu, puis se calma – comme pétrifiée.

Il lui murmura alors, la voix toujours affable :

– De toute façon, Bella, je suis persuadé... intimement persuadé que tu feras ce que je te demande de faire... C'est généralement comme ça que ça finit, tu le sais très bien... Oui, je suis persuadé que tu feras ce que je te dis de faire...

3

L'accident

On était mardi après-midi. La petite porte donnant sur le jardin était ouverte. Miss Arundell se tenait sur le seuil et, visant l'extrémité de l'allée, lançait la balle à son chien. Le fox-terrier se précipitait à toutes jambes pour la ramasser.

– Maintenant, c'est la dernière, Bob, dit Emily Arundell. Va la chercher, mon chien !

Une fois encore, la balle roula à toute vitesse sur le sol, et, une fois encore, Bob courut à perdre haleine pour l'attraper.

Miss Arundell se pencha, ramassa la balle que Bob avait déposée à ses pieds et rentra dans la maison, le chien sur les talons. Elle pénétra dans le salon, Bob toujours derrière elle, et rangea la balle dans le tiroir du secrétaire.

Elle jeta alors un coup d'œil rapide à la pendule qui trônait sur la cheminée. 18 h 30.

– Je crois qu'on va se reposer un peu avant le dîner, Bob.

Elle monta à sa chambre. Bob l'accompagna. Allongée sur son grand lit recouvert de chintz, Bob à ses pieds, miss Arundell soupira. Elle n'était pas mécontente : ses invités s'en allaient le lendemain. Ce week-end n'avait fait que confirmer ce qu'elle savait déjà. Pire : il ne lui avait pas laissé le loisir de l'oublier.

« Je dois devenir vieille... », se dit-elle à elle-même. Et

soudain, avec un petit sursaut d'étonnement : « Je suis vieille. »

Elle resta une bonne demi-heure allongée, les yeux fermés, puis Ellen, sa vieille femme de chambre, lui monta de l'eau chaude ; alors elle se leva et se prépara pour le dîner.

Le Dr Donaldson était convié ce soir-là. Emily Arundell voulait avoir l'occasion de l'étudier de plus près. Il lui semblait pour le moins incroyable que cette folasse de Theresa voulût épouser ce jeune homme pédant et un peu guindé. Et il lui paraissait aussi un peu bizarre que ce jeune homme pédant et un peu guindé désirât se marier avec Theresa...

Pendant cette soirée, elle sentit qu'elle n'en apprendrait pas davantage sur le Dr Donaldson. Il était très poli, très cérémonieux, et, à son avis, mortellement ennuyeux. Elle se dit que le jugement de miss Peabody était fondé. Une pensée lui traversa l'esprit : « De mon temps, les hommes c'était autre chose ! »

Le Dr Donaldson ne s'attarda pas. Il prit congé vers 10 heures. Après son départ, Emily Arundell annonça à son tour qu'elle allait se coucher. Elle monta dans sa chambre, et la jeune génération l'imita. Ils semblaient tous un peu éteints, ce soir-là. Miss Lawson resta encore un moment en bas, pour finir son travail – elle fit sortir le chien, couvrit les braises, installa le garde-feu et roula le bord du tapis pour éviter tout risque d'incendie.

Quelques minutes plus tard, elle pénétrait, un peu essoufflée, dans la chambre de sa patronne.

– Je crois que je n'ai rien oublié, fit-elle en posant la laine, le sac à ouvrage et un livre qu'elle avait pris à la bibliothèque. J'espère que ce roman vous plaira. Elle n'avait aucun de ceux que vous aviez notés sur votre liste, mais elle m'a assuré que vous aimeriez celui-ci.

– Cette fille est une idiote, répondit Emily Arundell. Je n'ai jamais rencontré quelqu'un qui ait d'aussi mauvais goûts en littérature.

– Oh, mon Dieu ! Je suis désolée. Peut-être aurais-je dû...

– Mais non, ce n'est pas votre faute, ajouta plus gentiment Emily Arundell. J'espère que vous avez passé un bon après-midi ?

Le visage de miss Lawson s'éclaira. Elle parut soudain enthousiaste, et comme rajeunie.

– Oh, oui. Merci beaucoup. C'était si gen-til à vous de me donner congé. J'ai vécu des heures pas-sion-nan-tes. Nous avons utilisé le oui-ja, et vraiment... il nous a envoyé quelques messages fas-ci-nants. Il y en a eu plusieurs... Bien sûr, ce n'est pas tout à fait comme lorsqu'on fait tourner les tables... Julia Tripp a eu aussi beaucoup de succès avec l'écriture automatique. Plusieurs communications de Ceux Qui Sont Passés de l'Autre Côté. Ce... c'est une véritable bénédiction que... que de telles choses soient possibles...

– Il vaudrait mieux que le pasteur ne vous entende pas..., dit miss Arundell avec un petit sourire.

– Oh, vraiment, chère miss Arundell, je suis convaincue – absolument convaincue – qu'il n'y a au-cun mal à ça. Que ne donnerais-je pas pour voir ce cher Mr Lonsdale s'in-té-resser à la question... Cela me semble la preuve d'une telle étroitesse d'esprit que de condamner quelque chose sans avoir pris la peine de l'é-tu-dier. Julia et Isabel Tripp sont toutes les deux des femmes d'une telle pu-re-té.

– Presque trop pures pour être vraies, répliqua miss Arundell.

Elle n'aimait guère Julia et Isabel Tripp. Elle trouvait ridicules leurs toilettes et absurde leur régime végétarien à base de fruits crus, et elle n'appréciait pas non plus leur affectation. Ces femmes n'avaient ni traditions ni racines. En fait, elles manquaient de savoir-vivre ! Mais la façon dont elles se prenaient au sérieux l'amusait, et son fond de gentillesse l'empêchait de leur reprocher le plaisir évident que leur amitié procurait à cette pauvre Minnie.

Oh, oui, pauvre Minnie ! Emily Arundell considéra sa dame de compagnie avec un mélange d'affection et de mépris. Elle avait vu défiler chez elle tant de ces godiches vieillissantes – toutes les mêmes : gentilles, tatillonnes, serviles et presque entièrement dépourvues de cervelle.

Vraiment, cette pauvre Minnie avait l'air bien surexcitée, ce soir ! Ses yeux brillaient et elle s'agitait dans la chambre, tripotant vaguement les objets de-ci de-là, sans la moindre idée de ce qu'elle faisait, avec son regard d'illuminée...

– Je... j'aurais aimé que vous soyez là, balbutiait miss Lawson avec fièvre. Je sens bien, voyez-vous, que vous n'y croyez pas encore. Mais cet après-midi, il y a eu un message : « pour E.A. », les initiales parlaient d'elles-mêmes. Il émanait d'un homme décédé il y a des années – un militaire très séduisant, Isabel l'a vu comme je vous vois. Ce devait être ce cher général Arundell. Un si beau message, plein d'amour et de réconfort, expliquant qu'avec de la patience on arrivait à bout de tout.

– Ce genre de sentiments ne ressemble pas du tout à papa, dit miss Arundell.

– Oh ! mais ceux qui nous sont chers changent tellement... de l'autre côté. Tout, là-bas, n'est qu'amour et tolérance. Ensuite le oui-ja a écrit quelque chose au sujet d'une clé. Je pense qu'il s'agissait de la clé de votre Boulle. Pas vous ?

– La clé du Boulle ?

La voix d'Emily Arundell dénota soudain son intérêt et parut plus aiguë.

– Il me semble bien. Je me suis dit qu'il s'agissait peut-être de papiers importants. Il y a eu un cas dont l'authenticité a été prouvée : un message a conseillé un jour d'aller voir dans un meuble donné, et on y a bel et bien retrouvé un tes-ta-ment.

– Il n'y avait aucun testament dans mon Boulle, dit miss Arundell. Allez vous coucher, Minnie, ajouta-t-elle avec brusquerie. Vous êtes fatiguée. Et moi aussi. Nous inviterons les Tripp un de ces prochains soirs.

– Oh, ce serait mer-veil-leux ! Bonne nuit. Vous êtes sûre que vous avez bien tout ce qu'il vous faut ? J'espère que tous ces invités ne vous ont pas épuisée. Il faut que je pense à dire à Ellen d'aérer le salon, demain, et de secouer les rideaux. Le tabac laisse une telle odeur ! À mon avis, vous êtes trop gentille de les autoriser à fumer au salon !

– Je suis bien obligée de faire quelques concessions à la modernité, répondit Emily Arundell. Bonne nuit, Minnie.

Comme miss Lawson se retirait, Emily Arundell se demanda si toutes ces histoires de spiritisme étaient vraiment bonnes pour Minnie. Ce soir, sa gouvernante avait les yeux qui lui sortaient de la tête, et elle paraissait si exaltée !

Cette anecdote à propos du Boulle est tout de même bizarre, songea Emily Arundell en se couchant. Avec un petit sourire triste, elle se souvint de ce qui s'était passé, il y avait longtemps. On avait retrouvé la clé après la mort de son père. Et lorsque l'on avait ouvert le meuble, une montagne de bouteilles de brandy vides s'était écroulée dans la pièce ! C'était ce genre de détails – que ni Minnie Lawson, ni Isabel, ni Julia Tripp ne pouvaient connaître – qui faisait qu'on se demandait si, après tout, il n'y avait pas quelque chose de vrai dans ces histoires de spiritisme...

Allongée dans son grand lit à baldaquin, elle ne trouvait pas le sommeil. Ces temps-ci, elle avait de plus en plus de mal à s'endormir. Mais elle rejetait les timides suggestions du Dr Grainger, qui lui conseillait de prendre un somnifère. Les somnifères, c'était fait pour les poules mouillées, les gens incapables de supporter un bobo au doigt, le moindre petit mal aux dents, ou l'ennui d'une nuit sans sommeil.

Il lui arrivait souvent de se relever et d'errer sans bruit dans la maison, pour feuilleter un livre, caresser un bibelot, réarranger un bouquet de fleurs, écrire quelques lettres. Au cours de ces heures nocturnes, elle goûtait le rythme tranquille de cette demeure où elle rôdait. Ces promenades au cœur de la nuit n'avaient rien de désagréable. Elle avait l'impression que des fantômes l'accompagnaient, les fantômes de ses sœurs, Arabella, Matilda, et Agnes, et celui de son frère Thomas, qui était un si gentil garçon avant que « cette femme » ne lui mette le grappin dessus ! Et même le fantôme du général Charles Laverton Arundell, ce tyran domestique aux manières néanmoins charmantes, qui criait et malmenait ses filles tout en restant pour elles un objet de fierté avec ses récits de la Révolte des Cipayes et ses connaissances du vaste monde... Et qu'importe s'il y avait eu des moments où il n'était pas « si bien que ça », comme ses filles l'insinuaient !

Soudain, elle songea de nouveau au fiancé de sa nièce. « Je suis prête à parier que *lui,* il ne sombrera jamais dans l'alcool ! Ça se prétend un *homme,* et ce soir il n'a bu que de l'*orgeat* ! De l'orgeat ! Et moi qui avais ouvert une des bonnes bouteilles de porto de papa ! »

Charles, lui, avait fait honneur au porto. Oh ! si seulement on pouvait faire confiance à Charles ! Si seulement on n'était pas sûr qu'avec lui...

Le fil de ses pensées se rompit... Son esprit revint aux événements du week-end...

Il flottait sur ces deux jours une atmosphère quelque peu inquiétante.

Elle s'efforça de chasser ces idées noires.

En vain.

Alors, elle se redressa sur un coude et, à la faible lueur de la veilleuse qui brûlait toujours dans une soucoupe à son chevet, elle regarda l'heure.

Une heure du matin. Et elle ne s'était jamais sentie si éveillée.

Elle se leva, enfila ses pantoufles et sa robe de

chambre fourrée. Elle décida de descendre jeter un œil aux livres de comptes de la semaine écoulée, pour payer les factures le lendemain.

Telle une ombre, elle sortit de sa chambre et se glissa dans le corridor, où une seule ampoule électrique restait allumée toute la nuit.

Elle arriva au bord des marches, tendit la main pour attraper la rampe et soudain, sans raison apparente, elle trébucha, essaya – mais sans succès – de retrouver son équilibre et, la tête la première, dégringola l'escalier jusqu'en bas.

Le bruit de sa chute et le hurlement qu'elle poussa tirèrent du sommeil toute la maisonnée. Des portes s'ouvrirent, des lampes s'allumèrent.

Miss Lawson surgit de sa chambre, en haut des escaliers.

Avec de petits couinements désespérés, elle s'empressa de rejoindre sa maîtresse. Les autres arrivèrent un à un – Charles, bâillant, dans un superbe peignoir. Theresa, en négligé de soie noire. Bella, dans un kimono bleu marine, les cheveux retenus par des peignes à cranter.

Hébétée, Emily Arundell était affalée au pied des marches. Son épaule lui faisait mal, ainsi que sa cheville – en fait, tout son corps était douloureux. Elle réalisa qu'il y avait des gens autour d'elle, que cette idiote de Minnie pleurait et gesticulait dans le vide, que les grands yeux noirs étonnés de Theresa étaient fixés sur elle, que Bella, bouche bée, paraissait attendre quelque chose, et que Charles parlait – de très loin, lui sembla-t-il.

– C'est la balle de ce satané chien ! Il a dû la laisser là, et tante Emily aura glissé dessus. Vous voyez ? La voilà !

Puis elle eut conscience d'une présence pleine d'autorité, qui écartait les autres, s'agenouillait à côté d'elle, l'examinait avec des gestes de professionnel, sans la moindre maladresse.

Elle se sentit soulagée. Tout irait bien, maintenant.

– Non, ça va, expliquait le Dr Tanios d'un ton ferme et rassurant. Rien de cassé… Elle aura juste des bleus – et bien sûr, elle est choquée ! Mais elle a eu de la chance, elle s'en tire bien.

Il les avait fait s'écarter un peu, l'avait soulevée sans peine, portée jusqu'à sa chambre, où il lui avait pris le pouls un instant, avait compté, hoché la tête et demandé à Minnie – qui pleurait toujours et empoisonnait tout le monde – d'aller chercher du brandy et de faire chauffer de l'eau pour préparer une bouillotte.

Encore bouleversée et tout endolorie, Emily Arundell éprouvait, en cet instant, une infinie gratitude envers Jacob Tanios. Se trouver en de si bonnes mains la rassurait. Il lui donnait ce sentiment de confiance et de sécurité que l'on attendait d'un médecin.

Il y avait pourtant quelque chose – quelque chose de vaguement inquiétant qu'elle ne parvenait pas à saisir –, mais elle n'avait pas envie d'y réfléchir immédiatement. Non, pour le moment, elle allait avaler cette boisson et dormir comme on le lui ordonnait.

Mais, c'était sûr, il manquait quelque chose – ou plutôt… quelqu'un.

Oh, et puis, elle refusait d'y penser... Son épaule l'élançait. Elle but ce qu'on lui donnait.

Elle entendit la voix merveilleusement rassurante du Dr Tanios :

– Ça ira, maintenant.

Elle ferma les yeux.

Elle fut tirée du sommeil par un son qu'elle connaissait bien – un aboiement étouffé.

En un instant, elle fut pleinement réveillée.

Bob... ce vilain Bob ! Il aboyait devant la porte d'entrée – de ce ton spécial « J'ai passé la nuit dehors et ne suis pas fier de moi ». Une voix contenue, mais têtue et pleine d'espoir.

Miss Arundell tendit l'oreille. Oui, c'était bien ça. Minnie descendait pour le faire entrer. Miss Arundell entendit ensuite le grincement de la porte, puis un murmure indistinct, les reproches inutiles de Minnie – « Vilain petit toutou à sa maman... très méchant Bobbychounet. » La porte de l'office s'ouvrit. Le panier du chien se trouvait sous la table.

Alors Emily sut ce qui lui avait manqué au moment de son accident. Bob. À tout ce remue-ménage – sa chute, les gens qui couraient – Bob aurait normalement dû répondre depuis l'office par des aboiements de plus en plus violents.

C'était donc cela qui l'avait tracassée, au fond d'elle-même. Mais tout s'expliquait, maintenant. Pendant sa promenade du soir, Bob avait, sans vergogne, pris la liberté de découcher. Il commettait parfois ce genre d'entorse à la vertu, mais ses repentirs, le lendemain, étaient toujours parfaits.

Ainsi, tout allait bien... Mais était-ce si sûr ? Dans ce cas, qu'est-ce qui l'ennuyait encore, qu'est-ce qui harcelait son subconscient ? Son accident. Oui, c'était quelque chose qui avait à voir avec son accident.

Ah ! oui. Quelqu'un – Charles – avait dit qu'elle avait glissé sur la balle de Bob. Il prétendait que le chien l'avait laissée traîner en haut des escaliers...

Et la balle était bien là, en effet – Charles l'avait tenue dans sa main.

Emily Arundell avait mal à la tête. Son épaule l'élançait. Tout son corps meurtri la faisait souffrir...

Mais la douleur ne l'empêchait pas d'être lucide. Elle n'était plus du tout sous le choc. Elle se souvenait du moindre détail de l'accident.

Elle repensa à tout ce qui s'était passé la veille, depuis 6 heures du soir... Elle revit nettement chacun de ses pas, cette nuit-là... Jusqu'au moment où elle était arrivée en haut de l'escalier et s'était préparée à s'y engager...

Un frisson d'horreur la parcourut. C'était impossible...

Elle se trompait certainement – certainement... On se fait souvent de drôles d'idées, après un accident de ce genre. Elle essaya – de toutes ses forces – de se souvenir de la sensation de la balle de Bob, ronde et mouvante, sous son pied.

Mais elle ne se rappelait rien de tel.

Au lieu de cela...

– Mes nerfs me jouent des tours ! dit Emily Arundell. Je me fais des idées ridicules.

Mais son caractère victorien, raisonnable et perspicace, se refusa à l'admettre. Les sujets de la reine Victoria n'étaient pas d'un fol optimisme. Ils n'avaient aucun mal à croire au pire.

Et Emily Arundell croyait au pire.

4

Miss Arundell écrit une lettre

On était vendredi.

La famille était partie.

Ils avaient pris congé le mercredi, comme prévu, non sans avoir proposé de prolonger leur séjour, ce qu'Emily Arundell avait fermement refusé, prétextant qu'elle préférait être « vraiment tranquille ».

Au cours des deux jours qui avaient suivi leur départ, Emily Arundell demeura plongée dans ses réflexions, à un point tel que c'en devenait inquiétant. Il lui arrivait même souvent de ne pas entendre ce que lui disait miss Lawson. Elle la regardait d'un œil fixe, puis lui ordonnait sans ménagement de répéter.

– C'est le *choc*, la pauvre ! assurait miss Lawson.

Et, avec cette espèce de délectation morose pour le malheur qui, d'ordinaire, illumine le regard des gens dont la vie est minable, elle ajoutait :

– J'imagine qu'elle ne sera plus jamais tout à fait la même...

Le Dr Grainger, de son côté, taquinait gentiment sa patiente.

Il lui assurait qu'elle serait sur pied d'ici à la fin de la semaine, et qu'elle devrait avoir honte de ne s'être rien cassé. Elle était décidément une bien mauvaise cliente pour un pauvre médecin dans le besoin ! Si tous ses patients étaient comme elle, il vaudrait mieux qu'il prenne sa retraite tout de suite.

Emily Arundell lui donnait la réplique avec humour. Tous deux se connaissaient depuis longtemps. Il la houspillait et elle lui rendait la monnaie de sa pièce – ils avaient toujours pris beaucoup de plaisir à leur compagnie réciproque !

Mais à présent, après le départ de son médecin, la vieille demoiselle était allongée dans son lit, soucieuse, perdue dans ses pensées. Elle réagissait machinalement aux mille et un petits soins bien intentionnés de Minnie Lawson, puis, reprenant soudain ses esprits, elle la rabrouait d'un ton hargneux.

– Pauvre petit Bobbychounet, pépiait miss Lawson en se penchant sur le chien auquel elle avait installé une couverture au pied du lit de sa maîtresse. N'est-ce pas qu'il serait malheureux, le petit Bobbychounet, s'il savait ce qu'il a fait à sa pauvre, pauvre mamounette ?

– Ne soyez pas stupide, Minnie ! s'emporta miss Arundell. Où est donc passé votre sens tout britannique de la justice ? Avez-vous oublié que, dans ce pays, tout accusé est présumé innocent jusqu'à ce qu'on ait la preuve de sa culpabilité ?

– Oh ! mais nous savons bien que...

– Nous ne savons rien du tout ! répliqua Emily. Restez

donc un peu tranquille, Minnie ! Arrêtez de tout tripoter. Avez-vous oublié comment on se comporte au chevet d'une malade ? Allez-vous-en et envoyez-moi Ellen.

Docile, miss Lawson s'éclipsa sans bruit.

Emily Arundell la regarda partir et soupira. Elle se sentait un peu coupable. Minnie était exaspérante, mais elle faisait de son mieux.

Son visage reprit bientôt son air soucieux.

Elle était terriblement malheureuse. Comme toutes les vieilles personnes alertes et décidées, elle détestait l'inaction en toutes circonstances. Et dans le cas présent, elle ne savait pas quoi entreprendre.

À certains moments, elle doutait de ses facultés et de sa mémoire. Et elle n'avait personne, absolument personne, à qui se confier.

Une demi-heure plus tard, de légers craquements annoncèrent miss Lawson, qui s'approcha sur la pointe des pieds, avec une tasse de bouillon. Elle s'immobilisa, sans trop savoir quoi faire, lorsqu'elle vit sa maîtresse allongée, les yeux fermés. Emily Arundell prononça soudain deux mots avec une telle violence que la demoiselle de compagnie faillit en lâcher sa tasse.

– Mary Fox, avait dit miss Arundell.

– *Fausse,* ma chère ? fit miss Lawson. Vous dites qu'elle est fausse ? Qui est fausse ?

– Vous devenez sourde, Minnie. Je n'ai pas dit fausse. J'ai parlé de Mary Fox. La femme que j'ai rencontrée à Cheltenham, l'année dernière. La sœur d'un des chanoines de la cathédrale d'Exeter. Donnez-moi cette tasse. Vous en avez renversé la moitié dans la soucoupe. Et cessez de marcher sur la pointe des pieds quand vous entrez dans une pièce. Vous ne pouvez pas imaginer comme c'est énervant. Et maintenant descendez me chercher l'annuaire de Londres.

– Voulez-vous que je vous trouve un numéro ? Ou une adresse ?

– Si je le voulais, je vous l'aurais dit. Faites ce que je vous demande. Amenez-le-moi ici et mettez-moi de quoi écrire sur la table de chevet.

Miss Lawson s'exécuta.

Et lorsque celle-ci quitta la pièce après avoir fait tout ce qu'il fallait, Emily Arundell lui dit à brûle-pourpoint :

– Vous êtes quelqu'un de bon et de dévoué, Minnie. Ne faites pas attention à mes éclats de voix. Je montre les dents, mais je ne mords pas. J'apprécie votre patience et votre dévouement.

Rouge d'émotion, miss Lawson prit congé en marmonnant des paroles inintelligibles.

Alors, assise dans son lit, miss Arundell écrivit une lettre. Elle la rédigea lentement, avec beaucoup de soin, s'interrompant souvent pour réfléchir et souligner certains passages. Elle écrivit aussi dans les marges, car on lui avait appris à l'école qu'il ne fallait jamais gaspiller le papier. Enfin, avec un soupir de satisfaction, elle signa et glissa sa missive dans une enveloppe, sur laquelle elle écrivit un nom. Ensuite, elle prit une autre feuille. Cette fois, elle fit un brouillon, le relut, y apporta certaines modifications, et le recopia au propre. Elle lut la version définitive encore une fois, très soigneusement, et, satisfaite d'avoir correctement exprimé ce qu'elle voulait, elle adressa cette seconde lettre à Mr William Purvis, chez Purvis, Purvis, Charlesworth & Purvis, notaires, Harchester.

Puis elle reprit sa première lettre, qui était destinée à M. Hercule Poirot, et ouvrit l'annuaire. Lorsqu'elle trouva l'adresse, elle l'inscrivit sur l'enveloppe.

On frappa à la porte.

Miss Arundell s'empressa de dissimuler l'enveloppe où elle venait juste de noter l'adresse – la lettre destinée à Hercule Poirot – dans la poche de son sous-main.

Elle n'avait aucune envie d'éveiller la curiosité de Minnie, qui était bien trop indiscrète à son goût.

– Entrez ! dit-elle, en se laissant retomber sur ses oreillers avec un soupir de soulagement.

Elle venait de prendre les dispositions qu'il convenait pour faire face à la situation.

5

Hercule Poirot reçoit une lettre

Les événements que je viens de relater ne me furent bien sûr connus que beaucoup plus tard. Mais, après avoir soigneusement interrogé divers membres de la famille, je crois les avoir rapportés avec exactitude.

Poirot et moi ne nous intéressâmes à cette affaire qu'au reçu de la lettre de miss Arundell.

Je me souviens parfaitement de ce jour-là. C'était une matinée chaude et étouffante de la fin juin.

Poirot observait un rituel immuable pour le dépouillement de son courrier. Il prenait chaque enveloppe, l'examinait avec un soin maniaque, puis l'ouvrait d'une incision bien nette de son coupe-papier. Il lisait alors attentivement chaque lettre avant de la classer sur l'une des quatre piles qui s'entassaient derrière sa chocolatière. (Poirot buvait toujours du chocolat au petit déjeuner – habitude écœurante.) Le tout avec la régularité d'un mécanisme d'horlogerie.

Avec une telle régularité, d'ailleurs, que le moindre hiatus éveillait l'attention.

Assis près de la fenêtre, je regardais passer les voitures. J'étais rentré depuis peu d'Argentine, et ne me lassais pas du plaisir éprouvé à me retrouver dans l'agitation londonienne.

Me tournant vers Poirot, je lui dis avec un sourire :

– Poirot, en humble Watson que je suis, je vais me permettre une déduction.

– Vous m'en voyez ravi, mon tout bon. De quoi s'agit-il ?

Je pris une pose théâtrale et déclarai sur un ton solennel :

– Vous avez reçu ce matin une lettre d'un intérêt tout particulier !

– Vous êtes Sherlock Holmes en personne ! Oui, vous avez entièrement raison.

J'éclatai de rire.

– Voyez-vous, Poirot, je connais vos méthodes. Si vous prenez la peine de relire une lettre, c'est qu'elle est d'un intérêt évident.

– Jugez-en par vous-même, Hastings.

Mon ami me tendit en souriant la lettre en question.

Je la saisis sans chercher à dissimuler ma curiosité, mais ne pus, dès le premier coup d'œil, réprimer une légère grimace. J'avais devant moi deux pages d'écriture tarabiscotée à l'ancienne mode, soulignée et raturée de surcroît par endroits. Pour couronner le tout, les mêmes arabesques fleuries couraient en diagonale sur les marges disponibles.

– Dois-je vraiment lire ça, Poirot ? demandai-je avec un soupir.

– Non, rien ne vous y oblige, cela va de soi.

– Vous ne pourriez pas me dire de quoi il retourne ?

– Je préférerais que vous vous forgiez votre opinion vous-même. Mais ne vous donnez pas cette peine si cela vous ennuie.

– Si, si, je veux savoir de quoi il retourne ! protestai-je.

– Ça, c'est une autre paire de manches, me fit remarquer mon ami, pince-sans-rire. Car, en réalité, cette lettre ne dit rien du tout.

Pensant qu'il exagérait, je me plongeai sans plus attendre dans le texte en question.

À monsieur Hercule Poirot.

Cher monsieur,

Après bien des hésitations, je vous écris (ces deux derniers mots étaient raturés, et la lettre reprenait :), *je me permets de vous écrire en espérant que vous pourrez m'apporter votre aide dans une affaire strictement domestique.* (Les mots « strictement domestique » étaient soulignés trois fois.) *Je me dois d'avouer que votre nom ne m'est pas inconnu. Une miss Fox, d'Exeter, m'a parlé de vous, et, bien que cette miss Fox ne vous connaisse pas personnellement, elle m'a confié que la sœur de son beau-frère (dont hélas, le nom ne me revient pas) avait évoqué votre gentillesse et votre discrétion dans les termes les plus élogieux* (« les plus élogieux » souligné une fois). *Je ne me suis pas renseignée, bien sûr, sur la nature* (« nature » souligné) *de l'enquête dont elle vous avait chargé, mais miss Fox m'a laissé entendre qu'il s'agissait d'une histoire pénible et confidentielle.* (Ces cinq derniers mots soulignés plusieurs fois.)

J'interrompis mon déchiffrage laborieux de ces pleins et de ces déliés.

– Poirot, dis-je, dois-je continuer ? Va-t-elle finir par en venir au fait ?

– Poursuivez, mon bon ami. Patience et longueur de temps...

– De la patience ! marmonnai-je. On dirait qu'une araignée est tombée dans un encrier pour aller ensuite sur cette feuille de papier ! Ça me rappelle l'écriture de ma grand-tante Mary !

Je me replongeai néanmoins dans cette épître.

Vu mon problème actuel, il me semble que vous pourriez entreprendre pour moi les recherches nécessaires. Comme vous le comprendrez aisément, cette affaire requiert la plus totale discrétion et je peux, en fait – dois-je ajouter que j'espère sincèrement et que je prie (« je prie » souligné deux fois) *pour que ce soit le cas – oui, je peux, en fait, me tromper du tout au tout. On accorde parfois trop d'importance à certains faits dont l'explication est au bout du compte très simple.*

– Ai-je sauté une page ? murmurai-je, perplexe.

Poirot gloussa.

– Non, non.

– Parce que tout ça me semble n'avoir ni queue ni tête, ajoutai-je. De quoi diable parle-t-elle ?

– Continuez, mon tout bon, donnez-vous de la peine...

... *Comme vous le comprendrez aisément, cette affaire requiert...* (Non, j'en étais plus loin. Ah ! voilà, nous y sommes.) *Étant donné les circonstances, et, j'en suis sûre, vous en serez le premier conscient, il m'est tout à fait impossible de consulter quelqu'un à Market Basing* (Je revins à l'en-tête de la lettre. Littlegreen House, Market Basing, Berks.), *mais en même temps, vous comprendrez sans peine que je me sente troublée* (« troublée » souligné). *Au cours de ces derniers jours, je me suis reproché de me laisser trop emporter par mon imagination* (« imagination » souligné trois fois), *et pourtant mon tourment n'a cessé de grandir. Il se peut que j'attache trop d'importance à ce qui n'est, après tout, qu'une bagatelle* (ce mot souligné deux fois), *mais mon inquiétude demeure. Il m'est nécessaire d'en avoir le cœur net. Car cette histoire me ronge vraiment et affecte ma santé, et naturellement ma situation est d'autant plus pénible que je ne puis me confier à personne* (« me confier à personne » souligné de plusieurs traits épais). *Bien sûr, avisé comme vous l'êtes, vous direz peut-être que tout ceci n'est que songe-creux. Les faits peuvent avoir une explication parfaitement innocente* (« innocente » souligné). *Néanmoins, aussi insignifiante que cette question puisse sembler, mes soupçons et mon inquiétude ne cessent d'augmenter depuis l'incident de la balle du chien. C'est pourquoi j'aimerais avoir votre avis et vos conseils sur cette affaire. Cela, j'en suis certaine, m'ôterait un grand poids. Auriez-vous l'amabilité de me faire connaître le montant de vos honoraires et de me dire ce que vous me suggérez ?*

Il faut que vous compreniez bien que personne, ici, n'est au courant. Les faits sont, je le sais, futiles et sans véritable importance, mais ma santé n'est pas brillante et mes nerfs (« nerfs » souligné trois fois) *ne sont plus ce qu'ils étaient. Me faire un tel souci, j'en suis convaincue, est fort mauvais pour moi, et plus je pense à cette histoire, plus je suis certaine que j'ai raison et qu'il n'y a pas d'erreur possible. Évidemment, il n'est pas dans mes intentions de raconter quoi que ce soit* (souligné) *à quiconque* (souligné).

J'espère avoir très bientôt vos conseils sur ce problème.

Je vous prie d'agréer, Monsieur, mes salutations distinguées.

Emily Arundell

Je retournai la lettre dans tous les sens et examinai chaque page avec soin.

– Mais enfin, Poirot, protestai-je, de *quoi* s'agit-il ?

– Je me le demande, répondit mon ami en haussant les épaules.

Je tapotai les feuilles avec impatience.

– Qu'est-ce qui nous a fichu une bonne femme pareille ! Pourquoi cette Mrs... ou cette miss Arundell...

– *Miss,* d'après moi. Cette lettre est typique d'une vieille fille.

– Oui, fis-je. La vieille fille tatillonne dans toute sa splendeur ! Pourquoi ne peut-elle pas dire simplement de quoi il retourne ?

Poirot soupira.

– Vous avez raison – regrettable incapacité à réfléchir avec ordre et méthode. Et sans ordre ni méthode, Hastings...

– Tout à fait, l'interrompis-je un peu hâtivement. Absence presque totale de petites cellules grises.

– Je ne dirais pas ça, mon bon ami.

– Moi, oui. À quoi rime une lettre pareille ?

– À pas grand-chose, c'est exact, admit Poirot.

– Tout ce galimatias pour rien, continuai-je. Sans doute un quelconque problème avec un chien-chien-à-sa-mémère trop gras. Un petit roquet asthmatique ou un pékinois qui passe son temps à japper ! (J'observai mon ami avec curiosité.) Et cependant vous avez lu cette lettre deux fois. Je ne vous comprends pas, Poirot.

Il m'observa en souriant.

– Vous, Hastings, vous l'auriez mise directement au panier ?

– Plutôt deux fois qu'une. (Je regardai les feuilles en fronçant les sourcils.) Je suppose que je suis un peu obtus, comme d'habitude, mais moi, je ne vois rien d'intéressant là-dedans !

– Et pourtant, il y a quelque chose d'important ici – quelque chose qui m'a immédiatement frappé.

– Attendez ! m'exclamai-je. Ne me dites rien. Laissez-moi regarder si je ne peux pas le découvrir tout seul.

C'était peut-être puéril de ma part. Je relus la missive avec beaucoup d'attention, puis je secouai la tête.

– Non, je ne vois pas. Cette vieille chouette a peur, je le comprends – mais bon, c'est le cas de beaucoup de vieilles chouettes ! Elle se fait peut-être des idées, ou peut-être pas, d'accord, mais je ne vois pas ce qui vous permet de l'affirmer. À moins que votre instinct ne...

Poirot leva la main pour protester.

– L'instinct ! Vous savez à quel point je déteste ce mot. « Quelque chose me dit que... » C'est ça que vous entendez par là. *Jamais de la vie !* Moi, je *raisonne.* J'utilise mes petites cellules grises. Il y a un aspect intéressant de cette lettre qui vous a complètement échappé, Hastings.

– Bon, répliquai-je d'un ton las. J'achète.

– Vous achetez ? Vous achetez quoi ?

– Façon de parler. Je veux dire que je vais vous permettre d'avoir la satisfaction de m'expliquer en quoi j'ai été un imbécile.

– Pas un imbécile, Hastings. Vous n'avez pas été assez observateur, simplement.

– Eh bien, finissons-en. Quel est donc cet « aspect intéressant » ? J'imagine qu'il vient justement de ce qu'il n'y a rien d'intéressant dans tout cela – comme pour « l'incident de la balle du chien » !

Poirot ne tint aucun compte de ma boutade. Il répondit, très calmement :

– L'aspect intéressant, c'est la date.

– La date ?

Je pris la lettre. Dans le coin gauche, en haut, était noté : 17 avril.

– Oui, murmurai-je. C'est curieux. Le 17 avril.

– Et nous sommes le 28 juin, aujourd'hui. Curieux, en effet, n'est-ce pas ? Plus de deux mois...

Je secouai la tête d'un air dubitatif.

– Ça ne veut probablement rien dire. Une erreur. Elle aura pensé « juin » et écrit « avril ».

– Même dans ce cas, la lettre remonterait à dix ou onze jours. Ce qui est bizarre. Mais en réalité, vous vous trompez. Regardez la couleur de l'encre. Ces lignes ont été écrites il y a bien plus qu'une dizaine de jours. Non, le 17 avril est certainement la bonne date. Mais en ce cas, pourquoi ne l'a-t-on pas postée ?

Je haussai les épaules.

– Facile. La vieille bique aura changé d'avis.

– Et pourquoi n'a-t-elle pas déchiré la lettre ? Pourquoi l'avoir conservée plus de deux mois et l'expédier maintenant ?

Je devais reconnaître qu'il était difficile de répondre à ça. En effet, j'étais incapable de trouver une explication vraiment satisfaisante à cette question. Je me contentai de secouer la tête, et je me tus.

– Je vous assure que c'est intéressant, fit soudain Poirot. Oui, décidément, tout ceci est très, très curieux.

– Vous allez lui répondre ? demandai-je.

– Oui, mon bon ami.

Le silence régna un moment dans la pièce – on n'entendait que le grattement de la plume de Poirot. C'était une matinée chaude et étouffante. Par la fenêtre entrait une odeur de poussière et de bitume.

Poirot se leva de son bureau, sa lettre à la main. Il ouvrit un tiroir, en sortit une petite boîte carrée dans laquelle il prit un timbre. Il humecta celui-ci avec une minuscule éponge et s'apprêta à le coller sur son enveloppe.

Et soudain, il s'interrompit, son timbre à la main, secoua la tête avec force et s'écria :

– Et puis non ! Ce n'est pas la bonne méthode. (Il déchira la lettre et la jeta dans sa corbeille à papier.) Ce n'est pas ainsi que nous devons traiter cette affaire. Nous allons nous rendre sur les lieux, mon bon ami.

– Vous voulez dire que nous partons pour Market Basing ?

– Exactement. Pourquoi pas ? On étouffe, à Londres, aujourd'hui, n'est-ce pas ? Est-ce que ça ne serait pas agréable de respirer un peu le bon air de la campagne ?

– Eh bien, vu sous cet angle..., dis-je. Nous prenons la voiture ?

Je venais d'acheter une Austin d'occasion.

– Excellente idée. C'est une journée idéale pour une promenade en voiture. Inutile de s'envelopper dans des plaids. Un pardessus léger, une écharpe de soie...

– Mon cher ami, vous ne partez pas pour le pôle Nord ! protestai-je.

– On ne veille jamais assez à ne pas prendre froid, répliqua Poirot, sentencieux.

– Par un temps pareil ?

Sans se soucier de mes protestations, Poirot enfila un pardessus de couleur fauve et noua un foulard de soie blanche autour de son cou. Il reposa avec soin le timbre sur son côté non gommé, afin de le laisser sécher sur son buvard, et nous sortîmes.

6

Visite à Littlegreen

J'ignore comment Poirot se sentait avec son pardessus et son cache-poussière, mais pour ma part je mourais déjà de chaud alors que nous n'étions même pas encore sortis de Londres. Une voiture décapotable, en pleine circulation, est bien loin d'être un havre de fraîcheur, un jour d'été.

Lorsque nous quittâmes l'agglomération, pourtant, et que nous prîmes de la vitesse sur la nationale de l'ouest, je retrouvai quelque courage.

Le trajet dura environ une heure et demie, et il était près de midi lorsque nous arrivâmes dans la petite ville de Market Basing. Jadis située sur la route principale, mais désormais dotée d'une déviation qui canalisait le trafic à quelque cinq kilomètres plus au nord, elle avait conservé un calme et un air de dignité à l'ancienne. Son unique Grand-rue et sa vaste place du Marché semblaient proclamer : « J'ai eu autrefois mon importance, et les personnes de bon sens et de savoir-vivre savent bien que je n'ai pas changé. Laissons le monde actuel toujours pressé rouler à tombeau ouvert sur cette route trop moderne ; j'ai été construite pour durer, à une époque où solidité et beauté allaient de pair. »

Un parking avait été aménagé au centre de la Grand-place, mais il était presque vide. J'y garai dûment l'Austin, Poirot se dépouilla de ses vêtements superflus, s'assura que sa moustache avait retrouvé sa flamboyante symétrie, et nous fûmes fin prêts pour agir.

Pour une fois, nos premières questions ne se soldèrent pas par la réponse habituelle : « Désolé, mais je ne suis pas d'ici. » Il semblait peu probable qu'il y eût le moindre étranger à Market Basing ! C'était clair et net ! Déjà, j'avais l'impression que Poirot et moi – surtout Poirot d'ailleurs – ne passions pas inaperçus : dans cette bourgade commerçante, sûre de ses traditions, nous faisions tache sur le décor patiné par les ans.

– Littlegreen House ?

L'homme, un individu corpulent à l'expression bovine, nous toisa – d'un air pensif.

– Remontez la Grand-rue tout droit et vous ne pourrez pas la rater. Sur votre gauche. Il n'y a pas de nom sur la grille, mais c'est la première grosse maison après la banque. (Il répéta :) Vous ne pourrez pas la rater.

Il nous suivit des yeux tandis que nous nous mettions en route.

– Mon Dieu, me lamentai-je, il y a un je-ne-sais-quoi dans cet endroit qui me donne le sentiment d'attirer tous les regards. Quant à vous, Poirot, vous avez l'air carrément exotique.

– Vous pensez que l'on remarque que je suis un étranger – c'est ça ?

– Ça se voit comme le nez au milieu de la figure !

– Et pourtant mon tailleur est anglais, répondit Poirot d'un ton songeur.

– L'habit ne fait pas le moine, dis-je. Il est indéniable, Poirot, que votre personnage ne saurait passer inaperçu.

Je me suis souvent étonné que cela n'ait pas nui à votre carrière.

Poirot soupira.

– C'est parce que vous avez dans le crâne cette idée fausse qu'un détective est forcément quelqu'un qui porte une barbe postiche et se dissimule dans un recoin sombre. Les postiches, c'est démodé, et les filatures ne sont menées que par les éléments les moins brillants de notre profession. Les Hercule Poirot, mon cher, se contentent de s'installer dans un fauteuil et de réfléchir.

– Ce qui explique que nous soyons en train de remonter cette rue torride en cette matinée qui ne l'est pas moins.

– Excellente repartie, Hastings. Pour une fois, je l'admets, vous marquez un point.

Nous trouvâmes Littlegreen House sans trop de difficulté, mais une surprise nous y attendait – le panneau d'une agence immobilière. Tandis que nous le contemplions, un aboiement attira mon attention.

La haie n'était pas épaisse à cet endroit, et on voyait bien l'animal. C'était un terrier à poil dur, au pelage quelque peu ébouriffé. Le corps légèrement de guingois, les pattes bien écartées, il aboyait avec un plaisir évident, dénotant les meilleures intentions du monde.

« Je suis un bon chien de garde, n'est-ce pas ? paraissait-il dire. Mais ne craignez rien. C'est juste pour m'amuser. C'est aussi mon rôle, bien entendu. Il faut bien que je fasse savoir qu'il y a un chien dans cette maison ! Quel ennui mortel, ce matin ! C'est une bénédiction d'avoir quelque chose à faire, à présent. Vous venez chez nous ? Je l'espère. Ce qu'on peut se raser, si vous saviez ! J'aimerais bien faire un brin de causette. »

– Salut, mon vieux, dis-je en avançant la main.

Il tendit le cou à travers la grille, renifla d'un air méfiant, puis se mit à remuer doucement la queue en lançant quelques aboiements saccadés, comme pour me répondre :

« Bien sûr, nous n'avons pas été présentés selon l'étiquette, et il convient d'y remédier. Mais je vois que vous connaissez les règles d'approche. »

– Bon vieux chien, dis-je.

– Ouaf ! répliqua aimablement le terrier.

J'abandonnai cette conversation pour me tourner vers mon ami :

– Alors, Poirot ?

Son visage avait une expression bizarre, que j'avais du mal à comprendre. Une espèce d'cxcitation volontairement contenue – c'est la meilleure description que je puis en faire.

– « L'incident de la balle du chien », murmura-t-il. Eh bien, nous avons au moins le chien.

– Ouaf ! observa notre nouvel ami.

Puis il s'assit, bâilla largement et nous regarda, plein d'espoir.

– Et maintenant ? demandai-je.

Le chien semblait se poser la même question.

– Voyons, mon tout bon ! nous allons chez Messieurs – comment s'appellent-ils déjà ? – Habler et Stretcher.

– Cela semble tout indiqué, acquiesçai-je.

Nous revînmes sur nos pas, poursuivis par les aboiements déçus de notre nouvel ami canin.

L'agence Habler & Stretcher se trouvait sur la place du Marché. Nous pénétrâmes dans un bureau grisâtre où nous accueillit une jeune femme qui parlait d'une voix nasillarde et qui nous jeta un regard éteint.

– Bonjour, dit poliment Poirot.

Elle était en pleine conversation téléphonique, mais elle indiqua une chaise à Poirot, qui s'assit. J'avançai un autre siège et m'installai à mon tour.

– Je n'en suis pas sûre..., disait la jeune femme dans le combiné, d'un air absent. Non, je ne connais pas le montant du loyer... Pardon ? Oh ! l'eau courante, je crois, mais je n'en suis pas certaine... Je suis vraiment désolée... Non, il n'est pas là... Non, je ne peux pas vous dire... Oui, je vous promets que je le lui demanderai... Oui... 8135 ? Excusez-moi, je n'ai pas bien compris... Oh ! 8935... 39... Oh ! 5135... Oui, je lui dirai de vous rappeler... Après 6 heures... Excusez-moi, *avant* 6 heures... Merci beaucoup.

Elle raccrocha, griffonna le chiffre 5319 sur son sous-main, et adressa à Poirot un regard vaguement interrogateur mais où perçait l'indifférence.

Poirot ne se perdit pas en précautions oratoires excessives.

– J'ai vu qu'il y avait une maison à vendre juste à la sortie de la ville. Je crois que ça s'appelle Littlegreen House.

– Pardon ?

– Une maison à louer ou à vendre, répéta Poirot lentement et distinctement. Littlegreen. Littlegreen *House,* si vous préférez.

– Oh ! Littlegreen House, fit la jeune femme d'un ton

toujours aussi absent. *Littlegreen* House, c'est ça que vous avez dit ?

– C'est ce que j'ai dit.

– Littlegreen *House,* reprit-elle avec un formidable effort mental. Oh ! oui, je pense que Mr Habler sera à même de vous renseigner.

– Puis-je voir Mr Habler ?

– Il est sorti, répondit-elle avec un soupçon de satisfaction, comme pour dire : « Un point pour moi. »

– Vous savez quand il sera de retour ?

– Je n'en sais rien... je ne suis pas sûre...

– Vous comprenez, je cherche une maison dans la région, dit Poirot.

– Ben, oui, fit la jeune femme, sans pour autant manifester le moindre intérêt.

– Et Littlegreen House semble correspondre exactement à mes souhaits. Pouvez-vous me donner des renseignements sur cette propriété ?

– Des renseignements ? répéta la jeune femme, l'air ahuri.

De mauvaise grâce, elle ouvrit un tiroir et en sortit un dossier en désordre.

Puis elle appela :

– John !

Un gringalet dégingandé, assis dans un coin du bureau, leva la tête.

– Oui, miss ?

– Avons-nous des renseignements sur... Comment avez-vous dit, déjà ?

– Lit-tle-green Hou-se, répéta Poirot en articulant avec soin.

– Vous l'avez sur une grande affiche, ici, fis-je remarquer en indiquant le mur.

Elle m'observa avec froideur. Elle estimait sans doute que jouer à deux contre un n'était pas juste. Elle sonna donc le garde :

– Vous ne savez rien sur Littlegreen House, n'est-ce pas, John ?

– Non, mademoiselle. Ça doit être dans le dossier.

– Désolée, dit la secrétaire, sans même jeter un coup d'œil à ses papiers. J'ai l'impression que nous avons dû envoyer tous les renseignements à quelqu'un d'autre.

– Vous m'en voyez marri.

– Pardon ?

– Je disais que je trouve cela dommage.

– Nous avons un joli bungalow à Hemel End, deux chamb., un séj.

Elle avait indiqué cela sans enthousiasme, mais avec l'évidente volonté de faire son devoir vis-à-vis de son employeur.

– Je vous remercie, non.

– Et une maison mitoyenne avec une petite serre. Là, je peux vous fournir les renseignements.

– Non merci. J'aimerais connaître le montant du loyer de Littlegreen House.

– Elle n'est pas à louer, répondit la jeune femme, cessant de plaider la complète ignorance en ce qui concernait Littlegreen House pour le plaisir de marquer un point. Elle est à vendre.

– L'écriteau disait : « À louer ou à vendre. »

– Ça, je ne sais pas, mais elle est seulement à vendre.

À ce moment de la bataille, la porte s'ouvrit et un

homme aux cheveux gris, dans la cinquantaine, entra en coup de vent. Son regard vif s'éclaira à notre vue ; il interrogea son employée d'un froncement de sourcil.

– Voici Mr Habler, dit la jeune femme.

Mr Habler ouvrit la porte de son sanctuaire d'un geste théâtral.

– Entrez donc, messieurs.

Il nous introduisit, nous désigna cérémonieusement deux fauteuils et s'installa en face de nous derrière un bureau.

– Maintenant, que puis-je faire pour vous ?

– Je désire quelques renseignements sur Littlegreen House..., commença Poirot, obstiné.

Il n'eut pas le temps d'en dire davantage. Mr Habler prit le commandement de la conversation.

– Ah ! Littlegreen House... en *voilà* une propriété ! Une affaire en or. Elle vient juste d'être mise en vente. Je puis vous assurer que nous n'avons pas souvent des maisons de cette qualité à un tel prix. Les modes passent. Les gens en ont assez des constructions en carton-pâte. Ils veulent du solide. De bonnes maisons qui tiennent debout. Une belle propriété George V – avec du caractère. Oui, voilà ce que recherchent les gens, aujourd'hui. Il y a un véritable engouement pour les maisons de style, si vous voyez ce que je veux dire. Ah, ça oui, Littlegreen House ne restera pas longtemps en vente. On va se l'arracher ! Se l'arracher ! Un député l'a visitée pas plus tard que samedi dernier. Il l'a tellement aimée qu'il revient ce week-end. Et puis ensuite, j'ai eu un homme d'affaires. À l'heure actuelle, les gens veulent être au calme et à l'écart des grandes routes quand ils viennent à la campagne. C'est vrai pour beaucoup de monde, mais nous attirons des personnes de classe, ici, et elle n'en manque pas, de classe, cette demeure. De la classe ! Avouez qu'ils savaient construire des maisons de maître, dans le temps. Oui, nous ne devrions pas garder longtemps Littlegreen House à notre catalogue.

Mr Habler qui, me dis-je, faisait honneur à son nom en se montrant le roi des hâbleurs, s'interrompit pour reprendre son souffle.

– Est-ce qu'elle a changé souvent de propriétaire ces dernières années ? s'enquit Poirot.

– Au contraire. Elle appartient à la même famille depuis plus d'un demi-siècle. Les Arundell. Très respectés en ville. Des dames de la vieille école.

Il se leva brusquement, ouvrit la porte et cria :

– Le dossier Littlegreen House, miss Jenkins. Vite !

Il revint à son bureau.

– Je cherche une maison qui soit à peu près à cette distance de Londres, dit Poirot. À la campagne, mais pas trop perdue, si vous me suivez...

– Parfaitement – parfaitement. Il ne faut pas être trop loin de tout. Et d'abord les domestiques n'aiment pas ça. Ici, vous n'avez que les avantages de la campagne, pas les inconvénients.

Miss Jenkins entra sans bruit, avec une feuille dactylographiée qu'elle posa sous le nez de son patron. Celui-ci la renvoya d'un signe de tête.

– Voilà, dit Mr Habler, après avoir rapidement parcouru le document d'un œil expert. Maison de style : quatre salles, huit chambres avec cabinet de toilette, cuisine aménagée, sanitaires, vastes dépendances, écuries, etc. Eau courante, jardins à l'ancienne, pas de grosses charges, pour une surface totale d'un hectare et demi, deux pavillons d'été, etc., etc. Le prix est de deux mille huit cent cinquante livres, à débattre.

– Pouvez-vous me donner une autorisation de visite ?

– Certainement, cher monsieur. (Mr Habler se mit à en rédiger une, avec affectation.) Nom et adresse ?

Je fus un peu surpris d'entendre Poirot déclarer qu'il s'appelait Mr Parotti.

– Nous avons deux ou trois autres propriétés qui pourraient vous intéresser, continua Mr Habler.

Poirot le laissa lui donner trois adresses, puis demanda :

– On peut voir Littlegreen House n'importe quand ?

– Certainement, mon cher monsieur. Il y a des domestiques sur place. Il vaudrait peut-être mieux que je téléphone quand même pour m'en assurer. Vous y allez maintenant, ou après déjeuner ?

– Après déjeuner serait préférable.

– Certainement – certainement. Je vais les appeler et leur dire de vous attendre à 14 heures. Hein ? Ça vous va ?

– Merci. Vous disiez que la propriétaire de la maison... Une demoiselle Arundell, je crois ?

– Lawson. Miss Lawson. C'est le nom de la propriétaire actuelle. Miss Arundell, hélas ! est morte récemment. C'est pourquoi la maison est en vente. Mais je puis vous assurer qu'elle ne le restera pas longtemps. Aucun doute. Entre nous, si vous pensez faire une offre, je crois que vous ne devriez pas trop tarder. Comme je vous l'ai dit, j'ai deux autres acheteurs potentiels, et je ne serais pas surpris de recevoir la proposition de l'un ou l'autre dans les prochains jours. Chacun d'eux connaît l'existence de son concurrent, voyez-vous. Et il va sans dire que l'esprit de compétition aiguillonne tout le monde. Ha ha ! Je ne voudrais pas que vous soyez déçu !

– J'ai cru comprendre que miss Lawson serait assez pressée de vendre ?

Mr Habler baissa la voix et répondit sur le ton de la confidence :

– Exactement. La maison est trop grande pour elle – une personne d'un certain âge vivant seule. Elle veut s'en débarrasser et prendre quelque chose à Londres. On se met à sa place. Voilà pourquoi le prix est si ridiculement bas.

– Elle serait donc sans doute prête à accepter un compromis ?

– Pourquoi pas, cher monsieur. Amorcez et surveillez le bouchon. Mais je vous fiche mon billet que nous n'aurons guère de mal à rester dans les limites du prix annoncé. Car enfin, rendez-vous compte ! Faire construire une telle maison de nos jours coûterait facilement six mille livres, sans parler de la valeur du terrain et de l'emplacement.

– Miss Arundell est morte subitement, si j'ai bien saisi ?

– Oh ! ce n'est pas le mot que j'emploierais. Le poids des ans, cher monsieur. Le poids des ans. Elle avait largement dépassé la septentaine, comme on dit chez vous. Et elle était en mauvaise santé depuis un certain temps.

C'était la dernière de sa famille. Vous avez peut-être entendu parler des Arundell ?

– Je connais quelques personnes du même nom dans la région. Je me demande s'ils sont parents.

– Très vraisemblablement. Il y avait quatre sœurs. L'une s'est mariée sur le tard, et les trois autres sont restées à Littlegreen. Des dames de la vieille école. Miss Emily était la dernière. Très bien vue en ville.

Il se pencha vers Poirot et lui tendit l'autorisation de visite.

– Vous repasserez pour me dire ce que vous en pensez, n'est-ce pas ? Bien sûr, vous aurez çà et là quelques travaux de modernisation à envisager. Un minimum. Mais c'est ce que je dis toujours : « Qu'est-ce que c'est, une salle de bains ou deux ? Une bricole. »

Nous prîmes congé, et la dernière chose que nous entendîmes, ce fut la voix éteinte de miss Jenkins :

– Mrs Samuels a téléphoné, monsieur. Elle voudrait que vous la rappeliez : Holland, 5391.

Pour autant que je m'en souvienne, ce n'était ni le numéro que miss Jenkins avait noté sur son sous-main ni celui qu'on avait finalement réussi à lui donner par téléphone.

Je demeurai convaincu que c'était là sa façon de se venger d'avoir été finalement obligée de nous fournir le dossier de Littlegreen House.

7

Déjeuner chez *George*

Lorsque nous arrivâmes sur la place du Marché, je fis observer finement ce que j'avais déjà noté par-devers moi – à savoir que Mr Habler méritait bien son nom. Poirot acquiesça avec un sourire.

– Il sera plutôt déçu lorsqu'il ne vous verra pas revenir, ajoutai-je. À mon avis, il s'imagine avoir été parfait et il croit déjà qu'il vous a vendu cette maison.

– J'ai bien peur en effet qu'il n'aille au-devant d'une désillusion.

– Peut-être pourrions-nous tout aussi bien déjeuner ici avant de retourner à Londres ? À moins que nous ne mangions quelque part sur le chemin du retour ?

– Mon cher Hastings, je n'ai pas l'intention de quitter Market Basing de sitôt. Nous n'avons pas encore atteint les objectifs qui nous y ont conduits.

J'écarquillai les yeux.

– Vous voulez dire... Mais, mon très cher ami, cette affaire est à l'eau. La vieille dame est morte.

– Précisément.

Le ton avec lequel il avait prononcé ce simple mot ne fit qu'accroître ma curiosité. À l'évidence, cette lettre incohérente lui avait troublé les esprits.

– Mais si elle est morte, Poirot, ajoutai-je doucement, à quoi ça sert ? Elle ne peut plus rien vous dire, maintenant. Quel qu'ait pu être son problème, il est réglé avec sa disparition.

– Comme vous allez vite en besogne ! Permettez-moi de vous dire qu'*aucune* affaire n'est réglée aussi longtemps qu'Hercule Poirot s'y intéresse.

J'aurais dû savoir par expérience qu'il était parfaitement inutile de discuter avec Poirot. Avec une belle imprudence, j'insistai pourtant :

– Mais puisqu'elle est morte...

– Précisément, Hastings, précisément, précisément, précisément... Vous ne cessez de répéter le mot important de cette affaire tout en affichant une incompréhension tragiquement obtuse de ses implications. Vous ne voyez donc pas l'intérêt de cette information ? Miss Arundell est *morte*.

– Mais, mon cher Poirot, ce décès est parfaitement naturel et normal ! Il n'a rien d'étrange ni de suspect. Nous avons la parole de ce cher Habler.

– Il nous a également assuré que, pour deux mille huit cent cinquante livres, Littlegreen House était une affaire. Vous acceptez cela aussi comme parole d'évangile ?

– Non, en effet. J'ai été frappé que Habler semble si pressé de vendre cette maison – elle a sans doute besoin d'être remise à neuf de la cave au grenier. Je suis prêt à parier qu'il – ou plutôt sa cliente – accepterait une offre bien inférieure à cette somme. Il doit être diablement difficile de se débarrasser de ces vastes bâtisses George V donnant directement sur la rue.

– Dans ce cas, conclut Poirot, ne dites pas « Nous avons la parole de Habler » comme si c'était la déclaration d'un prophète incapable de mensonge.

J'allais protester de nouveau, mais nous entrions chez

George et Poirot mit fin à la conversation avec un « Chut ! » emphatique.

On nous conduisit à la salle à manger, pièce de belles proportions aux fenêtres soigneusement closes, où flottaient de vieilles odeurs de cuisine. Un serveur âgé, lent et poussif, s'occupa de nous. Nous étions les seuls clients. Nous mangeâmes un excellent mouton, mais du chou insipide et des pommes de terre quelconques, puis des fruits au sirop et de la crème anglaise assez fades. Après le gorgonzola et les gâteaux secs, le serveur nous apporta deux tasses d'un breuvage douteux qu'il fit passer pour du café.

Poirot produisit alors ses autorisations de visite et lui demanda son aide.

– Oui, monsieur, je connais trois de ces endroits. Hemel Down est à cinq kilomètres d'ici, sur la route de Much Benham, c'est pas très grand. Naylor's Farm est à un peu plus d'un kilomètre. Y'a une espèce de chemin qui y mène, un petit peu après King's Head. Bisset Grange ? Non, jamais entendu parler. Littlegreen House est juste à côté, à quelques minutes à pied, pas plus.

– Ah, je crois l'avoir déjà vue de l'extérieur. Je pense que ça doit être celle-là, oui. Elle est en bon état, non ?

– Oh ! oui, monsieur. Tout est impeccable, la toiture, les gouttières et le reste. Bien sûr, c'est un peu vieillot. Elle n'a jamais été modernisée. Les jardins sont splendides. Ses jardins, elle les adorait, miss Arundell.

– Tout ça appartient, d'après ce que je sais, à une certaine miss Lawson.

– C'est exact, monsieur. Miss Lawson, c'était la dame

de compagnie de miss Arundell, et lorsque miss Arundell est morte, tout lui est revenu, la maison et tout.

– Vraiment ? Je suppose qu'elle n'avait donc pas de parents à qui léguer ses biens.

– Eh bien, ce n'est pas tout à fait ça, monsieur. Elle *avait* bel et bien neveux et nièces. Mais il ne faut pas oublier que miss Lawson était avec elle tout le temps. Et puis, dites voir, c'est que c'était plus une jeunesse... et dans ces cas-là... et puis voilà, quoi !

– De toute façon, il ne devait y avoir que la maison... et sans doute pas beaucoup d'argent.

J'ai souvent eu l'occasion de remarquer que là où une question directe ne parvenait pas à arracher une réponse à quelqu'un, une allégation fausse procurait immédiatement des informations sous la forme d'une contradiction...

– Vous êtes loin du compte, monsieur. Loin du compte. Tout le monde a été surpris par la somme que la vieille demoiselle a laissée. Son testament était dans le journal, avec les chiffres et tout. Il semble que pendant de longues années elle n'ait pas dépensé la totalité de ses revenus. Elle a laissé quelque chose comme trois ou quatre cent mille livres.

– Vous me stupéfiez ! s'exclama Poirot. On est en plein conte de fées, non ? La pauvre dame de compagnie se retrouve soudain incroyablement riche. Elle est encore jeune, cette miss Lawson ? Elle va pouvoir profiter de sa nouvelle fortune ?

– Oh, non, c'est une... une personne d'un certain âge.

La façon dont il avait prononcé le mot « personne » était une véritable performance de comédien. Il était évident que miss Lawson, ex-dame de compagnie, n'avait guère fait impression à Market Basing.

– Les neveux et nièces ont dû être déçus, dit Poirot, songeur.

– Oui, monsieur, je crois que ça leur en a fichu un vieux coup, comme on dit. Ils ne s'y attendaient pas. L'affaire a fait du bruit à Market Basing. Il y a ceux qui pensent que ce n'est pas bien de déshériter ainsi des personnes de son sang. Mais il y a bien sûr les autres, qui estiment qu'on a le droit de faire ce qu'on veut de ce qu'on possède. Les deux points de vue se défendent, évidemment.

– Miss Arundell vivait ici depuis longtemps, n'est-ce pas ?

– Oui, monsieur. Elle et ses sœurs, et avant elles leur père, le vieux général Arundell. Ce n'est pas que je m'en souvienne, naturellement, mais je crois que c'était un sacré personnage. Il était aux Indes au moment de la Révolte des Cipayes.

– Il y avait plusieurs filles ?

– Trois que je me rappelle, et il me semble qu'il y en avait une autre qui s'était mariée. Oui, miss Matilda, miss Agnes et miss Emily. Miss Matilda est morte la première, puis miss Agnes et finalement miss Emily.

– C'est récent ?

– Début mai – ou peut-être fin avril.

– Elle était malade depuis longtemps ?

– Des hauts et des bas – oui, des hauts et des bas. C'est une santé fragile, qu'elle avait. L'an dernier, elle avait déjà failli passer, suite à une mauvaise jaunisse. Elle est restée jaune comme un citron pendant un certain temps, après ça. Oui, depuis cinq ans, sa santé n'allait pas fort.

– Vous avez certainement de bons médecins dans le coin ?

– Eh bien, y'a le Grainger. Il est installé ici depuis près de quarante ans, et c'est surtout lui que les gens vont voir. Il est un peu grincheux et il a ses humeurs, mais, pour un bon médecin, c'est un bon médecin, y'a pas à dire. Il a un jeune associé, le Dr Donaldson. D'un style plus moderne, celui-là. Il y en a qui le préfèrent. Et puis, bien sûr, il y a le Dr Harding, mais il ne travaille pas beaucoup.

– C'est le Dr Grainger qui suivait miss Arundell, je suppose ?

– Oh, oui. Même qu'il l'a tirée d'affaire plus d'une fois. Il est du genre qui vous oblige à guérir, que vous le vouliez ou non.

Poirot acquiesça d'un signe de tête.

– Il faut se renseigner un peu sur un endroit avant de s'y fixer, fit-il remarquer. Et un bon médecin, c'est un élément primordial.

– Ça, c'est bien vrai.

Poirot demanda alors l'addition, et laissa un généreux pourboire.

– Merci, monsieur. Merci beaucoup, monsieur. J'espère bien que vous vous installerez par ici, monsieur.

– Je l'espère aussi, mentit Poirot.

Nous quittâmes le *George*.

– Satisfait, maintenant, Poirot ? fis-je lorsque nous nous retrouvâmes dans la rue.

– Absolument pas, mon bon ami.

Il prit une direction inattendue.

– Où nous mèneront donc nos pas, Poirot ?

– Du côté de l'église, mon bon ami. Ça peut se révéler intéressant. Deux ou trois plaques mortuaires – quelques vieilles tombes...

Je secouai la tête, sceptique.

Poirot n'examina que brièvement l'intérieur de l'église. Bien que ce fût un bel exemple de gothique médiéval, elle avait été si consciencieusement restaurée à l'époque du vandalisme victorien qu'elle n'avait plus guère d'intérêt.

Poirot déambula ensuite dans le cimetière, lut quelques épitaphes, commenta le nombre de décès dans certaines familles, se récria parfois en découvrant le pittoresque d'un patronyme.

Je ne fus pas surpris, pourtant, lorsqu'il s'arrêta finalement devant ce qui était, à mon avis, le vrai but de sa visite.

Une imposante plaque de marbre portait une inscription en partie effacée :

À LA MÉMOIRE DE
JOHN LAVERTON ARUNDELL
GÉNÉRAL DU 24e SIKHS
DÉCÉDÉ DANS LA PAIX DU SEIGNEUR LE 19 MAI 1888
À L'ÂGE DE SOIXANTE-NEUF ANS
« MÈNE LE BON COMBAT DE TOUTES TES FORCES »

ET DE
MATILDA ANN ARUNDELL
DÉCÉDÉE LE 10 MARS 1912
« JE ME LÈVERAI ET J'IRAI VERS MON PÈRE »

ET DE
AGNES GEORGINA MARY ARUNDELL
DÉCÉDÉE LE 20 NOVEMBRE 1921
« DEMANDE ET TU RECEVRAS »

Venait ensuite un texte manifestement récent :

ET DE
EMILY HARRIET LAVERTON ARUNDELL
DÉCÉDÉE LE 1er MAI 1936
« QUE TA VOLONTÉ SOIT FAITE »

Poirot resta un moment immobile à observer la plaque. Puis il murmura doucement :

– 1er mai... 1er mai... Et je reçois sa lettre aujourd'hui, le 28 juin. Vous comprenez, n'est-ce pas, Hastings, que ce mystère doive être élucidé ?

Je voyais bien qu'il le devait.

Ou plus précisément que Poirot avait décidé qu'il devait l'être.

8

L'intérieur de Littlegreen House

Lorsque nous quittâmes le cimetière, Poirot se dirigea d'un pas vif vers Littlegreen House. Je compris qu'il allait jouer de nouveau le rôle de l'éventuel acheteur. Tenant à la main les autorisations de visite de l'agent immobilier – celle de Littlegreen House sur le dessus –, il ouvrit la grille et remonta l'allée jusqu'à la porte d'entrée.

Cette fois, notre ami le terrier était invisible, mais nous l'entendions aboyer à l'intérieur de la maison, assez loin – à la cuisine, pensai-je.

Un bruit de pas retentit dans le vestibule et la porte s'ouvrit sur une femme au visage agréable, entre cinquante et soixante ans, le type même de la domestique d'autrefois, devenu rare de nos jours.

Poirot lui montra les papiers.

– Oui, monsieur. J'ai eu un coup de téléphone de l'agent immobilier. Voulez-vous bien me suivre ?

Les volets, clos lors de notre première reconnaissance du terrain, étaient maintenant grands ouverts en prévision de notre venue. Tout, je m'en rendis compte, était bien rangé et impeccable de propreté. À l'évidence, notre guide était quelqu'un de très consciencieux.

– Voici le petit salon, monsieur.

Je jetai un regard approbateur autour de moi. C'était une pièce agréable, avec ses hautes fenêtres donnant sur la rue. Les meubles massifs, à l'ancienne, étaient de belle facture – époque victorienne pour la plupart – mais il y avait aussi une bibliothèque Chippendale et une série de superbes chaises Hepplewhite.

Poirot et moi, nous nous comportions comme n'importe quels clients possibles se faisant montrer une maison. Nous osions à peine bouger, paraissions légèrement mal à l'aise, murmurions des remarques du style « très joli », « quelle belle pièce » ou « le petit salon, dites-vous ? ».

La domestique nous fit traverser le vestibule, et entrer dans la pièce qui faisait face au petit salon : celle-ci était beaucoup plus grande.

– La salle à manger, monsieur.

Elle était à cent pour cent de style victorien. Lourde table en acajou, buffet massif en acajou, lui aussi, mais d'une couleur presque pourpre, avec de gros bouquets de fruits sculptés, solides chaises recouvertes de cuir. Au mur étaient accrochés des portraits – des membres de la famille Arundell, certainement.

Le terrier avait continué de hurler là où on l'avait enfermé. Mais, soudain, on l'entendit plus distinctement : à présent, dans un crescendo d'aboiements, il courait dans le vestibule.

« *Qui* est entré ? Je vais le mettre en pièces », disait nettement « le refrain de sa chanson ».

Il apparut sur le seuil en reniflant bruyamment.

– Oh, Bob, le vilain chien ! s'exclama notre guide. N'ayez crainte, messieurs, il ne vous fera aucun mal.

Et Bob, en effet, ayant découvert qui étaient les intrus, changea d'attitude du tout au tout. Il se précipita vers nous et se présenta très gentiment.

« Ravi de vous voir, je vous assure, observa-t-il en reniflant nos chevilles. Pardonnez ce bruit, mais j'ai mon travail à assurer, n'est-ce pas ? Je dois faire attention à qui nous laissons entrer ici, vous savez. Mais c'est une existence ennuyeuse, et je suis très content d'avoir des visiteurs. Je me demande si vous avez un chien, vous ? »

Cette dernière question m'était adressée, tandis que je me penchais pour le caresser.

– C'est une brave bête, dis-je à la femme. Mais il aurait besoin d'être un peu tondu.

– Oui, monsieur. On fait ça trois fois par an, en général.

– Il est vieux ?

– Oh ! non, monsieur. Bob n'a pas six ans. Et parfois, il se comporte comme un bébé. Il chipe les chaussons de la cuisinière et fait le fou avec. Il est très gentil, mais vous n'imaginez pas le boucan qu'il est capable de faire. La seule personne à qui il s'attaque, c'est le facteur. Il en a une peur bleue, cet homme.

Bob s'intéressait à présent au pantalon de Poirot. Ayant fait le tour de la question, il renifla longuement (« Hum... pas trop mal, mais il n'aime pas beaucoup les chiens, celui-là ») avant de revenir vers moi, la tête penchée sur le côté, les yeux pleins d'espoir.

– Je ne sais pas pourquoi les chiens s'attaquent toujours aux facteurs, poursuivit notre guide.

– C'est une question de raisonnement, dit Poirot. Un chien raisonne. Il est intelligent, il fait ses déductions en fonction de son propre point de vue. Il y a des gens qui peuvent pénétrer dans une maison, et d'autres qui ne peuvent pas – cela, un chien ne tarde pas à l'apprendre. Eh bien, qui est-ce qui tente tout le temps de s'y introduire en venant frapper à la porte deux ou trois fois par jour – et que l'on n'invite jamais à entrer ? Le facteur. C'est donc manifestement quelqu'un d'indésirable pour le maître de maison. On le renvoie sans arrêt, et pourtant il n'a de cesse de revenir tenter sa chance ! Alors, le devoir du chien est clair – il doit aider à chasser cet intrus, et le mordre si possible. C'est une démarche des plus logique. (Il fit un large sourire à Bob.) Et je pense que celui-là est quelqu'un de très intelligent.

– Oh, oui, monsieur. Il ne lui manque que la parole,

à notre Bob. (Elle ouvrit une autre porte.) Le salon, monsieur.

L'endroit évoquait pour moi le bon vieux temps. Il y flottait un léger parfum de fleurs séchées. Les rideaux de chintz étaient usés, et leurs guirlandes de roses arboraient des couleurs fatiguées. Aux murs pendaient des gravures et des aquarelles. Il y avait de nombreuses porcelaines – des bergers et des bergères fragiles. Il y avait des coussins brodés au point de croix ; des photographies jaunies dans de jolis cadres d'argent ; beaucoup de boîtes à ouvrage et de boîtes à thé en marqueterie. Je fus tout particulièrement fasciné par deux sous-verres – deux petits personnages féminins en papier de soie, délicatement découpés. L'une tournait un rouet, l'autre était assise avec un chat sur les genoux.

Je me sentais plongé dans l'atmosphère du temps jadis – époque de plaisirs, de raffinement, de « belles dames et de beaux messieurs ». Cet endroit était en effet une vraie « retraite ». C'était là que les dames s'installaient pour broder et, si par hasard une cigarette était fumée par un membre privilégié de la gent masculine, avec quel empressement, ensuite, les rideaux étaient-ils secoués et les lieux aérés !

Bob attira mon attention. Assis devant une jolie petite table à deux tiroirs, il nous fixait avec un grand sérieux.

Lorsqu'il vit que je l'observais, il émit un bref jappement plaintif, et son regard fit l'aller retour entre moi et la table.

– Qu'est-ce qu'il veut ? demandai-je.

L'intérêt que nous portions au chien faisait visiblement plaisir à la domestique qui, à l'évidence, l'aimait beaucoup.

– C'est sa balle, monsieur. On la rangeait toujours dans un de ces tiroirs. C'est pour ça qu'il s'assoit là et qu'il réclame.

Sa voix changea soudain. Elle s'adressa au chien sur un ton de fausset.

– Elle n'est plus là, mon trésor. La balle de Bob est dans la cuisine. Dans la cuisine, Bobbychounet.

Bob lança un regard impatient à Poirot.

« Cette bonne est une idiote, semblait-il vouloir dire. Vous, vous avez l'air d'un gars plus futé. On range les balles à certains endroits – dans ce tiroir, par exemple. Il y en a toujours eu une ici. Donc, il doit encore y en avoir une. C'est une évidente logique de chien, n'est-ce pas ? »

– Maintenant, elle n'y est plus, mon vieux, dis-je.

Il me regarda, pas convaincu. Puis, comme nous sortions de la pièce, il nous suivit lentement, l'air sceptique.

On nous montra divers placards, une penderie au rez-de-chaussée, et un petit office, « où la maîtresse s'occupait des fleurs, monsieur ».

– Étiez-vous depuis longtemps à son service ? demanda Poirot.

– Vingt-deux ans, monsieur.

– Vous êtes seule, ici, pour vous occuper de la maison ?

– Il y a aussi la cuisinière, monsieur.

– Et celle-ci est aussi chez miss Arundell depuis longtemps ?

– Quatre ans, monsieur. L'ancienne cuisinière est morte.

– Supposons que j'achète cette maison. Seriez-vous prête à continuer à travailler pour moi ?

Elle rougit légèrement.

– C'est très gentil à vous, monsieur, je vous assure, mais je prends ma retraite. La maîtresse m'a légué une belle petite somme, voyez-vous, et je vais aller vivre auprès de mon frère. Je reste ici et je m'occupe de tout – juste pour rendre service à miss Lawson, en attendant qu'elle vende.

Poirot acquiesça d'un signe de tête.

Dans le bref silence qui suivit, on entendit soudain un nouveau son.

« Plop... plop... PLOP... »

Un bruit toujours identique, allant en s'amplifiant et semblant venir de l'étage.

– C'est Bob, monsieur. (La domestique souriait.) Il a trouvé sa balle et il l'a lancée du haut de l'escalier. C'est un petit jeu à lui.

Comme nous arrivions au bas des marches, une balle de caoutchouc noir rebondit à nos pieds avec un son mat. Je la ramassai et l'examinai. Couché sur le palier du premier, les pattes écartées, Bob remuait doucement la queue. Je la lui lançai, et il s'en saisit avec adresse, la mâchonna une minute ou deux avec un évident plaisir, puis la reposa entre ses pattes de devant et la poussa lentement avec son museau, avant de lui donner un petit coup de tête et de l'envoyer rouler à nouveau dans l'escalier. Il se mit à agiter frénétiquement la queue tout en observant sa dégringolade.

– Il ferait ça pendant des heures, monsieur. C'est un jeu habituel. Il peut continuer une journée entière. Ça suffit, maintenant, Bob ! Ces messieurs ont autre chose à faire que de jouer avec toi.

Rien de tel qu'un chien pour rompre la glace entre les gens. L'intérêt et l'affection que nous portions à Bob avaient vaincu la réserve de la brave employée. Tandis que nous montions à l'étage où se trouvaient les chambres, notre guide parla avec volubilité de la merveilleuse intelligence de Bob. La balle était restée au rez-de-chaussée. Quand nous passâmes devant lui, Bob nous décocha un coup d'œil écœuré puis, avec un air de dignité offensée, descendit pour aller la récupérer tout seul. Alors que nous tournions à droite, je le vis revenir lentement, son jouet dans la gueule, avec la démarche d'un très vieil homme auquel des êtres sans discernement auraient imposé une trop grosse fatigue.

Au cours de notre visite des chambres, Poirot commença peu à peu à faire parler notre hôtesse.

– Quatre demoiselles Arundell ont vécu dans cette maison, n'est-ce pas ? demanda-t-il.

– À l'origine oui, monsieur, mais c'était avant que je travaille ici. Il n'y avait plus que miss Agnes et miss Emily quand je suis arrivée, et miss Agnes est morte peu de temps après. C'était la plus jeune de la famille. Ça semble bizarre qu'elle nous ait quittés avant sa sœur.

– Je suppose qu'elle était plus fragile ?

– Oh non, monsieur, c'est ça qui est singulier. Ma miss Arundell, miss Emily, a toujours été la délicate de la famille. Toute sa vie elle a beaucoup fréquenté les docteurs. Miss Agnes était robuste, et pourtant elle est partie la première, tandis que miss Emily, qui était faible depuis l'enfance, a survécu à tout le monde. La vie est très bizarre, parfois.

– Oui, c'est même étonnant comme ce genre de choses est fréquent.

Poirot se plongea dans une histoire inventée de toutes pièces – j'en étais sûr – à propos d'un oncle invalide ; inutile que je me donne la peine de la rapporter ici ; il suffit de dire qu'elle eut l'effet escompté. Rien ne délie les langues comme les discussions sur la mort et autres sujets morbides. Poirot pouvait à présent poser des questions qui auraient été considérées avec hostilité et suspicion vingt minutes plus tôt.

– La maladie de miss Arundell a-t-elle été longue et douloureuse ?

– Non, ce n'est pas ainsi que je présenterais les choses, monsieur. Elle avait une petite santé depuis très longtemps, si vous voyez ce que je veux dire – ça faisait bien deux hivers. Elle avait été très malade, à cette époque-là. La jaunisse. On a le visage tout jaune – et jusqu'au blanc des yeux.

– Ah, oui, en effet...

(Suivit une anecdote sur un cousin de Poirot qui avait dû être le Péril jaune en personne.)

– C'est exact. Juste comme vous le dites, monsieur. Elle a donc été gravement malade, la pauvrette. Elle ne pouvait rien garder. Entre nous, le Grainger a bien cru qu'elle ne survivrait pas. Mais il savait si bien la prendre... Il la secouait, vous voyez. « Vous avez décidé de vous allonger pour de bon et de commander votre pierre tombale ? » lui a-t-il lancé, un jour. Et elle a répondu : « J'ai encore envie de lutter un peu, docteur. » Et lui : « C'est bien. C'était ça que je voulais entendre. » On avait aussi une infirmière qui, elle, était persuadée que tout était fini. Elle a même dit une fois au docteur qu'elle se demandait s'il ne valait pas mieux ne plus embêter la vieille dame en la forçant à manger, mais si vous saviez comme il l'a attrapée ! « C'est stupide ! qu'il s'est exclamé. Comment ça, l'ennuyer ? Vous devez l'obliger à se nourrir, au contraire. » Du consommé de bœuf à heures fixes, du fortifiant, des petites cuillerées de cognac. À la fin, il lui a dit une chose que je n'ai jamais oubliée. « Vous êtes jeune, ma fille, vous ne vous rendez pas compte à quel point l'âge peut vous donner la volonté de vous battre. Ce sont les jeunes qui renoncent et qui meurent parce que la vie ne les intéresse pas suffisamment. Montrez-moi quelqu'un qui a vécu jusqu'à soixante-dix ans – voilà quelqu'un qui se bagarre, quelqu'un qui a la volonté de vivre. » Et c'est vrai, monsieur. On raconte toujours que les vieilles personnes sont formidables, avec leur vitalité et toutes leurs facultés bien conservées mais, comme l'a expliqué le docteur, c'est justement *à cause de cela* qu'elles ont vécu si longtemps.

– Mais c'est profond, ce que vous dites-là – très profond ! Et miss Arundell était comme ça ? Très vivante ? Adorant la vie ?

– Oh ! oui, en effet, monsieur. Sa santé était fragile, mais elle avait toute sa tête. Et comme je vous l'ai expliqué, elle s'est remise de cette maladie – à la grande surprise de l'infirmière, ça oui. Une pimbêche, qu'elle était celle-là, avec ses cols et ses manchettes amidonnés, et en plus il fallait lui servir du thé à n'importe quelle heure de la journée !

– Une belle guérison.

– Oui, en effet, monsieur. Naturellement, la maîtresse a dû suivre un régime – tout devait être bouilli ou cuit à la vapeur. Graisse et œufs interdits. Ce n'était pas très drôle pour elle.

– Enfin, le principal c'est qu'elle ait recouvré la santé.

– Oui, monsieur. Bien sûr, elle avait encore de petites crises, parfois. Ce que je nommais ses attaques de bile. Au bout d'un moment, elle avait un peu cessé de surveiller sa nourriture. Mais ces crises n'étaient jamais très sérieuses – jusqu'à la dernière.

– C'était la même maladie que deux ans auparavant ?

– Oui, exactement la même, monsieur. De nouveau, cette horrible jaunisse et cet affreux teint jaune, et ces terribles nausées et tout le reste. Elle l'a cherché, je le crains, la pauvre chérie. Elle mangeait beaucoup de choses qu'il ne fallait pas. Le soir où elle s'est trouvée mal, elle avait pris du curry et comme vous le savez, monsieur, le curry est une nourriture riche et un peu grasse.

– Elle est tombée malade subitement, n'est-ce pas ?

– Eh bien oui, monsieur, apparemment. Mais le Dr Grainger a dit que ça la guettait depuis un bon moment. Il a suffi d'un coup de froid – le temps avait été très changeant – et d'une nourriture trop riche.

– Sa dame de compagnie – miss Lawson était bien sa dame de compagnie, n'est-ce pas – aurait pu tout de même l'empêcher de manger des choses qui lui faisaient mal ?

– Oh ! miss Lawson n'avait guère voix au chapitre. Miss Arundell n'était pas du genre à se laisser donner des ordres.

– Miss Lawson était-elle déjà avec elle lors de sa première jaunisse ?

– Non, elle est arrivée après. Elle n'était ici que depuis environ un an.

– Je suppose que miss Arundell a eu d'autres dames de compagnie ?

– Oh ! oui, monsieur, un bon nombre.

– Elles ne restaient pas aussi longtemps que ses domestiques, commenta Poirot en souriant.

Son interlocutrice rougit.

– Eh bien, voyez-vous, monsieur, c'était différent. Miss Arundell sortait très peu et une chose entraînant l'autre...

Elle s'interrompit.

Poirot l'observa un moment, puis il dit :

– Je comprends un peu le caractère des vieilles dames. Elles ont un besoin maladif de nouveauté, n'est-ce pas ? Elles ont vite fait de se lasser de quelqu'un.

– Oui, c'est très bien vu, monsieur. Exactement ça. Quand une nouvelle arrivait, miss Arundell s'intéressait toujours à elle, au début – sa vie, son enfance, les endroits où elle était allée, ses opinions – et ensuite, lorsqu'elle savait tout, eh bien je suppose qu'elle s'ennuyait, oui, c'est bien le mot qui convient.

– Exactement. Et entre nous, ces personnes qui se placent comme dames de compagnie ne sont en général ni très intéressantes ni très amusantes, hein ?

– En effet, monsieur. Elles sont timorées, pour la plupart. Et complètement stupides, parfois. Miss Arundell en faisait vite son affaire, pour ainsi dire. Et ensuite elle changeait, elle prenait quelqu'un d'autre.

– Elle devait être attachée à miss Lawson plus que de coutume, pourtant ?

– Oh ! je ne crois pas, monsieur.

– Miss Lawson n'avait pas de qualités particulières ?

– Je ne dirais pas ça, monsieur. C'est une personne... tout à fait ordinaire.

– Vous l'aimez bien, oui ?

Elle haussa légèrement les épaules.

– Il n'y a rien, chez elle, d'aimable ni de détestable. Elle a toujours été maniaque, la vieille fille typique, et elle racontait des tas de sottises sur les esprits.

– *Les esprits ?* répéta Poirot, soudain intéressé.

– Oui, monsieur, les esprits. On s'assoit dans l'obscurité autour d'une table et les morts reviennent et ils vous parlent. Moi, j'estime que c'est tout à fait contraire à la religion. Comme si nous ne savions pas que les âmes qui s'en sont allées ont trouvé la place qui leur convient et qu'il est peu probable qu'elles en bougent !

– Ainsi, miss Lawson est une adepte du spiritisme ! Miss Arundell y croyait aussi ?

– Miss Lawson aurait bien voulu, répliqua la domestique, sur un ton où perçait un soupçon de malice.

– Mais ce n'était pas le cas ? insista Poirot.

– La maîtresse avait trop de bon sens, grommela-t-elle. Remarquez, je ne dis pas que ça ne *l'amusait* pas. « Je ne demande qu'à être convaincue », répétait-elle. Mais elle considérait souvent miss Lawson avec l'air de dire : « Ma pauvre, faut-il que vous soyez gourde pour vous laisser prendre à ça ! »

– Je comprends. Elle n'y croyait pas, mais c'était pour elle un sujet d'amusement.

– C'est exact, monsieur. Je me suis parfois demandé si elle ne prenait pas, pour ainsi dire, un plaisir – bien innocent – à faire bouger elle-même la table et tout ça, alors que les autres y croyaient dur comme fer.

– Les autres ?

– Miss Lawson et les deux miss Tripp.

– Miss Lawson est une spirite très convaincue ?

– Elle tient tout cela pour parole d'évangile, monsieur.

– Et miss Arundell était très attachée à miss Lawson, bien sûr ?

C'était la seconde fois que Poirot faisait cette remarque, et il reçut la même réponse.

– Eh bien, pas vraiment, monsieur.

– Mais enfin..., dit Poirot. Si elle lui a tout légué... C'est bien cela, n'est-ce pas ?

Le changement fut immédiat. L'être humain céda la place à la domestique irréprochable. Elle se redressa et répondit d'une voix froide excluant désormais toute familiarité.

– La manière dont ma patronne a cru bon de disposer de son argent ne me regarde pas, monsieur.

Je sentis que Poirot avait saboté tout son travail. Après avoir mis la domestique en confiance, il était en train de ruiner tout son avantage. Il fut assez habile, cependant, pour ne pas essayer immédiatement de reconquérir le terrain perdu. Après un commentaire banal sur la superficie et le nombre des chambres, il se dirigea vers l'escalier.

Bob avait disparu, mais en arrivant sur le palier, je trébuchai sur quelque chose et faillis tomber. Je réussis à me retenir en m'appuyant à la rampe ; en baissant les yeux, je me rendis compte alors que j'avais, par inadvertance, posé le pied sur la balle abandonnée par Bob à cet endroit.

La domestique s'empressa de s'excuser.

– Je suis désolée, monsieur. C'est de la faute de Bob. Il laisse toujours traîner sa balle ici. Et on ne la voit pas, sur le tapis foncé. Quelqu'un va se tuer, un jour. La pauvre patronne a fait une mauvaise chute à cause de ça. Elle aurait très bien pu en mourir.

Poirot s'immobilisa brusquement dans les escaliers.

– Vous dites qu'elle a eu un accident ?

– Oui, monsieur. Bob a posé sa balle ici, comme il le fait souvent, et la patronne est sortie de sa chambre, elle a trébuché dessus et elle a dégringolé jusqu'au bas des escaliers. Elle aurait pu se tuer.

– Elle a été gravement blessée ?

– Pas autant qu'on aurait pu s'y attendre. Le Dr Grainger a dit qu'elle avait eu de la chance. Elle s'est fait une plaie à la tête et s'est froissé les muscles du dos ; bien sûr, elle a eu des bleus partout et ça lui a fait un vilain choc. Elle a gardé le lit pendant une semaine, mais ce n'était pas très grave.

– C'est arrivé il y a longtemps ?

– Une semaine ou deux avant sa mort.

Poirot se baissa pour ramasser quelque chose qu'il venait de laisser tomber.

– Pardon. Mon stylo... Ah, oui, le voilà.

Il se releva.

– Il est négligent, notre ami Bob, observa-t-il.

– Ah ! mais il ne sait pas, monsieur, répondit la domestique d'une voix indulgente. Peut-être qu'il ne lui manque que la parole, mais on ne peut pas tout avoir. La maîtresse, vous voyez, ne dormait pas tellement la nuit et il lui arrivait souvent de se lever, de descendre en bas et de tourner dans la maison.

– Souvent, dites-vous ?

– Presque toutes les nuits. Mais elle ne voulait ni miss Lawson ni personne, à ce moment-là.

Poirot était entré de nouveau dans le salon.

– C'est une pièce magnifique, dit-il. Je me demande s'il y aurait assez de place pour ma bibliothèque dans ce renfoncement ? Qu'en pensez-vous, Hastings ?

Pris au dépourvu, je lui fis prudemment remarquer que c'était difficile à dire.

– C'est vrai, les dimensions sont parfois si trompeuses ! Tenez, voici mon mètre ; mesurez, s'il vous plaît, la largeur de ce pan de mur. Je vais noter.

Obéissant, je saisis le mètre pliant que Poirot me tendait et je pris diverses mesures sous sa direction, qu'il inscrivit au dos d'une enveloppe.

Je commençais à trouver étrange qu'il utilisât une méthode aussi brouillonne et inhabituelle, au lieu d'inscrire soigneusement tous ces chiffres dans son petit carnet – lorsqu'il me fit passer son morceau de papier en disant :

– C'est correct, n'est-ce pas ? Vous devriez peut-être quand même jeter un coup d'œil là-dessus.

Il n'y avait aucun chiffre sur son enveloppe. Mais Poirot avait écrit : « Lorsque nous remonterons à l'étage, faites semblant de vous rappeler un rendez-vous et demandez si vous pouvez donner un coup de fil. Laissez la bonne vous accompagner, et retenez-la le plus longtemps possible. »

– Oui, tout est juste, fis-je en tapotant l'enveloppe. À mon sens, les deux bibliothèques entreront parfaitement.

– Il vaut tout de même mieux vérifier. Je crois, madame, si cela ne vous dérange pas trop, que j'aimerais revoir la chambre à coucher principale. Je ne suis pas tout à fait sûr de la surface de mur disponible dans cette pièce.

– Certainement, monsieur. Il n'y a pas de problème.

Nous remontâmes donc. Poirot mesura un panneau ; il était juste en train de commenter à haute voix les emplacements possibles du lit, de la penderie et du bureau, lorsque, regardant ma montre, je sursautai d'une manière quelque peu exagérée, et m'exclamai :

– Mon Dieu ! Savez-vous qu'il est déjà 3 heures ? Que va penser Anderson ? Je devrais l'appeler. (Je me tournai vers la domestique.) Serait-il possible d'utiliser votre téléphone – si vous en avez un ?

– Mais oui, certainement, monsieur. Il se trouve dans la petite pièce qui donne dans le vestibule. Je vais vous y conduire.

Elle descendit rapidement avec moi, m'indiqua l'appareil, puis je lui demandai de m'aider à trouver un numéro dans l'annuaire. Finalement, je passai un coup de fil à un certain Mr Anderson, à Harchester, la ville voisine. Par chance, il était absent, et je pus laisser un message disant que ce n'était pas grave et que je rappellerais !

Lorsque je sortis de cette petite pièce, Poirot était redescendu de l'étage et avait regagné le vestibule. Ses yeux avaient un léger reflet vert. Je voyais bien qu'il était excité, mais je n'aurais su dire pourquoi.

– Cette chute du haut des marches a sans doute été un terrible choc pour votre patronne, remarqua-t-il. Semblait-elle préoccupée par Bob et sa balle, après cela ?

– C'est drôle que vous disiez ça, monsieur. Parce qu'elle a été très préoccupée, en effet. Mon Dieu, au moment de mourir, pendant son délire, elle n'a pas arrêté de divaguer à propos de Bob, de sa balle et d'une image qui était évasée.

– *Une image qui était évasée,* répéta Poirot, pensif.

– Bien sûr, ça n'a aucun sens, monsieur, mais elle divaguait, vous comprenez.

– Un moment – permettez-moi de retourner un instant au salon.

Là, il fit le tour de la pièce en examinant avec soin les bibelots. Un grand vase coiffé d'un couvercle retint particulièrement son attention. Ce n'était pas, à mon avis, une porcelaine de collection, mais plutôt un exemple d'humour victorien, représentation assez grossière d'un bouledogue assis, l'air triste, devant une porte. En dessous, une légende disait : « J'ai découché, et j'n'ai pas de clé. »

Poirot, que je soupçonne depuis toujours d'avoir des goûts désespérément petit-bourgeois, semblait en admiration devant l'objet.

– *J'ai découché et j'n'ai pas de clé,* murmura-t-il. C'est amusant, ça ! Est-ce que c'est vrai pour monsieur Bob ? Reste-t-il souvent dehors toute la nuit ?

– Très rarement, monsieur. Oh ! très rarement. Bob est un très bon chien, ça oui.

– J'en suis sûr. Mais même le meilleur des chiens...

– Oh ! vous avez tout à fait raison, monsieur. Une fois ou deux il est parti et n'est revenu à la maison qu'à 4 heures du matin, peut-être. Alors il s'assoit sur les escaliers et il aboie jusqu'à ce qu'on lui ouvre.

– Qui le fait entrer, alors – miss Lawson ?

– Eh bien, la première personne qui l'entend, monsieur. Mais c'était en effet miss Lawson, la dernière fois, monsieur. La nuit de l'accident de la maîtresse. Bob n'a été de retour que vers 5 heures. Miss Lawson s'est dépêchée de lui ouvrir avant qu'il ne fasse trop de bruit. Elle avait peur qu'il ne réveille la maîtresse ; pour éviter de l'inquiéter, elle ne lui avait pas dit que Bob était parti.

– Je vois. Elle pensait qu'il valait mieux que miss Arundell ne fût pas au courant.

– C'est ce qu'elle a dit, monsieur. Elle a dit : « Il reviendra certainement. Il revient toujours. Mais elle pourrait se faire du souci et ce n'est jamais bon. » Aussi nous nous sommes tues.

– Bob aimait-il miss Lawson ?

– Ma foi, il la méprisait un peu, si vous voyez ce que je veux dire, monsieur. Certains chiens sont ainsi. Elle était gentille avec lui, elle l'appelait « le bon toutou, le gentil toutou, mon Bobbychounet », mais lui, il la regardait avec une sorte de dédain et il se moquait pas mal des ordres qu'elle lui donnait.

Poirot acquiesça d'un signe de tête.

– Je vois, dit-il.

Et soudain, il fit quelque chose qui me prit totalement au dépourvu.

Il tira une lettre de sa poche – la lettre qu'il avait reçue le matin même.

– Ellen, demanda-t-il alors, savez-vous quelque chose à propos de ceci ?

La transformation du visage d'Ellen fut remarquable.

Elle fixa Poirot, bouche bée, avec une telle stupeur que c'en était presque comique.

– Non ! s'exclama-t-elle. Je n'ai jamais fait ça !

Sa réponse manquait peut-être de cohérence, mais ne laissait aucun doute sur ce que voulait dire Ellen.

– Êtes-vous donc le monsieur à qui cette lettre était adressée ?

– Oui. Je suis Hercule Poirot.

Comme cela se produisait généralement avec la plupart des gens, Ellen n'avait pas lu le nom inscrit sur l'autorisation de visite que Poirot lui avait tendue en arrivant. Elle hocha lentement la tête.

– C'était ça, dit-elle. *Hercules Poirot.* (Elle avait ajouté un S au prénom et prononcé le T du nom.) Mon Dieu ! C'est la cuisinière qui va être surprise.

– Peut-être que l'on pourrait aller discuter à la cuisine de cette affaire avec votre amie ? proposa Poirot rapidement.

– Eh bien... Si cela ne vous dérange pas, monsieur.

Ellen paraissait juste un peu indécise. Elle n'avait, à l'évidence, jamais eu à affronter pareil dilemme social. Mais les manières directes de Poirot la rassuraient, et nous nous dirigeâmes donc vers la cuisine. Ellen expliqua la situation à une grosse femme au visage agréable qui venait de retirer une bouilloire du gaz.

– Vous n'allez pas me croire, Annie. C'est à ce monsieur que la lettre était adressée. Vous vous souvenez, celle que j'ai trouvée dans le sous-main.

– N'oubliez pas que je ne suis au courant de rien, dit Poirot. Peut-être pourrez-vous m'expliquer pourquoi cette lettre a été postée avec tant de retard ?

– Eh bien, monsieur, pour être franche, je ne savais pas quoi en faire. Aucune de nous deux ne le savait, n'est-ce pas, Annie ?

– C'est exact, confirma la cuisinière.

– Voyez-vous, monsieur, quand miss Lawson a fait le tri dans les affaires de la patronne, après sa mort, beaucoup de choses ont été données ou jetées. Entre autres, un petit sous-main en carton-pâte, je crois que c'est comme ça que ça s'appelle. Il était très joli, avec un brin de muguet sur le dessus. La maîtresse l'utilisait toujours lorsqu'elle écrivait dans son lit. Bon, miss Lawson ne voulait pas le garder, alors elle me l'a donné, avec d'autres bricoles qui avaient appartenu à la patronne. Je l'ai rangé dans un tiroir, et c'est seulement hier que je l'ai ressorti. Je voulais changer le buvard pour pouvoir m'en servir. À l'intérieur, il y avait une sorte de poche, dans laquelle j'ai glissé les doigts et qu'est-ce que je découvre au fond ? Une lettre écrite par la patronne.

» Bon, comme je vous l'ai dit, je ne savais pas trop quoi en faire. Elle était de la main de la maîtresse ; j'avais l'impression de voir miss Arundell l'écrire et la glisser là-dedans en attendant de la poster le lendemain et puis oubliant de le faire – c'était le genre de chose qui lui arrivait souvent, la pauvre chérie. Une fois ça s'est produit avec un chèque-dividende pour la banque, et personne n'a réussi à le retrouver et finalement il était tout au fond d'un casier du bureau.

– Était-elle désordonnée ?

– Oh, non, monsieur, exactement le contraire ! Elle n'arrêtait pas de tout ranger et de tout nettoyer. C'était ça, l'ennui, d'une certaine façon. Ç'aurait vraiment été mieux si elle avait un peu laissé traîner ses affaires. Elle les mettait quelque part, et puis elle oubliait ce qu'elle avait bien pu fabriquer avec.

– Des choses comme la balle de Bob, par exemple ? demanda Poirot en souriant.

L'astucieux petit terrier, qui venait de rentrer du jardin, recommença à nous faire amicalement fête.

– Oui, monsieur, en effet. Dès que Bob avait fini de jouer avec sa balle, elle la rangeait. Mais ça, ça allait car la balle avait une place bien précise – dans le tiroir du petit secrétaire que je vous ai montré.

– Je vois. Mais je vous ai interrompue. Je vous en prie, continuez. Vous avez donc découvert la lettre dans le sous-main.

– Oui, monsieur, c'est ça. Puis j'ai demandé à Annie ce que je devais faire. Je n'avais aucune envie de la jeter au feu – et, bien sûr, je ne pouvais pas me permettre de l'ouvrir ; en outre, ni Annie ni moi ne pensions que cela concernait miss Lawson ; aussi, après en avoir discuté un moment, je me suis contentée de coller un timbre dessus et j'ai filé la mettre à la boîte aux lettres.

Poirot se tourna légèrement vers moi.

– Et, voilà ! murmura-t-il.

Je ne pus m'empêcher de dire, sur un ton malicieux :

– C'est fou ce qu'une explication peut être simple et évidente !

J'eus l'impression qu'il était un peu déçu, et je m'en voulus d'avoir si vite retourné le couteau dans la plaie.

– Comme le dit mon ami, reprit-il en regardant Ellen de nouveau : « Une explication peut être simple et évidente ! » Vous comprenez que j'aie pu être plutôt surpris lorsque j'ai reçu une lettre datée de plus de deux mois.

– Oui, j'imagine que vous avez dû l'être, monsieur. Nous n'avions pas pensé à cela.

– Et puis, ajouta Poirot en toussotant, j'ai un petit problème. Cette lettre, vous voyez... c'était une mission que miss Arundell voulait me confier. Une affaire quelque peu personnelle. (Il s'éclaircit la gorge, avec un air important.) Maintenant que miss Arundell est morte, je ne sais plus trop quoi faire. Aurait-elle souhaité ou pas me voir me charger de cette mission quand même, en ces circonstances ? C'est difficile, très difficile.

Les deux femmes le considéraient avec respect.

– J'aurais besoin, je pense, de consulter le notaire de miss Arundell. Elle en avait bien un, n'est-ce pas ?

Ellen s'empressa de répondre :

– Oh ! oui, monsieur. Mr Purvis, à Harchester.

– Il est au courant de toutes ses affaires ?

– Je crois, monsieur. Aussi loin que remontent mes souvenirs, c'est toujours lui qui s'est occupé de tout. C'est lui qu'elle a fait appeler après la chute.

– La chute dans les escaliers ?

– Oui, monsieur.

– Maintenant, si vous me disiez quel jour ça s'est passé exactement ?

La cuisinière intervint :

– Le lendemain d'un jour férié. Je m'en souviens bien. Je suis restée travailler ce jour-là, vu qu'elle avait tous ces gens chez elle, et j'ai pris mon mercredi à la place.

Poirot sortit son petit agenda de poche.

– Précisément... Précisément... Pâques, je vois, tombait le 13, cette année. Donc miss Arundell a eu son accident le 14. Elle m'a écrit cette lettre trois jours plus tard. C'est dommage qu'elle ne l'ait jamais envoyée. Pourtant, il n'est peut-être pas encore trop tard. (Il s'interrompit un instant.) Il me semble bien que la... euh... mission qu'elle voulait me confier avait un rapport avec l'un des... euh... invités dont vous venez de parler.

Cette réflexion, qui aurait pu n'être qu'une simple hypothèse lancée à l'aveuglette, eut un effet immédiat. Une lueur passa, très vite, sur le visage d'Ellen, comme si elle venait de comprendre quelque chose. Elle se tourna vers la cuisinière qui lui donna un coup d'œil significatif. Puis elle dit :

– Ça pourrait être Mr Charles.

– Si vous me disiez seulement qui était là..., suggéra Poirot.

– Le Dr Tanios et sa femme, Bella, et puis miss Theresa et Mr Charles.

– Tous des nièces et des neveux de miss Arundell ?

– Exact, monsieur. Le Dr Tanios, bien sûr, n'est pas de leur sang. En fait, c'est un étranger, un Grec ou quelque chose comme ça, je crois. Il a épousé Bella, la nièce de miss Arundell, la fille de sa sœur. Charles et Theresa sont frère et sœur.

– Je vois. Une réunion de famille. Quand sont-ils repartis ?

– Le mercredi matin, monsieur. Le Dr Tanios et sa femme sont revenus le week-end suivant, parce qu'ils se faisaient du souci pour miss Arundell.

– Et Mr Charles ? Et miss Theresa ?

– Le week-end d'après. Le week-end précédant sa mort.

La curiosité de Poirot, je le sentais, était illimitée. Pour moi, je ne comprenais pas à quoi rimaient ces questions sans fin. Il avait la réponse à son mystère et, à mon avis, plus vite maintenant il se retirerait dans la dignité, mieux cela vaudrait.

Il sembla lire dans mes pensées.

– Eh bien, dit-il, les informations que vous m'avez données me sont très utiles. Il faut que je rencontre ce... Mr Purvis, c'est bien ce nom-là que vous avez dit, n'est-ce pas ? Merci beaucoup pour toute l'aide que vous m'avez apportée.

Il se baissa pour caresser Bob.

– Brave chien-chien, va ! Tu l'aimais bien, ta maîtresse.

Bob répondit aimablement à ces avances et, espérant avoir trouvé un compagnon de jeu, il alla chercher un gros morceau de charbon – qu'on lui retira aussitôt, après l'avoir grondé. Il se tourna vers moi et mendia un peu de réconfort.

« Ces femmes ! semblait-il dire. Elles vous nourrissent correctement, mais elles ne sont pas fichues de s'intéresser au sport ! »

9

Reconstitution de l'incident de la balle du chien

– Eh bien, Poirot, j'espère que vous êtes content, maintenant ! dis-je, tandis que la grille de Littlegreen House se refermait derrière nous.

– Oui, mon ami. Je suis satisfait.

– Dieu soit loué ! Tous les mystères sont éclaircis ! Le mythe de la Méchante Dame de compagnie et de la Vieille Femme riche s'est dégonflé. Nous avons eu l'explication du retard de la lettre et même du fameux incident de la balle du chien. Les choses sont rentrées dans l'ordre de manière satisfaisante, et dans les formes requises.

Poirot fit entendre une petite toux sèche et répondit :

– Je n'emploierais pas le terme « satisfaisant », Hastings.

– Vous venez de le faire il y a une minute.

– Non, non. Je n'ai pas prétendu que la situation était *satisfaisante.* J'ai dit, parlant de ma curiosité, qu'elle était *satisfaite.* Je connais désormais la vérité sur l'incident de la balle du chien.

– Ça aussi, c'était d'une simplicité enfantine !

– Pas autant que vous le pensez... (Il hocha la tête à plusieurs reprises.) Voyez-vous, mon tout bon, je sais une petite chose que vous ignorez.

– Et laquelle ? demandai-je, avec un certain scepticisme.

– Je sais qu'*on a enfoncé un clou dans la plinthe, en haut de l'escalier*.

Je le dévisageai. Son expression était tout ce qu'il y a de sérieuse.

– Et alors ? dis-je au bout d'un instant. Pourquoi n'aurait-on pas enfoncé un clou à cet endroit-là ?

– Hastings, la vraie question, c'est : « Pourquoi y en a-t-on enfoncé un ? »

– Comment le saurais-je ? Pour une quelconque raison d'ordre domestique, peut-être. Est-ce important ?

– Certainement. Et je ne vois aucune « raison d'ordre domestique », comme vous dites, de planter un clou à cet endroit précis, en haut de la plinthe. En outre, il était peint avec soin pour passer inaperçu.

– À quoi voulez-vous en venir, Poirot ? Vous avez une explication, *vous* ?

– Je suis capable de l'imaginer sans trop de difficulté. Si vous voulez tendre une ficelle solide ou un fil de fer en travers de l'escalier à une trentaine de centimètres du sol, vous pouvez en attacher une extrémité à la balustrade, mais du côté du mur vous aurez besoin de quelque chose du genre d'un clou pour fixer l'autre extrémité.

– Poirot ! m'écriai-je. Où diable voulez-vous en venir ?

– Mon très cher ami, je suis en train de reconstituer *l'incident de la balle du chien*. Vous désirez des détails ?

– Je vous écoute.

– Eh bien, voilà. Quelqu'un a remarqué que Bob laissait souvent traîner sa balle en haut des escaliers. Pratique dangereuse qui risquait de provoquer un accident... (Il s'interrompit un instant, avant de reprendre sur un ton légèrement différent :) Si vous aviez envie de tuer quelqu'un, Hastings, comment vous y prendriez-vous ?

– Je... Euh, vraiment, je n'en sais rien. Je m'inventerais un *alibi* ou quelque chose de ce genre, je suppose.

– Méthode à la fois difficile et risquée, je vous assure. D'ailleurs, vous n'avez pas le type du meurtrier calculateur capable de tuer de sang-froid. Ne vous semble-t-il pas que le *meilleur* moyen de vous débarrasser de quelqu'un qui vous gêne est de tirer parti d'un *accident* ? Des accidents se produisent tout le temps... Et parfois, Hastings, *on peut même les aider à se produire* ! (Il se tut une minute, avant de poursuivre :) À mon avis, cette balle abandonnée par hasard en haut de l'escalier a fourni une idée à notre meurtrier. Miss Arundell avait l'habitude de sortir de sa chambre la nuit et d'errer dans la maison – sa vue n'étant pas très bonne, il était tout à fait vraisemblable de penser qu'un jour elle trébucherait et dégringolerait les marches la tête la première. Mais un assassin consciencieux ne s'en remet pas à la chance. Un *fil* tendu en haut de l'escalier est une bien meilleure méthode pour la faire chuter. Ensuite, lorsque toute la maisonnée se précipite sur les lieux du drame, la *cause* de l'accident est là, bien en vue : *la balle de Bob !*

– Quelle horreur ! m'écriai-je.

– Oui, c'est horrible..., dit Poirot d'une voix grave.

Mais ça a échoué. Alors qu'elle aurait vraiment pu se rompre le cou, miss Arundell n'a été que légèrement blessée. Quelle déception pour notre ami inconnu ! De plus, miss Arundell était une vieille demoiselle très pénétrante. Tout le monde lui disait qu'elle avait trébuché sur la balle, et en effet cette balle était là, en évidence, mais lorsqu'elle se rappelait les faits, Emily Arundell avait le sentiment que l'accident s'était produit autrement. Elle n'avait *pas* glissé sur la balle. Et, en outre, elle se souvenait d'autre chose. *Elle se souvenait d'avoir entendu Bob aboyer dehors pour se faire ouvrir la porte à 5 heures du matin.*

» Ce dernier point, je l'admets, relève plutôt de la conjecture, mais je ne crois pas me tromper. La veille au soir, *miss Arundell avait rangé elle-même la balle dans le tiroir habituel.* Ensuite, Bob était sorti, *et il n'était pas rentré de la nuit.* Dans ce cas, *ce n'était pas lui* qui avait abandonné la balle sur le palier.

– Il ne s'agit là que de conjecture pure et simple, Poirot ! protestai-je.

– Pas tout à fait, mon bon ami, objecta-t-il. Il y a les paroles révélatrices prononcées par miss Arundell pendant son délire – quelque chose à propos de la balle de Bob et d'une « image évasée ». Vous voyez ce que je veux dire, n'est-ce pas ?

– Pas le moins du monde.

– Bizarre. Je connais suffisamment votre langue pour savoir que l'on ne parle pas d'une image évasée. Un entonnoir est évasé, mais une image est déformée.

– Ou tout simplement agrandie.

– Ou tout simplement agrandie, comme vous dites.

Aussi... Aussi me suis-je immédiatement rendu compte qu'Ellen avait mal compris cette expression. Ce n'était pas « évasée » que miss Arundell voulait dire, mais « du vase ». Et justement, dans le salon, il y a un vase en porcelaine qui ne passe pas inaperçu, sur lequel je me souvenais avoir remarqué « l'image » d'un chien. En gardant à l'esprit ce qu'avait dit miss Arundell dans son délire, j'y suis retourné et j'ai examiné cet objet de plus près. J'ai constaté qu'il était décoré avec *un chien qui avait découché.* Vous suivez le cheminement de la pensée de cette femme en proie à la fièvre ? Bob était comme ce chien sur « l'image du vase » – il avait découché –, *il ne pouvait donc pas avoir laissé la balle en haut des escaliers.*

– Vous êtes diabolique, Poirot ! m'écriai-je, plein d'admiration malgré moi. Comment pouvez-vous penser à des choses pareilles ? Ça me dépasse !

– Je n'y *pense* pas. Elles sont *là,* évidentes, pour quiconque veut les voir. Eh bien, vous comprenez la situation, maintenant ? Miss Arundell, alitée à la suite de son accident, est saisie par le doute. Elle se dit qu'elle se fait peut-être des idées et que tout cela est absurde, mais les faits sont là. *« Depuis l'incident de la balle du chien, mes soupçons et mon inquiétude continuent d'augmenter. »* Et donc... donc elle m'écrit une lettre qui, hélas, ne me parvient que deux mois plus tard. Et dites-moi, cette lettre ne correspond-elle pas *parfaitement* aux faits que je viens d'évoquer ?

Je dus admettre que oui.

– Un autre point mérite notre attention, poursuivit

Poirot. Miss Lawson semblait tenir absolument à ce que miss Arundell ignorât que Bob avait passé la nuit dehors.

– Vous pensez qu'elle...

– Je pense que ce fait doit être noté avec beaucoup de soin.

Je retournai la chose dans ma tête pendant un instant, puis je conclus, dans un soupir :

– Tout ceci est très intéressant – comme gymnastique cérébrale, j'entends. Et je vous tire mon chapeau. Votre reconstitution est un chef-d'œuvre. Il est presque dommage, vraiment, que la vieille dame soit décédée.

– Dommage, en effet. Elle m'écrit que quelqu'un a essayé de la tuer – ça se résume à cela, en gros – et très peu de temps après, elle meurt !

– Oui, dis-je, et cette mort naturelle vous déçoit beaucoup, n'est-ce pas ? Allez, admettez-le.

Poirot haussa les épaules.

– ... Ou peut-être pensez-vous que miss Arundell a été empoisonnée ? conclus-je malicieusement.

Poirot secoua la tête, comme découragé.

– Il semble certain, en effet, qu'elle a succombé à une mort naturelle, reconnut-il.

– Et donc, nous rentrons à Londres la queue entre les jambes.

– Mille pardons, mon bon ami, mais nous ne rentrons pas à Londres.

– Que voulez-vous dire, Poirot ? m'écriai-je.

– Si vous mettez le chien sur la piste du lapin, Hastings, retourne-t-il à Londres ? Non – il plonge dans le terrier.

– Je ne comprends pas.

– Le chien chasse les lapins, et Hercule Poirot les meurtriers. Nous sommes en présence d'un assassin – un assassin qui a raté son coup, oui, peut-être, mais un assassin tout de même. Et moi aussi je vais plonger dans le terrier, mon bon ami, pour le coincer, lui ou elle, selon le cas.

Sans avertissement, il franchit le portail devant lequel nous passions.

– Où allez-vous, Poirot ? demandai-je.

– Dans le terrier, mon ami. C'est ici qu'habite le Dr Grainger, qui s'est occupé de miss Arundell lors de son ultime maladie.

Le Dr Grainger était un homme d'une soixantaine d'années, au visage maigre et osseux et au menton agressif. Il avait d'épais sourcils et de petits yeux intelligents. Son regard pénétrant se posa sur moi, puis sur Poirot.

– Que puis-je pour vous ? demanda-t-il d'un ton bourru.

Poirot se lança dans l'une de ces tirades flamboyantes dont il avait le secret :

– Il me faut vous prier d'excuser notre intrusion, docteur Grainger. Il me faut vous avouer sur-le-champ que je ne viens pas vous consulter pour une raison médicale...

Le Dr Grainger répondit, très pince-sans-rire :

– Heureux de vous l'entendre dire. Vous me semblez suffisamment bien portant comme vous êtes.

– Laissez-moi vous expliquer les raisons de ma visite, poursuivit Poirot. La vérité, en l'occurrence, c'est que j'écris un livre – une biographie de feu le général

Arundell qui, d'après ce que j'ai compris, a vécu quelques années à Market Basing.

Le médecin parut plutôt surpris.

– Oui. Le général Arundell a habité ici jusqu'à sa mort, en effet. À Littlegreen House – juste au bout de la rue, après la banque –, vous êtes allé jusque-là, peut-être ? (Poirot fit oui de la tête.) Mais vous imaginez bien que c'était avant mon arrivée dans le coin. Je ne me suis installé ici qu'en 1919.

– Vous connaissiez pourtant sa fille, feu miss Arundell ?

– Oui, je connaissais bien Emily Arundell.

– Vous comprenez, c'est pour moi un coup très dur de découvrir que miss Arundell est morte récemment.

– Fin avril.

– C'est ce que j'ai appris. Je comptais sur elle, voyez-vous, pour me communiquer divers détails personnels sur son père et me raconter des souvenirs sur lui.

– Certainement... Certainement. Mais je ne vois pas ce que je peux faire en ce domaine.

– Savez-vous si certains enfants du général Arundell sont encore vivants ?

– Ils sont tous morts. Tous.

– Combien étaient-ils ?

– Cinq. Quatre filles et un garçon.

– Et la génération suivante ?

– Il y a Charles Arundell et sa sœur Theresa. Vous pourriez prendre contact avec eux. Je doute, cependant, qu'ils vous soient d'une grande utilité. Les jeunes ne s'intéressent plus guère à leurs grands-parents. Et il y a aussi une Mrs Tanios, mais je ne crois pas que vous tirerez grand-chose d'elle non plus.

– Ils peuvent avoir des papiers de famille... des documents ?

– C'est possible, mais ça m'étonnerait. À ma connaissance, on a jeté ou brûlé beaucoup de choses après la mort de miss Emily.

Poirot laissa échapper un grognement de désespoir.

Grainger l'observa avec curiosité.

– En quoi le vieil Arundell peut-il bien être intéressant ? Je n'ai jamais entendu dire qu'il ait fait quoi que ce soit de bon en un quelconque domaine.

– Mon cher monsieur... (Les yeux de Poirot brillaient d'une excitation fanatique.) N'y a-t-il pas un dicton qui prétend que l'Histoire ne sait rien de ses plus grands hommes ? On a récemment découvert certains documents qui éclairent d'un jour entièrement nouveau l'ensemble de la Révolte des Cipayes. Cela appartient à l'histoire secrète. Et John Arundell y a joué un rôle de premier plan. Tout cela est fascinant – fascinant ! Et laissez-moi vous dire, mon cher monsieur, que cette question présente un intérêt tout particulier, à notre époque. L'Inde – la politique britannique vis-à-vis de ce pays – est un sujet d'une brûlante actualité.

– Hum..., fit le médecin. J'ai entendu dire que cette vieille baderne de général Arundell était intarissable sur la question. En réalité, il paraît même qu'il aurait mérité la médaille de l'ennui.

– Qui vous a raconté cela ?

– Miss Peabody. Vous pourriez aller la voir, en fait. C'est la doyenne de notre bonne ville. Elle a très bien connu les Arundell. Et elle adore papoter. Ça vaut la peine de la rencontrer rien que pour elle-même – c'est un sacré numéro.

– Merci. Excellente idée. Peut-être pourriez-vous aussi me donner l'adresse du jeune Mr Arundell, le petit-fils du général ?

– Charles ? Oui, je peux vous mettre en contact. Mais c'est un jeune freluquet qui n'a pas grand-chose dans la tête. L'histoire de sa famille ne signifie rien pour lui.

– Jeune ? Il est donc si jeune que ça ?

– Pour une vieille baudruche de mon acabit, c'est un gamin en effet, répondit le médecin avec de la malice dans le regard. Petite trentaine. Le genre beau gosse né pour compliquer l'existence des siens et vivre à leurs crochets. Du charme à revendre, mais pas un sou vaillant. On l'a expédié à peu près dans le monde entier et il n'a jamais rien fait de bon.

– Sans doute sa tante l'aimait-elle beaucoup ? suggéra Poirot. C'est souvent ainsi.

– Hum, je n'en sais rien. Emily Arundell n'était pas idiote. À ma connaissance, il n'a jamais réussi à lui soutirer de l'argent. Elle n'était pas toujours commode, cette brave Emily. Je l'aimais bien. Et je la respectais, aussi. Elle était encore plus grand siècle que victorienne, au fond.

– Elle est morte brusquement ?

– Oui, d'une certaine façon. Remarquez, depuis quelques années, elle était fragile. Pourtant, elle s'en était toujours sortie.

– Pardonnez-moi de répéter des racontars (Poirot

ouvrit les mains, l'air mécontent de lui-même), mais j'ai entendu dire qu'elle s'était querellée avec sa famille.

– Elle ne s'est pas exactement *querellée,* répondit lentement le Dr Grainger. Non, pour autant que je m'en souvienne, il n'y avait entre eux aucune brouille sérieuse.

– Je vous demande pardon. Là, je me montre peut-être indiscret.

– Non, non. Après tout, cette affaire est dans le domaine public.

– Elle n'a pas laissé sa fortune à sa famille, d'après ce qu'on m'a raconté ?

– En effet. Elle a tout légué à sa dame de compagnie, cette dinde peureuse et agitée. C'est étrange. Je n'y comprends rien moi-même. Cela ne lui ressemble guère.

– Enfin..., dit Poirot, songeur. On imagine très bien que ce genre de choses puisse arriver. Une vieille demoiselle, fragile et malade. Très dépendante de la personne qui s'occupe d'elle et qui la soigne. Une femme maligne et dotée d'une certaine personnalité peut prendre beaucoup d'ascendant de cette façon.

Le mot « ascendant » sembla faire au Dr Grainger le même effet qu'un chiffon rouge à un taureau. Il répondit avec brusquerie :

– Ascendant ? Ascendant ? Mon œil, oui ! Emily Arundell traitait miss Lawson comme un chien, et pire encore. C'est caractéristique de cette génération ! De toute façon, les femmes qui gagnent leur vie en travaillant comme dames de compagnie sont en général stupides. Dans le cas contraire, elles trouvent un moyen de faire de l'argent autrement ! Et Emily Arundell ne supportait pas la bêtise. Habituellement, elle épuisait une de ces malheureuses par an. Ascendant ! Ah, que non !

Poirot s'empressa de quitter ce terrain dangereux.

– Peut-être que cette miss... euh... Lawson est en possession de lettres ou de documents de famille ? suggéra-t-il.

– Peut-être, acquiesça Grainger. Les vieilles filles ont souvent tendance à amasser tout un tas de choses. Miss Lawson n'en a certainement trié qu'une partie, pour l'instant.

Poirot se leva :

– Merci beaucoup, docteur Grainger. Vous avez été très aimable.

– Inutile de me remercier, répondit le médecin. Je regrette de ne pouvoir vous aider davantage. Vous aurez sans doute plus de chance avec miss Peabody. Elle habite Morton Manor, à environ un kilomètre et demi d'ici.

Poirot se pencha sur un gros bouquet de roses rouges qui trônait sur la table du docteur.

– Merveilleux parfum, murmura-t-il.

– Oui, probablement. Moi, je ne sens rien. J'ai perdu l'odorat au cours d'une vilaine grippe, il y a quatre ans. Sacré aveu de la part d'un toubib, hein ? « Les cordonniers sont toujours les plus mal chaussés. » Très désagréable. Je n'apprécie même plus autant le tabac qu'avant.

– C'est fâcheux, en effet. Au fait, vous n'oublierez pas de me donner l'adresse du jeune Arundell ?

– Je peux vous l'avoir, oui. (Il nous accompagna jusque dans le vestibule et appela :) Donaldson ! (Puis il précisa à notre intention :) C'est mon associé. Il doit avoir votre renseignement, car il est sur le point de se fiancer avec Theresa, la sœur de Charles. (Il appela de nouveau :) Donaldson !

Un jeune homme arriva de l'une des pièces du fond. De taille moyenne, plutôt insignifiant, il avait des gestes précis. On n'aurait pu imaginer contraste plus frappant avec le Dr Grainger.

Celui-ci lui expliqua ce qu'il désirait.

Les yeux d'un bleu très pâle et quelque peu proéminents de Donaldson nous évaluèrent. Il répondit assez sèchement, en choisissant ses mots :

– Je ne sais pas au juste où trouver Charles. Mais je peux vous donner l'adresse de Theresa. Elle vous mettra certainement en rapport avec son frère.

Poirot lui répondit que c'était parfait ainsi.

Le jeune homme inscrivit une adresse sur une page de son calepin, qu'il détacha et tendit à Poirot.

Celui-ci le remercia, puis salua les deux médecins. Tandis que nous franchissions le seuil, je sentis peser sur nous le regard scrutateur du Dr Donaldson, dont le visage, je m'en étais rendu compte un instant plus tôt, reflétait une légère surprise.

10

Visite à miss Peabody

– Est-il vraiment nécessaire de raconter des mensonges si compliqués, Poirot ? demandai-je tandis que nous nous éloignions.

Poirot haussa les épaules.

– Si on est obligé de mentir – et je note, au passage, que votre nature y répugne –, personnellement, ça ne me dérange pas du tout, en effet, et...

– J'avais remarqué, lançai-je.

– ... Je disais donc, reprit-il, que *si* on est obligé de mentir, mieux vaut inventer des mensonges artistiques, des mensonges romanesques, des mensonges convaincants !

– Parce que vous estimez que celui-là l'était ? Vous pensez que le Dr Donaldson a été dupe ?

– Ce jeune homme est d'une nature sceptique, admit Poirot d'un ton songeur.

– Il m'a paru nettement soupçonneux, oui.

– Je ne vois pas pourquoi il le serait. Des imbéciles écrivent le récit de la vie d'autres imbéciles tous les jours. Ça se fait, comme vous dites.

– C'est la première fois que je vous entends vous traiter vous-même d'imbécile, remarquai-je avec un grand sourire.

– J'espère être tout aussi capable que n'importe qui de jouer un rôle, répondit Poirot froidement. Je suis désolé que vous ne trouviez pas ma petite histoire bien tournée. Moi, j'en étais plutôt satisfait.

Je préférai changer de sujet.

– Que faisons-nous, maintenant ?

– C'est simple. Nous remontons dans votre voiture et nous nous offrons une visite à Morton Manor.

Nous ne tardâmes pas à découvrir une grande maison victorienne fort laide. Un maître d'hôtel décrépit nous reçut avec quelque hésitation, alla nous annoncer et revint au bout d'un certain temps pour nous demander « si nous avions rendez-vous ».

– Veuillez, s'il vous plaît, expliquer à miss Peabody que nous venons de la part du Dr Grainger, répondit Poirot.

Nous attendîmes encore quelques minutes, puis la porte s'ouvrit et une petite femme rondelette entra en se dandinant. Une raie bien nette séparait, au milieu de son crâne, ses cheveux blancs clairsemés. Elle portait une robe de velours noir, dont le tissu était par endroits usé jusqu'à la corde, et un col de dentelle superbe fermé sur le devant du cou par un gros camée.

Elle traversa la pièce en nous détaillant d'un regard de myope. Ses premières paroles nous surprirent un peu :

– Vous avez quelque chose à vendre ?

– Rien, madame, répondit Poirot.

– Sûr ?

– Absolument.

– Pas d'aspirateurs ?

– Non.

– Pas de bas ?

– Non.

– Pas de tapis ?

– Non.

– Bon, alors ça devrait aller, dit miss Peabody en s'installant dans un fauteuil. Vous feriez mieux de vous asseoir, dans ce cas.

Nous nous exécutâmes, obéissants.

– Vous pardonnerez ces questions, reprit miss Peabody, quelque peu confuse. On ne saurait être trop prudent. Vous n'imaginez pas les gens qui entrent ici. Les domestiques ne sont plus fiables. Ils ne savent plus faire la différence. On ne peut pas leur en vouloir, remarquez. Ces visiteurs ont un beau langage, un beau costume, un nom qui sonne bien... Comment les reconnaître ? Commandant Ridgeway, Mr Scott Edgerton, capitaine d'Arcy Fitzherbert. Certains ont l'air de types bien. Mais avant que vous sachiez à qui vous avez affaire, ils vous ont flanqué sous le nez un appareil à battre les œufs en neige.

– Je vous assure, madame, que nous n'avons rien de la sorte à vous proposer, dit Poirot avec un grand sérieux.

– Bon, je vous crois, dit miss Peabody.

Poirot se lança alors dans son histoire. Miss Peabody l'écouta sans faire de commentaire. Ses petits yeux clignèrent une fois ou deux. À la fin, elle demanda :

– Vous allez écrire un livre, hein ?

– Oui.

– En anglais ?

– Bien sûr – en anglais.

– Mais vous êtes étranger, hein ? Allez, avouez, vous êtes étranger, pas vrai ?

– C'est exact.

Ses yeux vinrent se poser sur moi.

– Et vous, vous êtes son secrétaire, je suppose ?

– Euh... Oui, répondis-je, avec hésitation.

– Vous savez écrire un anglais correct ?

– Je l'espère.

– Hum... De quelle école sortez-vous ?

– Eton.

– Alors vous êtes nul en tout.

Je fus forcé de laisser sans réponse ce terrible affront à une ancienne et vénérable institution, car miss Peabody s'intéressait de nouveau à Poirot.

– Vous allez raconter la vie du général Arundell, hein ?

– Oui. Vous le connaissiez, je crois.

– Exact. Je connaissais John Arundell. Il buvait comme un trou. (Il y eut un bref silence, puis miss Peabody reprit, d'un air songeur :) La Révolte des Cipayes, hein ? À mon avis, c'est enfoncer des portes ouvertes. Mais c'est vous que ça regarde.

– Vous savez, madame, dans ce domaine, c'est une question de mode. En ce moment, l'Inde est très en vogue.

– Vous n'avez peut-être pas tort. Les modes s'en vont et s'en reviennent. Regardez les manches. (Nous gardâmes un silence respectueux.) Les manches gigot ont toujours été hideuses. En revanche, j'avais de l'allure avec les pagodes... (Ses yeux brillants se posèrent sur Poirot.) Eh bien, maintenant, que voulez-vous savoir ?

Poirot ouvrit largement les mains.

– Tout ! L'histoire de la famille. Les potins. La vie quotidienne.

– Je ne peux rien vous raconter sur l'Inde, avoua miss Peabody. Le fin mot de tout ça, c'est que je n'écoutais pas. Ils sont plutôt rasoirs, ces vieux birbes avec leurs anecdotes. C'était un homme irrémédiablement stupide – mais j'ose affirmer qu'il n'en était pas pour autant le pire de nos généraux. J'ai toujours entendu dire que l'intelligence ne vous menait pas loin, dans l'armée. Soyez attentionné avec la femme du colonel, écoutez respectueusement vos officiers supérieurs, et vous ferez votre chemin – c'est ce qu'aimait à répéter mon père.

Poirot laissa s'écouler quelques instants de silence afin de traiter cette pensée profonde avec le respect qui convenait, puis il demanda :

– Vous connaissiez très bien les Arundell, n'est-ce pas ?

– Oui, tous, Matilda, c'était l'aînée. Pleine de boutons sur la figure. Elle faisait le catéchisme. Et elle en pinçait pour un des vicaires. Ensuite, il y avait Emily. Bonne assiette à cheval, celle-là ! C'était la seule qui pouvait tenir tête à son père lorsqu'il avait une de ses crises. On sortait de cette maison les bouteilles vides par charretées entières. Ils les enterraient la nuit, hé oui ! Qui venait ensuite ? Voyons, c'était Arabella ou Thomas ? Thomas, je crois. Il m'a toujours fait de la peine, Thomas. Un homme au milieu de quatre femmes ! De quoi vous rendre cinglé ! Il avait des côtés vieille fille, ce pauvre Thomas. Personne ne croyait qu'il se marierait un jour. Vous imaginez la surprise, quand c'est arrivé.

Elle laissa échapper un gloussement – un de ces sonores gloussements victoriens.

À l'évidence, miss Peabody s'amusait beaucoup. Plongée dans le passé, elle avait presque oublié son auditoire – Poirot et moi.

– Puis il y avait Arabella. Un laideron. Le visage comme une patate. Elle a quand même réussi à se caser. C'était pourtant la plus moche des quatre. Avec un professeur de Cambridge. Vieux comme Mathusalem. Soixante ans bien sonnés. Il est venu donner une série de conférences ici – les merveilles de la chimie moderne, ou quelque chose d'approchant. J'y suis allée. Il bavochait dans sa barbe, je m'en souviens. Il avait une barbe, oui. On ne comprenait pas un traître mot de ce qu'il racontait. Arabella s'attardait toujours pour poser des questions. Elle non plus, elle n'était plus de la première jeunesse, d'ailleurs. Elle approchait de la quarantaine. Enfin, ils sont tous deux morts et enterrés, à présent. Leur mariage fut plutôt heureux, semble-t-il. C'est ça l'avantage d'épouser une mocheté : on connaît son malheur immédiatement, et au moins elle ne risque pas d'être infidèle. Et enfin, il y avait Agnes. C'était la plus jeune – et la moins tarte. Assez délurée, de l'avis général. Presque dévergondée. Bizarrement, si l'une des quatre devait se marier, vous auriez parié sur Agnes. Eh bien non ! Elle est morte peu de temps après la guerre.

– Ainsi, d'après vous, le mariage de Thomas fut inattendu ? murmura Poirot.

Miss Peabody émit de nouveau son impressionnant gloussement guttural.

– Inattendu ? Ah, ça, vous pouvez le dire ! Un scandale à tout casser, oui ! On n'aurait jamais cru ça de lui – un homme si calme, si timide et effacé, si attaché à ses sœurs...

Elle se tut un instant.

– Vous vous souvenez d'une affaire qui a défrayé la chronique à la fin des années 1890 ? Mrs Varley ? Soupçonnée d'avoir empoisonné son mari à l'arsenic. Une belle femme. Ça a fait du bruit, cette histoire ! Elle a été acquittée. Eh bien, Thomas Arundell a complètement perdu la boule. Il s'est mis à acheter tous les journaux, à collectionner tous les articles qui parlaient de cette histoire, à découper les photos de Mrs Varley. Et vous me croirez si vous voulez, mais quand le procès a été terminé, qui est-ce qui est allé à Londres pour lui demander sa main ? Thomas ! Thomas, le garçon calme et pantouflard... Il ne faut jurer de rien, avec les hommes, n'est-ce pas ? On court toujours le risque de les voir prendre leurs cliques et leurs claques.

– Et que s'est-il passé, alors ?

– Oh, elle l'a épousé, vous pensez !

– Ça a été un choc terrible pour ses sœurs ?

– Je ne vous le fais pas dire ! Elles ont refusé de la recevoir. Tout bien considéré, je ne sais pas si je peux le leur reprocher. Thomas a été terriblement blessé. Il est parti s'installer dans les îles Anglo-Normandes et on n'a plus jamais entendu parler de lui. Je ne peux pas dire si son épouse a empoisonné son premier mari, mais elle n'a pas assassiné Thomas, en tout cas. Il est mort trois ans après elle. Ils ont eu deux gosses, un garçon et une fille. Deux beaux enfants – ils tiennent de leur mère.

– Je suppose qu'ils rendaient souvent visite à leur tante ?

– Seulement après la disparition de leurs parents. À l'époque, ils faisaient leurs études et ils étaient déjà presque adultes, ils venaient pour les vacances. Emily était seule au monde et ils étaient son unique famille, avec Bella Biggs.

– Biggs ?

– La fille d'Arabella. Insignifiante. Quelques années de plus que Theresa. Elle a quand même réussi à faire l'andouille. Elle a épousé un métèque qui faisait des études universitaires. Un médecin grec. Simiesque, mais des manières plutôt charmantes, je dois l'admettre. Enfin, je suppose que la pauvre Bella n'avait pas beaucoup de choix. Elle passait son temps à aider son père ou à tenir les écheveaux de laine de sa mère. Ce gars-là était exotique. Ça lui a plu.

– C'est un mariage heureux ?

– Je ne crois pas qu'on puisse dire cela d'un seul mariage ! rétorqua miss Peabody d'un ton cassant. Ils *paraissent* assez heureux. Deux enfants au teint plus ou moins olivâtre. Ils vivent à Smyrne.

– Mais ils sont en Angleterre, en ce moment, n'est-ce pas ?

– Oui. Ils sont arrivés en mars. Ça ne m'étonnerait pas qu'ils repartent bientôt.

– Emily Arundell aimait-elle beaucoup sa nièce ?

– Si elle aimait Bella ? Oh ! énormément. C'est le genre insignifiant, mère poule et cucul-la-praline.

– Et le mari ? L'appréciait-elle ?

Miss Peabody gloussa.

– Elle ne l'*appréciait* pas, mais je crois qu'elle ne le détestait pas, ce sapajou. Il est intelligent, vous savez. Si vous voulez mon avis, il savait la manœuvrer en douceur. Il renifle l'argent à dix pas, ce bonhomme !

Poirot toussota, puis demanda dans un murmure :

– Il m'a semblé comprendre que miss Arundell avait une belle fortune, à sa mort.

Miss Peabody s'installa plus confortablement dans son fauteuil.

– Oui, et tout ce tintouin vient de là ! Personne n'avait imaginé à quel point elle était riche. Ça s'est passé comme ça : le vieux général Arundell a laissé un joli petit magot – qui a été partagé équitablement entre son fils et ses filles. Une partie de cet argent a été réinvesti dans des placements qui, je crois bien, se sont tous révélés fructueux. Les premières actions Mortauld, entre autres. Naturellement, lorsqu'ils se sont mariés, Thomas et Arabella ont récupéré ce qui leur appartenait. Les trois autres sœurs vivaient ici et ne dépensaient même pas un dixième de leurs revenus, qu'elles avaient mis en commun. Toutes les économies ont été réinvesties de nouveau. Quand Matilda est morte, elle a légué ses biens à Agnes et Emily, puis celle-ci a hérité d'Agnes. Et elle a continué à dépenser très peu. Résultat, elle est morte sur un tas d'or – et c'est la Lawson qui a empoché le magot !

Miss Peabody avait prononcé cette dernière phrase comme s'il s'agissait de l'aboutissement triomphal de toute l'affaire.

– Et vous, miss Peabody, cela vous a-t-il étonnée ?

– À vrai dire, oui ! Emily n'avait jamais fait mystère qu'à sa disparition sa fortune serait divisée entre ses nièces et son neveu. C'est d'ailleurs ce que stipulait le premier testament. Hormis de petites sommes aux bonnes, tout devait aller à parts égales à Theresa, à

Charles et à Bella. Miséricorde, quel ramdam lorsqu'on a découvert, après sa mort, qu'elle avait modifié son testament et qu'elle laissait tout à cette pauvre miss Lawson !

– Ce deuxième testament a été rédigé juste avant son décès ?

Miss Peabody lança à Poirot un regard perçant.

– Vous pensez manœuvres captatoires. Non, vous perdez votre temps, mon brave. Et je n'irai pas jusqu'à croire que la pauvre Lawson ait eu l'intelligence et le cran de tenter un coup pareil. En réalité, elle a paru aussi surprise que tout le monde – ou elle a prétendu l'être !

Ce dernier commentaire fit sourire Poirot.

– Le testament a été rédigé dix jours avant sa mort, poursuivit miss Peabody. Le notaire prétend qu'il n'y a pas de problème. Je veux bien... mais qu'est-ce qui prouve qu'il n'est pas en train de commettre une bourde ?

Poirot se pencha en avant.

– Vous voulez dire...

– Il y a du louche, voilà ce que je veux dire. Quelque chose de pas très net quelque part.

– C'est quoi, au juste, votre idée ?

– Je n'ai pas d'idée ! Comment saurais-je où est l'entourloupe ? Je ne suis pas notaire. Mais il y a quelque chose qui cloche, croyez-moi !

– A-t-il été question de contester le testament ?

– Je crois que Theresa a vu un avocat. Grand bien lui fasse. Que vous chante un avocat, neuf fois sur dix ? « Laissez tomber ! » Un jour, cinq avocats m'ont déconseillé d'intenter une action en justice. Qu'est-ce que j'ai fait ? Je les ai ignorés. Et j'ai gagné mon procès. On m'a fait venir à la barre et un petit morveux tout frais débarqué de Londres a essayé de me prendre en défaut. Mais il en a été pour ses frais. « Vous ne pouvez pas reconnaître ces fourrures avec certitude, miss Peabody, m'a-t-il dit. Elles ne portent aucune marque de fourreur. » Peut-être, ai-je répondu, mais il y a une reprise dans la doublure, et si quelqu'un est capable de faire une reprise pareille aujourd'hui, je veux bien manger mon parapluie. Il n'en a plus mené large, après ça !

Et miss Peabody de glousser de bon cœur.

– Je suppose, dit prudemment Poirot, que ce n'est pas le grand amour entre miss Lawson et les descendants de miss Arundell ?

– Vous vous attendez à quoi ? Vous connaissez le genre humain. De toute façon, après un décès, il y a toujours des histoires. Le défunt n'est pas encore refroidi dans son cercueil que la plupart des parents s'arrachent déjà les yeux.

– Ce n'est que trop vrai, soupira Poirot.

– Bah ! le monde est ainsi fait, conclut miss Peabody, tolérante.

Poirot changea de sujet.

– Est-il vrai que miss Arundell donnait dans le spiritisme ?

Les yeux pénétrants de miss Peabody le vrillèrent.

– Si vous pensez, dit-elle alors, que l'esprit de John Arundell est revenu pour ordonner à Emily de léguer son argent à Minnie Lawson et que sa fille a obéi, j'aime autant vous dire que vous vous fourrez le doigt dans l'œil. Emily n'avait rien d'une toquée de ce genre. Si vous voulez savoir, elle trouvait simplement le spiritisme un peu plus amusant que les patiences ou la crapette. Vous avez vu les Tripp ?

– Non.

– Si vous les aviez rencontrées, vous sauriez de quelle sorte d'âneries je veux parler. Des femmes exaspérantes. Elles passent leur temps à vous donner des messages de l'un quelconque de vos parents morts – messages toujours totalement absurdes. Elles y croient dur comme fer. Pareil pour Minnie Lawson. Bon ! après tout, c'est une façon comme une autre de passer ses soirées, j'imagine.

Poirot essaya une nouvelle piste :

– Vous connaissez le jeune Arundell, je présume ? Quel genre d'homme est-ce ?

– Un bon à rien. Charmant, pourtant. Toujours fauché et toujours endetté. Revenant sans cesse, comme un mauvais sou, d'un endroit quelconque de la planète. Et il sait les embobiner, les femmes ! (Nouveau gloussement.) Moi, j'en ai trop vu des comme lui pour me laisser avoir. Rigolo quand même que Thomas ait eu un fils pareil. C'était un vieux fossile collet monté. Un modèle de rectitude. À se demander d'où ça vient. L'hérédité vous joue parfois de ces tours. Remarquez, *je l'aime bien,* ce voyou – mais c'est le genre à tuer père et mère pour des clopinettes sans l'ombre d'un remords. Aucun sens moral. C'est étrange comme certaines personnes semblent en être dépourvues à la naissance.

– Et sa sœur ?

– Theresa ? (Miss Peabody secoua la tête et répondit

lentement :) Je ne sais pas. C'est une créature... peu commune. Quelqu'un de pas courant. Elle est fiancée à un médecin d'ici un peu gnangnan. Vous l'avez rencontré, peut-être ?

– Le Dr Donaldson.

– Oui. Bon dans sa partie, dit-on. Mais par certains côtés, il est inexistant. Pas le genre d'homme qui me plairait si j'étais jeune. Enfin, Theresa doit savoir ce qu'elle fait. Elle a eu des expériences, j'en mettrais ma main au feu.

– Le Dr Donaldson ne soignait-il pas miss Arundell ?

– Si, quand le Dr Grainger était en vacances.

– Mais il ne s'est pas occupé d'elle pendant sa dernière maladie ?

– Je ne pense pas.

Poirot constata alors, avec un petit sourire :

– J'ai l'impression que vous ne tenez pas en haute estime ses qualités de médecin ?

– Je n'ai jamais dit ça. En fait, vous vous trompez. Il est assez dégourdi et intelligent dans son genre – mais ça ne correspond pas à *mon* genre. Que je vous donne un exemple. De mon temps, quand un enfant mangeait trop de pommes vertes, il avait une crise de foie et le docteur appelait ça une crise de foie et il rentrait chez lui et vous faisait parvenir quelques pilules de son cabinet. Aujourd'hui, on vous dit que l'enfant souffre d'une acidose prononcée et qu'il faut surveiller sa diète ; on vous donne le même médicament, sauf que c'est de jolis petits comprimés fabriqués dans des usines pharmaceutiques et qu'ils coûtent les yeux de la tête ! Donaldson appartient à cette nouvelle école. Remarquez, il y a des tas de jeunes mères qui préfèrent ça. Ça *sonne* mieux. Mais, entre nous, ce jeune homme ne restera pas longtemps ici à soigner des rougeoles et des crises de foie. C'est Londres qu'il vise. Il a de l'ambition, et veut se spécialiser.

– Dans un domaine en particulier ?

– La sérothérapie. Il me semble que ça s'appelle comme ça. L'idée, c'est qu'on vous plante dans le corps une de ces horribles aiguilles hypodermiques, même si vous allez bien, juste pour le cas où vous attraperiez quelque chose. Pour ma part, j'ai horreur de ces saletés de piqûres.

– Le Dr Donaldson fait de l'expérimentation sur une maladie bien précise ?

– Ne m'en demandez pas tant. Tout ce que je sais, c'est que la médecine générale n'est pas assez bonne pour lui. Il veut s'installer à Londres. Mais pour cela, il lui faut de l'argent et il est pauvre comme Job... Si quelqu'un sait encore qui était Job.

– C'est regrettable que les vraies compétences soient si souvent gênées par le manque d'argent, murmura Poirot. Quand on pense qu'il y a des gens qui ne dépensent pas le quart de leurs revenus.

– Comme Emily Arundell, dit miss Peabody. Ça a été une sacrée surprise pour certaines personnes quand on a lu son testament. Je veux parler de la somme, pas des dispositions qu'elle a prises.

– Est-ce que, d'après vous, ça a été une surprise aussi pour les membres de sa famille ?

– En fait, dit miss Peabody en plissant les yeux d'un

air véritablement ravi, oui et non. L'un d'eux savait à peu près à quoi s'en tenir.

– Qui ?

– Maître Charles. Il avait fait ses calculs d'après ses propres revenus. Il est loin d'être bête, Charles.

– Juste un peu fripouille, hein ?

– En tout cas, il n'a rien d'un niais, grinça miss Peabody.

Elle se tut un instant, puis demanda :

– Vous allez vous mettre en contact avec lui ?

– Telle est bien mon intention. J'estime possible, ajouta-t-il avec un grand sérieux, qu'il soit en possession de certains papiers de famille concernant son grand-père.

– Il y a davantage de chances qu'il ait allumé un feu de joie avec. Aucun respect pour les aînés, ce jeune homme.

– On ne doit négliger aucune piste, dit Poirot d'un ton sentencieux.

– C'est bien l'impression que ça me donne en effet, répliqua sèchement miss Peabody.

Dans ses yeux bleus brilla une rapide lueur qui sembla produire un effet désagréable sur Poirot. Celui-ci se leva.

– Je m'en voudrais d'abuser plus longtemps de votre temps, madame. Je vous suis très reconnaissant de tout ce que vous avez pu me raconter.

– J'ai fait de mon mieux, répondit miss Peabody. Mais j'ai comme l'impression que nous nous sommes bien éloignés de la Révolte des Cipayes, pas vous ?

Elle nous serra la main et conclut, en guise d'adieu :

– Faites-moi savoir quand votre livre sortira. J'aimerais *tant* le lire.

Et la dernière chose que nous entendîmes, lorsque nous quittâmes la pièce, fut son joyeux gloussement guttural.

11

Visite aux demoiselles Tripp

– Et maintenant, dit Poirot tandis que nous remontions en voiture, que faisons-nous ?

Instruit par l'expérience, je ne suggérai pas, cette fois, un retour à Londres. Après tout, si Poirot semblait si bien s'amuser à sa façon, qu'avais-je à y redire ?

Je proposai de prendre le thé.

– Le thé, Hastings ? Quelle idée ! Vous avez observé l'heure ?

– Je l'ai observée, oui. Je l'ai... vue, veux-je dire. (Le mauvais anglais de Poirot est parfois tragiquement contagieux.) Il est 5 heures et demie. Un thé est tout indiqué.

– Vous autres Anglais et votre déplorable manie de boire du thé l'après-midi ! soupira Poirot. Non, mon bon ami, pas de thé. L'autre jour, j'ai lu dans un manuel de savoir-vivre qu'il ne fallait pas se présenter chez quelqu'un après 18 heures. C'est une faute de goût. Il ne nous reste donc qu'une demi-heure pour faire ce que nous avons à faire.

– Vous êtes bien mondain, aujourd'hui, Poirot ! À qui rendons-nous visite, maintenant ?

– Aux demoiselles Tripp.

– Vous écrivez un livre sur le spiritisme, à présent ? Ou s'agit-il toujours de la biographie du général Arundell ?

– Ce sera plus simple que cela, mon bon ami. Mais nous devons d'abord nous enquérir de l'adresse de ces dignes personnes.

On nous indiqua volontiers la route mais non sans une certaine confusion, car il fallait emprunter toute une série de chemins creux. La demeure des demoiselles Tripp était un cottage pittoresque, si vieux qu'il semblait sur le point de s'écrouler.

Une adolescente d'environ quatorze ans nous ouvrit la porte ; elle dut se plaquer non sans difficulté contre le mur pour nous laisser le passage.

À l'intérieur, tout n'était que vieilles poutres de chêne. Il y avait un âtre immense – et des fenêtres tellement minuscules que l'on n'y voyait guère. Le mobilier était de genre pseudo-simple – style vieux-chêne-rustique-pour-vieux-logis-campagnard. Quantité de fruits trônaient dans quantité de saladiers en bois. Un grand nombre de photographies se couraient après dont la plupart, remarquai-je, représentaient toujours les deux mêmes personnes dans des poses diverses ; le plus souvent, elles serraient des bouquets de fleurs sur leurs seins ou cramponnaient de larges chapeaux de paille d'Italie.

La gamine qui nous avait accueillis avait murmuré

quelques mots avant de disparaître, mais nous perçûmes clairement sa voix à l'étage.

– Y a deux messieurs qui demandent après vous, m'selles !

Un pépiement de voix féminines se fit entendre au-dessus de nous, et bientôt une créature de sexe féminin descendit l'escalier dans un concert de froissements et de froufrous, puis s'approcha avec une grâce dansante.

Elle n'était pas loin de la cinquantaine, avait le cheveu coiffé à la Vierge, avec la raie au milieu, et l'œil marron légèrement proéminent. Quelque peu replète, elle portait une robe de mousseline à ramages qui lui donnait bizarrement l'air d'être déguisée.

Poirot engagea la conversation dans son style le plus fleuri.

– Je me dois de vous présenter mille et une excuses pour cette intrusion, bien chère mademoiselle, mais je me trouve dans une situation quelque peu délicate. J'ai fait le voyage jusqu'ici dans le but de rencontrer une dame ; cependant, elle a quitté Market Basing et l'on m'a dit que vous auriez très certainement son adresse.

– Vraiment ? Et de qui s'agit-il ?

– Miss Lawson.

– Oh, Minnie Lawson ! *Bien sûr !* Nous sommes les plus grandes amies du monde. Asseyez-vous, monsieur... Euh...

– Parotti. Et voici mon camarade, le capitaine Hastings.

Les présentations faites, miss Tripp se mit aussitôt en frais.

– Installez-vous là, voulez-vous... Non, merci... je vous

assure... j'ai toujours préféré les chaises droites. Bon, vous êtes bien, bien sûrs d'être à votre aise, là ? Chère Minnie Lawson... Oh ! voici ma sœur.

Nous entendîmes de nouveaux froufrous et fûmes rejoints par une seconde créature de sexe identique, vêtue d'une robe en vichy vert qui aurait été parfaite sur une fille de seize ans.

– Ma sœur Isabel. Monsieur... euh... Parodie et... euh le capitaine Hawkins. Chère, chère Isabel, ces messieurs sont des amis de Minnie Lawson.

Comparée à sa sœur, miss Isabel Tripp eût pu passer pour squelettique. Ses cheveux très blonds étaient coiffés en une multitude de bouclettes quelque peu en désordre. Elle avait des attitudes enfantines et c'était elle, sans le moindre doute, que l'on voyait sur la plupart des photographies aux bouquets. Elle ne tarda pas à joindre les mains avec un juvénile enthousiasme.

– C'est merveilleux ! Cette chère Minnie ! Vous l'avez rencontrée récemment ?

– Pas depuis plusieurs années, expliqua Poirot. Nous nous sommes complètement perdus de vue. J'ai beaucoup voyagé. C'est pourquoi j'ai été si étonné et ravi lorsque j'ai appris la bonne fortune de ma vieille amie.

– Oui, en effet. Mais elle l'a tellement bien méritée ! Minnie est une personne si rare. Si simple, si droite.

– Julia ! couina soudain Isabel.

– Oui, Isabel ?

– C'est extraordinaire. *P !* Tu te souviens que la planchette insistait nettement sur la lettre *P*, hier soir ? Un visiteur d'outre-mer, dont le nom commençait par un *P* !

– Exact, confirma Julia.

Les deux demoiselles regardèrent Poirot avec un air stupéfait et émerveillé.

– La planchette ne ment jamais, constata doucement miss Julia.

– Vous intéressez-vous un tant soit peu aux sciences occultes, monsieur Parodie ?

– Je n'y connais pas grand-chose, chère mademoiselle, mais... comme tous ceux qui ont longtemps voyagé en Orient, je dois admettre qu'il est maints phénomènes que l'on ne comprend pas et que l'on ne peut expliquer de façon naturelle.

– C'est si vrai, dit Julia. Si profondément vrai.

– L'Orient..., murmura Isabel. La terre du mysticisme et de l'occulte.

À ma connaissance, les voyages de Poirot en Orient se limitaient à un séjour en Syrie, puis en Irak, qui n'avait guère duré que quelques semaines en tout. À en juger pourtant par ses propos actuels, on eût juré qu'il avait passé la majeure partie de sa vie à parcourir la jungle et les bazars et à discuter avec les fakirs, les derviches et les mahatmas.

Je crus comprendre que les demoiselles Tripp étaient végétariennes, théosophes, israélites britanniques, scientistes chrétiennes, spirites, et qu'elles pratiquaient la photographie amateur avec enthousiasme.

– On a parfois le sentiment, dit Julia dans un soupir, qu'il est impossible de vivre dans un endroit comme Market Basing. C'est un lieu sans beauté – sans âme. Et on ne peut se passer de l'âme, ne pensez-vous pas, capitaine Hawkins ?

– Absolument, hasardai-je, un peu embarrassé. Oh absolument.

– *Là où ne fleurit pas l'idéal, l'individu se ronge et dépérit*, cita Isabel, en soupirant à son tour. J'ai souvent essayé de parler de ces choses avec le pasteur, mais je l'ai trouvé affreusement *borné*. Ne croyez-vous pas, monsieur Parodie, que toute croyance trop stricte rétrécit l'esprit ?

– Alors que tout est si simple, en réalité, ajouta sa sœur. Comme nous le savons si bien, tout n'est que joie et amour !

– C'est tellement vrai, répliqua Poirot. Tellement vrai. Quelle pitié qu'il doive toujours y avoir, semble-t-il, tant d'incompréhension et de querelles – et surtout dès qu'il est question d'argent.

– L'argent, quelle contingence sordide ! gémit Julia.

– Je crois que la défunte miss Arundell était l'une de vos converties ? s'enquit Poirot.

Les deux sœurs échangèrent un regard.

– J'aimerais en être sûre, répondit Isabel.

– Nous n'en avons jamais été tout à fait certaines, murmura Julia. Elle semblait convaincue, et puis la seconde suivante elle disait quelque chose de si... si grivois. (Elle ajouta, à l'intention de sa sœur :) Ah, mais souviens-toi de la dernière manifestation. Ça a été réellement remarquable. (Elle se tourna vers Poirot.) C'était le soir où cette chère miss Arundell est tombée malade. Ma sœur et moi étions passées chez elle après dîner, et nous avons eu une séance, juste nous quatre. Et, vous savez, nous avons vu *très* distinctement – oui, nous l'avons vu toutes les trois – une sorte de halo autour de la tête de miss Arundell.

– Je vous demande pardon ?

– Oui. Comme une vapeur lumineuse. (Elle considéra Isabel :) C'est bien ainsi que tu décrivais la chose, toi aussi ?

– Oui. Oui, exactement. Une vapeur lumineuse a peu à peu entouré la tête de miss Arundell – une auréole de lumière diaphane. C'était un signe – maintenant, nous le savons – un signe qu'elle allait bientôt... passer de l'autre côté.

– Remarquable ! dit Poirot, d'une voix indiquant à quel point il était impressionné. Il faisait sombre dans la pièce, n'est-ce pas ?

– Oh, oui, nous obtenons toujours de meilleurs résultats dans le noir, et c'était une soirée si douce que le feu, dans la cheminée, n'était même pas allumé.

– Un esprit des plus intéressant nous a parlé, dit Isabel. Une femme qui se nommait Fatima. Elle nous a dit qu'elle était morte à l'époque des Croisades. Elle nous a délivré un message d'une beauté !

– Elle vous a vraiment parlé ?

– Non, nous n'avons pas entendu directement sa voix, bien sûr. Elle s'est exprimée en frappant. Amour. Espoir. Vie. Des mots merveilleux.

– Et miss Arundell est tombée malade pendant la séance ?

– Juste après. On nous a apporté des sandwiches et du porto, et notre chère miss Arundell a dit qu'elle ne voulait rien, car elle ne se sentait pas très bien. C'est ainsi que sa maladie a commencé. Dieu merci, elle n'a pas souffert trop longtemps.

– Elle est morte quatre jours plus tard, précisa Isabel.

– Et elle nous a déjà fait passer des messages, ajouta Julia d'une voix passionnée. Disant qu'elle est très heureuse et que tout est beau et qu'elle espère que la paix et l'amour règnent parmi les siens.

Poirot toussota.

– Ce qui... euh... n'est pas vraiment le cas, je le crains.

– La famille s'est conduite de façon *honteuse* envers la pauvre Minnie ! s'exclama Isabel, rougissante d'indignation.

– Minnie est l'âme la plus *détachée* des contingences matérielles que je connaisse, renchérit Julia.

– Les gens se sont mis à répandre sur elle les *pires* horreurs – qu'elle avait tout *manigancé* pour que cet argent lui soit légué !

– Alors qu'en réalité ça a été pour elle une *immense* surprise...

– Quand le notaire a lu le testament, elle en a à peine *cru ses oreilles...*

– Elle nous l'a raconté elle-même. « Julia, ma chère, un rien m'aurait fait tomber à la renverse ! m'a-t-elle dit. Juste quelques petits legs aux domestiques et puis... Littlegreen House et le reste de ma fortune à Wilhelmina Lawson ! » Elle était si abasourdie qu'elle pouvait à peine articuler. Et lorsqu'elle a retrouvé sa voix, elle a demandé à combien tout cela se montait – songeant sans doute que la somme s'élèverait à quelques milliers de livres –, et Mr Purvis, après avoir bafouillé et fait référence à des choses incompréhensibles du style biens meubles bruts et nets, a annoncé que l'héritage approchait des trois cent soixante-quinze mille livres. La pauvre Minnie en a presque tourné de l'œil d'après ce qu'elle nous a expliqué.

– Elle ne s'y attendait pas une seconde, insista l'autre sœur. Elle n'aurait jamais imaginé qu'une chose pareille puisse lui arriver !

– C'est ce qu'elle vous a déclaré, c'est ça ?

– Oh, oui, elle nous l'a répété plusieurs fois. Et c'est pourquoi le comportement des parents d'Emily est si *cruel* – ils lui battent froid et la soupçonnent. Après tout, nous vivons dans un pays libre.

– Le peuple anglais semble en effet victime de cette illusion, murmura Poirot.

– Et j'aurais espéré que *tout un chacun* pouvait laisser son argent à la personne de son choix ! J'estime que miss Arundell a agi avec beaucoup de *sagesse*. Manifestement, elle ne faisait pas confiance à sa propre famille, et j'ose dire qu'elle avait ses raisons.

– Ah ? (Poirot se pencha vers elle, l'air intéressé.) Vraiment ?

Encouragée par cette flatteuse attention, Isabel poursuivit :

– Oui. Vraiment. Mr Charles Arundell, son neveu, a tout d'un vaurien. C'est connu. Je crois même qu'il est recherché par la police d'un pays étranger. Ce n'est pas du tout un personnage recommandable. Quant à sa sœur, eh bien, en fait je ne lui ai jamais *parlé* personnellement, mais elle a une drôle d'allure. Ultra-moderne, pour ne pas dire plus, et atrocement maquillée. Je vous assure, quand j'ai vu ses lèvres, j'ai un instant redouté la nausée. On aurait dit du *sang*. Et je la soupçonne de se droguer – son comportement est parfois si bizarre ! Elle passe pour être fiancée à ce sympathique jeune Dr Donaldson, mais je parie que *lui-même* doit se montrer parfois dégoûté. Bien sûr, elle est séduisante à sa façon, mais j'espère qu'il retrouvera ses esprits à temps et qu'il prendra pour femme une gentille petite Anglaise aimant la campagne et la vie au grand air.

– Et les autres membres de la famille ?

– Eh bien, c'est le même problème. Très peu recommandables. Non que j'aie quelque chose à redire à l'encontre de Mrs Tanios – c'est une femme charmante, mais complètement idiote et totalement sous la coupe de son mari. C'est un Turc, je crois – c'est plutôt affreux de la part d'une Anglaise d'épouser un *Turc*, je trouve. Pas vous ? Cela dénote un certain manque de *délicatesse*. Cela dit, Mrs Tanios est une très bonne mère, bien que ses enfants soient singulièrement laids, les pauvres petits.

– Ainsi, tout compte fait, vous estimez qu'il valait mieux que la fortune de miss Arundell aille à miss Lawson, car elle la méritait davantage que tout le monde ?

– Minnie Lawson est foncièrement *bonne*, répondit Julia d'un ton serein. Et si *détachée des biens de ce monde*. Ce n'est pas comme si elle avait jamais *pensé* à l'argent, non. Elle ne s'est *jamais* montrée cupide.

– Et pourtant, il ne lui est pas venu à l'idée un instant de refuser l'héritage ? s'étonna Poirot.

Isabel regimba quelque peu.

– Oh ! voyons... Personne n'irait jusque-*là* !

– Non, peut-être bien que non..., admit Poirot avec un sourire.

– Vous voyez, monsieur Parodie, intervint Julia, elle le considère comme un *dépôt* – un *dépôt* sacré.

– Et elle est tout à fait prête à faire un geste pour Mrs Tanios ou ses enfants, poursuivit Isabel. Seulement, elle ne veut pas que *lui*, il touche à cet argent.

– Elle a même dit qu'elle envisageait d'accorder une rente à Theresa.

– Et ça, j'estime que c'est très généreux de sa part – quand on considère la manière cavalière dont cette fille l'a toujours traitée.

– C'est vrai, Mr Parodie, Minnie est la plus *généreuse* des créatures. Mais naturellement, vous la connaissez, bien sûr.

– Oui, répondit Poirot. En revanche, je ne connais toujours pas... son adresse.

– Suis-je bête ! Et où ai-je la tête ? Voulez-vous que je vous l'inscrive ?

– Je peux la noter.

Et Poirot sortit son inévitable calepin.

– 17, Clanroyden Mansions, W.2. Pas très loin de Whiteleys. Vous lui transmettrez notre affection, n'est-ce pas ? Nous n'avons pas eu de ses nouvelles depuis un certain temps.

Poirot se leva et je l'imitai.

– Laissez-moi vous remercier infiniment toutes les deux pour cette conversation des plus charmante. Et vous avez été fort aimables de m'indiquer l'adresse de mon amie.

– Je m'étonne qu'on ne vous l'ait pas donnée à Littlegreen ! s'exclama Isabel. Ça doit être cette Ellen !

Les domestiques sont si *jalouses* et si *mesquines* ! Il leur arrivait parfois d'être grossières avec Minnie.

Julia nous serra la main avec mille manières étudiées.

– Votre visite nous a fait très plaisir, roucoula-t-elle. Si j'osais, je...

Elle lança un regard interrogateur à sa sœur.

– Accepteriez-vous... (Le rose vint aux joues d'Isabel.) Auriez-vous la bonté d'accepter de partager notre repas du soir ? Un repas très simple – quelques légumes râpés, du pain complet avec du beurre salé, un fruit peut-être...

– Cela me semble succulent, répondit précipitamment Poirot. Hélas ! mon ami et moi devons rentrer à Londres.

Après de nouvelles poignées de main et d'autres messages à transmettre à miss Lawson, nous prîmes enfin congé.

12

Poirot discute de l'affaire

– Dieu merci, Poirot, m'écriai-je avec ferveur, vous nous avez délivrés des carottes crues ! Quelles horribles créatures !

– Pour nous, ce sera un bon bifteck – avec des frites – et une bonne bouteille de vin. Qu'est-ce que nous aurions eu à boire ici, je me le demande ?

– De l'eau, frissonnai-je, ou du cidre sans alcool. C'est

sûrement le genre de la maison. Je parie qu'il n'y a ni baignoire ni sanitaires, juste un trou au fond du jardin.

– C'est drôle de voir à quel point les femmes aiment à vivre sans confort, dit Poirot d'un ton pensif. Et ce n'est pas toujours par manque d'argent, bien qu'elles soient très fortes pour le dissimuler quand elles sont dans la gêne.

– Quels sont vos ordres au chauffeur, cette fois ? demandai-je tandis que, après avoir négocié le dernier virage d'une succession de petits chemins sinueux, nous débouchions sur la nationale menant à Market Basing. À quelle sommité locale allons-nous rendre visite ? Ou bien retournons-nous chez *George*, pour réinterroger le serveur asthmatique ?

– Vous serez heureux d'apprendre, Hastings, que nous en avons terminé avec Market Basing.

– Formidable !

– Pour le moment seulement. Parce que j'y reviendrai !

– Toujours sur la piste de votre meurtrier malchanceux ?

– Exactement.

– Avez-vous tiré quelque enseignement du ramassis de sottises que nous venons d'entendre ?

– Certains points méritent notre attention, répondit Poirot en choisissant ses mots avec soin. Les différents personnages de notre drame commencent à se préciser. Par certains côtés, cela ressemble à un roman à l'eau de rose, vous ne trouvez pas ? L'humble employée, longtemps méprisée, accède à la richesse et joue le rôle de la grande dame généreuse.

– J'imagine qu'une telle bonté doit être terriblement blessante pour ceux qui se considèrent comme les héritiers légitimes !

– Comme vous dites, Hastings. Oui, c'est parfaitement exact.

Nous roulâmes quelques minutes en silence. Nous avions traversé Market Basing, et nous retrouvions sur la nationale. Je fredonnais l'air de « Petit homme, tu as eu une rude journée ».

– Vous vous êtes bien amusé, Poirot ? demandai-je enfin.

– Je ne comprends pas du tout ce que vous entendez par « bien amusé », Hastings, répliqua-t-il avec froideur.

– Eh bien, expliquai-je, j'ai comme qui dirait l'impression que vous vous êtes offert une journée de loisirs dirigés.

– Vous ne me trouvez pas sérieux ?

– Oh, *sérieux*, vous l'êtes ! Mais votre engagement m'a tout l'air purement académique. Vous pratiquez ici une sorte de gymnastique intellectuelle gratuite. Si vous voulez le fond de ma pensée tout ceci n'a rien de *réel*.

– Au contraire. C'est tout ce qu'il y a de plus réel.

– Je me suis mal exprimé. Voilà où je voulais en venir : s'il s'agissait d'*aider* notre vieille dame, ou de la protéger contre une nouvelle agression, en ce cas, le jeu en vaudrait mille fois la chandelle. Mais puisque après tout elle est morte, je ne puis m'empêcher de me demander pourquoi nous nous donnons tant de peine.

– Si l'on vous écoutait, mon bon ami, on n'enquêterait jamais sur aucune affaire de meurtre.

– Mais bien sûr que si ! Ça n'a rien à voir ! Bon sang, les autres fois, on a un *cadavre*... Oh, et puis zut !

– Ne vous énervez pas. J'ai très bien compris. Vous établissez une distinction entre un *cadavre* et une simple *mort naturelle*. Supposons, par exemple, qu'au lieu de nous quitter bien sagement à la suite d'une longue maladie, miss Arundell ait eu une fin brutale et violente – alors vous ne resteriez pas indifférent à mes efforts pour découvrir la vérité ?

– Bien sûr.

– Quelqu'un a quand même tenté de la tuer !

– Oui, mais ce quelqu'un a *échoué*. C'est là toute la différence.

– Et ça ne vous intéresse absolument pas de savoir *qui* a voulu l'assassiner ?

– Euh... Si, d'une certaine manière.

– Nous sommes en présence d'un groupe très restreint, dit Poirot, songeur. Ce fil tendu dans l'escalier...

– Ce fil dont vous déduisez simplement l'existence parce que vous avez trouvé un clou planté dans la plinthe ! l'interrompis-je. Qui sait ? Ce clou était peut-être là depuis des années ?

– Non. La peinture était très récente.

– Je continue à croire qu'il peut y avoir toutes sortes d'explications à la présence de ce clou.

– Donnez-m'en une.

Sur le moment, rien de suffisamment plausible ne me vint à l'esprit. Poirot profita de mon mutisme pour poursuivre son raisonnement.

– Oui, un groupe restreint. Ce fil n'a pu être tendu en travers de la première marche qu'une fois tout le monde couché. *Nous ne devons donc tenir compte que des occupants de la maison.* C'est-à-dire que le coupable se trouve parmi ces sept personnes : le Dr Tanios, Mrs Tanios, Theresa Arundell, Charles Arundell, miss Lawson, Ellen et la cuisinière.

– On peut certainement laisser les domestiques de côté.

– Ils ont reçu une part d'héritage, mon très cher. Et l'un d'eux avait peut-être d'autres raisons de tuer : vengeance, querelle qui aurait mal tourné, indélicatesse mise au jour – on ne peut rien *affirmer*.

– Cela m'étonnerait tout de même.

– C'est en effet peu probable, je vous l'accorde. Mais il ne faut négliger aucune éventualité.

– Dans ce cas, nous sommes obligés de considérer huit suspects et non pas sept.

– Comment ça ?

Je sentis que j'allais marquer un point.

– Il faut ajouter *miss Arundell.* Comment êtes-vous sûr qu'elle n'a pas mis ce fil elle-même en travers des escaliers dans l'intention de faire choir un autre membre de la maisonnée ?

Poirot haussa les épaules.

– Vous venez de proférer une ânerie, mon tout bon. Si miss Arundell avait tendu un piège, elle aurait fait attention de ne pas s'y laisser prendre elle-même ! N'oubliez quand même pas que c'est *elle* qui est tombée.

J'abandonnai, déconfit.

Poirot poursuivit ses réflexions, d'une voix pensive :

– Le déroulement des événements est parfaitement clair : la chute, la lettre, la visite du notaire. Mais un détail reste obscur. Miss Arundell a-t-elle volontairement omis de poster cette lettre, parce qu'elle hésitait ? Ou bien se figurait-elle que celle-ci, une fois écrite, avait été envoyée ?

– C'est impossible à dire, fis-je.

– En effet. Nous ne pouvons émettre que des *suppositions.* À mon avis, elle croyait que sa lettre était partie. Elle a dû être surprise de ne pas recevoir de réponse...

Mes réflexions avaient pris une autre direction.

– D'après vous, ces histoires ridicules de spiritisme jouent-elles un rôle dans l'affaire ? demandai-je. Pensez-vous que, même si miss Peabody a jugé l'idée invraisemblable, Emily ait pu recevoir un message, au cours d'une séance, lui ordonnant de modifier son testament et de laisser son argent à la mère Lawson ?

– Cela ne correspond pas vraiment à l'impression générale que je me suis faite du caractère de miss Arundell.

– Les sœurs Tripp affirment que miss Lawson a été totalement prise au dépourvu à la lecture du testament, rappelai-je, d'une voix pensive.

– C'est ce qu'elle leur a dit, oui, admit Poirot.

– Mais vous ne le croyez pas ?

– Mon bon ami, vous connaissez ma nature méfiante ! Je ne crois jamais rien de ce que l'on me raconte si je n'en ai pas une confirmation par ailleurs.

– C'est vrai, mon vieux, m'attendris-je. Quelle nature adorable, indulgente et confiante !

– « Il dit », « Elle dit », « Ils disent »... Bah ! Qu'est-ce que ça signifie ? Rien du tout. Ça peut être la vérité vraie. Ou un mensonge bien commode. Moi, il n'y a que les faits qui m'intéressent.

– Et quels sont ces faits ?

– Miss Arundell est tombée. Cela, personne ne le conteste. Et cette chute n'est pas accidentelle – on l'a provoquée.

– La preuve de cela étant qu'Hercule Poirot en a décidé ainsi !

– Pas du tout. La preuve, c'est le clou. La preuve, c'est cette lettre que m'a envoyée miss Arundell. La preuve, c'est ce chien qui a passé la nuit dehors. La preuve, ce sont les paroles de miss Arundell à propos de « l'image du vase » et de la balle de Bob. Tout ça, ce sont des faits.

– Et le fait suivant, s'il vous plaît ?

– C'est la réponse à la question habituelle : à qui profite la mort de miss Arundell ? Réponse : à miss Lawson.

– La méchante dame de compagnie ! Mais les autres aussi pensaient que cette disparition allait leur servir. Et à l'époque de l'accident, c'est eux, effectivement, qui auraient récupéré tout l'argent !

– Exact, Hastings. C'est pourquoi ils sont tous aussi suspects les uns que les autres. Et il y a un dernier petit fait : miss Lawson s'est donné beaucoup de mal pour cacher à miss Arundell que le chien avait passé la nuit dehors.

– Vous trouvez ça suspect ?

– Pas du tout. Je le note simplement. C'était peut-être un souci bien normal pour la tranquillité d'esprit de la vieille demoiselle. C'est cela, et de loin, l'explication la plus plausible.

Je jetai un regard de côté à Poirot. Cet homme était si désespérément insaisissable !

– Miss Peabody a laissé entendre qu'il y avait quelque chose de louche avec ce testament, repris-je. Qu'est-ce qu'elle a voulu dire, d'après vous ?

– Je pense que c'est sa façon à elle d'exprimer divers doutes vagues et informulés.

– Il me semble que l'on peut éliminer les manœuvres captatoires, fis-je, pensif. Et tout indique que miss Arundell était beaucoup trop raisonnable pour croire à ces âneries spirites !

– Qu'est-ce qui vous fait dire que le spiritisme est une ânerie, Hastings ?

Je le regardai, stupéfait.

– Mon cher Poirot... Ces femmes épouvantables...

Il sourit.

– Je suis d'accord avec vous en ce qui concerne les demoiselles Tripp. Mais le seul fait qu'elles aient adhéré avec enthousiasme à la science chrétienne, au végétarisme, à la théosophie et au spiritisme ne constitue pas vraiment une preuve accablante contre tout cela ! Si une imbécile vous raconte quantité d'idioties sur un faux scarabée acheté à un escroc, cela ne jette pas forcément le discrédit sur l'ensemble de l'égyptologie !

– Vous voulez dire que vous *croyez* au spiritisme, Poirot ?

– Je n'ai pas d'idée préconçue sur la question. Je n'ai jamais étudié aucune de ces manifestations, mais il faut admettre qu'un grand nombre de scientifiques et d'érudits sont convaincus de l'existence de phénomènes qui ne sont pas seulement imputables à... dirons-nous, la crédulité d'une miss Tripp.

– Alors vous croyez à ces propos incohérents sur une auréole de lumière entourant la tête de miss Arundell ?

– Je parlais d'une manière générale – c'est votre attitude de scepticisme irraisonné que je vous reproche. Je répondrai que, m'étant fait une certaine opinion des sœurs Tripp, j'examinerai avec le plus grand soin toute information qu'elles porteront à ma connaissance. Une piquée, mon bon ami, est toujours une piquée, qu'elle parle de spiritisme, de politique, des rapports entre les sexes, ou de la doctrine bouddhiste.

– Pourtant, vous les avez écoutées avec attention.

– C'était mon travail, aujourd'hui – écouter. Entendre ce que tout le monde avait à me dire sur ces sept personnes et surtout, bien sûr, sur les cinq les plus concernées. Nous connaissons déjà un certain nombre de choses sur ces gens. Prenez miss Lawson, par exemple. Selon les Tripp, elle est dévouée, généreuse, désintéressée : en somme, quelqu'un de bien. Pour miss Peabody, au contraire, elle est crédule, stupide, et pas suffisamment courageuse ni intelligente pour commettre un crime. Le Dr Grainger nous dit qu'elle était maltraitée, qu'elle était dans une position précaire, et il la traite de « pauvre dinde peureuse » ou quelque chose d'approchant. Pour le serviteur, au restaurant, ce n'était qu'une « personne », et Ellen a précisé que Bob, le chien, la méprisait ! Tout le monde, donc, la considère sous un angle légèrement différent. Et c'est pareil pour les autres. Nul ne semble avoir une haute opinion de la moralité de Charles Arundell, mais néanmoins chacun parle de lui à sa façon. Le Dr Grainger le qualifie avec indulgence de « jeune freluquet qui n'a pas grand-chose dans la tête ». Miss Peabody prétend qu'il aurait tué père et mère pour des clopinettes mais elle préfère, c'est clair, un vaurien tel que lui à un empoté. Miss Tripp laisse entendre qu'il est capable d'un crime, et qu'il en a déjà un ou plusieurs à son actif. Tous ces éclairages indirects sont du plus haut intérêt. Ils nous incitent à entamer l'étape suivante.

– Qui est ?

– Regarder de tous nos yeux, mon bon ami.

13

Theresa Arundell

Le lendemain matin, nous nous rendîmes à l'adresse que nous avait donnée le Dr Donaldson.

J'avais suggéré à Poirot qu'une petite visite chez le notaire, Mr Purvis, aurait peut-être été une bonne chose, mais il avait fermement rejeté cette idée.

– Non, vraiment, mon bon ami. Que lui dirions-nous ? Quelle raison pourrions-nous avancer pour lui arracher des informations ?

– Ce ne sont en général pas les raisons qui vous manquent, Poirot ! N'importe quel bon vieux mensonge ferait l'affaire, non ?

– Au contraire, mon tout bon. Ce ne serait *pas*

« n'importe quel bon vieux mensonge », comme vous dites, qui marcherait. Pas avec un notaire. Nous risquerions – quelle expression employez-vous déjà, vous autres Anglais ? – nous risquerions de nous faire jeter dehors comme des malpropres.

– Seigneur ! Tout mais pas *ça* ! m'exclamai-je.

Et c'est ainsi, comme je l'ai dit, que nous partîmes pour l'appartement occupé par Theresa Arundell.

Il était situé à Chelsea, dans un immeuble avec vue sur le fleuve. Le mobilier coûteux était de style moderne : chromes étincelants et épais tapis aux dessins géométriques.

On nous fit attendre quelques minutes, puis une jeune femme pénétra dans la pièce et nous observa d'un air interrogateur.

Theresa Arundell devait avoir vingt-huit ou vingt-neuf ans. Elle était grande et mince et faisait penser à une esquisse en noir et blanc, aux traits surchargés. Ses cheveux étaient d'un noir de jais, et son visage très pâle lourdement maquillé. Ses sourcils, épilés selon un angle bizarre, lui donnaient une expression ironique. Seule tache de couleur, ses lèvres écarlates, qui semblaient une balafre entre ses joues au teint crayeux. On avait en outre l'impression – et je n'aurais su dire pourquoi, car son attitude était d'une indifférence languissante – qu'elle avait au bas mot trois fois plus de ressort que le commun des mortels. On sentait en elle comme une énergie contenue. L'image d'un coup de fouet me traversa l'esprit.

Son regard froid et inquisiteur se posa sur moi, puis sur Poirot.

Las de mentir – du moins l'espérais-je –, Poirot lui avait donné sa véritable carte de visite. Elle la retournait dans tous les sens entre ses doigts.

– Vous êtes M. Poirot ? dit-elle.

Poirot se fendit de sa plus belle courbette.

– À votre service, chère et délicieuse mademoiselle. Me permettez-vous d'abuser de votre temps si précieux ?

– Enchanté, *monsieur* Poirot. Je vous en prie, asseyez-vous, lui répondit-elle en imitant vaguement ses manières cérémonieuses.

Poirot s'installa, non sans quelques indispensables précautions, dans un fauteuil cubique surbaissé ; pour ma part, j'en choisis un à dossier droit – des sangles sur une armature chromée. Theresa prit négligemment place sur un tabouret bas, devant la cheminée. Elle nous offrit des cigarettes, que nous refusâmes, et en alluma une.

– Peut-être me connaissez-vous de réputation, chère mademoiselle ?

Elle acquiesça d'un signe de tête :

– Vous êtes copain comme cochon avec Scotland Yard, corrigez-moi si je me trompe.

Poirot, je pense, n'apprécia guère cette description. Il répondit, d'un ton gourmé :

– Je me fais un devoir de résoudre bon nombre de problèmes criminels, mademoiselle.

– C'est terriblement fascinant, dit Theresa Arundell d'une voix languide. Quand je pense que j'ai égaré mon carnet d'autographes !

– L'affaire qui me vaut l'honneur d'être ici, poursuivit Poirot, imperturbable, est la suivante : j'ai reçu hier une lettre de votre tante.

Elle écarquilla quelque peu les yeux – de très longs yeux en amande – et souffla une bouffée de fumée.

– De ma *tante*, monsieur Poirot ?

– Je viens de vous le dire, chère mademoiselle.

– Désolée de vous priver d'un divertissement prometteur, cher monsieur, mais il y a un os : je n'ai pas ça dans mes relations ! Dieu merci, toutes mes tantes ont passé l'arme à gauche. La dernière est morte il y a deux mois.

– Miss Emily Arundell ?

– Oui. Miss Emily Arundell. Les cadavres ne vous bombardent tout de même pas de lettres, monsieur Poirot ?

– Si, parfois.

– Vous êtes divinement *macabre* !

Il y avait une note nouvelle dans sa voix – elle était soudain plus éveillée, plus attentive.

– Et que vous a dit ma tante, monsieur Poirot ?

– Cela, mademoiselle, je ne puis vous le révéler pour le moment. Il s'agissait, voyez-vous, d'une affaire... (il toussota)... d'une affaire quelque peu délicate.

Il y eut un bref silence. Theresa Arundell fuma un moment sans rien dire, puis elle murmura :

– Mystère et boule de gomme, si je comprends bien. Mais qu'ai-je à voir là-dedans, au juste ?

– J'espérais, mademoiselle, que vous accepteriez de répondre à quelques questions.

– Des questions ? À quel propos ?

– Des questions d'ordre familial.

Ses yeux s'agrandirent de nouveau.

– Je vous trouve d'un solennel !... Et si vous me donniez un échantillon de vos fameuses questions ?

– Bien volontiers. Pouvez-vous me communiquer l'adresse actuelle de votre frère Charles ?

Elle plissa les paupières. On aurait dit qu'elle rentrait dans sa coquille. Son énergie semblait s'être résorbée.

– Ça ne me paraît guère faisable, non. Nous ne sommes pas du genre à nous écrire. Et j'ai comme l'impression qu'il a quitté l'Angleterre.

– Je vois, murmura Poirot, qui resta alors silencieux un instant.

– Était-ce là tout ce que vous vouliez savoir, *monsieur* Poirot ?

– Non, j'ai d'autres questions. *Un* : êtes-vous satisfaite de la façon dont votre tante a disposé de sa fortune ? *Deux* : depuis combien de temps êtes-vous fiancée au Dr Donaldson ?

– Voilà ce qui s'appelle sauter du coq à l'âne ou je ne m'y connais pas !

– Dois-je me répéter ?

– Inutile. Nous n'avons pas gardé les cochons ensemble. Je répondrai donc en bloc à ces deux questions que ça ne vous regarde pas. *Ça ne vous regarde pas, monsieur Hercule Poirot,* martela-t-elle en français.

Poirot l'observa attentivement un instant, puis, sans paraître déçu le moins du monde, il se leva.

– C'est donc ainsi que vous prenez les choses ! Sans doute n'y a-t-il pas lieu d'être surpris. Permettez-moi, *très chère mademoiselle,* de vous féliciter pour votre accent français. Et de vous souhaiter une bonne fin de matinée. Venez, Hastings.

Nous étions arrivés à la porte lorsque la jeune femme se manifesta. Son injonction me fit, là encore, penser à un coup de fouet. Elle n'avait pas bougé, mais ses deux mots claquèrent, oui, claquèrent exactement comme un coup de fouet.

– Revenez ici !

Poirot obéit avec lenteur. Il se rassit et l'observa d'un air interrogateur.

– Arrêtons de faire l'andouille, dit-elle. Il n'est pas totalement exclu que vous puissiez m'être utile, monsieur Hercule Poirot.

– J'en serais ravi, mademoiselle. Mais de quelle façon ?

Entre deux bouffées de sa cigarette, elle répondit très doucement, d'une voix égale :

– Dites-moi comment faire annuler ce testament.

– Un avocat pourrait certainement vous...

– Oui, un avocat, peut-être – si je dénichais l'oiseau rare – ou la brebis galeuse, comme vous préférez. Mais les seuls que je connaisse sont, hélas, honnêtes ! D'après eux, le testament est tout ce qu'il y a de légal, et l'attaquer devant un tribunal reviendrait à jeter l'argent par les fenêtres.

– Mais vous ne les croyez pas.

– Ce que je crois, c'est qu'il y a toujours une solution. Il suffit de faire taire ses scrupules et d'être prêt à y mettre le prix. *Eh bien, moi, j'y suis prête.*

– Et il va de soi, selon vous, que moi aussi je peux oublier mes scrupules moyennant finances ?

– Je me suis aperçue que c'était vrai de la plupart des gens. Je ne vois pas pourquoi vous seriez une exception à la règle. Bien sûr, tout le monde commence toujours par protester de son honnêteté.

– Exactement. Ça fait partie du jeu, hein ? Mais – dans la mesure où je serais disposé à oublier mes scrupules – que pensez-vous donc que je pourrais faire ?

– Je ne sais pas, moi. Mais vous êtes un homme intelligent. Ce n'est un secret pour personne. Vous pourriez trouver la forme adéquate du système D.

– Laquelle, au juste ?

Theresa Arundell haussa les épaules.

– Ça, c'est votre affaire. Voler le testament et le remplacer par un faux... Kidnapper cet épouvantail de Lawson et lui flanquer la frousse pour lui faire avouer qu'elle a forcé ma tante à le rédiger en sa faveur. Produire un troisième testament écrit sur le lit de mort de la vieille Emily.

– Votre imagination débordante me laisse sans voix, très chère mademoiselle !

– D'accord, mais quelle est votre réponse ? J'ai été suffisamment franche. Si vous m'opposez un refus vertueux, voilà la porte.

– Ce n'est pas un refus vertueux – pas encore, dit Poirot.

Theresa Arundell se mit à rire et me regarda.

– Votre ami, observa-t-elle à l'intention de Poirot, semble choqué. Si nous l'envoyions se faire fiche autour du pâté de maisons ?

Poirot s'adressa à moi avec une pointe d'irritation :

– Hastings, contrôlez, s'il vous plaît, votre belle et droite nature. (Puis, à Theresa :) Je vous prie d'excuser mon ami, exquise mademoiselle. Il est honnête, comme vous l'avez constaté. Mais il est fidèle, aussi, et sa loyauté à mon égard est absolue. En tout cas, laissez-moi insister sur un point. (Il la fixa d'un regard intense.) Quoi que nous fassions, nous resterons dans les limites de la loi.

Les sourcils de Theresa se soulevèrent un tantinet.

– ... La loi, ajouta Poirot d'un ton pensif, nous laissant une bonne marge d'action.

– Je vois, dit-elle avec un petit sourire. Nous considérerons donc cela comme entendu. Voulez-vous que nous discutions de votre part du gâteau – s'il s'avère qu'il y en a un ?

– Là aussi, nous pouvons nous entendre. Quelques jolies petites miettes, c'est tout ce que je demande.

– Marché conclu, dit Theresa.

– Écoutez, très chère petite mademoiselle, reprit Poirot en se penchant en avant, dans quatre-vingt-dix-neuf pour cent des cas, dirons-nous, je suis du côté de la loi. Quant au un pour cent qui reste – eh bien, c'est différent. D'abord, c'est en général bien plus lucratif... Mais il faut s'y prendre avec beaucoup de discrétion, vous l'imaginez. Vraiment beaucoup. Ma réputation ne doit pas en souffrir. Je suis obligé d'être prudent. (Theresa Arundell acquiesça d'un mouvement de tête.) Et il me faut connaître *tous* les éléments de l'affaire ! Il me faut la vérité ! Vous comprenez que lorsque l'on sait la vérité on a plus de facilité pour décider quel mensonge raconter au juste !

– Cela semble éminemment raisonnable.

– Dans ce cas, c'est parfait. Voyons, quand les nouvelles dispositions testamentaires ont-elles été prises ?

– Le 21 avril.

– Et les précédentes ?

– Tante Emily les a rédigées il y a cinq ans.

– Et en quoi consistaient-elles ?

– Un legs à Ellen et un autre à une ancienne cuisinière. Le reste de ses biens était partagé entre les enfants de son frère Thomas et de sa sœur Arabella.

– L'argent était-il laissé sous forme de fidéicommis ?

– Non. Nous en avions l'usage immédiat.

– Maintenant, écoutez-moi bien. Étiez-vous tous au courant de cela ?

– Bien sûr, Charles et moi le savions. Et Bella aussi. Tante Emily n'en faisait pas mystère. En fait, chaque fois que l'un d'entre nous lui mendiait un prêt, elle répondait toujours : « Vous aurez tout mon argent quand je serai morte. Contentez-vous de ça. »

– Aurait-elle refusé de vous prêter de l'argent en cas de maladie ou dans des circonstances exceptionnelles ?

– Non, je ne crois pas, répondit doucement Theresa.

– Mais elle estimait que vous en aviez tous assez pour vivre ?

– C'était son opinion, oui.

Il y avait de l'amertume dans sa voix.

– Mais vous n'étiez pas de cet avis ?

Theresa ne répondit pas immédiatement. Puis, elle expliqua :

– Mon père nous a laissé trente mille livres à chacun, à Charles et à moi. Les intérêts de cette somme, qui a fait l'objet de placements sûrs, s'élèvent à environ douze cents livres par an. Une fois les impôts payés, c'est un joli revenu avec lequel on peut vivre très à l'aise. Mais moi, je... (Sa voix changea, son corps mince se raidit, sa tête se renversa légèrement en arrière – toute cette merveilleuse énergie que j'avais sentie en elle ressortait soudain.)... Mais moi je veux mille fois mieux que cette existence-là ! Je veux ce qu'il y a de meilleur ! Les restaurants les plus gastronomiques, les robes les plus coûteuses et avec le chic en plus – pas seulement des vêtements bêtement à la mode. Je veux vivre à cent à l'heure et m'amuser comme une folle, je veux aller me baigner, l'été, au soleil de la Côte d'Azur, je veux avoir les moyens de m'asseoir à une table de jeu quand l'envie m'en prend et risquer des sommes folles, je veux donner des fêtes – des fêtes sauvages, absurdes, extravagantes –, je veux tout ce qu'offre ce monde déliquescent, et je ne le veux pas dans dix ans... il me le faut tout de suite !

Sa voix sonnait, merveilleusement chaude, entraînante, envoûtante.

Poirot observait son interlocutrice avec infiniment d'attention.

– Et j'imagine que c'est ce qui s'est passé. Vous l'avez eue *tout de suite,* cette vie ?

– Oui, Hercule, je l'ai eue.

– Et combien vous reste-t-il sur les trente mille livres ?

Elle éclata soudain de rire.

– Deux cent vingt et une livres, quatorze shillings et sept pence. C'est le chiffre exact, sur mon compte. Alors vous voyez, mon petit bonhomme, vous allez être payé aux résultats. Pas de résultats, pas de salaire.

– Dans ce cas, dit Poirot, très terre à terre, il y aura certainement des résultats.

– Vous êtes un super petit bonhomme, Hercule. Je suis heureuse qu'on fasse équipe.

Poirot reprit alors, sur un ton très professionnel :

– Il y a quelques menus détails que je dois absolument savoir. Prenez-vous de la drogue ?

– Non, jamais.

– Vous buvez ?

– Pas mal, oui. Mais pas par amour de l'alcool. Mes amis boivent et je fais comme eux, mais je peux arrêter quand je veux.

– Très bien.

Elle se remit à rire :

– Rassurez-vous, Hercule, je ne vendrai pas la mèche un jour où j'aurai un coup dans l'aile !

– Et sur le plan sentimental ? poursuivit Poirot.

– Beaucoup d'aventures, dans le passé.

– Et aujourd'hui ?

– Seulement Rex.

– Le Dr Donaldson ?

– Oui.

– Il paraît pourtant très étranger à la vie que vous décrivez.

– Oh, il l'est.

– Et cependant, vous tenez à lui. Comment est-ce possible ?

– Qui connaît la raison des choses ? Pourquoi Juliette est-elle tombée amoureuse de Roméo ?

– Avec tout le respect dû à Shakespeare, il se trouve que c'était le premier homme qu'elle rencontrait.

– Je ne peux pas dire que ce soit mon cas avec Rex, murmura Theresa. Il s'en faut de beaucoup. (Elle ajouta, d'une voix encore plus basse :) Mais je crois – je sens – que ce sera le bon.

– Et c'est un homme sans le sou.

Elle acquiesça.

– Il a besoin d'argent, lui aussi ?

– Désespérément. Oh ! pas pour les mêmes raisons que moi. Il ne court pas après le luxe, la beauté ou le plaisir. Non, rien de tout ça. Il serait capable de porter le même complet-veston jusqu'à ce qu'il tombe en lambeaux, et de manger tous les jours avec joie une côtelette desséchée, et de se laver dans une baignoire en fer-blanc ébréchée. Avec de l'argent, il achèterait des éprouvettes, et un laboratoire et tout ça. Il est ambitieux. Son travail passe avant tout, et même... avant moi.

– Savait-il que vous alliez hériter, à la mort de miss Arundell ?

– Je le lui avais dit. Oh, après nos fiançailles ! Il ne m'épouse vraiment pas pour ma fortune, si c'est à ça que vous voulez en venir.

– Vous êtes toujours fiancés ?

– Bien sûr que oui.

Poirot n'ajouta rien. Et son silence sembla inquiéter la jeune femme.

– Bien sûr que nous sommes fiancés, répéta-t-elle d'un ton âpre, avant d'ajouter : Vous... Vous l'avez vu ?

– Je l'ai vu hier, à Market Basing.

– Pourquoi ? Qu'est-ce que vous lui avez dit ?

– Je ne lui ai rien dit. Je lui ai simplement demandé l'adresse de votre frère.

– Charles ? (Le ton était redevenu brutal.) Qu'est-ce que vous lui voulez, à Charles ?

– Charles ? Qui demande Charles ?

C'était une nouvelle voix qui posait cette fois la question – une voix masculine particulièrement agréable à l'oreille.

Un jeune homme, bronzé et tout sourire, était entré dans la pièce d'un pas nonchalant.

– On parle de moi ? demanda-t-il. J'ai entendu prononcer mon nom depuis le couloir, mais je n'ai pas collé mon oreille au trou de la serrure. Ils étaient particulièrement pointilleux sur le chapitre des trous de serrure, à Borstal. Bon, maintenant, qu'est-ce qui se passe, Theresa, ma poulette ? Crache le morceau, tu veux ?

14

Charles Arundell

Je me dois d'avouer que, dès que je l'aperçus, je ne pus m'empêcher d'éprouver de la sympathie pour Charles Arundell. Il avait l'air si détendu, si désinvolte... Ses yeux pétillaient de malice et j'avais rarement vu sourire plus désarmant.

Il vint s'asseoir sur le bras d'un gros fauteuil rembourré.

– Alors, ma vieille, qu'est-ce qui se passe ? s'enquit-il.

– Je te présente M. Hercule Poirot, Charles. Il est disposé... euh... à faire un sale boulot pour nous en échange d'une modeste rétribution.

– Je proteste ! s'exclama Poirot. Il ne s'agit en aucun cas d'un « sale boulot », comme vous dites. C'est au pire un petit écart sans gravité, destiné à faire respecter les intentions premières de la défunte. Formulons cela ainsi.

– Exprimez-le de la manière que vous voulez, répondit Charles avec amabilité. Je me demande ce qui a poussé Theresa à s'adresser à vous.

– Ce n'est pas elle, se hâta d'expliquer Poirot. Je suis venu ici de mon propre chef.

– Pour proposer vos services ?

– Pas tout à fait. Je cherchais à vous joindre. Votre sœur m'a répondu que vous étiez à l'étranger.

– Theresa est une sœur très prudente, dit Charles. Elle ne commet pratiquement jamais d'erreur. En réalité, elle est méfiante comme une chatte.

Il lui adressa un sourire affectueux, qu'elle ne lui rendit pas. Elle paraissait songeuse, presque inquiète.

– Seulement cette fois-ci, poursuivit Charles, je crains bien que tu ne te sois fourvoyée, comme on dit dans le beau monde. Poirot est connu pour traquer les criminels, certainement pas pour les aider.

– Nous ne sommes pas des criminels, protesta Theresa d'un ton brusque.

– Mais nous sommes tout disposés à le devenir, riposta son frère, toujours affable. J'avais moi-même pensé à une petite contrefaçon – c'est davantage ma spécialité. J'ai été renvoyé d'Oxford à cause d'un léger malentendu à propos d'un chèque. C'était pourtant d'une simplicité enfantine – l'histoire toute bête d'un zéro rajouté. Ensuite, il y a eu une autre entourloupe sans importance avec tante Emily et la banque locale. C'était stupide de ma part, bien sûr. J'aurais dû me rendre compte que notre bien-aimée tantine était maligne comme un singe.

Cependant, ce n'étaient là que peccadilles – cinq, dix livres, de cet ordre-là. Seulement, un testament rédigé sur un lit de mort, il faut reconnaître que c'est plus risqué. On devrait mettre la main sur cette enquiquineuse patentée d'Ellen et la... – on dit suborner, je crois ? –, enfin, bon, la persuader de raconter qu'elle a vu Emily l'écrire. Je crains que ce ne soit pas facile, facile. Je pourrais peut-être aller jusqu'à l'épouser... pour qu'elle n'ait plus moyen, ensuite, de témoigner contre moi.

Il adressa à Poirot un sourire désarmant.

– Je suis sûr que vous avez caché un micro quelque part et qu'en ce moment, Scotland Yard nous écoute...

– Votre problème m'intéresse, répondit Poirot, d'un ton quelque peu désapprobateur. Évidemment, je ne peux pas être complice d'une action illégale. Mais il y a plus d'une façon de...

Le fait qu'il ne terminât pas sa phrase était éloquent.

Charles Arundell haussa ses élégantes épaules.

– Je ne doute pas, en effet, qu'il y ait de multiples moyens de tourner la loi tout en restant dans la légalité, fit-il remarquer avec amabilité. Vous devez être bien placé pour le savoir.

– Qui a servi de témoin, lors de la rédaction du testament ? J'entends celui du 21 avril.

– Purvis est venu avec son clerc et c'est le jardinier qui a fait office de second témoin.

– Ce document a donc été signé en présence de Mr Purvis ?

– Oui.

– Et je suppose que ce Purvis est un homme des plus respectable ?

– L'étude Purvis, Purvis, Charlesworth et encore Purvis est aussi respectable et irréprochable que la Banque d'Angleterre, répondit Charles.

– Ça ne lui a pas vraiment plu de rédiger cet acte, intervint Theresa. Je crois qu'il a même, avec la plus totale correction, tenté de dissuader tante Emily de le faire.

– C'est lui qui t'a dit ça, Theresa ? demanda Charles sèchement.

– Oui, je suis retournée le voir hier.

– Tu as perdu ton temps, ma chérie – et tu le sais aussi bien que moi. Il n'est là que pour se faire du fric au passage.

Theresa haussa les épaules.

– Je vais vous demander, dit Poirot, de me fournir le maximum d'informations sur les dernières semaines de la vie de miss Arundell. Et pour commencer, il m'a semblé comprendre que votre frère et vous, ainsi que le Dr Tanios et sa femme, aviez passé les fêtes de Pâques chez elle ?

– Oui, en effet, répondit-elle.

– S'est-il produit un quelconque événement significatif durant ce week-end ?

– Je ne crois pas.

– Rien ? Mais je pensais que...

Interrompant Poirot, Charles lança à sa sœur :

– Ce que tu peux être égocentrique, Theresa ! Rien ne t'est arrivé à *toi*. Tu nages dans ton roman à l'eau de rose ! Car il faut que je vous dise, monsieur Poirot, que

Theresa a un béguin à Market Basing. Un toubib du pays. C'est l'amour qui lui fausse un tantinet le sens des proportions. En fait, ma tante vénérée a dégringolé la tête la première dans l'escalier et a bien failli passer l'arme à gauche. Si seulement ç'avait pu être le cas ! Ça nous aurait évité toutes ces histoires.

– Elle a fait une chute dans l'escalier ?

– Oui, elle a trébuché sur la balle du chien. L'intelligente bestiole avait abandonné son jouet sur le palier et, en pleine nuit, cette chère tantine a fait la culbute.

– C'était quel jour ?

– Voyons... Mardi... La veille de notre départ.

– Votre tante a-t-elle été gravement blessée ?

– Hélas, elle n'est pas tombée sur la tête. Auquel cas nous aurions pu invoquer un ramollissement cérébral – ou quelque chose d'approchant, je ne connais pas le terme scientifique. Non, elle n'a pratiquement rien eu.

– Quelle déception pour vous ! fit remarquer Poirot, pince-sans-rire.

– Hein ? Oh, je vois ce que vous voulez dire. Oui, vous avez raison, quelle déception ! Des dures à cuire, ces vieilles biques.

– Et tout le monde est parti le mercredi matin ?

– Exact.

– C'était le mercredi 15. Quand avez-vous revu votre tante, ensuite ?

– Euh... pas le week-end suivant, mais l'autre.

– C'est-à-dire... Laissez-moi réfléchir... le 25. C'est bien ça ?

– Oui, je crois.

– Et votre tante est morte le.. ?

– Le vendredi suivant.
– Après être tombée malade le lundi soir ?
– Oui.
– Le lundi où vous êtes partis ?
– Oui.
– Vous n'êtes pas retournés la voir pendant sa maladie ?
– Pas avant le vendredi. Nous ne nous étions pas rendu compte de la gravité de son état.
– Êtes-vous arrivés à temps ? Elle était encore en vie ?
– Non, elle était déjà morte.
Poirot se tourna vers Theresa Arundell.
– Vous étiez avec votre frère, en ces deux occasions ?
– Oui.
– Et au cours du second week-end, la modification du testament n'a pas été évoquée ?
– Non, dit Theresa.
Charles avait répondu en même temps :
– Oh, que si !
Il s'était exprimé avec la même décontraction que d'habitude, mais sur un ton plus forcé, plus artificiel.
– Ah bon ? fit Poirot.
– Charles ! s'écria Theresa.
Charles évita les yeux de sa sœur et lui parla sans la regarder.
– Tu t'en souviens sûrement, ma poule ? Je t'ai pourtant raconté la scène, non ? Tante Emily a donné dans le style envoi-de-corps-expéditionnaire. Elle siégeait comme un juge au tribunal. Et elle s'est livrée à une sorte de harangue. Elle a déclaré qu'elle désapprouvait hautement tous les membres de sa famille – à savoir

Theresa et moi. Bella, elle la tolérait, elle n'avait rien contre elle, mais d'un autre côté elle ne supportait pas son mari et s'en méfiait comme de la peste. Achetez anglais ! C'était son leitmotiv. Si Bella héritait d'une somme importante, la tantine était convaincue que Tanios trouverait le moyen de mettre la main dessus. Avec un Grec, c'était couru d'avance : « Elle risque beaucoup moins gros comme ça », répétait-elle. Ensuite elle a déclaré qu'on ne pouvait se fier ni à Theresa ni à moi pour les questions d'argent. Nous allions forcément le perdre au jeu ou le jeter par les fenêtres. Et donc, a-t-elle conclu, elle avait rédigé un autre testament et laissait tous ses biens à miss Lawson. « Elle est stupide, a-t-elle ajouté, mais elle, c'est une gourde fidèle. Et je suis certaine qu'elle m'est totalement dévouée. Ce n'est pas de sa faute si elle n'a rien dans le crâne. J'ai estimé que c'était plus honnête de te le dire, Charles, pour que tu saches qu'il ne te sera pas possible d'emprunter de l'argent en te servant de cet héritage comme caution. » Dans le genre coup en vache, c'était servi, vu que c'était justement ce que j'étais en train d'essayer de faire.

– Pourquoi ne m'as-tu parlé de rien, Charles ? demanda Theresa, furieuse.

– Et qu'est-ce que vous lui avez rétorqué, Mr Arundell ? s'enquit Poirot.

– Moi ? fit Charles d'un ton désinvolte. Oh ! Je me suis contenté de me tordre de rire. Ça ne sert à rien de se mettre en rogne. C'est la mauvaise méthode. « Comme vous voudrez, tante Emily, lui ai-je répondu. La pilule est un peu dure à avaler, mais après tout ce fric, c'est le vôtre et vous avez bien le droit d'en disposer comme bon vous semble. »

– Comment votre tante a-t-elle réagi à ça ?

– Oh, elle l'a bien encaissé, très bien, même. Elle a dit : « Tu es beau joueur, Charles. » Ce à quoi j'ai répliqué : « Il faut savoir prendre les choses comme elles viennent. D'ailleurs, puisque maintenant je n'ai plus rien à attendre, pourquoi ne me fileriez-vous pas dix livres tout de suite ? » Elle m'a traité d'insolent et de voyou – sur quoi, je suis quand même reparti avec cinq livres en poche.

– Vous avez fort intelligemment dissimulé vos sentiments.

– En réalité, je n'avais pas pris tout tellement au sérieux.

– Vraiment ?

– Je vous jure sur le moment, j'ai cru qu'il s'agissait de ce qu'on pourrait qualifier de « coup de semonce » de la vieille chouette. Elle voulait ficher la trouille à tout le monde. J'avais l'impression très nette qu'au bout de quelques semaines, de quelques mois tout au plus, elle allait déchirer cette version-là du testament. Elle était très famille, tante Emily. Et en fait, je crois que c'est exactement ce qu'elle *aurait* fait, si elle n'était pas morte si étrangement vite.

– Tiens ! dit Poirot, voilà une idée intéressante. (Il resta silencieux un instant, puis il reprit :) Se peut-il que quelqu'un, miss Lawson, par exemple, ait surpris votre conversation ?

– C'est possible. Nous ne parlions pas spécialement à voix basse. En fait, la mère Lawson traînait devant la porte quand je suis sorti. À mon avis, elle était restée vissée un moment au trou de serrure.

Poirot considéra Theresa d'un air pensif.

– Et vous, vous ne saviez rien de tout ça ?

Charles ne lui laissa pas le temps de répondre :

– Theresa, ma vieille, je suis sûr de te l'avoir raconté – ou au moins d'y avoir fait allusion.

Il y eut un silence étrange. Charles regardait sa sœur fixement, avec une anxiété, une immobilité, qui semblaient disproportionnées par rapport à cette question.

– Si tu m'en avais parlé, répondit lentement Theresa, je ne crois pas que je l'aurais oublié. Qu'en pensez-vous, monsieur Poirot ?

Ses sombres yeux en amande se posèrent sur mon ami, qui répliqua tout aussi lentement :

– Je doute fort, en effet, que vous ayez pu l'oublier, miss Arundell.

Puis, se tournant brusquement vers Charles :

– Permettez-moi de préciser un point. Emily Arundell vous a-t-elle dit qu'elle allait modifier son testament ou vous a-t-elle expressément annoncé que *c'était déjà fait* ?

– Elle a été on ne peut plus claire, répondit vivement le jeune homme. D'ailleurs ce chiffon de papier, elle me l'a montré.

Poirot se pencha en avant et le transperça du regard.

– Ce point est essentiel. Vous dites que miss Arundell vous a *montré* le testament ?

Charles s'agita soudain comme un écolier pris en faute. Le sérieux de Poirot le mettait mal à l'aise.

– Oui, répéta-t-il. Elle me l'a montré.

– Vous pouvez le jurer ?

– Bien sûr ! (Il lui lança un coup d'œil nerveux.) Je ne vois pas pourquoi c'est si important.

Theresa se leva brusquement et s'appuya contre la cheminée. Elle alluma avec fébrilité une autre cigarette.

– Et à vous, mademoiselle ? Votre tante ne vous a-t-elle rien dit d'intéressant pendant ce week-end ?

– N-n-non... Elle s'est montrée... plutôt aimable. Enfin, aussi aimable qu'elle en était capable. Elle m'a un peu fait la morale sur ma façon de vivre... et tout ça. Mais c'était à chaque fois la même chanson. Elle m'a juste semblé un peu plus nerveuse que d'habitude.

– Je suppose, mademoiselle, que votre fiancé vous occupait davantage l'esprit, suggéra Poirot en souriant.

– Il n'était pas là, répondit-elle sèchement. Il s'était rendu à un congrès de médecine.

– Vous ne l'aviez pas vu depuis le week-end de Pâques ? C'était la dernière fois que vous vous étiez trouvés ensemble ?

– Oui. Il était venu dîner la veille de notre départ.

– Au cours de ce dîner, vous ne vous êtes pas... – pardonnez-moi ma question –, vous ne vous êtes pas disputés ?

– Absolument pas.

– Puisqu'il ne s'est pas montré le second week-end, je pensais que...

– Ah, mais voyez-vous, ce second week-end n'était pas vraiment prévu, l'interrompit Charles. Nous n'avons décidé d'y aller qu'au tout dernier moment.

– Ah bon ?

– Bon ! après tout, pourquoi ne pas dire la vérité ? soupira Theresa d'un ton las. Voyez-vous, Bella et son mari s'y étaient rendus la semaine précédente – ils avaient été aux petits soins avec tante Emily à cause de son accident. Nous avons pensé qu'ils allaient nous couper l'herbe sous le pied.

– Nous nous sommes dit, ajouta Charles avec un sourire, que nous ferions bien de montrer aussi quelque intérêt pour la santé de tante Emily. Mais en réalité, la vieille était bien trop maligne pour être dupe de ces attentions soudaines. Elle savait à quoi s'en tenir. Elle n'était pas née de la dernière pluie, tante Emily.

Theresa éclata de rire.

– Édifiant, n'est-ce pas ? Vous nous imaginez, tous, en train de tirer la langue en attendant son argent !

– C'était le cas aussi pour votre cousine et son mari ?

– Oh, oui ! Bella est perpétuellement fauchée. C'est pathétique de voir comment elle meurt d'envie de copier mes vêtements pour un huitième de leur prix... Je crois que Tanios a spéculé en Bourse avec la fortune de sa femme. Ils ont un mal de chien à joindre les deux bouts. Ils ont eu deux gosses et ils veulent les voir faire leurs études en Angleterre.

– Vous pouvez peut-être m'indiquer leur adresse ? demanda Poirot.

– Ils sont descendus au *Durham Hotel,* à Bloomsbury.

– Elle est comment, votre cousine ?

– Bella ? Bof ! c'est une raseuse. Pas vrai, Charles ?

– Elle est ennuyeuse comme la pluie. Et c'est une enquiquineuse. Mais une mère attentionnée. Comme la plupart des enquiquineuses.

– Et son mari ?

– Tanios ? Oh ! il a l'air un peu bizarre, mais au fond,

c'est un type sympa. Intelligent, drôle et tout ce qu'il y a de fair-play.

– C'est aussi votre avis, mademoiselle ?

– Je dois avouer que je le préfère à Bella. Je crois aussi que c'est un sacré bon toubib. Il n'empêche que je n'ai pas une très grande confiance en lui.

– Theresa n'a confiance en personne, intervint Charles, en passant le bras autour des épaules de sa sœur. Même pas en moi.

– Seul un débile mental, mon ange, pourrait se fier à toi, rétorqua gentiment Theresa.

Le frère et la sœur s'écartèrent l'un de l'autre et regardèrent Poirot.

Celui-ci les salua et se dirigea vers la porte.

– Je me colle – ainsi que vous diriez – sur l'affaire ! Ce ne sera ni plaisant ni commode, mais *mademoiselle* a raison. Il y a toujours une solution. Au fait, cette miss Lawson serait-elle du genre à perdre son sang-froid au cours d'un interrogatoire au tribunal ?

Charles et Theresa échangèrent un coup d'œil.

– À mon avis, répondit Charles, un avocat qui la secouerait un peu serait capable de lui faire dire que le blanc est noir – et vice versa.

– Voilà un trait de caractère qui pourrait se révéler d'une extrême utilité, conclut Poirot.

Il quitta la pièce d'un pas léger, et je le suivis. Dans le vestibule, il récupéra son chapeau, se dirigea vers la porte d'entrée, l'ouvrit et la referma aussitôt avec bruit. Puis il revint sur la pointe des pieds jusqu'à la porte du salon et colla sans vergogne son oreille dans l'entrebâillement. Quelles écoles il a bien pu fréquenter, je l'ignore

– mais l'on n'y condamnait apparemment pas l'indiscrétion. J'étais horrifié par son attitude, mais impuissant. Il ne prêta aucune attention aux gestes pressants que je lui adressai.

Ce fut alors que l'on entendit très nettement la voix profonde et vibrante de Theresa Arundell prononcer un mot, un seul :

– Imbécile !

Puis il y eut un bruit de pas dans le couloir, et Poirot m'empoigna par le bras, ouvrit la porte d'entrée, franchit le seuil en m'entraînant avec lui et referma silencieusement derrière nous.

15

Miss Lawson

– Poirot, demandai-je, est-il *vraiment* indispensable que nous écoutions aux portes ?

– Calmez-vous, mon bon ami. Je suis le seul à l'avoir fait. Ce n'est pas vous qui avez collé votre oreille à celle-là. Au contraire, vous êtes resté debout, au garde-à-vous, comme un vrai petit soldat.

– Mais j'ai aussi bien entendu que vous.

– C'est vrai. On ne peut pas dire que cette aimable jeune personne murmurait.

– Elle croyait que nous avions quitté l'appartement.

– Oui, et là, en effet, nous nous sommes rendus coupables d'une légère indiscrétion, reconnut Poirot.

– Je n'aime pas ce genre de choses.

– Votre moralité est irréprochable ! Mais inutile de nous répéter. Ce n'est pas la première fois que nous avons cette conversation. Vous allez me dire que ce n'est pas jouer franc jeu. Et je vais vous répondre qu'un meurtre n'est pas un jeu.

– Mais il n'est pas question de meurtre, ici...

– N'en soyez pas si sûr.

– L'*intention* y est peut-être, oui. Mais, après tout, il ne faut pas confondre un assassinat et une *tentative* d'assassinat.

– Moralement, cela revient au même. Ce que je voulais dire, c'est : êtes-vous bien certain que nous n'avons affaire qu'à une *tentative* de meurtre ?

Je le dévisageai.

– Mais la mort de la vieille miss Arundell est parfaitement naturelle !

– Je répète : *en êtes-vous certain ?*

– Tout le monde le dit !

– Tout le monde ? Oh là là !

– Le docteur le dit, fis-je remarquer. Le Dr Grainger. Il est bien placé pour le savoir.

– Oui, en effet, il est bien placé, admit Poirot de mauvaise grâce. Mais rappelez-vous, Hastings, il arrive que des corps soient exhumés – et pourtant, à chaque fois, un certificat de décès en bonne et due forme avait été délivré par le médecin traitant.

– Mais dans le cas présent, miss Arundell est morte à l'issue d'une longue maladie.

– Il semble bien, oui.

Poirot n'avait toujours pas l'air satisfait. Je l'observai avec attention.

– Poirot, dis-je, moi aussi je vais commencer une phrase par « êtes-vous bien certain ? ». Êtes-vous bien certain que *vous* ne vous laissez pas emporter par votre zèle professionnel ? Vous *voulez* qu'il y ait eu meurtre, et donc vous pensez qu'il *faut* qu'il y en ait eu un.

Le visage de Poirot était de plus en plus sombre. Il hocha lentement la tête.

– Votre remarque est loin d'être stupide, Hastings. Vous avez mis le doigt sur mon point faible. Le meurtre est mon métier. Je suis comme un grand chirurgien qui se spécialise, disons, dans les opérations de l'appendice ou autres interventions plus délicates. Lorsqu'un patient vient le consulter, il ne le considère que du point de vue de sa spécialité. Y a-t-il une raison de penser que cette personne souffre de telle ou telle maladie... ? Je suis comme ça. Je suis toujours en train de me demander : « Se pourrait-il que ce soit un meurtre ?» Et voyez-vous, mon bon ami, il y a presque toujours une possibilité que ce soit bel et bien le cas.

– Je ne pense pas que cette possibilité existe, ici, remarquai-je.

– Mais elle est morte, Hastings ! Vous ne pouvez nier ce fait. Elle est *morte* !

– Sa santé était précaire. Elle avait plus de soixante-dix ans. Ce décès me semble donc parfaitement naturel.

– Et vous semble-t-il aussi *parfaitement naturel* que Theresa Arundell traite son frère d'imbécile avec une telle violence ?

– Qu'est-ce que ça vient faire là-dedans ?

– C'est primordial ! Dites-moi, qu'avez-vous pensé des déclarations de Mr Charles Arundell – quand il jure que sa tante lui a montré son dernier testament ?

– Et *vous* ? répliquai-je en l'observant avec prudence.

Après tout, pourquoi Poirot serait-il toujours le seul à poser des questions ?

– J'ai trouvé cela très intéressant – oui, très intéressant, c'est le mot. Et j'ai apprécié aussi la réaction de miss Theresa Arundell à cette affirmation. Leur passe d'armes en disait long, très long.

– Hum..., fis-je, sibyllin.

– Cela nous ouvre deux pistes bien distinctes.

– Le frère et la sœur m'ont tout l'air de faire une fameuse paire de canailles, remarquai-je. Ils sont prêts à tout. La fille est d'une beauté renversante. Quant au jeune Charles, c'est un vaurien dont le charme doit faire des ravages.

Poirot héla un taxi, qui vint se ranger contre le trottoir, et donna une adresse au chauffeur :

– 17 Clanroyden Mansions, Bayswater.

– Alors, c'est au tour de Lawson, observai-je. Et ensuite... les Tanios ?

– Exact, Hastings.

– Quel rôle allez-vous jouer, cette fois ? demandai-je alors que le taxi s'arrêtait devant Clanroyden Mansions. Le biographe du général Arundell ? L'éventuel locataire de Littlegreen House ? Ou quelque chose d'encore plus mystérieux ?

– Je me présenterai simplement comme Hercule Poirot.

– Quelle horrible déception ! fis-je d'un ton moqueur.

Poirot me foudroya du regard et régla le taxi.

Le n° 17 se trouvait au second étage. Une domestique à l'air effronté nous ouvrit et nous introduisit dans une pièce qui nous parut le comble du grotesque après celle que nous venions de quitter.

L'appartement de Theresa Arundell était dépouillé, presque vide. En revanche, celui de miss Lawson était si encombré de meubles et de bibelots chichiteux que l'on pouvait à peine y bouger sans risquer de renverser quelque chose.

La porte s'ouvrit et une femme dans la cinquantaine, assez corpulente, entra. Miss Lawson correspondait parfaitement à l'image que je me faisais d'elle. Elle avait l'air un tantinet exaltée, l'œil stupide, le cheveu grisonnant mal coiffé et le pince-nez un peu de travers. Elle s'exprimait de manière spasmodique et sur un ton haletant.

– Bonjour... Euh... Je ne crois pas...

– Miss Wilhelmina Lawson ?

– Oui... Oui... C'est bien moi.

– Je m'appelle Poirot, Hercule Poirot. Hier, j'ai visité Littlegreen House.

– Ah, oui ?

La bouche de miss Lawson béa quelque peu ; notre hôtesse tapota en vain ses cheveux pour essayer d'y mettre un peu d'ordre.

– Ne voulez-vous pas... ne voulez-vous pas vous asseoir ? poursuivit-elle. Prenez ce siège, voulez-vous ? Oh ! mon Dieu, cette table... j'ai peur qu'elle vous gêne. Je suis un peu encombrée, ici. C'est difficile ! Ces appartements ! Celui-ci est tel-le-ment minuscule. Mais tel-lement central ! Et j'a-do-re les situations centrales. Pas vous ?

Elle s'assit, le souffle court, dans un fauteuil victorien d'allure inconfortable et, le pince-nez toujours de travers, se pencha en haletant de plus belle et lança à Poirot un regard de noyée.

– Je me suis rendu à Littlegreen sous les traits d'un acheteur éventuel, reprit Poirot. Mais je voudrais vous prévenir tout de suite – et ceci à titre strictement confidentiel...

– Oh ! oui..., murmura miss Lawson, apparemment au comble du ravissement.

– ... À titre strictement confidentiel, donc, continua Poirot, que je suis allé là-bas dans une autre intention. Peut-être l'ignorez-vous, mais, peu de temps avant sa mort, miss Arundell m'a écrit...

Il se tut un instant, puis ajouta :

– Je suis un détective privé fort connu.

Diverses expressions passèrent sur le visage légèrement empourpré de miss Lawson. Je me demandai laquelle Poirot jugerait révélatrice pour son enquête. Peur, agitation, surprise, perplexité...

– Oh ! fit-elle. (Puis, après un silence, elle répéta :) Oh !

Et, soudain, de manière tout à fait inattendue, elle demanda :

– Est-ce que c'était à propos de l'argent ?

Poirot lui-même en fut un peu étonné. Il avança, hésitant :

– Vous voulez dire l'argent qui...

– Oui, oui. L'argent, dans le tiroir... l'argent qui a disparu ?

Poirot répondit alors avec calme :

– Miss Arundell ne vous a pas dit qu'elle m'avait écrit au sujet de cet argent ?

– Non, absolument pas. Je n'en avais pas la moindre idée... Mais je... euh... en fait, je dois avouer que... que cela me surprend beaucoup...

– Vous pensiez qu'elle n'en avait parlé à personne ?

– Je n'aurais jamais imaginé... jamais imaginé qu'elle l'ait dit à qui que ce soit. Vous comprenez, elle savait très bien...

Elle se tut de nouveau. Poirot s'empressa de terminer sa phrase à sa place :

– Elle savait très bien qui l'avait pris. C'est ce que vous diriez, n'est-ce pas ?

Miss Lawson acquiesça d'un signe de tête et poursuivit, le souffle court :

– Et je n'aurais jamais cru... jamais cru qu'elle désirerait... Enfin, je veux dire, elle a dit... Enfin, elle semblait penser...

Poirot, une fois encore, interrompit son discours incohérent :

– ... Que c'était une affaire de famille ?

– Exactement.

– Mais moi, déclara Poirot, je suis spécialisé dans les affaires de famille. Je suis, voyez-vous, extrêmement discret.

Miss Lawson hocha la tête avec la plus grande énergie.

– Oh ! Bien sûr... cela fait... cela fait une différence. Ce n'est pas comme... comme la po-li-ce.

– Non, non. Je n'ai absolument rien de commun avec la police. Cela n'aurait pas convenu du tout.

– Oh ! c'est bien vrai. Cette chère miss Arundell était si al-tiè-re ! Bien sûr, elle avait déjà eu des problèmes avec Charles, mais tout a toujours été étouffé. Une fois, je crois, il a même été obligé de partir pour l'Australie !

– Exactement, dit Poirot. Donc, dans l'affaire qui nous occupe, les faits sont les suivants, n'est-ce pas ? Miss Arundell avait une somme d'argent rangée dans un tiroir...

Il se tut. Miss Lawson s'empressa de confirmer ses dires.

– Oui. De l'argent tout juste sorti de la banque. Pour les affaires, voyez-vous, et les dépenses courantes.

– Et combien manquait-il, au juste ?

– Quatre billets d'une livre. Non, non, je me trompe, trois billets d'une livre et deux de dix shillings. On doit être précis, je sais, très précis, quand il est question d'argent.

Miss Lawson jeta à Poirot un regard empreint de gravité et, à son insu, son pince-nez glissa encore un peu plus. Ses yeux globuleux semblaient lui sortir de la tête.

– Merci, miss Lawson. Je vois que vous avez un excellent sens des affaires.

Elle se rebiffa légèrement et étouffa un petit rire désapprobateur.

– Et miss Arundell a soupçonné, sans doute à juste titre, son neveu Charles d'être l'auteur de ce larcin ? reprit Poirot.

– Oui.

– Bien qu'il n'y ait aucune preuve d'aucun genre permettant de dire qui a dérobé cet argent ?

– Oh ! mais ça ne pouvait être que Charles ! Mrs Tanios aurait été incapable d'une aussi vilaine action et son mari, pratiquement étranger à cette maison, ne savait pas où l'on mettait l'argent liquide – Mrs Tanios non plus, d'ailleurs. Et je ne crois pas que Theresa aurait pu avoir une idée pareille. Elle est riche et toujours si bien habillée !

– Ç'aurait pu être une des bonnes, suggéra Poirot.

Cette idée parut horrifier son interlocutrice.

– Oh ! non, vraiment, ni Ellen ni Annie n'auraient même pen-sé à ça ! Ce sont toutes deux des femmes de hau-te te-nue mo-ra-le et fon-ciè-re-ment hon-nê-tes, j'en jurerais.

Poirot garda le silence un instant, puis il reprit :

– Peut-être pourriez-vous me donner une idée – et je suis certain que vous en êtes capable, car si quelqu'un avait la confiance de miss Arundell, c'est bien vous...

– Oh ! je ne sais pas trop, murmura-t-elle, confuse, mais visiblement flattée...

– Oui, je sens que vous allez pouvoir m'aider, insista Poirot.

– Oh ! bien sûr, si je peux... Je ferai tout mon possible...

– Ceci restera entre nous..., poursuivit Poirot.

Elle le regarda avec solennité. L'expression magique « entre nous » semblait pour elle une sorte de « Sésame ouvre-toi ».

– ... Avez-vous la moindre idée de ce qui a poussé miss Arundell à modifier son testament ?

– Son testament ? Oh... Son testament ?

Miss Lawson paraissait un peu interloquée.

Poirot ajouta, en l'observant attentivement :

– Est-il vrai qu'elle a rédigé un autre testament pas très longtemps avant sa mort, aux termes duquel elle vous laissait toute sa fortune ?

– Oui, mais je n'en savais rien. Rien du tout ! protesta miss Lawson d'une voix aiguë. Ça a été pour moi la plus bou-le-ver-san-te des surprises ! Une mer-veil-leu-se surprise, bien sûr ! C'était si gé-né-reux de la part de miss Arundell ! Et elle n'y avait jamais fait al-lu-sion. Pas la moindre petite allusion, non. Quand Mr Purvis a lu le testament, j'ai été si stupéfaite que je ne savais plus où me mettre ; je me demandais s'il fallait rire ou pleurer ! Je vous assure, monsieur Poirot, ça a été un véritable choc ! Un vé-ri-ta-ble choc, vous voyez. La bon-té – la merveilleuse bonté de cette chère miss Arundell ! Évidemment, j'espérais recevoir un petit quelque chose – peut-être un minuscule, tout minuscule legs –, encore que, bien sûr, il n'y avait pas de rai-son pour qu'elle me laisse quoi que ce soit. Je n'étais pas à son service depuis très longtemps. Mais cela... C'était comme... C'était comme un conte de fées ! Aujourd'hui encore, je ne parviens toujours pas à y croire tout à fait, si vous voyez ce que je veux dire. Et parfois, eh bien parfois, je me sens un peu mal à l'aise à ce sujet. Je veux dire... eh bien, je veux dire...

Elle fit tomber son pince-nez, le ramassa, le manipula avec nervosité, et reprit, encore plus incohérente :

– Parfois je sens que – ma foi, les liens du sang sont les liens du sang, après tout, et l'idée que miss Arundell ait légué tout son argent à quelqu'un qui n'est pas de sa famille me met mal à l'aise, voilà. Je veux dire, ça ne semble pas jus-te, n'est-ce pas ? Qu'elle m'ait tout laissé ! Une fortune si im-por-tan-te, aussi ! Personne n'imaginait ça ! Mais... Eh bien... Ça fait qu'on se sent gêné... avec tous ces racontars, vous voyez... Et je vous assure que je n'ai jamais été quelqu'un de mal-in-ten-tion-né ! Je veux dire, il ne me serait jamais venu à l'idée d'influencer miss Arundell d'une façon quelconque. D'ailleurs, j'en aurais été bien incapable... À dire le vrai, elle m'a toujours un peu effrayée. Elle était si sé-vè-re, vous savez, toujours prête à vous é-pin-gler. Et même impolie, parfois. « Ne soyez pas complètement stupide ! » disait-elle d'un ton sec. Et vraiment, après tout, j'ai ma dignité, et des fois j'étais vexée... Et puis voilà que je découvre que pendant tout ce temps, elle m'aimait bien quand même – ma foi, c'était absolument extraordinaire, non ? Sauf que, bien sûr, je vous l'ai dit, on a débité beaucoup de mé-chan-ce-tés, et en réalité, d'une certaine façon, c'est vrai que ça peut paraître – je veux dire, eh bien, ça peut sembler un peu in-con-for-ta-ble, n'est-ce pas, pour certains ?

– Vous préféreriez renoncer à cet argent, c'est ça ? demanda Poirot.

L'espace d'un instant, je crus voir une expression totalement différente passer dans les yeux pâles et sans éclat de miss Lawson. J'imaginai, juste une seconde, que j'avais en face de moi quelqu'un de rusé et d'intelligent, au lieu de cette femme bonasse et stupide.

Elle répondit avec un petit rire :

– Euh... Bien sûr, il faut voir aussi l'autre aspect des

choses... Je veux dire, il y a toujours le pour et le contre, dans une question... Je veux dire que miss Arundell voulait que ce soit moi qui ait cet argent. J'entends par là que si je ne le prends pas, je vais contre ses vo-lon-tés. Et ce ne serait pas bien non plus, n'est-ce pas ?

– C'est un problème délicat, admit Poirot en secouant la tête.

– Oui, en effet, ça m'a beaucoup tourmentée. Mrs Tanios – Bella – est une femme si gentille. Et ces chers enfants ! Je veux dire, je suis certaine que miss Arundell n'aurait pas voulu qu'elle... J'ai le sentiment, voyez-vous, que cette chère miss Arundell a choisi de me laisser toute li-ber-té d'action... Elle n'a pas souhaité léguer de l'argent di-rec-te-ment à Bella, parce qu'elle craignait que cet homme ne s'en empare.

– Quel homme ?

– Son mari. Vous savez, monsieur Poirot, la pauvre fille est complètement sous sa coupe. Elle fait ri-gou-reu-se-ment tout ce qu'il lui demande. J'oserais même dire qu'elle serait capable d'as-sas-si-ner quelqu'un s'il le lui ordonnait ! Et elle a peur de lui. Je suis certaine qu'elle a peur de lui. J'ai surpris plusieurs fois son regard – un regard ter-ri-fié. Et ça, vraiment, ce n'est pas normal, monsieur Poirot – vous ne pouvez pas dire que c'est normal.

Et Poirot ne dit rien de tel, en effet. Au lieu de quoi, il demanda :

– Ce Dr Tanios, quel genre d'homme est-ce ?

– Eh bien, répondit miss Lawson avec hésitation, il est très agréable.

Elle se tut, l'air peu convaincu.

Mais vous n'avez pas confiance en lui ? insista Poirot.
– Eh bien. Je crois que je me méfie un peu des hommes en gé-né-ral ! poursuivit miss Lawson avec hésitation. On entend dire tant d'hor-reurs sur leur compte ! Et quand on songe ce que leurs pauvres épouses doivent supporter ! C'est terrifiant, ter-ri-fiant ! Bien sûr, le Dr Tanios fait semblant d'être très attaché à sa femme, et il af-fec-te d'être charmant avec elle. Il a d'ailleurs des manières ex-qui-ses. Mais les étrangers, je ne m'y fie pas. Ils sont si ru-sés ! Et je suis sûre et certaine que la chère miss Arundell ne voulait pas qu'il mette le grap-pin sur son argent !
– Mais c'est affreux aussi pour Theresa et Charles Arundell d'être déshérités, suggéra Poirot.
Le visage de miss Lawson se colora quelque peu.
– Je crois que Theresa a autant d'argent qu'il lui en faut ! répondit-elle d'un ton acerbe. Elle dépense des centaines de livres rien que pour ses vêtements. Quant à ses sous-vêtements – c'est un scandale ! Quand on pense que tant de jeunes filles méritantes et bien élevées sont obligées de travailler pour vivre...
Poirot compléta doucement cette dernière phrase :
– Vous considérez que ça ne lui ferait pas de mal d'en faire autant ?
– Ça lui ferait même le plus grand bien, déclara-t-elle en lui jetant un regard solennel. Ça lui mettrait un peu de plomb dans la cervelle. L'adversité est une bonne école.
Poirot hocha lentement la tête en signe d'acquiescement. Il observait toujours son interlocutrice de très près.

– Et Charles ?

– Charles ne mérite pas un sou, dit-elle avec brusquerie. Si miss Arundell l'a déshérité, il ne l'a pas volé – après les horribles menaces qu'il a proférées.

– Des menaces ? répéta Poirot en écarquillant les yeux.

– Oui, des menaces.

– Quelles menaces ? Quand a-t-il fait ça ?

– Voyons, c'était... Oui, bien sûr, c'était à Pâques. En fait, c'était le di-man-che-de-Pâ-ques... Ce qui aggrave encore son cas !

– Que lui a-t-il dit au juste ?

– Il lui a demandé de l'argent et elle a refusé de lui en donner. Et alors il lui a dit que c'était imprudent de sa part. Et que si elle persistait dans cette voie, il – attendez, comment a-t-il formulé ça, déjà ? une expression américaine très vulgaire – oh ! oui, il a dit qu'il la li-qui-de-rait.

– Il a menacé de la *liquider* ?

– Oui.

– Et qu'a répondu miss Arundell ?

– Elle a dit : « Je crois que tu vas découvrir que je suis capable de me défendre. »

– Vous vous trouviez dans la pièce, à ce moment-là ?

– Pas exactement dans la pièce, répondit miss Lawson, après un bref silence.

– Je comprends, je comprends, s'empressa d'ajouter Poirot. Et Charles, comment a-t-il réagi ?

– Il a ajouté : « N'en soyez pas si sûre. »

– Miss Arundell a-t-elle pris cet avertissement au sérieux ? demanda lentement Poirot.

– Eh bien, je ne sais pas... Elle ne m'en a pas parlé... Mais, de toute façon, s'inquiéter n'était pas son genre.

– Bien sûr, poursuivit Poirot avec calme, vous saviez qu'elle allait modifier son testament ?

– Non, non. Je vous l'ai dit. Ça a été une surprise totale. Je n'aurais jamais imaginé...

– Vous ne connaissiez pas le *détail* des nouvelles dispositions, l'interrompit Poirot. Mais vous étiez au courant des *faits* – qu'elle était en train de modifier ses dernières volontés.

– Euh... Je m'en doutais. Je veux dire... Elle a appelé le notaire alors qu'elle gardait le lit.

– Exactement. C'était juste après sa chute dans les escaliers, n'est-ce pas ?

– Oui, Bob – Bob, c'est le chien – avait laissé traîner sa balle sur le palier. Elle a trébuché dessus et elle est tombée.

– Un vilain accident.

– Oh, oui ! Pensez donc ! Elle aurait pu facilement se casser une jambe ou un bras. C'est ce qu'a dit le médecin.

– Elle aurait tout aussi bien pu se tuer.

– Oui, en effet.

Elle avait répondu, semblait-il, sur un ton parfaitement naturel et avec une totale franchise.

– Je crois que j'ai vu maître Bob à Littlegreen, dit Poirot en souriant.

– Oh, oui, vous avez dû le voir. C'est un brave petit toutou, un bon petit Bobbychounet.

Rien ne m'était plus insupportable que d'entendre traiter un superbe terrier de « brave petit toutou » et de

« Bobbychounet ». Pas étonnant, pensai-je, que Bob méprisât miss Lawson et refusât de lui obéir.

– Et il est très intelligent ? poursuivit Poirot.

– Oh ! oui, très.

– Il serait très triste s'il savait qu'il a failli tuer sa maîtresse ?

Miss Lawson ne répondit pas. Elle se contenta de secouer la tête en soupirant.

– Croyez-vous possible que cette chute explique que miss Arundell ait modifié son testament ? demanda Poirot.

Je me dis que, là, nous approchions dangereusement du cœur du problème, mais miss Lawson parut trouver cette question normale.

– Vous savez, ça ne m'étonnerait pas que vous ayez raison. Ça lui a fait un choc – c'est sûr. Les personnes âgées n'ont jamais aimé penser à leur mort. Mais un accident comme celui-là fait ré-flé-chir. Ou peut-être a-t-elle eu la pré-mo-ni-tion que sa disparition était proche.

Poirot demanda alors, l'air de rien :

– Elle était en assez bonne santé, je crois ?

– Oh, oui ! Elle allait bien.

– Sa maladie a dû se déclarer très brusquement ?

– Oh, oui ! Ça nous a tous pris par surprise. Nous avions reçu quelques amies, ce soir-là...

Miss Lawson se tut.

– Vos amies, les demoiselles Tripp. Je les ai rencontrées. Elles sont charmantes.

– Oui, n'est-ce pas ? s'exclama-t-elle, rougissant de plaisir. Des femmes si cul-ti-vées ! Elles s'intéressent à tant de choses. Et si mys-ti-ques ! Elles ont sans doute évoqué... nos séances ? Je suppose que vous manifestez un certain scepticisme, mais vraiment, j'aimerais réussir à vous faire comprendre la joie inexprimable qu'il y a à communiquer avec nos chers disparus !

– J'en suis persuadé. Persuadé.

– Vous savez, monsieur Poirot, ma mère m'a parlé... et plus d'une fois. C'est un tel plaisir de savoir que les défunts que nous aimons pensent encore à nous et qu'ils veillent sur nous.

– Oui, oui, je le conçois sans peine, dit Poirot avec douceur. Est-ce que miss Arundell était aussi une... adepte ?

Le visage de miss Lawson se rembrunit un peu.

– Elle ne demandait qu'à être convaincue, répondit-elle d'un ton mal assuré. Mais je ne crois pas qu'elle ait toujours abordé la question avec l'état d'esprit convenable. Elle était sceptique – et à une ou deux reprises son attitude incrédule a attiré une catégorie d'esprits fort in-dé-si-ra-bles ! Nous avons reçu des messages très grivois – tous dus, j'en suis *certaine,* au comportement de miss Arundell.

– Je le crois aussi bien volontiers, admit Poirot.

– Mais, au cours de cette dernière séance, reprit miss Lawson – peut-être qu'Isabel et Julia vous l'ont raconté ? –, il y a eu des phénomènes très nets. À vrai dire, le début d'une matérialisation. Un ectoplasme – peut-être savez-vous ce qu'est un ectoplasme ?

– Oui, oui, je suis au courant.

– Cela sort de la bouche du médium, voyez-vous, comme un ru-ban et cela prend-for-me peu à peu. À présent, je suis cer-tai-ne, monsieur Poirot, que miss Arundell était médium, mais qu'elle ne-s'en-dou-tait-pas. Ce soir-là, j'ai vu distinctement un ruban lu-mi-neux naître entre les lèvres de cette chère miss Arundell ! Et ensuite, un brouillard phosphorescent a enveloppé sa tête.

– C'est très intéressant !

– Et puis, hélas ! miss Arundell s'est sentie mal tout à coup, et il a fallu interrompre la séance.

– Vous avez appelé le médecin... quand ça, au juste ?

– C'est la première chose que nous ayons faite le lendemain matin.

– A-t-il considéré que la situation était grave ?

– Il a fait venir une infirmière, dans la soirée, mais à mon avis il pensait que miss Arundell s'en tirerait.

– Excusez-moi, mais n'a-t-on pas prévenu la famille ?

– Si, dès que possible, répondit miss Lawson en rougissant. C'est-à-dire dès que le Dr Grainger a déclaré que ses jours étaient en danger.

– Qu'est-ce qui a provoqué cette crise ? Quelque chose qu'elle avait mangé ?

– Non, je ne pense pas que ce soit quelque chose de particulier. Le Dr Grainger a expliqué qu'elle n'avait pas suivi son régime comme elle aurait dû. Il estimait, je crois, que son attaque avait été provoquée par un coup de froid. Le temps était traître, à ce moment-là.

– Theresa et Charles étaient venus pour le week-end, n'est-ce pas ?

– Oui, confirma miss Lawson avec une moue.

– La visite ne s'est pas très bien passée, suggéra Poirot en l'observant.

– Ah, ça non !, répondit-elle sur un ton venimeux. Miss Arundell savait bien pourquoi ils étaient là !

– C'est-à-dire ? demanda Poirot, sans cesser de la regarder.

– L'argent ! dit miss Lawson avec brusquerie. Et ils ne l'ont pas eu.

– Non ? fit Poirot.

– Et je crois que c'est aussi ce après quoi courait le Dr Tanios, poursuivit-elle.

– Le Dr Tanios ? Il n'est pas venu ce week-end-là, non ?

– Mais si. Il est arrivé le dimanche. Mais il n'est resté qu'une petite heure.

– Il me semble que tout le monde en voulait à l'argent de cette pauvre miss Arundell..., hasarda Poirot.

– Je sais. Ce n'est pas une pensée très agréable, n'est-ce pas ?

– En effet, murmura Poirot. Ce week-end-là, Charles et Theresa Arundell ont dû ressentir un sacré choc lorsqu'ils ont découvert que leur tante les avait déshérités !

Miss Lawson fixa Poirot, qui ajouta :

– Ce n'est pas vrai ? Elle ne leur a pas annoncé la nouvelle ?

– Ça, je ne saurais dire. *Moi,* je n'ai rien entendu. Mais pour autant que je sache, il n'y a pas eu es-clan-dre, ni rien de tel. Charles et sa sœur semblaient plu-tôt de bonne humeur quand ils sont partis.

– Peut-être ai-je été mal renseigné. En fait, miss Arundell conservait son testament chez elle, n'est-ce pas ?

Miss Lawson laissa tomber son pince-nez ; elle se pencha pour le ramasser.

– Je ne peux pas vraiment dire. Non, je pense qu'il était chez Mr Purvis.

– Qui était l'exécuteur testamentaire ?

– Mr Purvis.

– Après le décès, il est venu à Littlegreen House pour consulter les papiers de la morte ?

– Oui, exactement.

Poirot lui jeta un regard pénétrant et lui posa soudain une question inattendue :

– Appréciez-vous Mr Purvis ?

Miss Lawson se troubla.

– Si je l'apprécie ? Eh bien, en réalité, c'est difficile à dire, n'est-ce pas ? Enfin, je suis sûre que c'est un homme très in-tel-li-gent – je veux dire par là que c'est un bon notaire. Mais il a des ma-niè-res assez brutales ! Ma foi, ce n'est pas toujours agréable d'entendre quelqu'un vous parler comme si... Euh, vraiment, j'ai du mal à l'expliquer... Il était la courtoisie même, mais en même temps, quasiment grossier, si vous voyez ce que je veux dire...

– Ça a dû vous être très pénible, dit Poirot, compatissant.

– Oh, combien ! répondit miss Lawson, soupirant et secouant la tête.

Poirot se leva.

– Merci beaucoup, très chère mademoiselle, pour votre gentillesse et pour l'aide que vous nous avez apportée.

Miss Lawson se leva elle aussi. Elle paraissait un peu troublée, de nouveau.

– Il n'y a pas de quoi. Je n'ai presque rien fait pour vous ! Ravie si je vous ai rendu service. S'il y a quelque chose d'autre... ?

Poirot, qui était déjà à la porte, revint sur ses pas et ajouta en baissant la voix :

– Je crois, miss Lawson, qu'il y a une information que vous devez connaître. Charles et Theresa Arundell ont l'intention de contester ce testament.

Les joues de miss Lawson s'empourprèrent subitement.

– Ils ne peuvent pas faire ça ! s'écria-t-elle d'un ton sec. Mon avocat me l'a affirmé.

– Ah ! dit Poirot, vous avez donc consulté un avocat ?

– Certainement. Pourquoi ne l'aurais-je pas fait ?

– Vous avez raison. Très sage décision. Bonne journée, très chère et excellente mademoiselle.

Lorsque nous quittâmes Clanroyden Mansions et que nous nous retrouvâmes dans la rue, Poirot aspira une longue bouffée d'air et dit :

– Hastings, mon bon ami, ou bien cette femme est exactement ce qu'elle paraît être, ou bien c'est une formidable actrice.

– Elle est certaine que la mort de miss Arundell est naturelle, ça se voit, remarquai-je.

Poirot ne répondit pas. Il lui arrive parfois d'être sourd – quand cela l'arrange. Il héla un taxi.

– *Durham Hotel,* Bloomsbury, dit-il au chauffeur.

16

Mrs Tanios

– Un monsieur souhaiterait vous voir, madame.

La femme qui écrivait, assise à une table, dans l'un des petits salons du *Durham Hotel*, tourna la tête, se leva et vint à notre rencontre d'un pas hésitant.

Mrs Tanios pouvait avoir n'importe quel âge au-dessus de trente ans. Elle était grande et mince, avec des cheveux noirs, des yeux un peu protubérants dont la couleur n'était pas sans évoquer celle des groseilles à maquereau, et un visage soucieux. Elle portait un chapeau à la mode, mais d'une façon qui manquait de chic, et une robe de coton plutôt défraîchie.

– Je ne pense pas..., commença-t-elle d'une voix incertaine.

Poirot s'inclina pour la saluer et expliqua :

– Je sors à l'instant de chez votre cousine, miss Theresa Arundell.

– Oh ? De chez Theresa ? Oui ?

– Peut-être nous serait-il possible d'avoir quelques minutes d'entretien en privé ?

Mrs Tanios regarda autour d'elle d'un air un peu perdu. Poirot lui suggéra un canapé de cuir, à l'autre bout de la pièce.

Comme nous nous y rendions, une petite voix aiguë se mit à glapir :

– Maman, où vas-tu ?

– Je suis là-bas, juste à côté. Finis ta lettre, ma chérie.

L'enfant, une fillette d'environ sept ans, maigrichonne et l'air souffreteux, se remit à sa tâche – un travail manifestement laborieux. Un petit bout de langue pointait entre ses lèvres, tant elle était concentrée.

L'autre extrémité du salon était presque déserte. Mrs Tanios s'assit et nous l'imitâmes. Elle lança alors un regard interrogateur à Poirot.

– Il s'agit du décès de feu votre tante, miss Emily Arundel,..., commença celui-ci.

Était-ce le fruit de mon imagination, ou vis-je vraiment une lueur d'inquiétude traverser soudain les yeux pâles et protubérants de Mrs Tanios ?

– Oui ?

– Miss Arundell a modifié son testament très peu de temps avant sa mort. Elle a légué toute sa fortune à miss Wilhelmina Lawson. J'aimerais savoir, Mrs Tanios, si vous allez vous joindre à vos cousins, Theresa et Charles Arundell, pour essayer de faire annuler ces nouvelles dispositions ?

– Oh ! (Mrs Tanios prit une profonde inspiration.) Mais je ne crois pas que ce soit possible ! Je veux dire, mon mari a consulté un avocat ; et celui-ci semblait estimer qu'il valait mieux s'abstenir.

– Les avocats, chère madame, sont des gens prudents. Ils conseillent en général d'éviter au maximum les litiges – et nul doute qu'ils soient le plus souvent dans le vrai. Mais parfois, le jeu peut en valoir la chandelle. Je ne suis pas moi-même avocat, et je vois donc la question sous un angle différent. Miss Arundell – miss Theresa Arundell, je veux dire – est prête à se battre. Et vous ?

– Je... Oh ! vraiment je ne sais pas. (Elle se tordait les

doigts avec nervosité.) Il faudrait que je consulte mon mari.

– Bien sûr que vous devez en parler avec votre mari avant d'entreprendre quoi que ce soit de définitif. Mais puis-je avoir votre avis *personnel* sur la question ?

– Eh bien, vraiment, je ne sais pas. (Mrs Tanios paraissait de plus en plus inquiète.) Cela dépend tellement de mon époux...

– Mais *vous-même,* qu'en pensez-vous, chère madame ?

Elle fronça les sourcils, puis répondit lentement :

– Je ne crois pas que j'aime beaucoup cette idée. Cela semble – cela semble plutôt indécent, n'est-ce pas ?

– Vous trouvez, chère madame ?

– Oui. Après tout, si tante Emily a décidé de ne pas léguer ses biens à sa famille, j'imagine que nous devons nous résigner.

– Vous ne vous sentez pas lésée dans l'affaire, alors ?

– Oh si, bien sûr ! (Une rougeur colora ses joues un instant.) Je trouve cela tout à fait injuste ! *Tout à fait* injuste ! Et si inattendu. Cela ressemble si peu à tante Emily. Et les enfants ne méritaient pas ça.

– Vous dites que miss Emily Arundell n'a jamais agi de cette façon ?

– Je pense que c'est tout à fait extraordinaire de sa part.

– Est-il possible, alors, qu'elle ait pris cette décision contre sa volonté ? Pensez-vous qu'on ait pu lui suggérer ce testament ?

Mrs Tanios fronça de nouveau les sourcils. Puis elle répondit, presque à contrecœur :

– Le problème, c'est que je vois mal tante Emily influencée par *qui que ce soit* ! C'était une vieille dame si décidée !

Poirot acquiesça d'un air approbateur.

– Oui, vous avez raison. Et miss Lawson n'est pas ce que l'on pourrait appeler une femme de tête...

– En effet. C'est une créature adorable – plutôt gourde, peut-être – mais très, très gentille. C'est un peu pour cela que je crois que...

– Oui, chère madame ? dit Poirot, lorsqu'elle s'interrompit.

Mrs Tanios recommença à se tordre nerveusement les doigts et poursuivit :

– ... Eh bien, que ce serait mesquin de contester le testament. Je suis sûre que miss Lawson n'a rien à voir dans cette modification. Et qu'elle est incapable d'intriguer ou de manigancer quoi que ce soit...

– Là encore, je partage votre opinion, chère madame.

– Et c'est pourquoi je crois que faire appel à la justice... Ma foi, ce serait indigne et malveillant. Et en plus, cela nous coûterait les yeux de la tête, n'est-ce pas ?

– Ce serait cher, oui.

– Et probablement inutile, ajouta-t-elle. Mais il faut que vous en parliez à mon mari. Il est bien plus doué que moi pour les affaires.

Poirot attendit un instant avant de demander :

– Pour quelle raison, selon vous, a-t-elle modifié son testament ?

Les joues de Mrs Tanios se colorèrent brièvement tandis qu'elle murmurait :

– Je n'en ai pas la moindre idée.

– Chère madame, je vous ai dit que je n'étais pas avocat. Mais vous ne m'avez pas demandé quelle était ma profession.

(Elle lui lança un regard interrogateur.)

– Je suis détective. Et, peu de temps avant sa mort, miss Arundell m'a écrit une lettre.

Mrs Tanios se pencha en avant, les mains serrées.

– Une lettre ? À propos de mon mari ?

Poirot l'observa une minute en silence, puis il dit lentement :

– Je n'ai pas la liberté de répondre à cette question.

– Alors, c'était bien à propos de mon mari. (Elle haussa légèrement la voix.) Que disait tante Emily ? Je peux vous assurer, monsieur... Euh... je ne connais pas votre nom.

– Je m'appelle Poirot. Hercule Poirot.

– ... Je peux vous assurer, monsieur Poirot, que si elle a dit quoi que ce soit dans cette lettre contre mon mari, c'est totalement faux ! Et je sais, aussi, qui lui a donné l'idée de l'écrire ! C'est une autre raison pour laquelle je préfère ne rien avoir à faire avec *n'importe quelle* action que pourraient intenter Theresa et Charles. Theresa n'a jamais aimé mon mari. Elle a fait de ces racontars ! Je sais qu'elle a fait des racontars ! Tante Emily avait des préjugés contre mon époux parce qu'il n'était pas anglais et elle a donc très bien pu croire ce que Theresa lui a débité sur lui. Mais *rien n'est vrai,* monsieur Poirot, vous avez ma parole !

– Maman... J'ai fini ma lettre.

Mrs Tanios se retourna vivement. Avec un sourire

affectueux, elle prit la feuille de papier que la fillette lui tendait.

– C'est très bien, ma chérie, vraiment très bien... Et ton dessin de Mickey est superbe.

– Qu'est-ce que je vais faire, maintenant, maman ?

– Tu as envie d'acheter une jolie carte postale avec une photo dessus ? Tiens, voilà de la monnaie. Va voir le monsieur, dans le hall, et choisis celle que tu veux. Tu pourras l'envoyer à Selim.

L'enfant s'éloigna. Je me souvenais des paroles de Charles Arundell. Manifestement, Mrs Tanios était une mère et une épouse « attentionnée ». Mais il n'avait pas tort : elle avait l'air « ennuyeuse comme la pluie ».

– C'est votre seul enfant, madame ?

– Non, j'ai aussi un petit garçon. Il est sorti avec son père pour l'instant.

– Vous ne les emmeniez pas avec vous quand vous alliez à Littlegreen House ?

– Oh ! si, parfois, mais vous comprenez, ma tante était assez âgée et les enfants avaient tendance à la fatiguer. Mais elle était très gentille avec eux, et leur envoyait toujours de très beaux cadeaux de Noël.

– Dites-moi, la dernière fois que vous avez vu miss Emily Arundell, c'était quand au juste ?

– À peu près dix jours avant sa mort, il me semble.

– Ce jour-là, vous étiez tous à Littlegreen House, vous, votre mari, Charles et Theresa, n'est-ce pas ?

– Oh ! non, ça c'était la semaine d'avant, à Pâques.

– Et votre mari et vous, vous êtes retournés à Littlegreen House le week-end suivant ?

– Oui.

– Miss Arundell était en bonne santé ?

– Oui, elle paraissait aller aussi bien que d'habitude.

– Elle n'était pas alitée ?

– Elle était restée couchée à cause d'une chute, mais elle est descendue pendant notre séjour.

– Vous a-t-elle parlé des modifications qu'elle avait apportées à son testament ?

– Non, absolument pas.

– Et son comportement envers vous était toujours le même ?

Cette fois, elle marqua un temps d'arrêt un peu plus long avant de répondre :

– Oui.

Je fus certain qu'à cet instant, Poirot et moi avions la même conviction.

Mrs Tanios mentait !

Poirot attendit un instant, puis il ajouta :

– Peut-être devrais-je préciser que lorsque je vous pose cette question, je ne parle pas de « vous » tous, mais de « vous » *personnellement.*

– Oh, je vois, répondit vivement Mrs Tanios. Tante Emily a été très gentille avec moi. Elle m'a fait cadeau d'une petite broche avec une perle et un diamant, et elle a donné dix shillings pour chacun des enfants.

À présent, il n'y avait plus de gêne dans son attitude. Les mots lui venaient librement, par à-coups.

– Et vis-à-vis de votre mari ? Pas de changement non plus ?

De nouveau, Mrs Tanios fut immédiatement sur ses gardes. Elle répondit en évitant le regard de Poirot :

– Non, bien sûr que non... Pourquoi y en aurait-il eu ?

– Mais puisque vous suggérez que votre cousine Theresa Arundell a essayé de distiller son poison dans l'esprit de votre tante...

– Elle l'a fait. Je suis sûre qu'elle l'a fait. (Elle se pencha vivement en avant.) Vous avez tout à fait raison. Il y *avait* un changement ! Tante Emily s'est soudain montrée beaucoup plus froide envers lui. Et elle a eu un comportement bizarre. Il lui avait conseillé une préparation digestive spéciale, et il avait même fait l'effort de la lui apporter – il avait dû aller chez le pharmacien pour la faire faire. Elle l'a remercié, bien sûr, mais assez froidement, et, un peu plus tard, je l'ai vue qui vidait la bouteille dans l'évier !

Elle s'était exprimée d'un ton indigné.

Poirot cligna des yeux.

– C'est très étrange, en effet, dit-il d'une voix volontairement neutre.

– Pour moi, c'est d'une ingratitude *terrible* ! s'écria-t-elle avec véhémence.

– Comme vous dites, il arrive que les vieilles dames se méfient des étrangers, murmura Poirot. Je suis sûr qu'elles sont persuadées que les médecins anglais sont les seuls au monde. Question d'insularité, pour une bonne part.

– Oui, je suppose que cela vient de là.

Mrs Tanios paraissait un peu lasse.

– Quand repartez-vous pour Smyrne, chère madame ?

– Dans quelques semaines. Mon mari... ah ! mais le voilà, avec notre fils Edward.

17

Le Dr Tanios

Il me faut avouer que je ressentis un choc la première fois que je vis le Dr Tanios. Mon imagination l'avait affublé d'une infinité de sinistres attributs. Je me le représentais comme un étranger sombre, barbu et basané, à l'allure équivoque.

Au lieu de quoi, je découvris un homme rond et jovial, au cheveu brun et à l'œil marron. Et s'il portait effectivement la barbe, elle n'avait rien de satanique, et lui conférait un petit air artiste.

Il parlait un anglais parfait ; sa voix avait un timbre agréable et s'accordait à merveille avec son visage avenant et enjoué.

– Nous voici, dit-il en souriant à sa femme. Edward a été enthousiasmé par sa découverte du métro. Il n'avait pris que des autobus, jusqu'à présent.

Edward n'était pas le contraire de son père, mais, comme sa sœur, il avait vraiment tout d'un étranger. Je comprenais maintenant ce que miss Peabody avait voulu dire en parlant de leur « teint plus ou moins olivâtre ».

La présence de son mari sembla accentuer la nervosité de Mrs Tanios. Elle lui présenta Poirot en bredouillant un peu. Moi, elle m'ignora.

Le Dr Tanios releva le nom avec intérêt.

– Poirot ? *Monsieur Hercule Poirot ?* Mais je ne connais que ce nom-là ! Et qu'est-ce qui vous amène, monsieur Poirot ?

– Il s'agit du cas d'une vieille demoiselle récemment décédée, miss Emily Arundell, répondit Poirot.

– La tante de ma femme ? Oui... Et alors ?

– Certains éléments liés à sa mort..., commença lentement Poirot.

Mais Mrs Tanios l'interrompit soudain :

– C'est à propos du testament, Jacob. M. Poirot s'est entretenu avec Theresa et Charles.

Le Dr Tanios sembla se détendre un peu. Il se laissa tomber dans un fauteuil.

– Ah, le testament ! Un testament d'une monstrueuse injustice – mais au fond, ça ne me regarde pas.

Poirot rapporta les grandes lignes de sa conversation avec les deux Arundell (il n'y eut pas un mot de vrai dans ses allégations, j'ai honte de l'avouer) et suggéra avec force circonlocutions que toute chance de faire annuler le texte en question n'était pas exclue.

– Vous m'intéressez beaucoup, monsieur Poirot. Je dois dire que je suis de votre avis. Il y aurait quelque chose à faire. J'ai moi-même été jusqu'à consulter un homme de loi sur la question, mais ses conseils n'ont guère été encourageants. Alors...

Il haussa les épaules.

– Les avocats, ainsi que je l'ai dit à votre épouse, sont des gens prudents. Ils n'aiment pas prendre des risques. Mais moi, ce n'est pas mon style ! Et vous, quel est le vôtre ?

Le Dr Tanios éclata de rire – un rire profond et joyeux.

– Oh ! je suis tout prêt à tenter ma chance ! Cela m'est souvent arrivé, n'est-ce pas, Bella, ma grande ?

Il lui adressa un sourire, qu'elle lui retourna – mais de façon plutôt mécanique, estimai-je.

Puis il fit face, de nouveau, à Poirot.

– Je ne suis pas avocat, reprit-il, mais pour moi il est parfaitement clair que ce testament a été rédigé à un moment où la vieille demoiselle n'était plus responsable de ses actes. Cette Lawson est intelligente et roublarde.

Mrs Tanios s'agitait sur son siège, mal à l'aise. Poirot l'observa et demanda :

– Vous n'êtes pas d'accord, chère madame ?

– Elle a toujours été très gentille, répondit-elle faiblement. Mais je n'irais pas jusqu'à la dire intelligente.

– Gentille, elle l'était avec toi, intervint le Dr Tanios, parce qu'en l'occurrence elle n'avait rien à craindre, ma chère Bella. On peut si facilement te rouler dans la farine !

Il avait parlé sur un ton jovial, mais sa femme rougit.

– Avec moi, c'était différent, poursuivit-il. Elle ne m'aimait pas, et ne se gênait pas pour le montrer ! Laissez-moi vous donner un exemple. La vieille demoiselle est tombée dans l'escalier, pendant que nous étions à Littlegreen House. J'ai insisté pour revenir prendre de ses nouvelles le week-end suivant. Miss Lawson a fait de son mieux pour nous en empêcher. Elle n'a pas réussi, mais j'ai bien vu sa contrariété. La raison en était évidente. *Elle voulait la vieille demoiselle pour elle toute seule.*

Poirot se tourna une nouvelle fois vers Bella Tanios :

– Vous êtes de cet avis, chère madame ?

Son mari ne lui laissa pas le temps de répondre :

– Bella a trop bon cœur..., expliqua-t-il. Vous ne parviendrez jamais à lui faire voir les mauvaises intentions de quiconque. Mais je suis persuadé d'avoir raison. Et il y a autre chose, monsieur Poirot : le secret de son pouvoir sur la vieille miss Arundell, c'était le spiritisme ! C'est comme ça qu'elle a fait son coup, je vous en fiche mon billet !

– Vous pensez ?

– J'en suis certain, mon cher ami. J'ai vu beaucoup de cas semblables. Ça ne lâche plus les gens. Vous seriez surpris ! Et spécialement quelqu'un de l'âge de miss Arundell. Je suis prêt à parier que c'est de cette façon qu'elle a été influencée. Un esprit – probablement celui de son père défunt – lui aura donné l'ordre de modifier son testament et de tout laisser à la Lawson. Elle était malade... Crédule...

Mrs Tanios s'agita quelque peu. Poirot la considéra :

– Vous croyez que c'est possible, chère madame – oui ?

– Réponds, Bella, fit son mari. Donne-nous ton opinion.

Il lui lança un regard encourageant, auquel elle répliqua par un coup d'œil étrange. Elle hésita, puis elle dit enfin :

– Je m'y connais si peu dans ce domaine... Tu dois avoir raison, Jacob.

– Hé, oui, j'ai raison ! N'est-ce pas, monsieur Poirot ?

Poirot acquiesça d'un mouvement de tête.

– C'est possible – en effet. Vous vous êtes rendus à Market Basing, je crois, le week-end précédant la mort de miss Arundell ?

– Nous y sommes allés à Pâques et encore le week-end d'après, c'est exact.

– Non, non, je parle du week-end suivant. *Celui du 26.* Vous êtes passé à Littlegreen House le dimanche, il me semble ?

– Oh ! Jacob, c'est vrai ? demanda Mrs Tanios à son mari, en le regardant avec de grands yeux étonnés.

Il se tourna vivement vers elle.

– Mais oui, tu te rappelles ? J'y ai juste fait un saut en coup de vent dans l'après-midi. Je t'en ai parlé.

Poirot et moi, nous observâmes Mrs Tanios. D'un geste nerveux, elle repoussa un peu son chapeau en arrière.

– Tu t'en souviens certainement, Bella, insista Jacob. Quelle mauvaise mémoire tu as !

– Bien sûr ! s'excusa-t-elle alors avec un faible sourire. C'est vrai que j'ai une mémoire lamentable ! Surtout que ça fait près de deux mois, maintenant !

– Charles et Theresa Arundell étaient également présents ce jour-là, je crois ? ajouta Poirot.

– Peut-être, répondit benoîtement Tanios. Je ne les ai pas vus.

– Alors vous n'êtes pas resté très longtemps ?

– Oh, non. Une demi-heure environ.

Le regard interrogateur de Poirot semblait le mettre un peu mal à l'aise.

– Après tout, pourquoi ne pas l'avouer ? ajouta-t-il soudain, l'œil malicieux. J'espérais obtenir un prêt – mais je suis reparti bredouille. La tante de ma femme, j'en ai peur, ne m'appréciait pas autant qu'elle aurait pu. Dommage, parce que moi je l'aimais bien. C'était une sacrée bonne femme !

– Puis-je vous poser une question un peu directe, docteur Tanios ?

Y eut-il, ou non, une brève lueur d'appréhension dans le regard du médecin ?

– Mais bien sûr, monsieur Poirot.

– Que pensez-vous de Charles et de Theresa Arundell ?

Tanios parut soulagé.

– Charles et Theresa ? (Il gratifia sa femme d'un sourire affectueux.) Bella, ma chérie, j'imagine que tu ne m'en voudras pas si je suis franc à propos de ta famille ?

Elle fit non de la tête, avec un pâle sourire.

– Alors, mon opinion c'est qu'ils sont tous deux pourris jusqu'à la moelle ! Curieusement, c'est encore Charles que je préfère. C'est une fripouille, mais une fripouille sympathique. Il n'a aucun sens moral, mais ce n'est pas de sa faute. Il y a des gens qui naissent comme ça.

– Et Theresa ?

Il hésita.

– Je ne sais pas. C'est une fille étonnamment séduisante. Mais elle est impitoyable. Elle tuerait de sang-froid, si cela arrangeait ses affaires. En tout cas, c'est mon avis. Vous avez peut-être entendu dire que sa mère a été jugée pour meurtre ?

– Et acquittée, répliqua Poirot.

– Et acquittée, comme vous dites, s'empressa d'ajouter Tanios. Mais tout de même... cela donne parfois à réfléchir.

– Vous avez rencontré le jeune homme auquel elle est fiancée ?

– Donaldson ? Oui, il est venu dîner à Littlegreen House, un soir.

– Que pensez-vous de lui ?

– Un type doué. Je crois qu'il ira loin – si on lui donne sa chance. Ça coûte cher, une spécialisation.

– Vous voulez dire qu'il est doué, dans sa profession ?

– C'est ce que je veux dire, oui. Un cerveau ! (Il sourit.) Mais pas très brillant en société, cependant. Tatillon et guindé. Theresa et lui forment un couple bizarre. L'attirance des contraires. C'est une mondaine alors qu'il vit en ermite.

Les deux enfants tournaient autour de leur mère.

– Maman, est-ce qu'on peut manger ? J'ai faim. On va rater le service.

Poirot jeta un coup d'œil à sa montre et s'exclama :

– Mille pardons ! Je vous empêche de passer à table.

Mrs Tanios regarda son mari, et proposa d'une voix hésitante :

– Peut-être pourrions-nous vous offrir de...

– Vous êtes trop aimable, chère madame, s'empressa de répondre Poirot, mais on m'attend pour déjeuner et je suis déjà en retard.

Il serra la main aux Tanios et à leurs enfants. Je l'imitai.

Nous nous attardâmes un moment dans le hall de l'hôtel. Poirot voulait téléphoner. Je l'attendis à la réception. J'étais là à faire le pied de grue lorsque je vis Mrs Tanios pénétrer dans le hall en regardant autour d'elle. Elle avait l'air traquée, harcelée. Dès qu'elle m'aperçut, elle se précipita vers moi.

– Votre ami... Poirot... j'imagine qu'il est parti ?

– Non, il est au téléphone.

– Oh !

– Vous vouliez lui parler ?

Elle acquiesça d'un signe de tête. Elle semblait de plus en plus nerveuse.

Poirot sortit de la cabine à cet instant précis et nous vit ensemble. Il s'empressa de nous rejoindre.

– Monsieur Poirot, commença-t-elle immédiatement d'une voix basse et précipitée, il y a quelque chose que j'aimerais vous dire... que je *dois* vous dire...

– Oui, madame.

– C'est important... Très important... Voyez-vous, je...

Elle s'interrompit. Le Dr Tanios et les deux enfants venaient de sortir du petit salon. Ils approchaient.

– Tu as encore un mot à dire à M. Poirot, Bella ?

Il était tout sourire et parlait d'un ton enjoué.

– Oui, répondit-elle, après une hésitation. Bon, c'est tout, monsieur Poirot. Je voulais juste que vous assuriez à Theresa que nous la soutiendrons dans tout ce qu'elle entreprendra. Entre parents, on *doit* se serrer les coudes.

Elle nous salua de la tête, puis, prenant le bras de son mari, se dirigea vers la salle à manger de l'hôtel.

Je saisis Poirot par l'épaule.

– Ce n'est pas ce qu'elle avait commencé à nous dire, Poirot !

Il dodelina de la tête tout en regardant le couple s'éloigner.

– Elle a changé d'avis, ajoutai-je.
– Oui, mon bon ami, elle a changé d'avis.
– Pourquoi ?
– J'aimerais le savoir, murmura-t-il.
– Elle nous le dira une autre fois..., fis-je, avec optimisme.
– Je me le demande. Je crains, au contraire... qu'elle ne le puisse pas...

18

Anguille sous roche

Nous déjeunâmes dans un petit restaurant, non loin de là. J'étais curieux de connaître les conclusions de Poirot sur les divers membres de la famille Arundell.
– Alors, Poirot ? demandai-je d'une voix pressante.
Avec un air de reproche, il concentra toute son attention sur le menu. Lorsqu'il eut passé commande, il se laissa aller contre le dossier de sa chaise, coupa son petit pain en deux, et articula enfin, sur un ton moqueur :
– Alors, Hastings ?
– Que pensez-vous d'eux, maintenant que vous les avez tous rencontrés ? demandai-je.
– Ma foi, dit-il lentement, ils forment une équipe fort intéressante ! Vraiment, cette affaire est un régal pour l'esprit ! Elle a tout d'un... – comment dites-vous déjà ? – d'un sac à malices ! Vous avez vu ? Chaque fois que

j'annonce « Miss Arundell m'a écrit juste avant sa mort », il se passe quelque chose. Miss Lawson me parle de l'argent disparu. Mrs Tanios s'écrie aussitôt : « À propos de mon mari ? » Pourquoi à propos de son mari ? Pourquoi miss Arundell m'aurait-elle écrit à moi, Hercule Poirot, pour me parler du Dr Tanios ?

– Cette femme a une idée derrière la tête, murmurai-je.

– Oui, elle sait quelque chose Mais *quoi* ? Miss Peabody nous dit que Charles Arundell éliminerait père et mère pour des clopinettes, miss Lawson affirme que Mrs Tanios assassinerait n'importe qui si son mari le lui demandait. Le Dr Tanios assure que Charles et Theresa sont « pourris jusqu'à la moelle », laisse entendre que leur mère était une meurtrière et déclare, sans avoir l'air d'y toucher, que Theresa pourrait tuer de sang-froid.

» Ils ont une bien piètre opinion les uns des autres, tous ces gens ! Le Dr Tanios pense, ou *prétend* penser, qu'il y a eu des manœuvres captatoires. Avant son arrivée, sa femme n'était manifestement *pas* de cet avis. Au début de notre entretien, elle refuse de contester la validité du testament, puis elle fait volte-face. Voyez-vous, Hastings – c'est une marmite qui bouillonne, et de temps en temps un fait significatif remonte à la surface. Il y a *quelque chose* au fond de cette marmite – oui, il y a *quelque chose.* J'en suis sûr, parole d'Hercule Poirot, j'en suis sûr !

Son sérieux m'impressionna malgré moi.

– Vous avez peut-être raison, dis-je au bout d'un moment. Mais cela me paraît trop vague... Trop flou.

– Mais vous admettez avec moi qu'il y a bien *quelque chose* là-dessous ?

– Oui, répondis-je d'une voix hésitante. Je crois que oui.

Poirot se pencha vers moi par-dessus la table et plongea son regard dans le mien.

– Vous avez changé, mon tout bon. Vous n'êtes plus amusé, ni péremptoire, vous ne souriez plus avec indulgence de mes plaisirs académiques. Qu'est-ce donc qui vous a convaincu ! Ce n'est pas l'excellence de mon raisonnement – non, ce n'est pas ça ! Mais *quelque chose* – quelque chose qui n'a rien à voir avec moi – vous a marqué. Dites-moi, mon bon ami, qu'est-ce qui vous a convaincu soudain de prendre cette affaire au sérieux ?

– Je crois, répondis-je lentement, que c'est Mrs Tanios. Elle avait l'air... *effrayée*.

– Par moi ?

– Non, non, pas par vous. Par quelqu'un d'autre. Au début, elle était si calme et si raisonnable. Bien sûr, elle déplorait les termes de ce testament et en manifestait une certaine amertume – d'ailleurs bien naturelle. Mais elle semblait accepter la situation et être décidée à laisser les choses en l'état. Attitude à laquelle on pouvait s'attendre de la part d'une femme bien élevée et plutôt apathique. Et puis, brusque revirement, elle adopte avec enthousiasme le point de vue de son mari. Quant à la façon dont elle nous a suivis dans le hall – cette façon presque *furtive*...

Poirot hocha la tête, comme pour m'encourager.

– Et il y a encore un autre petit détail que vous n'avez peut-être pas remarqué...

– Rien ne m'échappe !

– Je veux parler de la visite du Dr Tanios à Littlegreen House, ce dernier dimanche. Je jurerais qu'elle n'en savait rien, que ç'a été pour elle une complète surprise. Et pourtant elle est entrée immédiatement dans son jeu, elle a prétendu qu'il le lui avait dit et qu'elle avait oublié. Je... J'en ai eu froid dans le dos, Poirot.

– Vous avez parfaitement raison, Hastings – c'était très significatif.

– Cela m'a laissé une vilaine impression – une impression de... de peur.

Poirot hocha doucement la tête.

– Vous avez ressenti la même chose ? demandai-je.

– Oui. La peur était dans l'air, nettement. (Il se tut une seconde.) Et pourtant, Tanios vous a plu, n'est-ce pas ? Vous l'avez trouvé agréable, sincère, affable. Malgré vos préjugés insulaires contre les Argentins, les Portugais et les Grecs, il vous a séduit, vous a paru sympathique ?

– C'est vrai, dus-je admettre.

Dans le silence qui suivit, j'observai Poirot, puis je demandai enfin :

– À quoi pensez-vous, Poirot ?

– Je songe à plusieurs personnes. Au jeune et beau Norman Gale. À Evelyn Howard, direct et jovial. Au charmant Dr Sheppard. À Knighton, si calme et si sérieux...

Je ne compris pas immédiatement qu'il s'agissait des acteurs principaux d'affaires criminelles célèbres.

– Et alors ? fis-je.

– Ils avaient tous, eux aussi, des personnalités très attachantes...

– Mon Dieu, Poirot, vous ne croyez tout de même pas que Tanios...

– Non, non. Pas de conclusions hâtives, Hastings. Je veux juste vous faire remarquer que nos réactions personnelles face aux individus que nous rencontrons sont singulièrement peu fiables. Il ne faut pas se laisser guider par ses sentiments, mais par les faits.

– Hum..., grommelai-je. Les faits ne sont pas notre point fort. Non, non, Poirot, vous n'allez pas les récapituler une fois de plus !

– Je serai bref, mon ami, n'ayez crainte. D'abord, nous avons très certainement affaire à une tentative de meurtre. Vous admettez enfin cela, n'est-ce pas ?

– Oui, répondis-je lentement.

Jusqu'alors, j'avais été quelque peu sceptique vis-à-vis de sa reconstitution fantaisiste (du moins le croyais-je) des événements de la nuit du mardi pascal. Je devais reconnaître, cependant, que ses déductions étaient logiques.

– Eh bien, bravo. Bon, ceci posé, qui dit tentative de meurtre dit meurtrier. L'une des personnes présentes cette nuit-là est donc un assassin – sinon de fait, du moins en intention.

– Je vous l'accorde.

– Voici donc notre point de départ : un meurtrier. Nous nous renseignons un peu – comme vous dites chez vous : nous remuons la boue – et qu'obtenons-nous ? Plusieurs accusations très intéressantes, proférées apparemment comme si de rien n'était au cours de conversations variées.

– Vous pensez qu'elles n'étaient pas fortuites, ces accusations ?

– Impossible à savoir pour le moment ! La façon tout innocente dont miss Lawson nous a appris que Charles avait menacé sa tante n'était peut-être pas aussi innocente que ça. Les remarques du Dr Tanios sur Theresa Arundell n'étaient sans doute pas malintentionnées et ne reflétaient probablement que l'opinion sincère d'un médecin... mais allez savoir au juste ! De son côté, miss Peabody a évoqué sans arrière-pensée manifeste les frasques de Charles Arundell – mais, après tout, qui nous le prouve ? Et ainsi de suite... Il y a une expression, n'est-ce pas – anguille sous roche ? Eh bien, c'est exactement ce que je trouve ici, sauf que sous notre roche à nous se cache un assassin et non une anguille.

– J'aimerais connaître le fin fond de votre pensée, Poirot.

– Hastings... Hastings... Je ne m'autorise pas à « penser », du moins, pas dans le sens où vous employez ce terme. Pour l'instant, je me contente de faire certaines réflexions.

– C'est-à-dire ?

– Je m'interroge sur le mobile. Quels pourraient être les *mobiles* vraisemblables de l'assassinat de miss Arundell ? Le plus évident, c'est *l'argent,* d'accord. Qui aurait tiré profit de la mort de miss Arundell – si elle était morte dans la nuit, le mardi de Pâques ?

– Tout le monde, sauf miss Lawson.

– Exactement.

– Eh bien, en tout cas, voilà quelqu'un d'automatiquement écarté de la liste des suspects.

– Oui, dit Poirot, songeur. On dirait bien. Mais le plus intéressant, c'est que la personne qui n'y aurait rien gagné si cette mort s'était produite ce jour-là, rafle la mise lorsque ladite mort survient quinze jours plus tard.

– Où voulez-vous en venir ? Poirot, demandai-je, un tantinet perplexe.

– La cause et l'effet, mon bon ami. La cause et l'effet.

Je l'observai, indécis.

– Soyez logique ! poursuivit-il. Que s'est-il passé au juste... après l'accident ?

Je n'aimais pas Poirot lorsqu'il était de cette humeur-là. Tout ce que l'on pouvait avancer était faux ! Je répondis donc avec une prudence extrême :

– Miss Arundell doit s'aliter.

– Exact. Et elle a tout son temps pour réfléchir. Et ensuite ?

– Elle vous écrit.

Poirot acquiesça d'un signe de tête.

– Oui, elle m'écrit. Mais la lettre n'est pas postée. Vraiment dommage, ça !

– Vous soupçonnez quelque chose de louche dans le fait que la lettre n'ait pas été envoyée ?

Poirot fronça les sourcils.

– Là, Hastings, je suis forcé d'avouer que je n'en sais rien. Je crois – à la lumière de tout ce dont je suis presque sûr – qu'elle a été vraiment égarée par hasard. Je crois aussi – mais je n'en jurerais pas – que personne ne connaissait l'existence de cette lettre. Continuez... que se passe-t-il ensuite ?

– La visite du notaire, suggérai-je, après réflexion.

– Oui. Elle l'envoie chercher et il arrive en temps utile.

– Et elle modifie son testament, poursuivis-je.

– Exactement. Un testament très inattendu. À ce propos, nous devons considérer avec grand soin une déclaration d'Ellen. Elle nous a dit, si vous vous en souvenez, que miss Lawson avait veillé à ce que sa patronne n'apprenne pas l'escapade nocturne de Bob...

– Mais... Oh ! je vois... Et puis non, je ne vois pas... Ou bien, est-ce que je commence à avoir une idée de ce que vous suggérez ?...

– J'en doute ! dit Poirot. Mais si c'est le cas, vous percevez, j'espère, l'*importance* capitale de cette affirmation d'Ellen ?

À ces mots, il me fixa d'un regard perçant.

– Bien sûr, bien sûr, m'empressai-je de répondre.

– Et ensuite, poursuivit Poirot, divers autres événements se produisent. Charles et Theresa viennent pour le week-end, et miss Arundell montre à Charles le testament modifié – ou, du moins, c'est ce qu'il *prétend.*

– Vous ne le croyez pas ?

– Je ne crois que les allégations que je peux *vérifier.* Miss Arundell ne fait pas voir le document à Theresa.

– Parce qu'elle pensait que Charles en parlerait à sa sœur.

– Mais il ne lui dit rien. *Pourquoi* ne dit-il rien à Theresa ?

– Selon lui, il l'a fait.

– Theresa a formellement déclaré que non – petite

divergence aussi intéressante que révélatrice. Et lorsque nous partons, elle le traite d'imbécile.

– Je perds pied, Poirot, dis-je d'un ton plaintif.

– Reprenons le déroulement des événements. Le dimanche, le Dr Tanios vient à Littlegreen House, sans doute à l'insu de sa femme.

– Je dirais : *certainement* à l'insu de sa femme.

– Contentons-nous d'un *probablement*. Continuons ! Le lundi, départ de Charles et de Theresa. Miss Arundell va bien. Elle fait un bon dîner et s'installe dans l'obscurité avec les sœurs Tripp et Lawson. Vers la fin de la séance, elle est prise d'un malaise. Elle se couche, meurt quatre jours plus tard et miss Lawson hérite de tous ses biens – quant au capitaine Hastings, il assure que son décès a des causes naturelles !

– Tandis qu'Hercule Poirot prétend qu'elle a été empoisonnée pendant le repas, alors qu'il n'a aucune preuve du tout !

– J'ai *une* preuve, Hastings. Souvenez-vous de notre conversation avec les sœurs Tripp. Et d'une phrase, dans les propos quelque peu décousus de miss Lawson.

– Vous voulez parler du curry qu'elle a mangé ? Le curry masquerait le goût d'un poison, c'est ce que vous voulez dire ?

– Oui, le curry a sans doute une certaine importance, répondit lentement Poirot.

– Mais, dis-je alors, si ce que vous avancez – au mépris de toutes les évidences médicales – est exact, seule miss Lawson ou l'une des domestiques peut l'avoir assassinée.

– Je me le demande.

– Ou les Tripp ? Ridicule. Je n'y crois pas. Tous ces gens respirent l'innocence !

Poirot haussa les épaules.

– Rappelez-vous ceci, Hastings : la stupidité – et même, dans cette affaire, la bêtise – peut aller de pair avec une véritable duplicité. Et n'oubliez pas la première tentative de meurtre. Ce n'était pas l'œuvre d'un cerveau particulièrement génial, mais un petit meurtre tout bête, suggéré par Bob et sa manie de laisser traîner sa balle en haut des escaliers. L'idée de tendre un fil en travers de la première marche était simplissime – même un enfant aurait pu y songer !

Je fronçai les sourcils.

– Vous voulez dire que...

– Je veux dire que nous ne cherchons rien d'autre chez nos suspects que la volonté de tuer. Sans plus.

– Mais le poison devait être très élaboré, lui, pour ne laisser aucune trace, affirmai-je. Il fallait que ce soit au minimum une substance que monsieur Tout-le-monde aurait du mal à se procurer. Oh ! bon sang de bonsoir Poirot ! Je n'arrive tout bêtement pas à y croire, voilà ce qui se passe. Je n'arrive pas à croire que vous puissiez *savoir* quoi que ce soit. Ce que vous formulez, ce ne sont que des hypothèses.

– Vous vous trompez, mon bon ami. C'est le résultat de nos diverses conversations de ce matin. J'ai maintenant une idée précise pour aller de l'avant. Certaines indications minimes, mais sûres. Le seul problème, c'est... c'est que j'ai peur.

– Peur ? De quoi ?

– De réveiller le chat qui dort, dit-il d'un ton grave.

C'est un de vos proverbes, non ? Il ne faut pas réveiller le chat qui dort... C'est ce que notre assassin est en train de faire, en cc moment : il dort tranquillement au soleil. Mais l'expérience ne nous a-t-elle pas appris, à vous comme à moi, Hastings, que s'il se sent menacé, un meurtrier est capable de se retourner et de tuer une seconde, voire une *troisième* fois ?

– Vous craignez qu'une chose pareille se produise ?

– Oui, je le crains. S'il y a assassin sous roche – et je suis intimement persuadé que tel est le cas, Hastings –, oui, oh oui, je crains bien que nous ne tardions pas à être confrontés au pire...

19

Visite à Mr Purvis

Poirot demanda l'addition et la régla.

– Et maintenant, que faisons-nous ? m'enquis-je.

– Ce que vous avez suggéré, un peu plus tôt dans la matinée. Nous partons pour Harchester, interroger Mr Purvis. C'est la raison de mon coup de téléphone depuis le *Durham Hotel.*

– Vous avez appelé Purvis ?

– Non. Theresa Arundell. Je l'ai priée de me donner une lettre d'introduction. Pour approcher ce notaire avec quelque chance de succès, nous avons besoin d'être accrédités par la famille. Elle m'a promis de me la faire porter. À l'heure qu'il est le pli doit être arrivé.

La lettre en question nous attendait en effet chez Poirot – ainsi que Charles Arundell qui s'était déplacé en personne pour nous l'apporter.

– C'est charmant, chez vous, monsieur Poirot, remarqua-t-il en parcourant le salon des yeux.

À cet instant, mon regard fut attiré par un tiroir du bureau. Mal fermé, il était bloqué par une feuille qui en dépassait légèrement.

Imaginer Poirot laissant un tiroir ainsi était proprement incroyable. J'observai Charles d'un air pensif. Il était resté seul dans cette pièce avant notre arrivée. Et il avait tué le temps à fouiller dans les papiers de Poirot, cela ne faisait pas l'ombre d'un doute... Quelle espèce de fripouille ! J'en bouillais d'indignation.

Charles, lui, était d'excellente humeur.

– Voilà, dit-il en tendant la lettre à Poirot. C'est en bonne et due forme – et j'espère que vous aurez plus de chance que nous avec le vieux Purvis.

– Il ne vous a guère laissé d'espoir, n'est-ce pas ?

– Une vraie douche froide... À son avis, cette vieille toupie de Lawson a réussi son coup et elle est maintenant tranquille comme Baptiste.

– Votre sœur et vous, vous n'avez pas songé à en appeler au bon cœur de la dame ?

Charles sourit :

– Oh que si, j'y ai songé ! Mais j'ai eu beau me mettre en quatre... rien à faire ! J'ai prêché dans le désert. L'histoire pathétique de la brebis galeuse déshéritée – brebis pas si galeuse que ça au demeurant, du moins ai-je essayé de l'en convaincre – n'a pas réussi à soutirer une larme à ce petit cœur sec ! Elle n'a jamais pu me voir en peinture ! (Il se mit à rire.) Pourtant, les quinquagénaires ont plutôt tendance à me prendre dans leur giron. Elles estiment d'ordinaire que personne ne m'a jamais compris et que l'on n'a pas su me donner ma chance !

– Point de vue fort profitable, je n'en doute pas.

– Il m'a beaucoup servi, jusqu'à présent, merci. Mais, comme je le disais, avec mémé Lawson, ç'a été le bide total. Je crois qu'elle a une dent contre les hommes. Je l'imagine très bien au bon vieux temps d'avant 14, en train de s'enchaîner à toutes les grilles possibles et imaginables et d'agiter son petit drapeau de suffragette.

– Ma foi, fit Poirot en hochant la tête, si les méthodes simples échouent...

– ... Il faudra bien en venir au crime, conclut Charles joyeusement.

– Tiens ! tiens ! s'exclama Poirot, puisque l'on parle crime, jeune homme, est-il exact que vous ayez menacé votre tante – que vous lui ayez dit que vous la « liquideriez » ou quelque chose d'approchant ?

Charles se laissa tomber dans un fauteuil, étendit les jambes et dévisagea Poirot.

– Allons bon ! Qui est-ce qui vous a raconté ça ? demanda-t-il.

– Peu importe. Est-ce exact ?

– Bof ! Il y a un peu de vrai là-dedans, d'accord.

– Allons, allons, racontez-moi cette histoire. Mais j'aimerais autant que vous me disiez tout de suite la vérité.

– Sans problème, mon bon monsieur. Il n'y a pas de quoi fouetter un chat. J'avais effectué quelques travaux d'approche, si vous voyez ce que je veux dire.

– Tout à fait.

– Et puis, ça ne s'est pas passé comme prévu. Tante Emily m'a envoyé sur les roses et a décrété que toute tentative pour lui arracher trois sous serait toujours vouée à l'échec ! Bon, je ne me suis pas énervé, mais je n'ai pas mâché mes mots non plus : « Écoutez, tante Emily, j'aime autant vous prévenir que vos façons d'agir finiront par vous jouer des tours, et qu'un de ces quatre vous risquez de vous faire liquider ! » Elle m'a demandé, avec un mépris écrasant, ce que j'entendais par là. « Rien de plus que ce que j'ai dit, tantine. Vos amis et vos parents sont tous fauchés comme les blés, à vous tournicoter autour, l'espoir au cœur et la langue pendante... Et vous, qu'est-ce que vous faites, pendant ce temps-là ? Vous vous prélassez sur votre magot et vous refusez de partager. C'est comme ça que les gens se font assassiner. Croyez-moi, s'il prend à quelqu'un l'envie de vous liquider, vous l'aurez bien cherché. »

» Elle m'a regardé par-dessus ses lunettes, selon sa vieille habitude. Un regard plutôt vachard. Et elle m'a répondu d'un ton cassant : " Alors, c'est ça ce que tu penses, hein ? " " C'est ça, ai-je acquiescé. Soyez un peu plus coulante, c'est le conseil que je vous donne. " " Merci Charles, pour ce conseil avisé, mais tu ne tarderas pas à t'apercevoir que je suis capable de veiller au grain. " " Comme il vous plaira, ma tante. " J'étais tout sourire et je me demande si elle n'était pas moins fâchée qu'elle ne voulait le paraître. " Vous ne pourrez pas dire que je ne vous ai pas prévenue ", ai-je ajouté. " Je m'en souviendrai ", a-t-elle encore crâné.

Il se tut un instant.

– Voilà, c'est tout.

– Sur quoi, fit Poirot, vous vous êtes contenté de quelques billets trouvés dans un tiroir.

Charles le dévisagea, puis éclata de rire.

– Là, je vous tire mon chapeau ! s'exclama-t-il. Vous êtes fortiche, dites donc ! Comment avez-vous appris *ça* ?

– C'est vrai, alors ?

– Bien sûr, que c'est vrai ! J'étais complètement à sec. Il fallait que je dégote de l'argent quelque part. Je suis tombé sur une jolie petite liasse dans un tiroir, et j'ai prélevé quelques livres. Très peu – je croyais que personne ne s'apercevrait de la soustraction, ou alors qu'on accuserait les bonnes.

– Si tel avait été le cas, ç'aurait pu être très grave pour elles, fit sèchement remarquer Poirot.

Charles haussa les épaules.

– Chacun pour soi, murmura-t-il.

– Et Dieu pour tous..., ajouta Poirot. C'est votre devise, n'est-ce pas ?

Charles l'observa avec curiosité.

– Je ne savais même pas que la vieille bique s'en était rendu compte. Comment l'avez-vous appris, vous ? Et comment avez-vous eu vent de cette conversation avec ma tante ?

– C'est miss Lawson qui me l'a rapportée.

– L'espèce de vieux chameau ! (Il ne me parut que très légèrement troublé.) Elle ne m'aime pas, et elle n'aime pas Theresa non plus. Vous ne pensez pas que... qu'elle a d'autres atouts dans sa manche ?

– Lesquels ?

– Ça, je n'en sais rien. C'est juste qu'elle me fait effet d'être rusée comme un vieux renard. (Il se tut un instant, puis ajouta :) Elle déteste Theresa...

– Saviez-vous, Mr Arundell, que le Dr Tanios est venu chez votre tante le dimanche précédant sa mort ?

– Comment ? Le dimanche où nous y sommes allés, Theresa et moi ?

– Oui. Vous ne l'avez pas vu ?

– Non. Nous nous sommes promenés, dans l'après-midi. J'imagine qu'il est passé à ce moment-là. C'est drôle que tante Emily ne nous ait pas parlé de cette visite. Qui vous a mis au courant ?

– Miss Lawson.

– Encore et toujours cette toupie de Lawson ! C'est une vraie mine de renseignements, celle-là ! (Un silence, puis :) Je vous assure, Tanios est un type sympathique. Je l'aime bien. C'est le parfait bon vivant, toujours le mot pour rire.

– Il a une personnalité attachante, en effet, dit Poirot.

Charles sauta sur ses pieds.

– À sa place, il y a belle lurette que j'aurais trucidé cette rabat-joie de Bella ! Vous ne trouvez pas que c'est le type même de l'éternelle victime ? Vous savez, je ne serais pas surpris si on la découvrait un beau jour coupée en rondelles dans une malle, à Margate ou ailleurs !

– Vous ne prêtez pas là des intentions louables à son mari, ce tellement sympathique médecin, dit Poirot d'un ton grave.

– Non, c'est vrai, répondit Charles, songeur. Et pourtant je crois sincèrement que Tanios ne ferait pas de mal à une mouche. Il est beaucoup trop bonne pâte pour ça.

– Et vous ? Seriez-vous capable de tuer, si le jeu en valait la chandelle ?

Charles éclata de rire – un rire franc et sonore.

– Vous cherchez un moyen de chantage, monsieur Poirot ? Rien à faire. Je suis prêt à jurer que je n'ai pas versé... (Il s'interrompit brusquement, puis reprit :)... une rasade de strychnine dans la soupe de tante Emily.

Et sur un geste désinvolte de la main, il s'en fut.

– Vous avez essayé de lui faire peur, Poirot ? Si tel est le cas, j'ai l'impression très nette que vous avez fait chou blanc. Il n'a pas manifesté le moindre signe de culpabilité.

– Non ?

– Non. Il m'a semblé imperturbable.

– Curieux quand même, cette façon qu'il a eue de s'interrompre, murmura Poirot.

– De s'interrompre ?

– Oui. Il a marqué une pause avant « une rasade de strychnine ». Presque comme s'il allait dire autre chose et qu'il avait soudain changé d'avis.

Je haussai les épaules.

– Il cherchait sans doute le nom d'un bon poison – un nom bien évocateur.

– C'est possible. C'est possible. Mais mettons-nous en route. Je pense que nous passerons la nuit chez *George*, à Market Basing.

Dix minutes plus tard, on nous vit traverser Londres

à toute vitesse, une fois de plus en direction de la campagne.

Nous arrivâmes à Harchester vers 4 heures de l'après-midi, et nous rendîmes directement à l'étude Purvis, Purvis, Charlesworth & Purvis.

Mr Purvis était le type même du bon gros notable à la silhouette rebondie, aux cheveux blancs et aux joues roses. Il faisait penser à un châtelain campagnard. Ses manières étaient courtoises, mais réservées.

Il lut notre lettre d'introduction, puis nous observa par-dessus son bureau. Il avait le regard perspicace et quelque peu inquisiteur.

– Je connais votre nom, bien entendu, monsieur Poirot, préluda-t-il poliment. Que miss Arundell et son frère aient fait appel à vos services dans cette affaire, je l'admets sans peine. Mais comment vous pouvez envisager de leur être utile, voilà où je me perds en conjectures...

– Admettons sans aller plus avant, Mr Purvis, que j'aie l'intention de me livrer à une enquête approfondie sur les tenants et aboutissants de cette histoire.

Le notaire fut très sec.

– Miss Arundell et son frère connaissent déjà mon opinion quant à l'aspect juridique de la question. Les faits sont parfaitement clairs et ne présentent aucune ambiguïté.

– Je n'en disconviens pas, je n'en disconviens pas, répliqua Poirot avec vivacité. Mais vous ne verrez pas d'inconvénient, je gage, à les repasser simplement en revue avec moi, afin que je puisse me faire une idée précise de la situation ?

Le notaire inclina la tête.

– Je suis à votre disposition.

– Miss Arundell vous a écrit le 17 avril, je crois, pour vous communiquer ses instructions ? commença Poirot.

Mr Purvis consulta quelques papiers posés devant lui sur la table.

– Oui, c'est exact.

– Puis-je savoir ce qu'elle vous disait ?

– Elle me demandait de rédiger un testament. Il devrait comporter des legs à deux domestiques et à trois ou quatre œuvres de charité. Le reste de ses biens irait en totalité à Wilhelmina Lawson.

– Pardonnez-moi, Mr Purvis, mais ces dispositions vous ont-elles surpris ?

– Je dois admettre que... oui, elles m'ont surpris.

– Miss Arundell avait déjà fait son testament ?

– Oui. Cinq ans plus tôt.

– Ce testament initial, hormis certains legs de peu d'importance, laissait sa fortune à son neveu et ses nièces ?

– Le gros de ses biens devait être divisé, en parts égales, entre les enfants de son frère Thomas et la fille d'Arabella Biggs, sa sœur.

– Qu'est devenu ce document ?

– À la demande de miss Arundell, je l'ai apporté avec moi lorsque je me suis rendu chez elle, à Littlegreen House, le 21 avril.

– Je vous serais très obligé, Mr Purvis, de me décrire dans le détail tout ce qui s'est produit à cette occasion.

Le notaire resta silencieux un instant, puis il répondit, avec une grande précision :

– Je suis arrivé à Littlegreen House à 3 heures de l'après-midi. L'un de mes clercs m'accompagnait. Miss Arundell m'a reçu au salon.

– Quelle impression vous a-t-elle faite ?

– Elle m'a paru en bonne santé, même si elle marchait avec une canne – conséquence, si j'ai bien compris, d'une chute qu'elle avait faite quelques jours plus tôt. Comme je vous l'ai dit, elle semblait en bonne santé. Un peu nerveuse et agitée, toutefois.

– Miss Lawson était là ?

– Elle était avec elle à mon arrivée, mais elle s'est retirée aussitôt.

– Et ensuite ?

– Miss Arundell m'a demandé si j'avais suivi ses instructions et si je lui avais apporté le testament à signer.

» Je lui ai répondu que oui. Je... Euh... (Il hésita un instant, avant de poursuivre avec raideur :)... Autant avouer que, dans les limites de la bienséance, je me suis permis quelques observations. Je lui ai signalé que les dispositions de ce testament pourraient sembler d'une injustice criante vis-à-vis de sa famille qui était, après tout, de son sang.

– Que vous a-t-elle répondu ?

– Elle m'a demandé si l'argent était à elle ou non et si elle pouvait en disposer comme elle l'entendait. Je lui ai assuré que c'était bien entendu le cas. « Alors, c'est parfait », a-t-elle dit. Je lui ai rappelé qu'elle ne connaissait miss Lawson que depuis peu de temps, et j'ai voulu savoir si elle était sûre du bien-fondé de l'injustice qu'elle allait commettre envers sa famille. Sa réponse fut : « Mon cher ami, je sais parfaitement ce que je fais. »

– Elle était agitée, m'avez-vous dit ?

– Je crois pouvoir l'affirmer, en effet, mais comprenez-moi bien, monsieur Poirot, elle était en pleine possession de ses facultés. Elle était, à tous les sens du terme, parfaitement compétente pour s'occuper de ses affaires. Bien que mes sympathies soient entièrement acquises à la famille de miss Arundell, je serais dans l'obligation de maintenir ces déclarations devant n'importe quel tribunal.

– Cela va sans dire. Poursuivez, je vous prie.

– Miss Arundell a relu son premier testament, puis elle a pris celui que je venais de rédiger. J'aurais préféré lui soumettre dans un premier temps un brouillon, je l'avoue, mais elle avait insisté pour que je lui apporte le document tout prêt à signer. Cela ne présentait aucune difficulté, car les dispositions en étaient très simples. Elle l'a lu, a hoché la tête et dit qu'elle voulait le signer sur-le-champ. J'ai estimé de mon devoir de protester une dernière fois. Elle m'a écouté jusqu'au bout avec patience, puis a répété que sa décision était irrévocable. J'ai donc appelé mon clerc. C'est le jardinier et lui qui ont servi de témoins. Bénéficiaires de par cet acte, les deux bonnes ne pouvaient bien entendu tenir ce rôle.

– Vous a-t-elle ensuite confié ce testament pour que vous le gardiez en lieu sûr ?

– Non. Elle l'a rangé dans un tiroir de son bureau, qu'elle a fermé à clé.

– Qu'a-t-elle fait du premier testament ? L'a-t-elle détruit ?

– Non. Elle l'a mis sous clé avec l'autre.

– Après sa mort, où a-t-on trouvé son testament ?

– Dans ce même tiroir. En tant qu'exécuteur testamentaire, j'avais ses clés. J'ai étudié tous ses papiers personnels.

– Les deux testaments étaient-ils toujours dans le tiroir ?

– Oui. À l'endroit exact où elle les avait rangés ce jour-là.

– L'avez-vous interrogée sur les motifs d'une décision si surprenante ?

– Oui. Mais je n'ai pas obtenu de réponse satisfaisante. Elle m'a simplement répété « qu'elle savait ce qu'elle faisait ».

– Toutefois, cette manière d'agir vous a étonné ?

– Beaucoup. Car miss Arundell, je me dois de le préciser, avait toujours manifesté un grand sens de la famille.

Poirot garda un instant le silence, puis il demanda :

– Je suppose que vous n'avez rien évoqué de tout cela avec miss Lawson ?

Mr Purvis sembla choqué par cette simple suggestion.

– Certainement pas. Cela aurait été tout à fait déplacé !

– Miss Arundell a-t-elle dit quelque chose pouvant indiquer que sa dame de compagnie était au courant de l'existence d'un testament en sa faveur ?

– Non. Je lui ai demandé si miss Lawson savait qu'elle était désignée comme héritière, et elle m'a répondu d'un ton brusque que celle-ci en ignorait tout. Convaincu qu'il était préférable qu'il en fût ainsi, j'ai fait une allusion dans ce sens, et miss Arundell a semblé partager mon opinion.

– Pourquoi avez-vous insisté sur ce point, Mr Purvis ?

Le vieux notaire lui jeta un regard plein de dignité.

– À mon sens, mieux vaut ne pas discuter de ces choses-là. En outre, cela aurait pu être la cause d'une déception ultérieure.

– Ah, dit Poirot en inspirant profondément, si je comprends bien, *vous estimiez que miss Arundell pouvait changer d'avis dans un futur proche* ?

Le notaire acquiesça d'un signe de tête.

– Exactement. Je pensais que miss Arundell avait eu une violente altercation avec sa famille et que lorsqu'elle se serait calmée, elle reviendrait sur cette décision irréfléchie.

– Dans ce cas, qu'aurait-elle fait ?

– Elle m'aurait donné des instructions pour la rédaction d'un autre testament.

– Elle aurait pu aussi détruire tout bonnement le dernier. Du coup, le testament original aurait été de nouveau valable.

– Ce point est discutable. Les dernières volontés de la testatrice précisaient que tous ses testaments précédents étaient automatiquement annulés par ces ultimes dispositions.

– Mais miss Arundell ne possédait pas assez de connaissances juridiques pour en être consciente. Elle aura pensé qu'en détruisant le dernier, celui d'avant redevenait valable...

– C'est possible.

– En fait, si elle était morte intestat, ses biens seraient allés à sa famille ?

– Oui. Une moitié à Mrs Tanios et l'autre, à diviser entre Charles et Theresa Arundell. Il n'en reste pas moins, cependant, qu'elle n'a pas changé d'avis ! Elle est morte sans modifier sa décision.

– Mais c'est là que j'entre en jeu, dit Poirot.

Le notaire lui lança un regard interrogateur.

Poirot se pencha en avant.

– Supposons, reprit-il, que sur son lit de mort, miss Arundell *ait voulu détruire ce second testament.* Supposons qu'elle ait cru l'avoir bel et bien détruit... mais qu'en réalité, elle ait seulement déchiré le *premier.*

Mr Purvis secoua la tête.

– Non, les *deux* documents étaient intacts.

– Alors, supposons qu'en croyant déchirer le vrai elle en ait détruit un *faux.* Elle était très malade, souvenez-vous, et la tromper n'eût guère posé de problèmes.

– Il faudrait apporter des preuves de ce que vous avancez, répliqua le notaire d'un ton acerbe.

– Oh ! cela va de soi ! Cela va de soi !

– Y a-t-il, si vous me permettez cette question, quelque raison de croire qu'un tel acte ait été commis ?

Poirot se recula un peu.

– À ce stade de l'enquête..., je ne voudrais pas trop m'engager.

– Bien sûr, bien sûr ! répondit Mr Purvis, d'accord avec une formule qui lui était familière.

– Cependant, et, strictement entre nous, j'estime que cette affaire présente des aspects bien curieux.

– Ah bon ? Vraiment ?

Mr Purvis se frotta les mains, impatient d'en savoir davantage.

– Ce que j'attendais de vous, je l'ai obtenu, poursuivit Poirot. D'après vous, miss Arundell aurait tôt ou tard changé d'avis et serait revenue à de meilleurs sentiments envers sa famille ?

– Ce n'est là, bien entendu, qu'une opinion toute personnelle, fit remarquer le notaire.

– Je comprends, mon cher maître. Miss Lawson n'est pas votre cliente, me suis-je laissé dire ?

– Je lui ai conseillé de consulter un homme de loi étranger à l'affaire, répondit Mr Purvis, glacial.

Poirot lui serra la main en le remerciant pour sa gentillesse et les informations qu'il nous avait fournies.

20

Seconde visite à Littlegreen House

Tout en parcourant la vingtaine de kilomètres qui séparaient Harchester de Market Basing, nous discutâmes de la situation.

– La suggestion que vous venez de faire, Poirot, a-t-elle quelque fondement ?

– Quand j'ai dit que miss Arundell avait peut-être cru avoir détruit ce deuxième testament ? Non, mon bon ami – franchement, non. Mais il m'appartenait, vous devez bien le comprendre, d'émettre une quelconque hypothèse ! Mr Purvis est un homme intelligent. Si je n'avais pas lancé quelque suggestion de ce genre, il se serait demandé quel pouvait bien être mon rôle dans cette histoire.

– Savez-vous à qui vous me faites penser, Poirot ?

– Non, mon tout bon.

– À un jongleur manipulant des balles colorées qui se retrouvent toutes en l'air en même temps !

– Ces balles, ce sont les mensonges que je débite, n'est-ce pas ?

– C'est à peu près ça, oui.

– Et vous pensez qu'un jour tout va s'écrouler ?

– Vous ne pourrez pas jongler éternellement.

– C'est vrai, mais viendra le grand moment où je rattraperai les balles l'une après l'autre, avant de faire ma révérence et de quitter la scène.

– Sous un tonnerre d'applaudissements.

– C'est possible, oui, répondit Poirot en me jetant un regard en coin.

Je préférai abandonner ce terrain dangereux.

– Nous n'avons pas appris grand-chose de Mr Purvis, remarquai-je.

– Non, mais il a confirmé les grandes lignes de notre analyse.

– Et aussi l'affirmation de miss Lawson – à savoir qu'elle ignorait tout de ce testament jusqu'à la mort de la vieille demoiselle.

– Personnellement, Hastings, je ne vois pas en quoi il nous ait confirmé rien de tel.

– Mais Purvis a conseillé à miss Arundell de ne rien

lui confier, et celle-ci lui a répondu qu'elle n'en avait pas la moindre intention.

– Oui, ça, c'est bel et bon. Mais il y a les trous de serrure... Et les clés qui ouvrent les tiroirs les mieux fermés.

– Croyez-vous vraiment que miss Lawson soit capable d'écouter aux portes et de farfouiller dans les tiroirs ? demandai-je, plutôt choqué.

Poirot sourit.

– Miss Lawson n'a pas bénéficié de votre éducation puritaine, très cher. Nous savons déjà qu'elle a écouté *une* conversation qu'elle n'était pas censée entendre – je fais référence à celle où Charles et sa tante ont parlé de certains parents sans le sou capables de la « liquider ».

Je dus admettre qu'il avait raison.

– Aussi, voyez-vous, Hastings, elle peut très bien avoir entendu une partie de la discussion entre Mr Purvis et miss Arundell. Notre notaire a une voix sonore et qui porte.

» Pour ce qui est de « farfouiller » dans les affaires des autres, poursuivit Poirot, c'est une pratique beaucoup plus courante que vous ne l'imaginez. Les gens timides et effarouchables de l'espèce de miss Lawson prennent souvent toutes sortes d'habitudes plus ou moins inavouables qui les aident à passer le temps.

– Vraiment, Poirot ! protestai-je.

– Mais si, Hastings. Mais si.

Nous arrivâmes chez *George* où nous prîmes deux chambres. Puis nous partîmes à petits pas pour Littlegreen House.

Dès notre coup de sonnette, Bob releva le défi.

Aboyant furieusement, il ne fit qu'un bond à travers le vestibule et se rua contre la porte d'entrée.

« Je vais vous étriper ! gronda-t-il. Vous déchiqueter ! Ça vous apprendra à essayer d'entrer dans *cette* maison ! Attendez un peu de goûter à mes crocs ! »

Un murmure apaisant vint se mêler à ces terribles menaces.

– Allons, allons, mon petit. Tu es un brave toutou, un bon chien-chien ! Viens par ici !

Tiré par le collier, Bob fut enfermé à son corps défendant dans le petit salon.

« Il faut toujours qu'on vienne vous gâcher le travail ! ronchonna-t-il. C'était la première fois depuis une éternité que je pouvais flanquer à quelqu'un la frousse de son existence ! Je meurs d'envie de planter les dents dans une jambe de pantalon. Qu'est-ce que vous feriez sans moi pour vous protéger ? »

La porte du petit salon se referma sur lui ; puis Ellen tira verrous et barres et entrebâilla la porte d'entrée.

– Oh, c'est vous, monsieur ! s'exclama-t-elle.

Elle ouvrit en grand. Une expression de ravissement se peignait sur son visage.

– Entrez donc, monsieur, je vous en prie...

Nous pénétrâmes dans le vestibule. De derrière une porte, à notre gauche, nous parvenaient de violents reniflements entrecoupés de grondements. Bob essayait de nous localiser.

– Vous pouvez le lâcher, suggérai-je.

– D'accord, monsieur. Il n'y a pas de problème, avec lui, vraiment, mais les gens ont peur, car il fait beaucoup de bruit et il se précipite sur eux... C'est un excellent chien de garde, en tout cas.

Elle libéra l'animal, qui jaillit comme un boulet de canon.

« Qui c'est ? Où sont-ils ? Ah ! les voilà. Saperlipopette, je crois me rappeler... (Sniff... Sniff... Sniff... Longs grognements...) Bien sûr ! Nous nous sommes déjà rencontrés ! »

– Salut, mon vieux, dis-je. Comment ça va ?

Il remua la queue pour la forme.

« Très bien, merci. Laissez-moi voir... (Il reprit ses recherches.) Vous avez parlé à un épagneul, dernièrement, me dit mon nez. Ces chiens-là sont des imbéciles, si vous voulez mon avis. Qu'est-ce que c'est, ça ? Un chat ? Voilà qui est intéressant ! Dommage qu'il ne soit pas là. On se serait offert une jolie petite partie de chasse. Hum... Pas mal, ce bull-terrier. »

Ayant conclu à juste titre que j'avais récemment rendu visite à quelques-uns de ses collègues, il s'occupa de Poirot, renifla une bouffée d'essence et s'éloigna, d'un air réprobateur.

– Bob ! appelai-je.

Il me jeta un coup d'œil par-dessus son épaule.

« Ça va. Je sais ce que je fais. Je reviens en moins de deux. »

– La maison est fermée, dit Ellen. J'espère que vous excuserez...

Elle se précipita dans le petit salon et commença à ouvrir les volets.

– Parfait. C'est parfait, murmura Poirot.

Il la suivit et s'assit. Comme j'allais le rejoindre, Bob

revint de quelque endroit mystérieux, sa balle dans la gueule. Il grimpa à toute allure en haut de l'escalier et se mit en position sur la première marche, la balle entre les pattes de devant. Sa queue remuait doucement.

« Allons, dit-il. Allons. Jouons un peu. »

Oubliant mon intérêt pour les enquêtes policières, je passai un moment avec lui. Puis, saisi de scrupules, je m'empressai de gagner le petit salon.

Ellen et Poirot discutaient maladies et remèdes.

– Quelques petits comprimés blancs, monsieur, c'était tout ce qu'elle avait l'habitude de prendre. Deux ou trois après chaque repas. C'étaient les ordres du Dr Grainger. Oh, oui, elle s'y conformait, comme vous dites. Des pilules minuscules. Et puis, il y avait un autre médicament. Miss Lawson ne jurait que par lui. Des cachets, c'était les cachets pour le foie du Dr Loughbarrow. Il y a des réclames pour ça affichées tout partout.

– Elle en prenait aussi ?

– Oui. C'est miss Lawson qui les lui avait fait connaître, et miss Arundell trouvait qu'ils lui faisaient du bien.

– Le Dr Grainger était-il au courant ?

– Oh, ça ne le gênait pas, monsieur. « Avalez ça si vous pensez que ça vous fait du bien », qu'il lui avait dit. Et elle lui avait répondu : « Ma foi, moquez-vous si ça vous chante, mais ils me font *vraiment* du bien. Bien plus que n'importe laquelle de *vos* drogues ! » Et le Dr Grainger avait éclaté de rire et ajouté que la foi était le meilleur médicament jamais inventé.

– Elle prenait encore autre chose ?

– Non. Le mari de miss Bella, le docteur étranger, il

est allé une fois lui chercher une bouteille d'un machin... Mais même si elle l'a remercié bien poliment, elle l'a versée dans l'évier. Ça, je le sais ! Et elle a eu raison, à mon avis. On ne sait jamais trop, avec ces produits qui viennent d'ailleurs.

– Mrs Tanios a vu sa tante la vider, n'est-ce pas ?

– Oui, et je crois que ça lui a fait de la peine, à la pauvre femme. Et ça m'a désolée, moi aussi, parce que le docteur, il avait certainement fait ça par gentillesse.

– Sans doute, sans doute. Je suppose qu'après la mort de miss Arundell, on s'est débarrassé de tous les médicaments qui se trouvaient dans la maison ?

Ellen parut légèrement surprise par la question.

– Oh, bien sûr, monsieur. L'infirmière en a jeté une partie et miss Lawson a trié ceux de l'armoire à pharmacie de la salle de bains.

– C'était là que l'on rangeait les... euh... cachets pour le foie du Dr Loughbarrow ?

– Non. Ils étaient dans le placard d'angle de la salle à manger. Comme ça, miss Arundell les avait à portée de main après chaque repas.

– Qui était l'infirmière de miss Arundell ? Pouvez-vous me donner son nom et son adresse ?

Ellen les lui indiqua immédiatement.

Poirot continua alors à lui poser des questions sur la dernière maladie de sa patronne.

Ellen se fit une joie de lui fournir tous les détails – elle lui décrivit l'affection, les douleurs, les premiers symptômes de jaunisse, le délire final. J'ignore si Poirot fut satisfait d'une telle énumération. Il l'écouta assez patiemment, posant parfois une question pertinente, la plupart du temps au sujet de miss Lawson et de ce qu'elle faisait au chevet de sa maîtresse. Il se montra aussi fort intéressé par le régime alimentaire de la malade, le comparant à celui de quelque parent à lui – imaginaire –, aujourd'hui disparu.

Constatant qu'ils prenaient tous deux grand plaisir à leur discussion, je retournai discrètement dans le vestibule. Bob s'était endormi sur le palier, à l'étage, sa balle sous le menton.

Je le sifflai et il se redressa, aussitôt sur le qui-vive. Cette fois, cependant – j'avais sans doute offensé sa dignité en l'abandonnant un peu plus tôt –, il s'amusa longtemps à faire semblant de m'envoyer la balle et à la rattraper au tout dernier moment.

« Déçu, n'est-ce pas ? Bon, peut-être que je vais *vraiment* te la laisser attraper, ce coup-ci. »

Lorsque je revins au petit salon, Poirot parlait de la visite surprise du Dr Tanios le dimanche précédant la mort de la vieille dame.

– Oui, monsieur. Mr Charles et miss Theresa étaient sortis pour une promenade. On n'attendait pas le Dr Tanios, je le sais. La maîtresse était couchée et elle a été très étonnée quand je lui ai annoncé qui c'était. « Le Dr Tanios ? a-t-elle dit. Est-ce que sa femme l'accompagne ? » Je lui ai répondu que non, que ce monsieur était venu seul. Alors elle m'a demandé de le prévenir qu'elle descendrait dans une minute.

– Est-il resté longtemps ?

– Pas plus d'une heure, monsieur. Quand il est reparti, il n'avait pas l'air très content.

– Avez-vous une idée... euh... de la raison de sa visite ?

– Non, monsieur, je n'en sais rien.

– Vous n'avez rien entendu, par hasard ?

Ellen devint toute rouge.

– Oh *non*, monsieur ! Je n'ai jamais été du genre à écouter aux portes, pas comme *certaines* personnes – qui pourtant devraient savoir se conduire !

– Vous vous méprenez sur le sens de mes paroles, s'excusa Poirot avec chaleur. J'ai pensé, simplement, que vous auriez pu servir le thé pendant que ce monsieur était là, et, dans ce cas, vous n'auriez pas pu éviter d'entendre ce dont il parlait avec votre maîtresse.

Elle se calma.

– Je suis désolée, monsieur. Je n'avais pas compris, en effet. Non, le Dr Tanios n'est pas resté pour le thé.

Poirot la regarda et lui fit un petit clin d'œil malicieux :

– Et si je veux connaître le but de sa visite... peut-être bien que miss Lawson ne serait pas si mal placée pour me répondre, qu'est-ce que vous en pensez ?

– Si *elle*, elle ne le sait pas, monsieur, alors personne ne le sait, répliqua Ellen d'un ton pincé !

– Voyons..., reprit Poirot, qui fronça les sourcils comme pour essayer de se souvenir. La chambre de miss Lawson se trouvait à côté de celle de miss Arundell ?

– Non, monsieur. La chambre de miss Lawson est à droite, en haut des escaliers. Je peux vous montrer, monsieur.

Poirot accepta. Il gravit les marches en se tenant près du mur, et juste au moment où il arrivait sur le palier, il poussa une exclamation et se pencha pour examiner le bas de son pantalon.

– Zut ! Je viens de m'accrocher. Ah, mais oui... Il y a un clou, ici, dans la plinthe.

– Oui, c'est vrai, monsieur. C'est une pointe qui a dû sortir un peu, ou quelque chose comme ça. Moi aussi j'y ai pris ma robe, une ou deux fois.

– Ça fait longtemps qu'il est là ?

– Eh bien, un certain temps, hélas, monsieur. La première fois que je l'ai remarqué, c'était quand la patronne était au lit – après son accident, monsieur. J'ai essayé de l'arracher, mais je n'y suis pas arrivée.

– On a dû y attacher un fil, à un moment quelconque, je pense.

– C'est exact, monsieur. Je me souviens d'y avoir vu un petit bout de fil. Je me demande bien pourquoi, d'ailleurs.

Mais il n'y avait aucun soupçon dans la voix d'Ellen. Pour elle, c'était juste une de ces petites choses qui arrivent dans une maison sans que l'on prenne la peine de les expliquer !

Poirot était entré dans la chambre. C'était une pièce de dimensions moyennes. Deux fenêtres nous faisaient face. Il y avait une coiffeuse dans un coin et, entre les deux fenêtres, une armoire avec un grand miroir. Le lit était à droite de la porte, face aux fenêtres. Contre le mur gauche se trouvaient une grosse commode en acajou et une table de toilette avec un dessus en marbre.

Poirot examina la pièce d'un air songeur, puis ressortit sur le palier. Il longea le couloir, dépassa deux autres portes et pénétra dans la vaste chambre à coucher de miss Arundell.

– L'infirmière était dans la petite pièce à côté, expliqua Ellen.

Poirot acquiesça d'un signe de tête pensif.

Tandis que nous redescendions, il lui demanda s'il pouvait aller faire le tour du jardin.

– Oh, oui, monsieur, bien sûr. Il est très beau, en ce moment.

– Vous avez encore un jardinier ?

– Angus ? Oh ! oui, Angus est toujours là. Miss Lawson veut que tout soit bien entretenu. Elle pense que comme ça, elle vendra plus facilement.

– C'est faire preuve de sagesse. Laisser un endroit à l'abandon n'est pas de bonne politique.

Le jardin était superbe et respirait la paix, avec ses larges bordures de lupins, de pieds-d'alouette, et d'énormes pavots écarlates. Les pivoines étaient en boutons. Nous promenant de-ci de-là, nous atteignîmes à une serre, devant laquelle s'affairait un gros homme d'un certain âge, l'air bourru. Il nous salua respectueusement et Poirot engagea la conversation.

Lorsque mon compagnon lui dit qu'il avait vu Charles le matin même, le vieil homme se dérida et se fit volubile.

– Ç'a toujours été un sacré loustic, ça oui alors ! y a des jours, j'le voyais rappliquer ici tout courant avec la moitié d'une tarte aux groseilles – et la cuisinière qui battait les buissons à la recherche de son voleur. Ensuite, il rentrait à la maison avec un air si innocent que – bon sang de bonsoir ! – ils pouvaient accuser qu'le chat – comme si qu'on a déjà vu un chat qui bouffe d'la tarte aux groseilles ! Oh, oui, un sacré phénomène, not' Mr Charles !

– Il est venu en avril, non ?

– Oui. Deux week-ends, qu'il est venu. Juste avant la mort d'la maîtresse.

– Vous l'avez beaucoup vu ?

– Pas mal, oui, que j'l'ai vu. Y'a jamais eu beaucoup d'occupations pour un jeune homme, dans l'coin. Personne pourra dire le contraire. Il allait faire un petit tour chez *George,* histoire de boire un coup. Ensuite, il venait traîner par ici, à me poser des questions sur tout un tas d'choses.

– Sur les fleurs ?

– Ouais, les fleurs. (Le vieil homme gloussa.) Et puis les mauvaises herbes aussi.

– Les mauvaises herbes ?

La voix de Poirot s'était soudain faite insidieuse. Il tourna la tête et son regard parcourut les étagères. Il s'arrêta sur une boîte en fer-blanc.

– Peut-être voulait-il savoir comment on fait pour s'en débarrasser ? ajouta-t-il.

– Exactement !

– Je suppose que c'est le produit que vous utilisez ? dit Poirot en faisant lentement tourner la boîte pour lire l'étiquette.

– Ouais, répondit Angus. Un produit tout ce qu'il y a de pratique et d'efficace.

– Dangereux ?

– Pas si on l'utilise comme il faut. C'est d'l'arsenic, pour sûr. On a un peu plaisanté avec ça, Mr Charles et moi. Il disait comme ça que quand y s'rait marié et qu'y pourrait plus voir sa femme en peinture, il viendrait m'voir, histoire d'prendre un peu d'ce machin-là pour s'en débarrasser. Mais p't'être bien, qu'j'ai dit, que ce s'ra *elle* qui voudra se débarrasser de *vous*. Ah ! celle-là, elle l'a bien fait rigoler, ça oui ! Elle était bonne, non ?

Nous nous efforçâmes de rire comme il se devait. Poirot souleva le couvercle de la boîte.

– Presque vide, murmura-t-il.

Le vieux jardinier y jeta un coup d'œil à son tour.

– Aïe ! il en reste moins que c'que je croyais. J'avais pas idée d'en avoir utilisé autant. Va falloir qu'j'en r'commande.

– Oui, dit Poirot en souriant. Je crains qu'il ne vous en reste plus assez pour que vous puissiez m'en donner un peu pour *ma* femme !

Nous éclatâmes de nouveau de rire à ce trait d'esprit.

– Vous, m'sieur, z'êtes pas marié, je parie !

– Non.

– C'est toujours ceux qui l'sont pas qui peuvent s'permettre d'en rigoler. Ceux qui savent pas l'problème qu'c'est !

– Je suppose que votre épouse...

Poirot s'interrompit avec tact.

– Elle est bien vivante ! C'est l'moins qu'on puisse dire.

L'idée semblait le déprimer un peu.

Après l'avoir complimenté sur son jardin, nous lui fîmes nos adieux.

21

Le pharmacien, l'infirmière, le médecin

La boîte de désherbant m'avait donné à réfléchir. C'était le premier élément véritablement suspect que je rencontrais. L'intérêt que Charles lui avait porté, la surprise évidente du jardinier découvrant qu'elle était presque vide, tout cela semblait indiquer la direction dans laquelle avancer...

Mais, comme toujours lorsque je m'emballe, Poirot se montra des plus réservé.

– Même si quelqu'un a bel et bien dérobé du désherbant, il n'y a aucune preuve que ce soit l'œuvre de Charles, Hastings.

– Mais il en a tellement parlé avec le jardinier !

– Ce qui n'était pas très raisonnable s'il avait eu l'intention d'en prendre, non ? (Il changea de sujet :) Quel est le premier poison qui vous vient à l'esprit si on vous demande d'en citer un très vite ?

– L'arsenic, je suppose.

– Oui. Vous comprenez alors pourquoi Charles s'est interrompu si nettement avant de prononcer le mot « strychnine », lorsqu'il a discuté avec nous, aujourd'hui.

– Vous croyez que...

– Qu'il était sur le point de dire une rasade « d'arsenic dans la soupe » et qu'il s'est tu.

– Ah ! murmurai-je. Et pourquoi s'est-il tu ?

– Bravo, Hastings ! *Pourquoi,* en effet ! C'est pour

trouver la réponse à cette intéressante question que je suis allé faire un tour dans le jardin à la recherche d'un éventuel désherbant.

– Et vous l'avez trouvé !

– Et je l'ai trouvé.

Je secouai la tête.

– Ça commence à sentir le roussi pour le jeune Charles. Vous avez longuement discuté avec Ellen de la maladie de la vieille demoiselle. Ses symptômes ressemblaient-ils à ceux d'un empoisonnement à l'arsenic ?

Poirot se frotta le nez.

– C'est difficile à dire. Il y avait une douleur abdominale, des nausées...

– Pas de doute ! C'est bien ça !

– Hum ! je n'en suis pas aussi certain que vous.

– Cela évoque pour vous quel poison, alors ?

– En réalité, mon doux ami, cela fait moins penser à un empoisonnement qu'à une maladie de foie mortelle !

– Oh, Poirot, m'écriai-je, ça ne peut *pas* être une mort naturelle ! C'est certainement un meurtre !

– Tout doux, mon tout bon ! Ne dirait-on pas que nous avons échangé nos rôles, tous les deux ?

Nous passions devant une pharmacie, et il y entra soudain. Après une longue discussion à propos de ses problèmes gastriques, il acheta une petite boîte de pastilles digestives. Puis, une fois son médicament empaqueté et alors qu'il s'apprêtait à sortir de la boutique, son attention fut attirée par un fort engageant paquet de cachets pour le foie du Dr Loughbarrow.

– Oui, monsieur, c'est un excellent remède. (Le pharmacien, dans la cinquantaine, était d'humeur loquace.) Je vous garantis que vous le trouverez très efficace.

– Miss Arundell en prenait, si je me souviens bien. Miss Emily Arundell...

– C'est exact, monsieur. Miss Arundell, de Littlegreen House. Une vieille demoiselle très distinguée, une de ces personnes comme on n'en fait plus, hélas ! Elle était de mes clientes.

– Achetait-elle beaucoup de spécialités pharmaceutiques ?

– Pas vraiment, monsieur. Pas autant que beaucoup de vieilles personnes que je pourrais citer. Quant à miss Lawson, sa dame de compagnie, celle qui a hérité de sa fortune...

Poirot acquiesça d'un signe de tête.

– Elle, en revanche, elle prenait tout ce qui lui tombait sous la main. Comprimés, pastilles, pilules contre les maux d'estomac, potions pour la digestion, potions pour la circulation... Elle n'aimait rien tant qu'être environnée de fioles en tout genre. (Il eut un petit sourire triste.) Si seulement j'avais davantage de clientes comme elle ! De nos jours, les gens ne consomment plus autant de médicaments qu'avant. Enfin, nous vendons beaucoup d'articles de toilette, et ceci compense cela.

– Miss Arundell utilisait-elle régulièrement ces cachets pour le foie ?

– Oui, je pense qu'elle a dû commencer à en prendre trois mois avant sa mort.

– Un jour, un de ses proches, le Dr Tanios, est venu vous commander une préparation, n'est-ce pas ?

– Ah, oui, bien sûr, le monsieur grec qui a épousé la

nièce de miss Arundell. Oui, c'était une préparation très intéressante. Je ne la connaissais pas.

(Il en parlait comme s'il s'agissait d'un spécimen botanique rare.)

» Ça change, monsieur, lorsqu'on vous demande de faire quelque chose de nouveau. Remarquable combinaison de médicaments, cela me revient maintenant que nous en parlons. Évidemment, le monsieur était médecin. Il était très sympathique – très causant et tout.

– Sa femme est-elle venue aussi acheter quelque chose chez vous ?

– Voyons... Je ne me rappelle pas. Ah, si ! Un somnifère – du chloral, je m'en souviens, maintenant. L'ordonnance indiquait le double de la dose normale. C'est toujours un peu difficile, pour nous, avec les hypnotiques. Voyez-vous, la plupart des médecins n'en prescrivent d'ordinaire pas de grosses quantités à la fois.

– Qui avait établi cette ordonnance ?

– Son mari, je crois. Bien sûr, tout était parfaitement *en règle*, mais de nos jours, il faut faire attention. Peut-être l'ignorez-vous, mais si un médecin se trompe dans une prescription et que nous la délivrons quand même en toute bonne foi – eh bien s'il y a problème chez le patient, c'est nous qui sommes responsables, pas le médecin.

– C'est très injuste, non ?

– Ça donne parfois froid dans le dos, je l'avoue. Mais, bah ! je n'ai pas à me plaindre. *Moi*, je n'ai jamais eu d'ennuis – touchons du bois.

Du bout des doigts, il tapota son comptoir.

Poirot décida d'acheter un paquet de cachets pour le foie du Dr Loughbarrow.

– Merci, monsieur. La boîte de vingt-cinq, de cinquante ou de cent ?

– Je suppose que la grande boîte est plus économique, mais enfin...

– Prenez celle de cinquante, monsieur. C'était celle-là qu'achetait toujours miss Arundell. Huit shillings et six pence, s'il vous plaît.

Poirot acquiesça de la tête, paya les huit shillings et les six pence demandés, et prit son paquet.

Nous quittâmes la pharmacie.

– Ainsi, Mrs Tanios est venue chercher un somnifère ! m'exclamai-je, dès que nous fûmes dans la rue. Un surdosage qui tuerait n'importe qui, n'est-ce pas ?

– Sans le moindre problème.

– Croyez-vous que la vieille miss Arundell...

Je repensais aux paroles de miss Lawson : *« J'oserais même dire qu'elle serait capable d'assassiner quelqu'un s'il le lui demandait. »*

Poirot hocha la tête.

– Le chloral est un narcotique et un hypnotique. On l'utilise comme antalgique et comme somnifère. Il peut en outre y avoir effet d'accoutumance.

– Vous pensez que c'est le cas de Mrs Tanios ?

Poirot secoua cette fois la tête d'un air perplexe.

– Non. Ça m'étonnerait. Mais c'est bizarre. J'ai bien une explication, mais cela voudrait dire...

Il se tut et regarda sa montre.

– Venez. Voyons si nous pouvons rencontrer cette

Carruthers, l'infirmière qui s'est occupée de miss Arundell lors de sa dernière maladie.

Mrs Carruthers se révéla une femme d'âge moyen, à l'air fort sensé.

Cette fois *encore,* Poirot adopta un nouveau rôle, et s'inventa un autre parent imaginaire – une vieille mère pour laquelle il tenait beaucoup à trouver une infirmière sympathique.

– Vous comprenez... Je vais être tout à fait franc avec vous. Ma mère est quelqu'un de peu commode. Nous avons eu d'excellentes infirmières, de jeunes femmes très compétentes, mais leur jeunesse a toujours joué contre elles. Ma mère déteste les jeunes femmes, elle les insulte, elle est brutale et hargneuse, elle peste contre les fenêtres ouvertes et l'hygiène moderne. C'est extrêmement pénible.

Il poussa un profond soupir.

– Je connais cela, dit miss Carruthers sur un ton compatissant. C'est parfois très éprouvant. Il faut avoir beaucoup de tact. Inutile de contrarier les malades. Il vaut mieux leur céder le plus possible. Et souvent, lorsqu'ils se rendent compte que l'on ne cherche pas à leur imposer notre volonté, ils se détendent et deviennent doux comme des agneaux.

– Ah ! je vois que vous seriez pour elle l'infirmière idéale. Vous avez l'air de comprendre les personnes âgées.

– J'en ai déjà soigné quelques-unes dans ma carrière, répondit-elle en riant. Avec un peu de patience et de bonne humeur, on obtient de très bons résultats.

– Voilà qui est sagement parlé. Vous vous êtes occupée de miss Arundell, je crois ? Elle n'a pas dû être toujours commode ?

– Oh ! je ne sais pas. Elle était très volontaire, c'est vrai, mais je ne l'ai pas trouvée difficile du tout. Cela dit, je ne suis pas restée très longtemps chez elle. Elle est morte quatre jours après mon arrivée.

– J'ai discuté avec sa nièce, miss Theresa Arundell, pas plus tard qu'hier.

– Vraiment ? Ça c'est drôle ! Comme je le dis toujours, le monde est petit !

– Vous la connaissez, j'imagine ?

– Bien sûr. Elle s'est précipitée ici lorsque sa tante est morte, et elle a assisté aux funérailles. Et, bien entendu, je l'avais vue avant, quand elle venait passer quelques jours. C'est une très jolie femme.

– Oui, en effet, mais trop maigre – nettement trop maigre.

L'infirmière Carruthers, consciente de ses confortables rondeurs, se rengorgea.

– Bien sûr, dit-elle, ce n'est pas bon d'être *trop* maigre.

– Pauvre fille, continua Poirot. Elle me fait de la peine. Tout à fait entre nous... (Se penchant en avant, il ajouta, sur le ton de la confidence :)... le testament de sa tante a été un terrible choc, pour elle.

– Je comprends ça, répondit l'infirmière. En tout cas, je sais qu'il a beaucoup fait jaser.

– Je n'arrive pas à imaginer ce qui a poussé miss Arundell à déshériter ainsi toute sa famille. C'est une façon d'agir bien extraordinaire.

– Bien extraordinaire, je suis de votre avis. Évidemment, la rumeur prétend que ça cache quelque chose.

– Avez-vous jamais eu une idée de la *raison* de cette décision ? La vieille miss Arundell n'en a rien dit ?

– Non. Pas à moi, en tout cas.

– Mais à quelqu'un d'autre ?

– À mon avis, elle a dû parler de *quelque chose* avec miss Lawson, parce que j'ai entendu la dame de compagnie qui lui disait : « Oui, mademoiselle, mais voyez-vous, il est chez le notaire. » Et miss Arundell a répondu : « Je suis sûre qu'il est en bas dans le tiroir. » Et miss Lawson : « Non, vous l'avez envoyé à Mr Purvis, vous ne vous en souvenez pas ? » Ensuite, ma malade a été reprise par ses nausées et miss Lawson a quitté la pièce pendant que je m'occupais d'elle. Mais par la suite, je me suis souvent demandé si, ce jour-là, elles ne parlaient pas du testament.

– Cela semble très probable.

– Si c'est le cas, reprit l'infirmière, j'imagine que miss Arundell était inquiète et qu'elle voulait peut-être le modifier... mais à partir de là, elle a été si mal, la pauvre, qu'elle n'était plus en état de penser à rien.

– Miss Lawson vous aidait-elle à la soigner ?

– Oh, mon Dieu, non ! Elle n'était pas douée pour ça ! Trop maniaque, voyez-vous. Elle ne faisait qu'irriter ma patiente.

– Vous vous chargiez donc de tout toute seule ? C'est formidable, ça !

– La bonne – comment s'appelait-elle, déjà ? ah oui ! Ellen – me donnait un coup de main. Elle savait s'y prendre. Elle était habituée aux problèmes de santé de sa maîtresse et s'occupait d'elle depuis longtemps. On se débrouillait plutôt bien, à nous deux. En fait, le Dr Grainger devait nous envoyer une infirmière de nuit, le vendredi, mais miss Arundell est décédée avant son arrivée.

– Peut-être miss Lawson vous aidait-elle à préparer les repas de la malade ?

– Non. Elle ne faisait strictement rien. Et il n'y avait d'ailleurs pas grand-chose à préparer. J'avais les remèdes et le cognac – ainsi que le fortifiant, le glucose et tout ça. Tout ce à quoi miss Lawson était bonne, c'était à courir en gémissant dans toute la maison et à se fourrer dans les jambes de tout le monde.

Il y avait de l'aigreur dans le ton de l'infirmière.

– Je vois, dit Poirot en souriant, que vous n'avez pas une très haute opinion de l'utilité de miss Lawson.

– Les dames de compagnie ne valent souvent pas grand-chose, à mon avis. Elles n'ont aucune *formation,* voyez-vous, en aucun domaine. Ce ne sont que des *amateurs.* Des femmes qui, la plupart du temps, sont incapables de quoi que ce soit d'autre.

– Vous avez l'impression que miss Lawson était très attachée à miss Arundell ?

– Elle semblait l'être. Sa mort l'a bouleversée. Elle a très mal pris la nouvelle. Plus que la famille, si vous voulez *mon* opinion, conclut l'infirmière avec une moue pincée.

– Peut-être, alors, dit Poirot en hochant la tête avec une certaine solennité, miss Arundell savait-elle ce qu'elle faisait en disposant ainsi de sa fortune ?

– C'était une vieille demoiselle très intelligente,

répondit l'infirmière. Il n'y avait pas grand-chose qu'elle ne comprenne pas ou qu'elle ne sache pas, ça j'en suis persuadée.

– A-t-elle parlé de Bob, le chien ?

– C'est drôle que vous posiez cette question ! Elle en a beaucoup parlé, en effet, pendant son délire. Quelque chose à propos de la chute qu'elle avait faite et de la balle du chien... Ce Bob, c'est une brave bête. J'adore les chiens. Il a été bien malheureux, le pauvre, à la mort de sa maîtresse. Merveilleux animaux, non ? Presque humains.

Nous prîmes congé après ces considérations sur l'humanité des chiens.

– En voilà une qui n'a visiblement aucun soupçon, remarqua Poirot après notre départ.

Il semblait quelque peu découragé.

Nous dînâmes – fort mal – chez *George*. Poirot ronchonna beaucoup, surtout à cause du potage.

– Quand on pense qu'il est si facile de préparer une bonne soupe, Hastings... *Le pot au feu*...

Je réussis – mais non sans peine – à éviter un discours sur l'art culinaire.

Après dîner, nous eûmes une surprise.

Nous étions installés au « salon », que nous avions d'ailleurs accaparé. Il y avait eu un autre dîneur – un représentant de commerce, selon toute apparence – mais il était sorti. Je feuilletais distraitement un vieux numéro de la *Gazette de l'Éleveur* ou d'un quelconque périodique similaire lorsque j'entendis soudain prononcer le nom de Poirot.

La voix venait du hall.

– Où est-il ? Là-dedans ? C'est bon, je saurai bien le trouver !

La porte s'ouvrit violemment, et le Dr Grainger, visage apoplectique et sourcils froncés sous l'effet de la colère, entra à grands pas dans la pièce. Il referma le battant derrière lui, puis marcha droit sur nous d'un air furibond.

– Ah, vous voilà ! Dites donc, monsieur Hercule Poirot, que diable vous a-t-il pris d'être venu me débiter ce tissu de mensonges ?

– Une des balles du jongleur ? murmurai-je, taquin.

– Mon cher docteur, répondit Poirot de sa voix la plus mielleuse, permettez-moi de vous expliquer...

– Vous permettre ? Vous permettre ? Bon Dieu de bois, je vais vous *obliger* à vous expliquer, oui ! Vous êtes un détective, voilà ce que vous êtes ! Un détective fouineur et indiscret. Vous arrivez chez moi et vous me servez vos bobards sur la biographie du général Arundell ! Quel gogo j'ai été de gober vos boniments à la noix !

– Qui vous a révélé mon identité ? demanda Poirot.

– Qui ? Miss Peabody. *Elle,* au moins, elle vous a percé à jour !

– Miss Peabody... oui, répéta Poirot, songeur. J'aurais plutôt pensé...

Le Dr Grainger l'interrompit avec colère.

– Maintenant, monsieur, j'attends vos explications !

– Bien sûr. Mes explications seront très simples : *tentative de meurtre.*

– Quoi ? Qu'est-ce que c'est encore que cette histoire ?

– Miss Arundell a fait une chute, n'est-ce pas ? poursuivit Poirot sans se départir de son calme. Une chute dans les escaliers, peu de temps avant sa mort.

– Oui, et alors ? Elle a glissé sur la balle de ce satané animal.

Poirot secoua la tête.

– Non, docteur. *Elle n'a pas glissé.* Un *fil* avait été tendu en travers de la première marche et c'est cela qui l'a fait basculer.

Le Dr Grainger écarquilla les yeux.

– Dans ce cas, pourquoi ne me l'a-t-elle pas dit ? Elle ne m'en a jamais soufflé mot.

– C'est sans doute compréhensible – si c'est bien *un membre de sa famille* qui a placé le fil à cet endroit !

– Hum... Je vois. (Grainger lança un regard perçant à Poirot, puis se laissa tomber dans un fauteuil.) Eh bien ? ajouta-t-il. Comment avez-vous été mêlé à cette affaire ?

– Miss Arundell m'a écrit, en me demandant une discrétion absolue. Hélas ! sa lettre a été... retardée.

Poirot lui donna alors quelques détails – choisis avec circonspection –, et lui raconta la découverte du clou planté dans la plinthe.

Le médecin l'écouta, l'air grave. Sa colère s'était calmée.

– Vous imaginez combien ma position était difficile, conclut Poirot. J'ai été engagé, voyez-vous, par une personne décédée... Mais j'ai estimé que je n'en avais pas moins des obligations.

Le Dr Grainger réfléchissait, sourcils froncés.

– Et vous n'avez aucune idée de l'identité de la personne qui a tendu ce fil en haut des escaliers ? demanda-t-il.

– Je n'ai pas de *preuve.* Mais je mentirais en prétendant que je n'ai aucune *idée.*

– Sale affaire, marmonna Grainger, le visage sombre.

– Oui. Et vous admettrez, je l'espère, qu'au début j'ai pu ignorer s'il y avait eu récidive ou non.

– Hein ? Récidive ? Que voulez-vous dire ?

– Il semble que miss Arundell soit morte de mort naturelle. Oui, mais peut-on en être certain ? On a attenté *une fois* à sa vie. Comment serais-je sûr que l'on n'a pas recommencé ? Et avec succès ?

Grainger hocha la tête, songeur.

– J'imagine que vous êtes bien certain, Dr Grainger – et je vous en prie, ne le prenez pas en mauvaise part –, bien certain, disais-je, que la mort de miss Arundell est naturelle ? Il se trouve cependant que j'ai aujourd'hui découvert des indices...

Il relata alors sa conversation avec le vieil Angus, l'intérêt de Charles pour le désherbant, et enfin la surprise du jardinier découvrant que sa boîte était presque vide.

Grainger l'écouta avec la plus vive attention. Lorsque Poirot eut terminé, il dit avec calme :

– Je vois où vous voulez en venir. Nombre d'empoisonnements à l'arsenic ont jusqu'ici été pris pour des gastro-entérites aiguës et les permis d'inhumer délivrés normalement – surtout lorsque le décès ne s'accompagnait pas de circonstances suspectes. En outre, l'empoisonnement à l'arsenic présente certaines difficultés de diagnostic – il prend tellement de formes ! Il peut être aigu, subaigu, nerveux ou chronique. Il peut y avoir vomissements et douleurs abdominales – ou pas du tout.

La victime peut s'écrouler brusquement et mourir peu de temps après. Parfois, il y a aussi narcose et paralysie. Les symptômes varient énormément.

– Compte tenu des faits nouveaux, quelle est votre opinion ? demanda Poirot.

Le Dr Grainger resta un instant silencieux, puis répondit lentement :

– En considérant l'ensemble de ces éléments, et en toute objectivité, mon opinion est qu'aucune forme d'empoisonnement à l'arsenic ne correspond aux symptômes présentés par miss Arundell. Elle est morte, j'en suis convaincu, d'une atrophie aiguë du foie. Comme vous le savez, je la soigne depuis des années, et elle a déjà souffert de crises semblables à celle qui, cette fois, l'a emportée. Voici, après mûre réflexion, mon opinion, monsieur Poirot.

L'affaire semblait entendue.

Aussi eûmes-nous l'impression pénible de retomber sur terre et de repartir de zéro lorsque, avec l'air de s'excuser, Poirot exhiba le paquet de cachets pour le foie acheté à la pharmacie.

– Miss Arundell en prenait, je crois ? dit-il. J'imagine que ça ne pouvait lui faire aucun mal ?

– Ça ? Absolument aucun mal. C'est de l'aloès et de la podophylline... Tout ce qu'il y a d'anodin. Ça lui faisait plaisir de prendre ce genre de trucs. Je n'y voyais pas d'inconvénient.

Il se leva.

– Vous-même, vous lui prescriviez certains médicaments ? demanda encore Poirot.

– Oui. Un comprimé pas bien fort à prendre après

chaque repas. Pour le foie. (Un éclair malicieux passa dans ses yeux.) Elle aurait pu en avaler une boîte entière sans le moindre danger. Je n'ai pas l'habitude d'empoisonner mes patients, monsieur Poirot.

Puis il nous serra la main en souriant, et nous quitta.

Poirot ouvrit son paquet. C'étaient des cachets transparents, emplis aux trois quarts d'une poudre brun foncé.

– On dirait un médicament contre le mal de mer que j'ai pris une fois, fis-je remarquer.

Poirot ouvrit un cachet, examina son contenu et le goûta avec précaution du bout de la langue. Il grimaça.

– Eh bien, dis-je, me laissant aller en bâillant contre le dossier de mon fauteuil, tout ceci me paraît bien inoffensif. Qu'il s'agisse de la spécialité du Dr Loughbarrow ou des comprimés du Dr Grainger ! Par-dessus le marché, ce bon docteur m'a tout l'air de réfuter totalement la théorie de l'arsenic. Êtes-vous enfin convaincu, ma brave tête de mule de Poirot ?

– C'est vrai que je suis têtu comme une mule... oui, comme une mule, répéta mon compagnon, l'air songeur.

– Et donc, même en ayant le pharmacien, l'infirmière et le médecin contre vous, vous restez persuadé que miss Arundell a été assassinée ?

– C'est ce que je crois, répondit Poirot avec calme. Non... En fait non, je ne le crois pas... J'en suis *certain*, Hastings.

– Il y a une façon de le prouver, j'imagine, dis-je lentement. L'exhumation.

Poirot acquiesça d'un signe de tête.

– Est-ce là notre prochaine étape ? ajoutai-je.

– Mon bon ami, je dois agir avec prudence.
– Pourquoi ?
– Parce que... (Il baissa la voix.)... Parce que je crains une autre tragédie.
– Vous voulez dire... ?
– Je le crains, Hastings, je le crains. Restons-en là.

22

La femme dans les escaliers

Le lendemain matin on nous apporta un message. L'écriture, un peu molle et hésitante, remontait en bout de lignes.

Cher monsieur Poirot,
J'apprends par Ellen que vous étiez hier à Littlegreen House. Je vous serais très obligée de passer me voir un moment aujourd'hui.
Sincèrement vôtre,
Wilhelmina Lawson

– Ainsi, *elle* est là, observai-je.
– Oui.
– Je me demande bien pourquoi elle est venue.
– Je ne crois pas que ce soit forcément avec de mauvaises intentions, dit Poirot en souriant. Après tout, la maison lui appartient...

– Oui, c'est exact, bien sûr. Vous savez, Poirot, c'est ça le pire avec le jeu que nous jouons. Dès que quelqu'un bouge le petit doigt, nous lui prêtons les plus noirs desseins.

– Il est vrai que c'est moi qui vous ai enseigné la devise : « Tous suspects ».

– Le pensez-vous toujours ?

– Non. Pour moi, maintenant, les choses se résument à ceci : je soupçonne une personne en particulier.

– Laquelle ?

– Étant donné qu'il ne s'agit pour l'instant que de simples soupçons et que je ne possède aucune preuve, je préfère vous laisser parvenir à vos propres déductions, Hastings. Mais ne négligez pas l'aspect psychologique – ... c'est très important. La nature du meurtre – qui requiert de l'assassin un tempérament particulier – est un indice essentiel sur le crime.

– Comment voulez-vous que je tienne compte du caractère du meurtrier si je ne sais pas de qui il s'agit ?

– Non, non, vous n'avez pas écouté ce que je viens de vous dire. Si vous réfléchissez suffisamment à la nature... la nature intrinsèque du *meurtre,* alors vous saurez *qui* est le meurtrier !

– Vous le connaissez vraiment, Poirot ? demandai-je avec curiosité.

– Je ne peux prétendre le *connaître,* car je n'ai pas de preuves, je vous le répète. C'est pourquoi il m'est impossible de vous donner davantage de précisions pour le moment. Mais je suis sûr de moi – oui, mon bon ami, j'ai l'intime conviction de ne pas me tromper.

– Eh bien, dis-je en riant, attention que ce ne soit pas à *vous* qu'il fasse son affaire ! Ça ce serait une tragédie !

Poirot sursauta légèrement. Il ne prit pas la chose comme une plaisanterie ; bien au contraire, il murmura :

– Vous avez raison. Je dois me montrer prudent – extrêmement prudent.

– Si vous endossiez une cotte de mailles ? le blaguai-je. Et si vous engagiez un goûteur pour éviter de vous faire empoisonner ? En fait, vous devriez embaucher une équipe de mercenaires armés jusqu'aux dents pour vous protéger.

– Vous êtes mille fois trop bon, Hastings, je m'en remettrai plutôt aux ressources de mon cerveau !

Il écrivit alors un mot à miss Lawson, pour l'informer qu'il passerait à Littlegreen House à 11 heures.

Nous prîmes ensuite notre petit déjeuner et allâmes nous promener sur la Grand-place. Il était environ 10 heures et quart. La matinée était chaude et orageuse.

Je contemplais, dans la vitrine d'un magasin d'antiquités, une très belle paire de fauteuils Hepplewhite lorsque je reçus soudain dans les côtes un coup qui me plia en deux tandis qu'une voix aussi aiguë que tonitruante me vrillait les oreilles.

– Dites donc, vous !

Je me retournai, indigné, pour me retrouver nez à nez avec miss Peabody. Elle tenait à la main l'arme dont elle s'était servie pour m'attaquer : une solide ombrelle à bout pointu.

Visiblement insensible à la violente douleur qu'elle venait de m'infliger, elle observa d'une voix satisfaite :

– Ah ! Je pensais bien que c'était vous. Ce n'est pas souvent que je me trompe.

Je fis preuve de quelque froideur.

– Euh... Bonjour. Que puis-je pour vous ?

– Vous pouvez me dire comment votre ami s'en tire avec son mirifique bouquin – « La Vie du général Arundell » ?

– Il n'a pas, en fait, commencé à le rédiger, dis-je.

Miss Peabody partit d'un petit rire silencieux, mais qui venait apparemment du fond du cœur et qui la secoua comme de la gelée. Son accès de gaieté calmé, elle ajouta :

– Et j'imagine que c'est pas demain la veille qu'il s'y mettra !

– Ainsi vous n'avez pas été dupe de notre supercherie ? fis-je en souriant.

– Vous m'avez prise pour quoi ? Pour une andouille ? J'ai vu tout de suite où votre ami voulait en venir, le petit futé ! Il voulait me faire parler ! Ma foi, ça ne m'a pas gênée. J'aime bavarder. Et ce n'est pas facile, par les temps qui courent, de trouver une oreille attentive. Je me suis bien amusée, cet après-midi-là.

Elle me gratifia d'un regard malicieux.

– Qu'est-ce que vous mijotez, hein ? Qu'est-ce que vous mijotez ?

Je me demandais ce que j'allais bien pouvoir lui répondre lorsque Poirot nous rejoignit. Il la salua bien bas.

– Bonjour, très chère mademoiselle. Enchanté de vous rencontrer.

– Bonjour, répondit miss Peabody. Vous êtes qui, ce matin : Parodie ou Poirot, hein ?

– C'était fort perspicace de votre part de m'avoir si rapidement percé à jour, répondit Poirot en souriant.

– Comme si la perspicacité avait quoi que ce soit à voir là-dedans ! Des comme vous, on n'en rencontre guère sous le pas d'un cheval, pas vrai ? Que ce soit une bonne chose ou une mauvaise, ça, je n'en sais trop rien. Difficile à dire.

– Je préfère pour ma part, bien chère mademoiselle, être unique.

– Votre vœu a été exaucé, si vous voulez mon avis, fit miss Peabody, pince-sans-rire. Mais parlons net, monsieur Poirot. Je vous ai raconté, l'autre jour, tous les potins que vous vouliez entendre. Maintenant, à moi de poser des questions. Que mijotez-vous et que se passe-t-il au juste ?

– Ne m'interrogeriez-vous pas, par hasard, sur quelque chose dont vous connaissez déjà la réponse ?

– Je n'en sais rien. (Elle lui jeta un rapide coup d'œil.) Qu'y a-t-il ? Du louche avec le testament ? Ou autre chose ? Vous allez déterrer Emily ? C'est ça ?

Poirot resta silencieux.

Miss Peabody hocha lentement la tête, d'un air pensif, comme si elle avait eu la réponse qu'elle attendait.

– Je me suis souvent demandé, dit-elle d'une manière quelque peu décousue, quel effet ça ferait de... En lisant les journaux, vous voyez... Demandé si on serait obligé un jour d'exhumer quelqu'un à Market Basing... Mais je n'aurais jamais cru que ce serait Emily Arundell.

De nouveau, elle lui jeta un bref coup d'œil perçant.

– Elle n'aurait pas apprécié du tout, vous savez. Je suppose que vous y avez pensé, hein ?

– Oui, j'y ai pensé.

– Ça ne m'étonne pas. Vous n'êtes pas un imbécile. Et je ne crois pas non plus que vous soyez trop tatillon.

Poirot s'inclina.

– Merci, charmante mademoiselle.

– Et c'est bien plus que n'en diraient la plupart des gens – en voyant votre moustache. Pourquoi une moustache pareille ? Ça vous plaît ?

En proie au fou rire, je me détournai.

– En Angleterre, on néglige lamentablement le culte de la moustache, répliqua Poirot, tandis que ses doigts caressaient subrepticement son splendide ornement pileux.

– Ah, je vois ! C'est tordant ! fit miss Peabody. J'ai connu une femme qui avait un goitre et qui en était fière ! Ça n'est pas facile à croire et pourtant, c'est la vérité vraie ! Enfin, comme je le dis toujours, bienheureux qui est satisfait avec ce que le bon Dieu lui a donné. En général ce serait plutôt le contraire.

Elle secoua la tête et soupira.

– Jamais je n'aurais cru qu'il y aurait un meurtre dans ce trou perdu.

Elle jeta soudain un nouveau regard perçant à Poirot.

– Lequel d'entre eux a fait le coup ?

– Suis-je censé vous crier la réponse en pleine rue ?

– Ça veut probablement dire que vous n'en savez rien. Ou alors que vous ne le savez que trop ! Bof ! quand le sang est mauvais...

– Vous croyez à l'hérédité ?

– Je préférerais que ce soit Tanios, dit soudain miss Peabody. Un outsider ! Mais les souhaits ne sont pas des chevaux, hélas ! Bon, je vous laisse ! Je vois bien que vous ne me direz rien... Pour qui travaillez-vous, au fait ?

– Je travaille pour la défunte, bien chère mademoiselle, répondit Poirot avec le plus grand sérieux.

J'ai le regret de dire que miss Peabody prit cette nouvelle avec un soudain éclat de rire. Mais elle se ressaisit bien vite.

– Excusez-moi. J'ai cru entendre Isabelle Tripp... Quelle horrible bonne femme ! Et Julia est encore pire, à mon avis. Indécrottablement gamine. Ne vous habillez jamais trop jeune pour votre âge ! Allez, au revoir. Vous avez vu le Dr Grainger ?

– À ce propos, chère mademoiselle, j'ai un compte à régler avec vous ! Vous avez trahi mon secret.

Miss Peabody s'abandonna à son gloussement très particulier.

– Les hommes sont d'une naïveté renversante. Dire qu'il a gobé le grotesque tissu de mensonges que vous lui avez servi ! Quand je le lui ai dit, il est devenu fou furieux. Il m'a quittée en écumant. S'il vous trouve, il vous fera un mauvais parti.

– Il m'a trouvé hier soir.

– Que n'aurais-je pas donné pour assister à ça !

– Que n'aurais-je pas donné moi-même, mademoiselle, pour que vous y fussiez ! répondit galamment Poirot.

Miss Peabody éclata de rire et s'éloigna en se dandinant. Par-dessus son épaule, elle me lança :

– Au revoir, jeune homme ! N'achetez pas ces fauteuils. Ce sont des faux !

Et elle partit en gloussant.

– Voilà une vieille demoiselle très intelligente, remarqua Poirot.

– Même si elle n'a pas admiré votre moustache ?

– L'intelligence est une chose, répliqua Poirot froidement. Le bon goût en est une autre.

Nous entrâmes dans la boutique, et passâmes une vingtaine de minutes fort agréables à examiner les antiquités. Nous en repartîmes sans bourse délier et nous dirigeâmes vers Littlegreen House.

Ellen, le visage plus rouge que d'habitude, nous ouvrit la porte et nous introduisit au salon. Nous entendîmes bientôt des pas dans l'escalier, et miss Lawson entra. Elle paraissait quelque peu hors d'haleine et agitée. Ses cheveux étaient relevés dans un foulard de soie.

– J'espère que vous me pardonnerez de vous recevoir dans cette tenue, monsieur Poirot... J'étais en train de ranger des placards qui étaient toujours fermés à clé... toutes ces affaires !... les vieilles personnes ont tendance à a-mas-ser, j'en ai peur... cette chère miss Arundell ne faisait pas exception à la règle... et on se retrouve avec de la poussière plein les cheveux... c'est incroyable, vous savez, ce que les gens peuvent conserver... croyez-m'en si vous voulez... deux douzaines de sachets d'aiguilles... je vous assure, deux douzaines !

– Vous voulez dire que miss Arundell avait *acheté* deux douzaines de sachets d'aiguilles ?

– Oui, et elle les avait mis de côté, puis oubliés... Et, bien sûr, toutes les aiguilles sont rouillées, maintenant...

quel dommage ! Elle avait l'habitude d'en offrir aux bonnes, à Noël.

– Elle était très distraite, n'est-ce pas ?

– Très. Surtout quand elle rangeait ses affaires. Comme un chien qui oublie où il a enterré son os, voyez-vous. C'était ainsi que nous en parlions, entre nous. Je lui disais : « Allons bon ! Vous n'allez pas encore oublier où vous avez enterré votre os ! »

Elle se mit à rire, puis, tirant un petit mouchoir de sa poche, éclata brusquement en sanglots.

– Mon Dieu, murmura-t-elle en reniflant. Ça paraît si horrible de ma part de rire ainsi...

– Vous êtes trop sensible, remarqua Poirot. Les choses vous touchent trop.

– C'est ce que me disait toujours ma mère, monsieur Poirot. « Tu prends les choses trop à cœur, Minnie, tu prends les choses trop à cœur. » C'est un terrible handicap d'être sensible comme ça, monsieur Poirot. Spécialement lorsqu'il faut gagner sa vie.

– Ce n'est que trop vrai. Mais c'est du passé, tout cela. Maintenant, vous êtes votre propre maîtresse. Vous pouvez vous amuser, voyager. Vous n'avez plus ni souci ni problème.

– Vous avez sans doute raison, dit miss Lawson, l'air peu convaincu.

– Bien sûr, que j'ai raison ! À propos de la distraction de miss Arundell, je comprends mieux, à présent, pourquoi sa lettre a mis si longtemps à me parvenir.

Il lui expliqua alors les circonstances de la découverte de cette lettre. Les joues de miss Lawson s'empourprèrent. Elle s'exclama sèchement :

– C'est à *moi* qu'Ellen aurait dû en parler ! Vous faire parvenir cette lettre sans m'en informer, c'est d'une impertinence ! Elle aurait dû me consulter avant ! C'est d'une *grave* impertinence, je vous le dis tout net. Je n'ai jamais su un mot de toute cette histoire. C'est scan-daleux !

– Oh, chère mademoiselle, je suis sûr qu'elle ne pensait pas à mal !

– Eh bien, moi, je trouve cela très *étrange* ! *Très étrange !* Les domestiques n'en font vraiment plus qu'à leur tête. Ellen aurait dû se souvenir que c'est moi qui suis désormais la maîtresse de maison.

Elle se redressa d'un air important.

– Ellen était très dévouée à sa patronne, n'est-ce pas ? demanda Poirot.

– Oh, je sais bien qu'il est inutile de récriminer une fois que le mal est fait, mais je crois tout de même qu'il conviendrait de dire à Ellen qu'elle n'a pas à prendre des initiatives sans m'en parler.

Elle s'interrompit, les joues en feu.

Poirot resta silencieux un moment, puis il reprit :

– Vous vouliez me voir, si j'ai bien compris ? Que puis-je pour votre service ?

La contrariété de miss Lawson disparut aussi vite qu'elle était apparue. La digne personne était de nouveau troublée et incohérente :

– Eh bien, en fait... Voyez-vous, je me *demandais* tout bonnement si... Enfin, à dire vrai, monsieur Poirot, je suis arrivée hier et, bien sûr, Ellen m'a expliqué que vous étiez passé, et je me suis tout bonnement demandé... ma foi, comme vous ne m'aviez *pas* prévenue que vous seriez là... ma foi, ça m'a paru plutôt bizarre... Je n'ai pas compris...

Poirot termina la phrase à sa place :

– Vous n'avez pas compris ce que je faisais encore ici, c'est ça ?

– Je... Enfin, oui, c'est exactement ça. Je n'arrivais pas à comprendre...

Elle l'observa, écarlate, mais l'air interrogateur.

– Je vous dois un petit aveu, répondit Poirot. Je me suis, je l'avoue, permis de vous laisser quelque peu dans l'erreur. Vous pensez que la lettre de miss Arundell concernait le problème de la modeste somme d'argent dérobée – selon toute vraisemblance – par Mr Charles Arundell...

Miss Lawson fit oui de la tête.

– Mais, voyez-vous, ce n'était pas le cas... En réalité, c'est par vous que j'ai entendu parler pour la première fois de cet argent volé... Si miss Arundell m'a écrit, c'est au sujet de son accident.

– Son accident ?

– Oui. Elle a fait une chute dans les escaliers, si j'ai bien compris.

– Oh ! bien sûr, bien sûr...

Miss Lawson semblait perplexe. Elle observa Poirot d'un air perdu. Puis elle poursuivit :

– Mais... excusez-moi... c'est sûrement idiot de ma part... mais pourquoi vous a-t-elle écrit à *vous* ? Je crois... – en fait vous me l'avez dit vous-même – ... que vous êtes détective ? Seriez-vous également... médecin ? Ou guérisseur, peut-être ?

– Non, je ne suis pas médecin... ni guérisseur. Mais,

tout comme un médecin, je suis parfois amené à m'occuper de morts prétendument accidentelles.

– Des morts accidentelles ?

– J'ai dit des morts prétendument accidentelles. Il est vrai que miss Arundell n'est *pas* morte dans cette chute – mais elle aurait pu !

– Oh, mon Dieu, oui ! le docteur l'a dit, mais je ne comprends pas...

Miss Lawson semblait toujours aussi déconcertée.

– On a supposé que l'accident a été provoqué par la balle du petit Bob, n'est-ce pas ?

– Oui, oui, exactement. C'était la balle de Bob.

– Oh, que non ! Ce n'était pas la balle de Bob.

– Mais, excusez-moi, monsieur Poirot, je l'ai vue de mes propres yeux, quand nous nous sommes tous précipités...

– Vous l'avez vue... oui, peut-être. Mais *ce n'était pas la cause* de l'accident. La cause de l'accident, miss Lawson, c'est un fil de couleur sombre tendu à une trentaine de centimètres du sol *en haut des escaliers* !

– Mais... mais un chien ne peut...

– Exactement, s'empressa de dire Poirot. Un chien ne peut pas faire une chose pareille... Il n'est pas suffisamment intelligent – ou, si vous préférez, pas suffisamment *malfaisant* pour ça. C'est un *être humain* qui a placé ce fil à cet endroit...

Miss Lawson était maintenant d'une pâleur mortelle. Elle porta à son visage une main tremblante.

– Oh, monsieur Poirot... je ne peux pas y croire... vous ne voulez pas dire que... mais c'est horrible... vraiment horrible... Vous prétendez qu'on l'a fait exprès ?

– Oui, on l'a fait exprès.

– Mais c'est monstrueux ! C'est presque comme... comme tuer quelqu'un.

– Si cela avait réussi, quelqu'un aurait été tué ! En d'autres termes... ç'aurait été un meurtre !

Miss Lawson laissa échapper un petit cri aigu.

– Quelqu'un a planté un clou dans la plinthe afin d'y attacher un fil, poursuivit Poirot avec la même gravité. Le clou a été peint pour passer inaperçu. Dites-moi, est-ce que vous ne vous souviendriez pas, par hasard, d'avoir senti une odeur de peinture que vous n'avez pas pu situer ?

Miss Lawson laissa échapper un cri.

– Oh, mais c'est incroyable ! Maintenant que j'y pense ! Mais bien sûr ! Et dire que je n'aurais jamais songé... Jamais imaginé... Mais enfin, comment aurais-je pu ? Pourtant, ça m'a effectivement semblé bizarre sur le moment.

Poirot se pencha vers elle.

– Ainsi... Vous pouvez nous aider, mademoiselle. Une fois de plus vous pouvez nous aider. *C'est épatant !*

– Dire que c'était ça ! Oh, ma foi, tout coïncide.

– Racontez-moi, je vous en prie. Vous avez senti une odeur de peinture – c'est cela ?

– Oui. Bien sûr, je ne savais pas ce que c'était. J'ai pensé – mon Dieu – ça sent la cire à parquet... et puis, non, cela ressemble davantage à de la peinture... Et puis, bien entendu, je me suis finalement dit que j'avais *rêvé.*

– Ça s'est passé quand ?

– Laissez-moi réfléchir... C'était quand, déjà ?

– Est-ce que c'était pendant ce week-end de Pâques, lorsque la maison était pleine de monde ?

– Oui, oui, c'est à ce moment-là. Mais j'essaie de me rappeler quel jour exactement. Attendez... Ce n'était pas dimanche. Non. Et pas mardi non plus... Ce soir-là, le Dr Donaldson est venu dîner. Et le mercredi, tout le monde est parti. Non. Bien sûr, c'était lundi... Le lundi de Pâques. J'étais allongée et je ne dormais pas. J'étais assez inquiète, voyez-vous. J'ai toujours été d'avis que le lundi de Pâques est une journée é-rein-tante ! Il y avait eu tout juste assez de rosbif froid pour le dîner et j'avais peur que miss Arundell n'en soit contrariée. Vous comprenez, c'est *moi* qui avais commandé le rôti, samedi, et bien sûr j'aurais dû en prendre un de sept livres, mais je m'étais dit que cinq livres suffiraient, seulement miss Arundell était toujours si fâchée lorsqu'il n'y avait pas assez à manger... Elle avait un tel sens de l'hospitalité...

Elle s'interrompit un instant, le temps de retrouver son souffle, puis repartit de plus belle.

– Et j'étais donc là, allongée dans le noir, les yeux grands ouverts, à me demander si elle allait me faire une réflexion le lendemain et, une chose en entraînant une autre, j'ai mis longtemps à m'endormir... et juste au moment où j'y parvenais, j'ai été réveillée par un bruit – comme un petit coup – et je me suis assise dans mon lit et j'ai re-ni-flé. Vous comprenez, j'ai toujours eu une peur bleue de l'incendie... parfois je crois bien qu'il m'arrive de sentir une odeur de brûlé deux ou trois fois dans une nuit... (affreux, n'est-ce pas, d'être pri-son-nier des flammes ?) En tout cas, il y avait bien une odeur, et j'ai reniflé de plus belle, mais ce n'était pas une odeur de fumée ni rien de ce genre. Et je me suis dit que c'était plutôt un produit pour le parquet ou de la peinture... mais évidemment, il n'y avait aucune raison de sentir ça au beau milieu de la nuit. Pourtant, l'odeur était très forte et je suis restée là à renifler, à renifler, et c'est alors que je l'ai vue dans la glace...

– Vous l'avez vue ? Qui avez-vous vu ?

– Dans mon miroir, comprenez-vous, c'est si pratique. Je gardais toujours ma porte un peu entrebâillée, de façon à entendre miss Arundell si elle venait à appeler et à la voir si elle montait ou descendait les escaliers. On laissait aussi la seule lampe du couloir allumée. C'est comme ça que j'ai pu l'apercevoir, agenouillée sur une marche... Theresa, veux-je dire. Sur la troisième marche, m'a-t-il semblé, penchée sur quelque chose, et j'étais juste en train de penser : « C'est bizarre, est-ce qu'elle ne serait pas ma-la-de ? », lorsqu'elle s'est redressée et qu'elle s'est éloignée ; aussi je me suis dit qu'elle avait dû glisser. Ou qu'elle s'était baissée pour ramasser quelque chose. Mais ensuite, bien sûr, je n'y ai plus jamais repensé.

– Le bruit qui vous a réveillée aurait pu provenir d'un petit coup de marteau sur le clou, dit Poirot, songeur.

– Oui, probablement. Mais, oh ! monsieur Poirot, c'est *hor-ri-ble* ! Vraiment horrible ! J'ai toujours considéré que Theresa était un peu... dif-fi-cile..., mais faire une chose pareille.

– Vous êtes certaine qu'il s'agissait de Theresa ?

– Oh, mon Dieu, oui.

– Ça n'aurait pas pu être Mrs Tanios, ou l'une des bonnes, par exemple ?

– Oh, non. C'était Theresa.

Miss Lawson secoua la tête et murmura à plusieurs reprises et comme pour elle-même :

– Oh ! mon Dieu... Oh ! mon Dieu...

Poirot la dévisageait d'un air que j'eus du mal à comprendre.

– Permettez-moi, lui dit-il soudain, de procéder à une petite expérience. Montons à l'étage et tentons de reconstituer cette scène.

– Une reconstitution ? Oh, vraiment... je ne sais pas... je veux dire que je ne vois pas du tout...

– Je vais vous montrer, dit Poirot, mettant fin à ses hésitations avec autorité.

Quelque peu troublée, miss Lawson nous précéda dans l'escalier.

– J'espère que la chambre est en ordre... il y a tant à faire... une chose en entraîne une autre..., balbutia-t-elle, égarée.

Le moins qu'on puisse dire est que la pièce était en effet encombrée d'objets hétéroclites – conséquences évidentes du grand nettoyage des placards entrepris par miss Lawson. Toujours aussi hagarde, celle-ci réussit tout de même à indiquer à Poirot sa position cette nuit-là, si bien que mon ami put vérifier de ses propres yeux qu'une partie de l'escalier se reflétait en effet dans le miroir.

– Et maintenant, chère mademoiselle, suggéra-t-il, voudriez-vous avoir l'obligeance de retourner dans le couloir et de refaire les gestes que vous avez vus ?

Miss Lawson, sans cesser de murmurer ses « Oh, mon Dieu ! », sortit d'un air affairé pour remplir le rôle qu'on lui demandait. Poirot, lui, joua celui du spectateur.

La représentation terminée, il sortit à son tour sur le palier et demanda quelle était la lampe qui était restée allumée ce jour-là.

– C'est celle-là, répondit miss Lawson. C'est la seule lampe du couloir. Juste devant la porte de la chambre de miss Arundell.

Poirot leva le bras, dévissa l'ampoule et l'examina.

– Du quarante watts, à ce que je vois. Pas très puissante.

– Non. C'était seulement pour que le couloir ne soit pas complètement dans le noir.

Poirot retourna vers l'escalier.

– Pardonnez-moi, chère mademoiselle, mais avec la faiblesse de l'éclairage et la disposition des zones d'ombre, vous ne pouvez pas avoir vu la scène très nettement. Êtes-vous bien sûre qu'il s'agissait de Theresa Arundell et non pas d'une forme féminine indéterminée vêtue d'une robe de chambre ?

– Oui, monsieur, j'en suis sûre ! répondit miss Lawson, indignée. Par-fai-te-ment sûre ! Je connais assez miss Theresa, il me semble ! Oh, oui, c'était bien elle. Sa robe de chambre foncée et sa grosse broche brillante avec ses initiales – j'ai très bien vu tout cela !

– Il n'y a donc pas de doute possible. Vous avez vu les initiales ?

– Oui. T.A. Je connais cette broche. Theresa la portait souvent. Oh, oui, je pourrais jurer que c'était Theresa – et je le ferai, si nécessaire !

Elle avait prononcé ces deux dernières phrases d'un ton ferme et décidé qui ne lui était guère habituel.

Poirot l'observa. Une fois encore son regard fut bien étrange. Il était distant, il évaluait son interlocutrice et il était empreint, aussi, d'une curieuse fermeté.

– Vous le jureriez ? répéta-t-il.

– Si... si... nécessaire, Mais je suppose que... est-ce que ce sera nécessaire ?

De nouveau, Poirot l'étudia du regard.

– Cela dépendra des résultats de l'exhumation, dit-il.

– L'ex... L'exhumation ?

Poirot avança vivement la main pour la retenir : sous le coup de la surprise, miss Lawson avait failli tomber la tête la première dans l'escalier !

– Il est possible qu'il y ait exhumation, oui, confirma Poirot.

– Oh, mais enfin... mais ! C'est abominablement déplaisant ! Mais, voyons, je suis sûre que la famille s'opposera fermement à cette idée – s'y opposera vraiment de la façon la plus ferme...

– Oui, sans doute.

– Je suis persuadée qu'ils ne voudront pas entendre parler d'une chose pareille !

– Ah, mais si c'est le ministère de l'Intérieur qui l'ordonne ?

– Mais, monsieur Poirot – *pourquoi* ? Je veux dire, ce n'est pas comme si... comme si...

– Comme si quoi ?

– Comme s'il y avait quelque chose... d'a-nor-mal.

– Vous ne croyez pas que ce soit le cas ?

– Non, bien sûr que non. Mon Dieu, c'est im-pos-sible, je veux dire... avec le docteur, l'infirmière et tout...

– Ne vous mettez pas dans cet état, murmura Poirot d'un ton apaisant.

– Oh, mais c'est plus fort que moi ! Pauvre chère miss Arundell ! Ce n'est pas comme si miss Theresa avait été ici, à Littlegreen, quand sa tante est morte.

– Non, elle est partie le lundi avant que miss Arundell ne tombe malade, n'est-ce pas ?

– Le matin de bonne heure. Alors, c'est évident, elle n'a forcément rien à voir avec ça !

– Espérons que non, dit Poirot.

– Oh, mon Dieu ! (Miss Lawson joignit les mains.) Je n'ai jamais rien vécu d'aussi *af-freux* ! Vraiment, je ne sais plus du tout où j'en suis.

Poirot jeta un coup d'œil à sa montre.

– Il faut que nous partions. Nous retournons à Londres. Et vous, chère mademoiselle, vous comptez rester ici un moment ?

– Non... non... Je n'ai pas de plan réellement établi. En fait, moi aussi je rentre aujourd'hui... Je suis juste venue une nuit, pour... pour faire un peu de rangement.

– Je vois. Alors, au revoir, chère mademoiselle, et pardonnez-moi si je vous ai ennuyée.

– Oh, monsieur Poirot. *Ennuyée ?* Vous m'avez rendue ma-la-de ! Oh, mon Dieu ! Oh, mon Dieu, ce monde est si *cruel* ! si affreusement cruel !

Poirot coupa court à ses lamentations en lui prenant la main avec fermeté.

– Ce n'est que trop vrai. Et vous êtes toujours prête

à jurer que vous *avez vu Theresa Arundell agenouillée dans les escaliers, dans la nuit du lundi de Pâques* ?

– Oh, oui, je peux le jurer.

– Et vous pouvez jurer aussi que vous avez vu un halo de lumière autour de la tête de miss Arundell, au cours de la *séance* ?

Miss Lawson demeura un instant bouche bée, puis elle s'exclama :

– Oh, monsieur Poirot, ne... ne plaisantez pas avec ces choses-là !

– Je ne plaisante pas. Je suis tout ce qu'il y a de plus sérieux, au contraire.

Miss Lawson répondit alors avec dignité :

– Ce n'était pas exactement un halo. Cela ressemblait davantage à un début de manifestation. Un ruban de matière lumineuse. J'ai l'impression très nette qu'un visage allait se former.

– Fascinant. Au revoir, très chère mademoiselle, et surtout gardez tout ceci pour vous.

– Oh, bien sûr... bien sûr. Il ne me serait pas venu à l'idée d'en parler à quelqu'un.

La dernière image que je garde de miss Lawson en train de nous regarder partir depuis les marches du perron ? Celle de son œil stupide derrière une paire de lorgnons en bataille.

23

Le Dr Tanios vient nous voir

À peine avions-nous quitté Littlegreen House que l'attitude de Poirot changea du tout au tout. Son visage était devenu grave et déterminé.

– Dépêchons-nous, Hastings. Nous devons regagner Londres au plus vite.

– Tout à fait d'accord, acquiesçai-je.

Pressant le pas pour rester à sa hauteur, je regardai à la dérobée son visage soudain sévère.

– Qui soupçonnez-vous, Poirot ? J'aimerais que vous me le disiez. Croyez-vous que c'était Theresa Arundell, dans les escaliers ?

Il répondit à ma question par une autre question :

– Avez-vous remarqué – et réfléchissez avant de parler – avez-vous remarqué qu'il y a quelque chose *qui ne colle pas* dans les déclarations de miss Lawson ?

– *Quelque chose qui ne colle pas ?* Que voulez-vous dire ?

– Si je le savais, je ne vous le demanderais pas.

– D'accord. Mais *de quelle façon* cela ne colle-t-il pas ?

– C'est justement ça. Je ne peux être plus précis. Mais pendant qu'elle parlait, j'ai eu une impression d'irréalité... Comme s'il y avait quelque chose – un petit détail qui n'allait pas –, quelque chose qui était, oui c'était ça mon impression, *impossible...*

– Elle paraissait sûre et certaine qu'il s'agissait de Theresa.

– Oui, oui.

– Mais, après tout, la lumière n'était pas fameuse. Je ne vois pas comment elle peut être si affirmative.

– Non, non, Hastings, là vous ne m'aidez pas. C'était un petit détail... quelque chose qui avait un rapport avec... – oui, j'en suis sûr – ... avec la chambre.

– Avec la chambre ? répétai-je, en essayant de me souvenir de la pièce. Non, dis-je finalement, je ne crois pas pouvoir vous venir en aide.

Poirot secoua la tête, mécontent.

– Pourquoi avez-vous remis sur le tapis cette histoire de spiritisme ? demandai-je alors.

– Parce que c'est important.

– Qu'est-ce qui est important ? Le développement du « ruban » lumineux de miss Lawson ?

– Vous vous souvenez de la description de la *séance* par les sœurs Tripp ?

– Elles ont vu une auréole autour de la tête de la vieille demoiselle. (Je ne pus m'empêcher d'en rire.) D'après tout ce que nous avons entendu dire, elle n'avait pourtant rien d'une sainte ! Miss Lawson semble en avoir eu une frousse bleue. J'ai eu vraiment pitié de cette pauvre créature quand elle nous a raconté comment elle n'arrivait pas à trouver le sommeil, morte de peur qu'elle était d'avoir des ennuis pour avoir commandé un rôti trop petit !

– Oui, c'était un détail intéressant, ça.

– Qu'est-ce que nous ferons quand nous serons à Londres ? ajoutai-je tandis que nous entrions chez *George* et que Poirot demandait la note.

– Nous irons immédiatement voir Theresa Arundell.

– Et nous découvririons la vérité ? Mais, quoi qu'il advienne, ne va-t-elle pas tout nier, en bloc ?

– Mon cher, ce n'est pas un crime que de s'agenouiller dans un escalier ! Peut-être ramassait-elle une épingle, histoire que cela lui porte bonheur – ou quelque chose d'approchant.

– Et l'odeur de peinture ?

Nous ne pûmes rien ajouter, car le serveur arrivait avec notre addition.

Sur le chemin du retour, nous parlâmes fort peu. Je n'aime guère conduire et discuter en même temps. Quant à Poirot, il était bien trop occupé à protéger ses moustaches contre les effets désastreux du vent et de la poussière pour songer à prononcer un mot. Nous arrivâmes à l'appartement vers 2 heures moins 20.

Ce fut George – le domestique impeccable et si parfaitement anglais de Poirot – qui nous ouvrit la porte.

– Un certain Dr Tanios vous attend, monsieur. Il est là depuis une demi-heure.

– Le Dr Tanios ? Où est-il ?

– Au salon. Une dame est également passée vous voir. Elle a eu l'air effondré que vous soyez absent. C'était ce matin, avant que je ne reçoive votre message téléphonique, monsieur, si bien que je n'ai pas pu lui dire à quel moment vous seriez de retour à Londres.

– Décrivez-la-moi.

– Un bon mètre soixante-cinq, monsieur, avec des cheveux noirs et des yeux d'un bleu très pâle. Elle portait un manteau et une jupe de couleur grise, et un chapeau très en arrière au lieu d'être incliné sur l'œil droit.

– Mrs Tanios, fis-je tout bas.

– Elle semblait très nerveuse, monsieur. Elle a dit qu'il était capital qu'elle vous rencontre au plus vite.

– Quelle heure était-il ?

– À peu près 10 heures et demie, monsieur.

Poirot secoua la tête tout en se dirigeant vers le salon.

– C'est la seconde fois que je rate l'occasion d'entendre ce que Mrs Tanios souhaite me confier. Qu'en pensez-vous, Hastings ? La fatalité s'acharne-t-elle sur nous ?

– La troisième fois sera la bonne, dis-je pour le consoler.

Poirot secoua de nouveau la tête, l'air d'en douter.

– Y aura-t-il une troisième fois ? Je me le demande. Venez, allons déjà voir ce que nous veut le mari.

Installé dans un fauteuil, le Dr Tanios lisait un des ouvrages de psychologie de Poirot. Il se leva d'un bond pour nous saluer.

– Pardonnez-moi mon intrusion. J'espère que vous ne m'en voudrez pas d'avoir forcé votre porte et de vous avoir attendu ainsi...

– Du tout, du tout ! Je vous en prie, asseyez-vous. Permettez-moi de vous offrir un verre de xérès.

– Volontiers. En fait, j'ai une excuse. Monsieur Poirot, je suis inquiet, très inquiet au sujet de ma femme.

– Au sujet de votre femme ? Vous m'en voyez navré. Que se passe-t-il ?

– Peut-être que vous l'avez vue récemment ? dit Tanios.

Cela pouvait passer pour une question parfaitement anodine, mais le coup d'œil rapide qui l'accompagna l'était beaucoup moins.

– Non, pas depuis que nous nous sommes rencontrés hier, ensemble, à l'hôtel, répondit Poirot de la manière la plus neutre possible.

– Ah... Je m'étais dit qu'elle vous avait peut-être rendu visite.

Poirot était occupé à servir trois verres. Il répondit d'une voix quelque peu distraite :

– Non. Avait-elle une quelconque... raison de venir me voir ?

– Non, non. (Le Dr Tanios prit le xérès que Poirot lui tendait.) Merci. Non, elle n'avait pas de *raison* précise, mais, à dire le vrai, je suis très inquiet de son état de santé.

– Ah ? Serait-elle fragile ?

– Physiquement, elle se porte très bien, répondit Tanios avec lenteur. J'aimerais pouvoir en dire autant de sa santé mentale.

– Ah ?

– Je crains, monsieur Poirot, qu'elle ne soit au bord de la dépression nerveuse.

– Mon cher docteur, vous m'en voyez fort marri.

– Cela fait un certain temps que son état se dégrade. Au cours des deux derniers mois, son attitude à mon égard a changé du tout au tout. Elle se montre nerveuse, elle sursaute pour un oui pour un non, et elle est en proie à des idées de plus en plus bizarres... En réalité, il s'agit de bien plus que des idées : ce sont des hallucinations !

– Vraiment ?

– Oui, elle souffre de ce que l'on appelle communément manie de la persécution. Un trouble assez connu.

Poirot indiqua qu'il compatissait.

– Vous êtes donc à même de comprendre mon inquiétude !

– Bien sûr, bien sûr. Mais je ne saisis pas bien la raison qui vous a poussé à venir me voir. Comment puis-je vous aider ?

Le Dr Tanios manifesta un léger embarras.

– Il m'est venu à l'idée que ma femme risquait de venir – ou qu'elle était déjà venue – vous raconter des histoires à dormir debout. Il se pourrait fort bien, par exemple, qu'elle aille jusqu'à prétendre que je représente pour elle une menace – un danger.

– Mais pourquoi s'adresserait-elle à moi ?

Le Dr Tanios eut un sourire affable – mais néanmoins mélancolique.

– Vous êtes un détective de renom, monsieur Poirot, repondit-il. J'ai vu – je l'ai vu au premier coup d'œil – que vous aviez fait hier sur ma femme une très forte impression. Vu son état actuel, le simple fait de rencontrer un détective ne pouvait que produire ce genre d'effet. Il me semble probable qu'elle vous rende visite et... et... et qu'elle se confie à vous. C'est ainsi qu'il en va avec ces affections nerveuses ! Les malades ont tendance à se retourner contre leurs proches, contre leurs êtres les plus chers.

– C'est désolant.

– Oui, en effet. J'aime beaucoup ma femme. (Une tendresse profonde vibrait dans sa voix.) J'ai toujours estimé qu'elle avait fait preuve d'infiniment de courage en m'épousant – moi, un étranger – et en me suivant dans un pays lointain, abandonnant ainsi derrière elle amis, famille, racines. Depuis quelques jours, je suis désespéré... je ne vois pour elle qu'une solution...

– Oui ?

– Un repos et un calme complets, ainsi qu'un traitement psychologique approprié. Je connais un établissement superbe, dirigé par un médecin hors pair. Je veux l'y conduire tout de suite – c'est dans le Norfolk. Un repos total loin de toute influence extérieure – c'est de cela dont elle a besoin. Je suis convaincu qu'un séjour d'un mois ou deux là-bas, avec un bon traitement, lui permettrait d'aller beaucoup mieux.

– Je vois, dit Poirot.

Il avait prononcé ces deux mots d'un ton neutre, qui ne laissait rien paraître des sentiments qui l'agitaient.

Tanios lui jeta un autre coup d'œil rapide.

– C'est pourquoi, je vous serais obligé, si jamais elle vient vous voir, de me prévenir immédiatement.

– Mais certainement. Je vous téléphonerai. Vous êtes toujours au *Durham Hotel* ?

– Oui. J'y retourne en vous quittant.

– Votre femme n'y est pas ?

– Elle est sortie tout de suite après le petit déjeuner.

– Sans vous dire où elle allait ?

– Sans un mot. Cela ne lui ressemble pas du tout.

– Et les enfants ?

– Ils sont avec elle.

– Je vois.

– Je vous remercie beaucoup, monsieur Poirot, dit Tanios en se levant. Si jamais elle se lançait dans d'abracadabrantes histoires d'intimidation et de persécution, ai-je besoin de vous dire de n'y prêter aucune attention ?

Il ne s'agit, là encore, hélas ! que d'un symptôme de sa maladie.

– Absolument désolant ! répéta Poirot sur un ton compatissant.

– C'est vrai. Bien que l'on sache, médicalement parlant, que ce n'est qu'une des manifestations d'une maladie mentale bien connue, on ne peut s'empêcher de souffrir lorsqu'une personne si proche, et qui vous est tellement chère, se retourne contre vous et que son affection se change en hostilité.

– Vous avez ma plus profonde sympathie, assura Poirot en serrant la main de son visiteur.

Le Dr Tanios était déjà à la porte du salon lorsque mon ami ajouta :

– Au fait...

– Oui ?

– Vous arrive-t-il de prescrire du chloral à votre femme ?

Tanios tressaillit.

– Je... Non... Enfin, cela m'est peut-être arrivé... Pas ces derniers temps. Elle semble avoir développé une aversion pour les somnifères – quels qu'ils soient.

– Tiens ! Serait-ce parce qu'elle n'a pas confiance en vous ?

– Monsieur Poirot !

Le médecin revint sur ses pas, soudain en colère.

– Un symptôme de sa maladie..., ajouta Poirot d'une voix apaisante.

– Oui, oui, bien sûr.

– Sans doute se méfie-t-elle énormément de tout ce

que vous pouvez lui donner à boire ou à manger ? Sans doute vous soupçonne-t-elle de vouloir l'empoisonner ?

– Mon Dieu, monsieur Poirot, mais c'est exactement ça ! Vous avez donc eu affaire à des cas de ce genre ?

– Dans ma profession, il va de soi que cela arrive parfois. Mais que je ne vous retarde pas. Peut-être vous attend-elle à l'hôtel ?

– C'est vrai. Pourvu que ce soit le cas. Je suis tellement inquiet !

Il se rua hors de la pièce.

Poirot, lui, se précipita sur le téléphone. Il feuilleta l'annuaire, puis demanda un numéro.

– Allô... Allô... le *Durham Hotel* ? Pouvez-vous me dire si Mrs Tanios est là ? Comment ? T.A.N.I.O.S. Oui, c'est cela. Oui ? Oui ? Oh, je vois...

Il raccrocha.

– Mrs Tanios a quitté l'hôtel tôt ce matin, m'expliqua-t-il alors. Elle y est retournée à 11 heures, a attendu dans un taxi qu'on charge ses bagages, puis est repartie.

– Tanios sait-il qu'elle a emporté ses bagages ?

– Pas encore, à mon avis.

– Où est-elle allée ?

– Impossible à dire.

– Vous pensez qu'elle va revenir ici ?

– Peut-être. Je n'en sais rien.

– Peut-être va-t-elle écrire ?

– Peut-être bien.

– Que pouvons-nous faire ?

Poirot secoua la tête. Il paraissait soucieux, inquiet.

– Rien pour le moment. Déjeunons rapidement. Ensuite, nous irons voir Theresa Arundell.

– Vous croyez que c'était *elle*, dans l'escalier ?

– Là encore, impossible à dire. Mais il y a une chose dont je suis sûr : miss Lawson n'a pas pu voir son visage. Elle a aperçu une longue silhouette dans une robe de chambre foncée, c'est tout.

– Et la broche..

– Mon cher ami, une broche ne fait pas partie de l'anatomie de quelqu'un ! On peut la détacher, la perdre, l'emprunter ou même la voler.

– En d'autres termes, vous vous refusez à croire à la culpabilité de Theresa Arundell.

– Je veux entendre ce qu'elle aura à dire à ce sujet.

– Et si Mrs Tanios revient vous voir pendant ce temps-là ?

– Je vais prendre des dispositions pour cette éventualité.

George nous servit une omelette.

– Écoutez, George, lui dit Poirot, si cette dame repasse, demandez-lui de m'attendre. Et si le Dr Tanios arrive pendant qu'elle est ici, ne le laissez entrer sous aucun prétexte. S'il demande si sa femme est là, vous lui répondrez que non. Vous avez compris ?

– Parfaitement, monsieur.

Poirot s'attaqua à l'omelette.

– L'affaire se complique, murmura-t-il. Nous devons progresser avec une extrême prudence. Sinon... le meurtrier frappera à nouveau.

– Si tel était le cas, vous pourriez lui mettre la main au collet.

– Probablement, mais je préfère la vie d'un innocent à la condamnation d'un coupable. Soyons donc très, très prudents.

24

La dénégation de Theresa

Nous trouvâmes Theresa Arundell sur le point de sortir.

Elle était d'un chic inouï. Son extravagant bibi dernier cri, crânement posé selon un angle improbable, lui cachait presque un œil. Amusant que Bella Tanios en ait arboré, la veille, une pâle copie qu'elle portait – comme l'avait noté George – beaucoup trop en arrière. Je la revoyais encore le repousser de plus en plus loin sur ses cheveux en désordre.

– Pourriez-vous m'accorder quelques instants, très chère mademoiselle ? demanda Poirot, en mal de civilités. À moins, bien sûr, que cela ne vous retarde trop ?

– Oh, il n'y a aucun problème, répondit-elle en riant. Je suis toujours de trois quarts d'heure en retard pour tout. Pourquoi ne pas aller jusqu'à une heure !

Elle nous fit entrer au salon. À ma surprise, le Dr Donaldson se leva d'un fauteuil placé près de la fenêtre.

– Tu as déjà rencontré M. Poirot, n'est-ce pas, Rex ? dit Theresa.

– Oui, nous nous sommes vus à Market Basing, répondit Rex avec froideur.

– Vous faisiez semblant d'écrire la biographie de mon alcoolique de grand-père, si j'ai bien compris, ajouta Theresa. Rex, mon ange, peux-tu nous laisser un instant ?

– Merci bien, Theresa, mais j'estime qu'il serait à tous points de vue préférable que j'assiste à cet entretien.

Leurs regards s'affrontèrent brièvement. Celui de Theresa était autoritaire, alors que les yeux de son fiancé restaient impénétrables. La jeune femme eut un brusque accès de colère :

– Oh ! et puis reste si ça te chante, espèce d'enquiquineur !

Le Dr Donaldson ne parut guère impressionné. Il se rassit près de la fenêtre, et posa son livre sur le bras de son fauteuil. Il s'agissait d'un ouvrage sur l'hypophyse, ne pus-je m'empêcher de remarquer.

Theresa s'installa sur le même tabouret bas que lors de notre précédente visite, puis observa Poirot d'un air impatient.

– Eh bien, vous êtes allé voir Purvis ? Alors ?

– Il y a... des possibilités, mademoiselle, répondit Poirot d'un ton neutre.

L'expression de Theresa se fit pensive. Puis elle jeta un bref coup d'œil en direction du médecin. C'était, pensai-je, une mise en garde à l'intention de Poirot.

– Mais il serait à mon avis préférable que je vous fasse mon rapport ultérieurement, lorsque mes projets seront un peu avancés, reprit Poirot.

L'ombre d'un sourire passa sur les lèvres de Theresa.

– Je viens de rentrer de Market Basing, où j'ai eu l'occasion de discuter avec miss Lawson. Dites-moi, bien chère mademoiselle, vous êtes-vous, dans la nuit du 13 avril – la nuit du lundi de Pâques –, agenouillée dans les escaliers de Littlegreen House, une fois tout le monde couché ?

– Mon cher Hercule Poirot, quelle étrange question ! Pourquoi aurais-je fait une chose pareille ?

– La question, charmante mademoiselle, n'est pas *pourquoi vous l'auriez fait,* mais *si vous l'avez fait.*

– Je n'en sais fichtre rien. Mais ça me paraît plutôt improbable.

– Voyez-vous, petite mademoiselle, miss Lawson affirme le contraire.

Theresa haussa ses ravissantes épaules.

– Est-ce important ?

– Très.

Elle dévisagea Poirot, qui lui retourna un regard des plus aimable.

– Cinglé !

– Je vous demande pardon ?

– C'est complètement cinglé. Tu ne trouves pas, Rex ?

Le Dr Donaldson toussota :

– Excusez-moi, monsieur Poirot, mais quel est l'intérêt de cette question ?

Mon ami ouvrit les mains et répondit :

– C'est très simple. Quelqu'un a planté un clou à un endroit bien précis, en haut des escaliers. Et ce clou a reçu une couche de peinture pour qu'on le confonde avec la plinthe.

– Il s'agit de quoi ? D'un nouveau genre de sorcellerie ? demanda Theresa.

– Non, chère mademoiselle, c'est bien plus banal que cela. Le lendemain soir, le mardi, *quelqu'un* a placé un fil reliant ce clou à la rampe. Le résultat de l'opération, c'est que, quand miss Arundell est sortie de sa chambre, elle s'est pris les pieds dedans et qu'elle est tombée la tête la première dans l'escalier.

La respiration de Theresa s'accéléra.

– Mais c'était la balle de Bob !

– *Pardon,* ce n'était pas sa balle, non.

Il y eut un silence, bientôt brisé par la voix calme et précise de Donaldson :

– Excusez-moi, mais quelle preuve possédez-vous à l'appui de cette affirmation ?

Poirot répondit tout aussi calmement :

– La preuve du clou, la preuve de la lettre de miss Arundell, et enfin la preuve du témoignage visuel de miss Lawson.

Theresa retrouva la parole.

– Elle dit que c'est *moi* qui ai fait le coup, hein ?

Poirot ne répondit rien. Il se contenta d'un petit hochement de tête.

– Eh bien, c'est un mensonge ! Je n'ai rien à voir avec tout ça !

– Vous vous êtes agenouillée dans les escaliers pour une tout autre raison ?

– Je ne me suis *jamais* agenouillée dans les escaliers !

– Faites très attention, mademoiselle.

– Je n'étais pas dans les escaliers ! De tout mon séjour

à Littlegreen House, pas une seule fois je ne suis ressortie de ma chambre après être montée me coucher.

– Miss Lawson vous a reconnue.

– Elle aura probablement vu Bella Tanios ou une des bonnes.

– Elle assure que c'était vous.

– Elle ment comme un arracheur de dents !

– Elle a identifié votre robe de chambre et une broche que vous portiez.

– Une broche ? Quelle broche ?

– Une broche avec vos initiales.

– Oh, je vois laquelle ! La Lawson est une menteuse qui donne des détails, en plus !

– Vous niez toujours que c'était vous ?

– Si c'est ma parole contre la sienne...

– Vous êtes meilleure menteuse qu'elle – c'est ça ?

– Vous avez probablement raison, dit Theresa avec calme, mais dans le cas présent, je dis la vérité. Je ne préparais aucune chausse-trape, je ne récitais pas mes prières, je ne ramassais ni de l'or ni de l'argent, je ne faisais rien dans les escaliers.

– Vous avez cette fameuse broche ?

– Sans doute. Vous voulez la voir ?

– Si cela ne vous dérange pas, mademoiselle.

Theresa se leva et quitta la pièce. Il y eut un silence embarrassé. J'avais l'impression que le Dr Donaldson regardait Poirot de la façon dont il aurait étudié un spécimen anatomique.

Theresa ne tarda pas à revenir.

– La voilà.

Elle jeta presque le bijou à Poirot. C'était une grosse

broche tape-à-l'œil en acier inoxydable ou en chromé, avec les initiales T.A. au milieu d'un cercle. Je dus admettre qu'elle était assez volumineuse et voyante pour que miss Lawson ait pu la reconnaître aisément dans son miroir.

– Je ne la porte plus jamais. Je m'en suis lassée, expliqua Theresa. Londres en est envahie, maintenant. La moindre bonniche en exhibe une.

– Mais elle coûtait cher, lorsque vous l'avez achetée ?

– Oh, oui. Au début, c'était le fin du fin.

– Quand ça ?

– À Noël dernier, je crois. Oui, vers cette époque-là.

– Vous ne l'avez jamais prêtée ?

– Non.

– Vous l'aviez, à Littlegreen House ?

– Je suppose. Oui, je l'avais. Je m'en souviens.

– L'avez-vous laissée traîner ? Vous en êtes-vous séparée pendant un moment quelconque de votre séjour ?

– Non. Je la portais sur un pull vert, je me le rappelle, un pull que j'ai mis tous les jours.

– Et la nuit ?

– Elle restait sur le pull.

– Et le pull ?

– Oh, bon sang ! Le pull était sur un fauteuil.

– Vous êtes sûre que personne n'a pu l'ôter de ce vêtement, puis la remettre en place le lendemain ?

– C'est la version que nous livrerons au tribunal, si vous voulez – si vous estimez que c'est le meilleur mensonge possible. En réalité, je suis *parfaitement* certaine que ça n'a pas été le cas. C'est une bonne idée de prétendre qu'on a voulu me faire porter le chapeau, mais je ne crois pas que ce soit le cas.

Poirot fronça les sourcils, puis il se leva, fixa soigneusement la broche au revers de son manteau et s'approcha d'un miroir posé sur une table, à l'autre bout de la pièce. Il resta un instant immobile puis se recula doucement pour juger de l'effet à distance.

Il laissa soudain échapper un grognement.

– Mais bien sûr ! Quel imbécile je fais !

Il revint vers Theresa et lui rendit son bijou en s'inclinant.

– Vous avez tout à fait raison, chère mademoiselle. La broche est bien restée en votre possession ! Je me suis montré d'une stupidité regrettable.

– J'apprécie votre modestie, répondit Theresa en accrochant négligemment la broche sur son corsage.

Jetant un coup d'œil à Poirot, elle ajouta :

– Autre chose ? Il faut vraiment que j'y aille, maintenant.

– Non, tout le reste peut attendre.

Au moment où Theresa se dirigeait vers la porte, Poirot ajouta calmement :

– Il est cependant question d'une exhumation, il est vrai...

Theresa s'arrêta net. Le bijou tomba sur le sol.

– Comment ?

– Il est possible que le corps de miss Arundell soit exhumé, répéta Poirot d'un ton clair et net.

Theresa s'était immobilisée, les mains crispées. Elle demanda d'une voix sourde, coléreuse :

– C'est une de *vos* idées ? J'ai le regret de vous signaler que c'est impossible sans une autorisation de la famille.

– Vous vous trompez, mademoiselle. Il suffit d'une décision des autorités compétentes.

– Mon Dieu ! s'exclama Theresa, qui s'était mise à parcourir la pièce à grandes enjambées.

– Je ne vois vraiment aucune raison de se mettre dans tous ses états, Tessa, intervint posément Donaldson. J'avoue que, même pour un étranger à la famille, cette idée n'est guère plaisante, mais...

Elle lui coupa la parole.

– Ne sois pas stupide, Rex !

– L'idée vous dérange, petite demoiselle ? demanda Poirot.

– Bien sûr qu'elle me dérange ! C'est indécent. Pauvre vieille tante Emily ! Pourquoi diable faudrait-il qu'elle soit exhumée ?

– Je présume, dit Donaldson, que l'on a des doutes sur la cause du décès ? (Il jeta un regard interrogateur à Poirot et poursuivit :) J'avoue que cela me surprend. À mon avis, il est évident que miss Arundell est morte de mort naturelle à la suite d'une longue maladie.

– Un jour tu m'as raconté un truc à propos de lapin et de maladie de foie, dit Theresa. J'ai oublié les détails, mais tu contaminais un lapin avec le sang de quelqu'un qui souffrait d'une hépatite, puis tu injectais le sang de cet animal à un autre lapin, et ensuite le sang de ce second lapin à quelqu'un, et cette personne était malade du foie à son tour. Quelque chose comme ça.

– C'était simplement un moyen de t'expliquer la technique de la sérothérapie, dit Donaldson avec patience.

– Dommage qu'il y ait tant de lapins dans cette histoire ! s'exclama Theresa en laissant échapper un rire insouciant. Aucun de nous n'élève de lapins.

Elle se tourna vers Poirot et demanda, d'une voix différente

– Monsieur Poirot, est-ce que c'est *vrai* ?

– Oui, c'est vrai, mais... il y a un moyen d'éviter une telle éventualité, mademoiselle.

– Alors, évitez-la ! (Sa voix, pressante, n'était plus qu'un soupir.) Évitez-la *à tout prix* !

Poirot se leva.

– Ce sont vos instructions ? s'enquit-il d'un ton très officiel.

– Oui, ce sont mes instructions.

– Mais, Tessa..., intervint Donaldson.

Elle se retourna brusquement vers son fiancé.

– Tais-toi ! C'était *ma* tante, non ? Pourquoi devrait-on déterrer *ma* tante ? Tu ne comprends donc pas qu'on en parlera dans les journaux, et qu'il y aura des ragots, et tout un tas de saletés déballées en public ?

Elle pivota de nouveau vers Poirot.

– Vous devez empêcher ça ! Je vous donne *carte blanche* ! Faites ce que vous voulez, mais *arrêtez ça* !

Poirot se fendit d'une courbette.

– Je ferai de mon mieux. Au revoir, mademoiselle, à très bientôt, docteur.

– Oh, allez-vous-en ! cria soudain Theresa. Et prenez votre St. Leonards [1] sous le bras ! Je donnerais n'importe quoi pour ne vous avoir jamais rencontrés, tous les deux !

1. Station balnéaire du Sussex, sur la Manche, qui jouxte... Hastings (N.d.T.).

Nous quittâmes la pièce. Cette fois, Poirot ne colla pas son oreille contre la porte, il se contenta de lambiner... oui, de lambiner.

Et pas pour des prunes ! La voix de Theresa s'éleva soudain, claire et rebelle :

– Ne me regarde pas comme ça, Rex. (Puis, sur un ton brusquement altéré :) Chéri...

La voix nette et précise du Dr Donaldson lui répondit.

– Cet homme ne vous veut pas de bien, décréta-t-il.

Poirot s'épanouit dans un sourire. Et il m'entraîna vers la porte de l'immeuble.

– Venez, St. Leonards, dit-il. Elle est bien bonne, celle-là !

Moi, j'avais trouvé cette plaisanterie particulièrement stupide.

25

Je réfléchis

Non, me disais-je tout en pressant le pas pour suivre Poirot, cela ne fait plus l'ombre d'un doute. Miss Arundell a été assassinée et Theresa le savait. Mais était-elle l'assassin, ou y avait-il une autre explication ?

Elle avait peur – oui. Mais craignait-elle pour elle, ou pour quelqu'un d'autre ? Et ce quelqu'un pouvait-il être ce jeune médecin taciturne et tatillon, aux manières si distantes et empruntées ?

La vieille demoiselle avait-elle succombé à une maladie véritable – *mais provoquée artificiellement* ?

Jusqu'à un certain point, tout concordait. Les ambitions de Donaldson, sa certitude que Theresa devait hériter à la mort de sa tante. Et même le fait qu'il ait dîné à Littlegreen House le soir de l'accident. C'était si facile de laisser une fenêtre ouverte et de revenir en pleine nuit pour tendre le fil meurtrier en haut de l'escalier. Mais alors, *quid* du clou si opportunément planté là ?

Non, ça, c'était Theresa qui avait dû s'en charger. Theresa, sa fiancée et complice. S'ils avaient tous deux agi de concert, tout s'éclairait. Dans ce cas, c'était probablement Theresa qui avait aussi installé le fil. Le *premier* crime, le crime qui avait échoué, était son œuvre à *elle*. Le second, celui qui avait réussi, était un chef-d'œuvre, plus scientifique, signé Donaldson.

Oui, tout concordait.

Toutefois, certaines pièces de mon puzzle ne s'ajustaient pas encore très bien. Pourquoi Theresa avait-elle laissé échapper si étourdiment ces informations concernant la contamination d'êtres humains ? On aurait presque dit qu'elle ne se rendait pas compte de la vérité. Mais dans ce cas... De plus en plus perplexe, j'interrompis mes spéculations pour demander à Poirot :

– Où allons-nous ?

– Nous retournons à mon appartement. Il se peut que nous y trouvions Mrs Tanios.

Mes pensées prirent une nouvelle direction.

Mrs Tanios ! En voilà un autre mystère ! Si c'étaient Donaldson et Theresa les coupables, que venaient faire dans l'histoire Mrs Tanios et son jovial mari ? Qu'avait-elle à raconter à Poirot, cette femme, et pourquoi son époux tenait-il tant à l'en empêcher ?

– Poirot, dis-je humblement, je commence à être un peu perdu. Ils ne sont quand même pas tous dans le coup, n'est-ce pas ?

– Le meurtre d'un syndicat du crime ? Un syndicat familial ? Non, pas cette fois. Il y a ici la marque d'un seul cerveau. L'aspect psychologique ne trompe pas.

– Vous voulez dire que c'est soit Theresa, soit Donaldson, mais pas *les deux* ? Lui aurait-il donc fait planter ce clou sous un prétexte parfaitement innocent ?

– Mon bon ami, en entendant le récit de miss Lawson, j'ai compris qu'il y avait trois possibilités. 1) Miss Lawson dit l'exacte vérité. 2) Miss Lawson a inventé cette histoire pour des raisons qui lui sont personnelles. 3) Miss Lawson croit vraiment à sa version mais son identification repose sur la broche – or, comme je vous l'ai déjà fait remarquer, une broche ne fait pas partie intégrante de son propriétaire.

– Oui, mais Theresa affirme que le bijou ne l'a pas quittée.

– Et elle a tout à fait raison. J'avais négligé un petit détail qui a cependant une importance capitale.

– Cela ne vous ressemble pas, commentai-je, non sans quelque solennité.

– N'est-ce pas, mon tout bon ? Mais tout le monde a ses moments de faiblesse.

– Ah ! le poids des ans...

– Le poids des ans n'a rien à voir là-dedans, répliqua Poirot avec froideur.

– Quoi qu'il en soit, quel est donc votre détail significatif ? demandai-je comme nous franchissions l'entrée des Mansions.

– Je vais vous montrer.

Nous venions d'arriver à l'appartement.

George nous ouvrit. En réponse à la question anxieuse que lui posa aussitôt Poirot, il secoua la tête :

– Non, monsieur. Mrs Tanios n'est pas venue. Elle n'a pas téléphoné non plus.

Poirot passa au salon. Il marcha de long en large pendant quelques minutes. Puis il s'empara du téléphone et appela le *Durham Hotel*.

– Oui... oui, s'il vous plaît. Ah ! docteur Tanios, c'est Hercule Poirot à l'appareil. Votre femme est revenue ? Oh, elle n'est pas revenue ? Mon Dieu !... Elle a pris ses bagages, dites-vous... Et elle a emmené les enfants... Vous n'avez aucune idée de l'endroit où elle a pu aller... Oui, tout à fait... Oh ! parfaitement... Mes services, à titre professionnel, peuvent-ils vous être utiles ? J'ai quelque expérience dans ce domaine... Ce genre d'opération peut être mené avec un maximum de discrétion... Non, bien sûr que non... Oui, c'est vrai... Certainement, certainement... Vos désirs sont des ordres...

Il raccrocha d'un air pensif.

– Il ne sait pas où elle est, expliqua-t-il. Je le crois sincère. L'angoisse, dans sa voix, n'est pas feinte. Il ne veut pas prévenir la police, ce qui est compréhensible. Oui, j'admets ça très bien. Il ne veut pas non plus de mon aide... Il veut qu'on la retrouve – mais il refuse que ce soit *moi* qui la retrouve. Non, décidément non, il ne veut pas que ce soit moi... Il croit pouvoir s'en charger tout seul. Il ne pense pas qu'elle restera cachée longtemps, car elle a très peu d'argent sur elle. Et puis elle est avec les enfants. Oui, je pense qu'il réussira en effet à la débusquer assez vite. Mais je crois, Hastings, qu'il nous faudra être un petit peu plus rapides que lui. Il est capital, à mon avis, que nous le brûlions de vitesse.

– Croyez-vous exact qu'elle soit un peu toquée ? demandai-je.

– Je la crois à bout de nerfs, au bord de la dépression.

– Mais pas au point d'être internée ?

– Ça, certainement pas.

– Vous savez, Poirot, je ne comprends pas très bien toute cette histoire.

– Pardonnez-moi ma franchise, Hastings, mais vous n'y comprenez *rien du tout* !

– Il semble y avoir tellement de... euh... de questions secondaires.

– Bien sûr qu'il y en a. Mais séparer la question principale de celles qui ne le sont pas, voilà la première tâche d'un esprit ordonné.

– Dites-moi, Poirot, saviez-vous depuis le début que nous avions affaire à *huit* suspects possibles, et non sept ?

– J'ai pris ce fait en considération dès que Theresa Arundell a dit qu'elle n'avait pas vu le Dr Donaldson depuis le jour où il était allé dîner à Littlegreen House, le 14 avril, répondit sèchement Poirot.

– Je ne vois pas très bien..., le coupai-je.

– Qu'est-ce que vous ne voyez pas très bien ?

– Ma foi, si Donaldson avait eu l'intention de se débarrasser de miss Arundell par des moyens scientifiques, c'est-à-dire par inoculation, je ne vois pas pourquoi il aurait eu recours à ce procédé si primitif d'un fil en travers de l'escalier !

– Je vous assure, Hastings, il y a des moments où vous me faites perdre patience ! L'une des deux méthodes est hautement scientifique et requiert des connaissances archi-spécialisées. Exact, non ?

– Exact.

– Et l'autre est simple comme bonjour, à la portée de tout un chacun. C'est « la recette de bonne-maman », comme dit la publicité sur les petits-beurre. Ce n'est pas vrai ?

– Si.

– Alors réfléchissez un peu, Hastings, *réfléchissez* ! Carrez-vous dans votre fauteuil, fermez les yeux et faites fonctionner vos petites cellules grises.

J'obéis. C'est-à-dire que je me calai contre mon dossier, que je fermai les yeux, puis essayai de mettre en pratique la troisième partie des instructions de Poirot. Le résultat, cependant, ne sembla pas clarifier beaucoup la situation.

Lorsque je rouvris les yeux, Poirot était en train de m'observer avec l'attention pleine de sollicitude d'une nurse pour un bambin confié à sa garde.

– Eh bien ?

– Eh bien, répondis-je en essayant désespérément d'imiter les manières de Poirot, il me semble que le genre de personne qui a tendu le premier piège n'est pas le genre de personne qui pourrait élaborer un meurtre scientifique.

– Exactement.

– Et je doute qu'un esprit rodé aux complexités scientifiques ait pu avoir l'idée d'un plan aussi enfantin que cet accident – qui aurait été, tout compte fait, trop hasardeux.

– Très bien raisonné.

Encouragé, je poursuivis :

– Donc, la seule solution logique me paraît la suivante : les deux tentatives de meurtre ont été menées par deux personnes différentes. Voilà, c'est ça : nous avons affaire ici à deux crimes commis par deux personnes différentes.

– Vous ne trouvez pas que la coïncidence est un peu grosse ?

– Vous m'avez dit un jour que l'on rencontrait presque toujours une coïncidence dans une affaire criminelle.

– Oui, c'est vrai, je le reconnais.

– Bon, et alors ?

– Et selon vous, qui sont les coupables ?

– Donaldson et Theresa Arundell. Un médecin est on ne peut mieux placé pour commettre le second meurtre, couronné de succès. D'un autre côté, nous savons que Theresa est impliquée dans la première tentative. À mon avis, il est possible qu'ils aient agi indépendamment l'un de l'autre.

– Vous aimez tellement dire « nous savons », Hastings... Je vous assure que, quoi que *vous* sachiez, moi je n'ai pas la preuve que Theresa soit « impliquée dans la première tentative ».

– Mais l'histoire de miss Lawson ?

– L'histoire de miss Lawson n'est que l'histoire de miss Lawson. Rien de plus.

– Mais elle dit...

– Elle dit... elle dit... Vous êtes toujours prêt à prendre pour faits avérés ce que tout un chacun raconte. Maintenant, écoutez-moi, mon tout bon, je vous ai déjà expliqué, n'est-ce pas, que quelque chose clochait dans le récit de miss Lawson.

– Oui, je m'en souviens. Mais vous ne trouviez pas ce que c'était.

– Eh bien, à présent, j'ai trouvé. Dans un petit instant, je vais vous montrer ce que, pauvre imbécile que je suis, j'aurais dû voir immédiatement.

Il alla jusqu'à son bureau et sortit d'un tiroir une feuille cartonnée. Avec une paire de ciseaux, il se mit à y découper quelque chose, en me demandant de ne pas regarder ce qu'il faisait.

– Soyez patient, Hastings, nous nous livrerons dans un instant à notre expérience.

Je détournai donc obligeamment les yeux.

Au bout d'un moment, Poirot poussa une exclamation de satisfaction. Il reposa ses ciseaux, jeta les petits morceaux de carton dans sa corbeille, et revint vers moi.

– Ne regardez pas. Gardez toujours les yeux tournés, s'il vous plaît, pendant que j'accroche quelque chose au revers de votre veston.

Je jouai le jeu. Poirot termina à sa grande satisfaction ce qu'il avait commencé, puis il me fit me lever et me conduisit par le bras jusque dans la chambre attenante.

– Maintenant, Hastings, examinez-vous dans ce miroir. Vous portez, n'est-ce pas, une broche à la mode avec vos initiales – sauf que, bien entendu, cette broche n'est ni en chrome, ni en acier inoxydable, ni en or, ni en platine, mais en simple carton !

Je me regardai et je souris. Poirot est extraordinairement adroit de ses mains. J'arborais une réplique très honnête du bijou de Theresa Arundell. Un rond découpé dans un carton dans lequel se trouvaient mes initiales : A.H.

– Eh bien ? dit Poirot. Vous êtes content ? Vous avez là, n'est-ce pas, une superbe broche avec vos initiales ?

– Un bijou des plus magnifique, en effet.

– Bien sûr, elle ne brille pas, pas plus qu'elle ne reflète la lumière, mais vous admettrez tout de même qu'on peut la voir correctement d'assez loin ?

– Je n'en ai jamais douté.

– En effet. Le doute n'est pas votre point fort. Ce qui vous caractérise, c'est plutôt la foi du charbonnier. À présent, Hastings, soyez assez gentil pour ôter votre veste.

Bien qu'un peu surpris, je m'exécutai. Poirot l'enfila après avoir ôté la sienne, tout en pivotant un peu.

– Et maintenant, dit-il, voyez comment la broche – la broche avec *vos* initiales – me va.

Il se retourna vivement. Je le regardai – d'abord sans comprendre. Et puis je vis où il voulait en venir.

– Quel bougre d'imbécile je suis, moi aussi ! Bien sûr. On lit H.A. sur le bijou et non A.H. !

Poirot m'adressa un grand sourire, récupéra son vêtement et me rendit le mien.

– Exactement. Et à présent vous comprenez ce qui n'allait pas dans l'histoire de miss Lawson. Elle a prétendu avoir nettement déchiffré les initiales de Theresa Arundell sur sa broche. Mais elle a vu Theresa *dans le miroir*, et donc, *si tant est qu'elle les ait vraiment vues*, elle a dû voir leur *image inversée.*

– Ma foi, argumentai-je, peut-être s'est-elle rendu compte qu'elle était inversée ?

– Vous en êtes-vous aperçu tout de suite, mon tout bon ? Vous êtes-vous écrié : « Saperlipopette ! Poirot, vous vous trompez, en fait c'est H.A. et pas A.H. » Non, bien sûr que non. Et pourtant, vous êtes beaucoup plus intelligent, je vous le concède, que miss Lawson. Ne me racontez pas qu'une tête de linotte comme elle, réveillée en sursaut, encore à moitié endormie, peut comprendre que A.T. est en réalité T.A. ! Non, ça ne correspond pas du tout à la mentalité de miss Lawson.

– Elle voulait absolument que ce soit Theresa, dis-je doucement.

– Vous brûlez, mon bon ami. Souvenez-vous, quand je lui ai suggéré qu'elle ne pouvait pas vraiment voir le visage de quelqu'un dans les escaliers, qu'a-t-elle fait aussitôt ?

– Elle s'est souvenue de la broche de Theresa et des initiales, sans se douter que le simple fait de dire l'avoir vue dans le miroir démentait toute son histoire.

Le téléphone sonna. Poirot alla répondre.

Il resta très évasif.

– Oui ? Oui... bien entendu. Oui, sans problème. L'après-midi, si vous voulez bien. Oui, à 14 heures, ce sera parfait.

Il raccrocha et se tourna vers moi, le sourire aux lèvres.

– Le Dr Donaldson brûle d'avoir une conversation avec moi. Il viendra demain après-midi, à 2 heures. Nous progressons, mon bon ami, nous progressons.

26

Mrs Tanios refuse de parler

Quand j'arrivai le lendemain après le petit déjeuner, je trouvai Poirot à sa table de travail.

Il me salua d'un signe de la main et poursuivit sa tâche. Bientôt, il rassembla les feuillets qu'il venait d'écrire et les mit dans une enveloppe qu'il referma avec soin.

– Eh bien, mon vieux, qu'est-ce que vous fabriquez ? demandai-je, facétieux. Vous rédigez un compte rendu de l'affaire, que vous allez placer en sûreté pour le cas où quelqu'un viendrait à vous liquider au cours de la journée ?

– Savez-vous, Hastings, que vous n'êtes pas si loin de la vérité ? répondit-il avec le plus grand sérieux.

– Notre meurtrier deviendrait-il vraiment dangereux ?

– Un meurtrier est toujours dangereux, dit Poirot d'un ton grave. Il est étonnant que l'on ait tendance à l'oublier si souvent !

– Quelles nouvelles ?

– Le Dr Tanios a appelé.

– Toujours aucune trace de sa femme ?

– Non.

– Alors, c'est parfait.

– Je me le demande.

– Que diable, Poirot, vous ne pensez tout de même pas qu'elle a été assassinée ?

Poirot secoua la tête, sceptique.

– J'avoue, murmura-t-il, que j'aimerais bien savoir où elle se trouve.

– Bah ! elle finira bien par pointer le bout de son nez.

– Votre optimisme béat m'enchantera toujours, Hastings !

– Sacrebleu ! Poirot, on ne va quand même pas la recevoir en petits morceaux par paquet poste ni la retrouver hachée menu dans une malle en fer-blanc !

– L'inquiétude du Dr Tanios me paraît quelque peu excessive, mais pas plus que ça, répondit doucement Poirot. La première chose à faire, maintenant, c'est d'avoir une conversation avec miss Lawson.

– Vous allez lui parler de sa petite erreur à propos de la broche ?

– Certainement pas. Je garde cette carte dans ma manche jusqu'au moment propice.

– Qu'allez-vous lui dire, alors ?

– Cela, mon ami, vous le saurez en temps utile.

– D'autres mensonges, je suppose ?

– Vous êtes parfois blessant, Hastings. À vous entendre, on croirait que je passe le plus clair de mon existence à mentir.

– J'aurais tendance à penser que oui. En fait, j'en suis sûr.

– C'est vrai qu'il m'arrive de me féliciter de mon ingéniosité, confessa Poirot non sans candeur.

Je ne pus m'empêcher d'éclater de rire. Poirot me lança un regard de reproche, et nous partîmes pour Clanroyden Mansions.

On nous introduisit dans le même salon encombré, où

miss Lawson entra en coup de vent, plus incohérente que jamais.

– Oh, mon Dieu, monsieur Poirot, bonjour. Je ne sais plus où donner de la tête !... La maison n'est pas présentable, vous m'en voyez confuse. Mais, que voulez-vous, tout va à hue et à dia, ce matin. Depuis que Bella est arrivée...

– Que dites-vous ? Bella ?

– Oui, Bella Tanios. Elle a débarqué ici il y a une demi-heure – avec les enfants. À bout de forces, la pauvre petite ! Vraiment, je ne sais quel parti prendre. Voyez-vous, elle a quitté son mari.

– Quitté ?

– C'est ce qu'elle dit. Bien sûr, il ne fait aucun doute pour moi qu'elle a mille fois *raison,* la malheureuse !

– Elle s'est confiée à vous ?

– Euh... pas *exactement.* En réalité, elle ne veut rien dire du tout. Elle se contente de répéter qu'elle l'a quitté et qu'elle ne retournera avec lui sous aucun prétexte !

– C'est une très grave décision, non ?

– Bien sûr que c'est très grave ! En fait, s'il avait été anglais, je l'aurais sermonnée... seulement voilà, il n'est pas anglais... Et elle a l'air si bizarre, la pauvre petite, si... comment dire ? si *effrayée.* Qu'a-t-il bien pu lui faire ? Il paraît que les Turcs sont parfois d'une atroce cruauté...

– Le Dr Tanios est grec.

– Oui, bien sûr, alors c'est le contraire... Je veux dire, ce sont eux, en général, qui se font massacrer par les Turcs... À moins que je ne confonde avec les Arméniens ? De toute façon, ce mariage ne me plaît guère. Je ne crois pas qu'elle doive retourner avec lui, pas vous, monsieur Poirot ? En tout cas, ce qu'il y a de sûr, c'est qu'elle décrète qu'elle ne veut pas le faire... Elle ne veut même pas qu'il sache où elle est.

– Ça va si mal que ça ?

– Oui, vous comprenez, c'est à cause des *enfants.* Elle a tellement peur qu'il les ramène à Smyrne ! Pauvre chérie, elle est vraiment dans une situation terrible. Voyez-vous, elle n'a pas d'argent – pas un sou. Elle ne sait pas où aller, ni ce qu'elle doit faire. Elle a envie de gagner sa vie, mais vous savez comme moi, monsieur Poirot, que ce n'est pas aussi facile que ça en a l'air. Je connais ça. Ce n'est pas comme si elle avait une *formation* particulière.

– Quand a-t-elle quitté son mari ?

– Hier. Elle a passé la nuit dans un petit hôtel, près de Paddington. Elle est venue ici parce qu'elle n'avait personne d'autre chez qui aller, la malheureuse.

– Et vous allez l'aider ? C'est très généreux de votre part.

– Voyez-vous, monsieur Poirot, je suis vraiment persuadée que c'est mon *devoir.* Mais, bien sûr, tout cela pose des tas de problèmes. Cet appartement est très petit, et je manque de place et...

– Vous pourriez la loger à Littlegreen House ?

– Oui, bien entendu... Mais, voyez-vous, son mari risque de penser à ça. Pour l'instant, je lui ai réservé deux chambres au *Wellington Hotel,* dans Queen's Road. Elle y est descendue sous le nom de Mrs Peters.

– Je comprends, dit Poirot.

Il s'interrompit un instant, puis ajouta :

– J'aimerais voir Mrs Tanios. Elle est passée chez moi hier, mais j'étais sorti.

– Ah bon ? Elle ne m'en a rien dit. Je vais lui transmettre le message, si vous le voulez bien ?

– Ce serait très aimable à vous.

Miss Lawson se précipita hors du salon. Nous entendîmes sa voix :

– Bella... Bella... Ma chère petite, voulez-vous venir voir Mr Poirot ?

La réponse de Bella Tanios ne nous parvint pas – mais quelques instants plus tard, celle-ci pénétra dans la pièce.

Je fus pétrifié par son aspect physique. Elle avait de profonds cernes sous les yeux, et ses joues avaient perdu toute couleur – mais ce qui me frappa le plus fut son air terrifié. Sursautant au moindre prétexte, elle semblait à l'affût du plus léger bruit.

Poirot l'accueillit avec toute la gentillesse dont il était capable ; il lui approcha un fauteuil et lui donna un coussin. Cette femme pâle et effrayée, il la traita comme si elle était une reine.

– Et maintenant, madame, bavardons un peu. Vous êtes passée me voir hier, je crois ?

Elle acquiesça d'un signe de tête.

– Je suis navré de n'avoir pas été chez moi.

– Oui, oui... j'aurais aimé vous y trouver.

– Vous m'avez rendu visite parce que vous aviez quelque chose à me dire ?

– Oui, je... Je voulais...

– Maintenant, je suis là, à votre service.

Mrs Tanios resta silencieuse. Immobile, elle semblait

vouloir faire tourner sans fin sa bague autour de son doigt.

– Eh bien, madame ?

Lentement, presque à contrecœur elle secoua la tête.

– Non, dit-elle, je n'ose pas.

– Vous n'*osez pas*, madame ?

– Non... je... s'il l'apprenait... il... Oh ! il m'arriverait quelque chose !

– Allons, allons, madame, c'est absurde.

– Oh ! mais non, ce n'est pas absurde... pas absurde du tout... Vous ne le connaissez pas...

– Par *le*, vous entendez votre mari, chère madame ?

– Oui, bien sûr.

Poirot resta silencieux un instant, puis il dit :

– Votre époux est venu me voir hier, madame...

Un spasme d'inquiétude lui déforma brusquement le visage.

– Oh, non ! Vous ne lui avez pas dit... mais bien sûr que vous n'avez pas pu lui dire ! Vous ne pouviez pas ! Vous ne saviez pas où j'étais. Est-ce qu'il vous... est-ce qu'il vous a dit que j'étais *folle* ?

Poirot fit preuve de prudence.

– Il m'a expliqué que vous étiez... extrêmement nerveuse.

Mais elle secoua de nouveau la tête, visiblement sans illusions.

– Non, il vous a dit que j'étais folle, ou que j'étais en train de devenir folle ! Il veut me faire enfermer pour que je ne puisse plus le raconter à personne.

– Raconter quoi, madame ?

Mais elle recommença à secouer la tête. Se tordant nerveusement les doigts, elle murmura :

– J'ai peur...

– Chère madame, une fois que vous m'aurez tout raconté, vous serez en sécurité. Vous m'aurez révélé votre secret, et cela vous protégera automatiquement.

Sans se départir de son mutisme, elle recommença à faire tourner sa bague.

– Ça, vous devez le comprendre sans peine, madame, ajouta Poirot gentiment.

Elle haleta.

– Comment pourrais-je le comprendre ? Oh, mon Dieu, c'est terrible ! Il est si *convaincant* ! Et il est médecin ! Les gens le croiront lui, et pas moi. J'en suis sûre. J'en ferais autant à leur place. Personne ne me croira. Comment serait-ce possible ?

– Vous ne me donnerez même pas une chance ?

Elle lui lança un regard inquiet.

– Comment saurai-je ? Vous êtes peut-être de son côté ?

– Je ne suis d'aucun côté, madame. Je suis du côté de la vérité – toujours.

– Je n'en sais rien, gémit Mrs Tanios, désespérée. Oh, je n'en sais rien !

Puis sa voix s'amplifia, et les mots se bousculèrent sur ses lèvres.

– C'est tellement horrible – et ça dure depuis des années. J'ai vu ces choses arriver... toutes ces choses... Et je ne pouvais rien dire ni rien faire. Il y avait les enfants. Ça a été comme un long cauchemar. Et maintenant, ça... ça ! Jamais je ne retournerai avec lui.

Et je ne le laisserai pas me prendre mes enfants ! J'irai quelque part où il ne me trouvera pas. Minnie Lawson m'aidera. Elle a été si gentille avec moi – si merveilleusement gentille. Personne n'aurait pu être plus gentil.

Elle s'interrompit, jeta un rapide coup d'œil à Poirot et demanda soudain :

– Qu'est-ce qu'il vous a raconté sur mon compte ? Est-ce qu'il vous a dit que je souffrais de la manie de la persécution ?

– Il m'a dit, madame, que vous aviez... changé d'attitude envers lui.

Elle hocha la tête.

– Et que j'avais des hallucinations. Il vous l'a *dit,* n'est-ce pas ?

– Franchement, oui, madame.

– Et voilà. Vous voyez ? C'est ça ce que tout le monde va croire. Et je n'ai pas de preuve contre lui – pas de véritable preuve.

Poirot se cala dans son fauteuil. Lorsqu'il parla de nouveau, ce fut sur un ton radicalement différent – d'une voix neutre, avec aussi peu d'émotion que s'il était en train de discuter d'une quelconque opération commerciale.

– Vous soupçonnez votre mari d'avoir supprimé miss Emily Arundell ?

Sa réponse fut immédiate – et spontanée.

– Je ne soupçonne pas... je sais.

– Dans ce cas, madame, il est de votre devoir de parler.

– Ah ! mais ce n'est pas aussi facile que ça... non, pas aussi facile...

– Comment l'a-t-il tuée ?

– Je ne sais pas exactement... mais ce qu'il y a de sûr c'est qu'il l'a tuée.

– Mais vous n'avez aucune idée de la méthode qu'il a employée ?

– Non. C'est quelque chose... quelque chose qu'il a fait le dernier dimanche.

– Le dimanche où il est allé la voir ?

– Oui.

– Mais vous ignorez ce que c'est.

– Oui.

– Alors comment – excusez-moi, madame – pouvez-vous être si sûre de ce que vous avancez ?

– Parce qu'il... (Elle se tut un bref instant, puis :) J'en *suis sûre* !

– Pardon, madame, mais il y a un élément que vous gardez pour vous. Un élément que vous ne m'avez pas encore communiqué.

– Oui.

– Alors décidez-vous.

Bella Tanios se leva brusquement.

– Non. Non. Je ne peux pas faire ça. Les enfants. Leur père. Je ne peux pas. Je ne peux tout bonnement pas...

– Mais, madame...

– Je vous dis que je ne peux pas.

Elle avait presque crié. La porte s'ouvrit et miss Lawson, la tête inclinée de côté, pénétra dans la pièce avec des mines de conspirateur.

– Puis-je entrer ? Vous avez bavardé comme vous le vouliez ? Bella, ma chère petite, vous ne pensez pas que vous devriez boire une tasse de thé, ou de bouillon, ou même un petit cognac ?

Mrs Tanios secoua la tête.

– Je me sens très bien, lui répondit-elle avec un faible sourire. Il faut que je retourne auprès des enfants. Je les ai laissés en train de défaire les bagages.

– Les chers petits ! roucoula miss Lawson. J'aime tant les enfants.

Mrs Tanios se tourna vivement vers elle.

– Je ne sais pas ce que j'aurais fait sans vous. Vous... vous avez été d'une telle gentillesse !

– Allons, allons, ma chère petite, ne pleurez pas. Tout ira bien. Je vous emmènerai voir mon avocat – un homme adorable, tellement compréhensif – et il vous conseillera sur la meilleure façon d'obtenir le divorce. Divorcer est si facile, de nos jours, n'est-ce pas ? C'est ce que tout le monde prétend. Oh ! mon Dieu, on sonne. Je me demande bien qui c'est.

Elle quitta le salon en coup de vent. On entendit un murmure de voix dans le vestibule. Miss Lawson réapparut. Elle entra sur la pointe des pieds et referma soigneusement la porte derrière elle. Elle annonça alors dans un chuchotement exalté, en remuant exagérément les lèvres.

– Oh ! Bella, ma chère, c'est votre mari. Je ne sais absolument pas...

Mrs Tanios bondit vers la seconde porte, à l'autre bout de la pièce. Miss Lawson hocha la tête avec énergie.

– Vous avez raison, ma chère petite, passez là-dedans, et vous pourrez vous éclipser quand je l'aurai fait entrer ici.

– Ne lui dites pas que je suis venue, chuchota Mrs Tanios. Ne lui dites pas que vous m'avez vue.

– Non, non, bien sûr que non.

Bella Tanios se faufila dans la pièce voisine ; Poirot et moi la suivîmes en hâte. Nous nous retrouvâmes dans une petite salle à manger.

Poirot entrouvrit la porte qui donnait sur le vestibule et tendit l'oreille. Puis il nous fit signe.

– La voie est libre. Miss Lawson l'a conduit au salon.

Nous traversâmes sans bruit le vestibule et franchîmes la porte d'entrée, que Poirot referma aussi silencieusement que possible derrière lui.

Trébuchant et s'accrochant à la rampe, Mrs Tanios commença à descendre les escaliers en courant. Poirot l'attrapa par le bras pour l'aider.

– Du calme... Du calme, tout va bien.

Nous arrivâmes dans le hall.

– Ne me laissez pas seule ! supplia Mrs Tanios.

Elle semblait au bord de l'évanouissement.

– Mais bien sûr que non, la rassura Poirot.

Nous traversâmes la rue, tournâmes le coin et nous retrouvâmes dans Queen's Road. Le *Wellington* était un petit hôtel discret, du genre pension de famille.

Dès que nous y fûmes rendus, Mrs Tanios se laissa tomber sur un canapé en peluche. Elle avait porté sa main à son cœur, qui battait la chamade.

Poirot lui tapota l'épaule pour la réconforter.

– Nous l'avons échappé belle – ça oui. Maintenant, madame, vous allez m'écouter très attentivement.

– Je ne peux vous en dire plus, monsieur Poirot. Ce ne serait pas *bien*. Vous... vous savez ce que je pense... ce que je crois. Vous... vous devrez vous en contenter.

– Je vous ai demandé de m'écouter, madame. Supposons – et ce n'est qu'une supposition – que je *connaisse déjà toute l'affaire.* Supposons que ce que vous pourriez me dire, *je l'ai déjà deviné.* Cela ferait une différence, n'est-ce pas ?

Elle l'observa, l'air dubitatif. Son regard avait une intensité douloureuse.

– Croyez-moi, madame, je n'essaie pas de vous tendre un piège pour vous obliger à me dire ce que vous ne voulez pas me dire. Mais cela *ferait* une différence, n'êtes-vous pas d'accord ?

– Je... Je suppose que si.

– Bien. Laissez-moi vous dire ceci. *Moi, Hercule Poirot, je connais la vérité.* Je ne vais pas vous demander de me croire sur parole. Prenez ceci. (Il lui tendit la grosse enveloppe qu'il avait cachetée devant moi le matin même.) Tous les faits sont consignés là-dedans. Une fois que vous aurez lu mon récit, si vous êtes satisfaite, appelez-moi. Mon numéro est sur mon papier à lettres.

Elle accepta l'enveloppe presque à contrecœur.

Poirot poursuivit vivement :

– Autre chose, à présent. Vous devez quitter cet hôtel tout de suite.

– Mais pourquoi ?

– Vous irez au *Coniston Hotel,* près d'Euston. Ne dites à personne où vous êtes.

– Mais sûrement qu'ici... Minnie Lawson ne racontera pas à mon mari où je suis.

– Vous pensez que non ?

– Bien entendu. Elle est totalement de mon côté.

– Oui, mais votre époux, madame, est un homme très

intelligent. Il ne lui sera guère difficile d'embobiner une personne de cet âge. Il est essentiel – *essentiel*, comprenez-vous – qu'il ignore où vous vous trouvez.

Elle acquiesça d'un signe de tête, sans mot dire.

Poirot lui tendit une feuille de papier.

– Voici l'adresse. Bouclez vos valises et faites-vous conduire là-bas avec vos enfants dès que possible. Vous avez compris ?

Elle hocha de nouveau la tête.

– J'ai compris.

– C'est à vos enfants que vous devez penser, madame. Pas à vous. Vous les aimez, vos enfants.

Il avait touché le point sensible.

Les joues de Mrs Tanios retrouvèrent quelques couleurs, sa tête se redressa. Elle n'avait plus rien d'une pauvre femme effrayée et écrasée par la vie – la mine soudain fière, elle était presque belle.

– Tout est réglé, alors, conclut Poirot.

Nous lui serrâmes la main et nous éclipsâmes. Mais sans aller bien loin. Invisibles dans un bar voisin, nous surveillâmes l'entrée de l'hôtel en sirotant un café. Environ cinq minutes plus tard, nous aperçûmes le Dr Tanios qui descendait la rue. Il ne jeta même pas un regard au *Wellington*. Il avançait la tête basse, perdu dans ses pensées, et disparut bientôt dans une bouche de métro.

Dix minutes plus tard, Mrs Tanios et ses enfants montèrent dans un taxi avec leurs bagages.

– Parfait, dit Poirot en se levant, la note à la main. Nous avons rempli notre rôle. Maintenant, à la grâce de Dieu !

27

La visite du Dr Donaldson

Donaldson arriva à 2 heures pile. Il était aussi calme et pondéré qu'à l'accoutumée.

Sa personnalité commençait à m'intriguer. Au début, je l'avais considéré comme un garçon plutôt insignifiant. Je m'étais demandé ce qu'une créature aussi pétulante que Theresa pouvait bien lui trouver. Mais j'étais en train de me rendre compte que Donaldson n'avait rien d'une mauviette. Derrière ses manières un tantinet pédantes, on devinait une force de caractère peu commune.

Après les salutations d'usage, Donaldson expliqua :

– Voici la raison de ma visite. Je suis dans l'incapacité absolue de comprendre quelle est au juste votre position dans cette affaire, monsieur Poirot.

– Vous connaissez ma profession, je suppose ? répondit prudemment mon ami.

– Certainement. Je vous avouerai que je me suis donné la peine de me renseigner à votre sujet.

– Vous êtes un homme circonspect, docteur.

– J'aime savoir où je mets les pieds, répliqua-t-il sèchement.

– Bravo pour votre esprit scientifique !

– Je dois reconnaître également que toutes les informations que j'ai obtenues sur vous sont similaires : vous êtes manifestement un homme remarquable dans votre domaine. Vous avez en outre la réputation de quelqu'un de scrupuleux et d'honnête.

– Vous êtes trop flatteur, murmura Poirot.

– C'est bien pourquoi je ne comprends pas ce que vous venez faire dans cette histoire.

– C'est pourtant si simple !

– Pas du tout. Vous commencez d'abord par vous présenter comme biographe.

– Petite supercherie bien excusable, ne trouvez-vous pas ? On ne peut tout de même pas crier sur tous les toits qu'on est détective – bien que cela ait également parfois son utilité.

– Je l'imagine volontiers, dit Donaldson, toujours aussi sèchement. En suite de quoi vous allez voir miss Theresa Arundell et vous lui laissez entendre que le testament de sa tante pourrait être annulé.

Poirot se contenta d'acquiescer d'un signe de tête.

– Ce qui, bien sûr, était grotesque. (Sa voix s'était faite plus aiguë.) Vous saviez parfaitement que ce document était valide aux yeux de la loi et que personne n'y pouvait rien changer.

– C'est votre avis sur la question ?

– Je ne suis pas un imbécile, monsieur Poirot.

– Oh ! non, docteur, vous n'êtes certainement pas un imbécile.

– Je m'y connais un peu en droit – oh ! pas beaucoup, mais suffisamment. Ce testament est intangible. Pourquoi avez-vous prétendu le contraire ? À l'évidence, vous aviez vos raisons, des raisons qui, sur le moment, ont échappé à miss Theresa Arundell.

– Vous semblez vraiment certain de ses réactions.

Un léger sourire passa sur le visage du jeune homme.

– J'en sais bien plus sur Theresa qu'elle ne le soupçonne, répondit-il de manière assez inattendue. Charles et elle sont persuadés de s'être assurés votre aide pour une affaire pas très recommandable. Charles est presque totalement dénué de sens moral. Theresa a une lourde hérédité et son éducation a été très négligée.

– Est-ce ainsi que vous parlez de votre fiancée ? Comme si c'était un cobaye ?

Donaldson le dévisagea à travers son pince-nez.

– Je ne vois pas pourquoi je ne regarderais pas la vérité en face. J'aime Theresa, et je l'aime pour ce qu'elle est, non pour des qualités imaginaires.

– Vous rendez-vous compte que Theresa vous adore et que sa fringale d'argent vient surtout de son désir de voir vos ambitions se réaliser ?

– Bien sûr que je m'en rends compte. Je vous ai déjà dit que je n'étais pas un imbécile. Mais je ne laisserai pas Theresa se compromettre dans une histoire louche à cause de moi. Par bien des côtés, Theresa est encore une enfant. Je suis parfaitement capable de réussir ma carrière par mes propres moyens. Je ne dis pas que j'aurais refusé un héritage substantiel – au contraire il aurait été fort bienvenu. Mais il m'aurait simplement permis de gagner un peu de temps.

– Vous avez, en fait, une totale confiance en vos capacités ?

– Au risque de manquer de modestie, je dirais oui, répondit imperturbablement Donaldson.

– Poursuivons, en ce cas. J'admets avoir gagné la confiance de miss Theresa grâce à cette supercherie. Je lui ai laissé croire que je pouvais me montrer, mettons... raisonnablement malhonnête, pour de l'argent. Elle m'a cru sans la moindre difficulté.

– Pour Theresa, tout le monde est capable de tout pour de l'argent, dit le jeune médecin du ton neutre que l'on emploie pour énoncer une évidence.

– Exact. C'est sa façon d'envisager le genre humain, semble-t-il. Et celle de son frère aussi.

– Charles ferait probablement n'importe quoi pour de l'argent.

– Vous n'avez aucune illusion, à ce que je vois, sur votre futur beau-frère ?

– Non. Je trouve même que c'est un sujet d'étude très intéressant. Il a, je crois, une névrose très profonde – mais voilà que je parle boutique. Pour revenir à ce que nous disions, je me suis demandé *pourquoi* vous aviez agi de cette façon, et je n'ai trouvé qu'une réponse. Il est clair que vous soupçonnez soit Charles, soit Theresa, d'être impliqué dans la mort de miss Arundell. Non, ne vous fatiguez pas à dire le contraire, je vous en prie ! Vous n'avez évoqué, je pense, une éventuelle exhumation que pour voir quelle réaction vous pourriez déclencher. Avez-vous, à ce stade, pris des dispositions pour avoir un accord des autorités ?

– Je serai franc avec vous. Pas encore, pour l'instant.

Donaldson hocha la tête.

– C'est bien ce que je pensais. Je suppose que vous avez envisagé la possibilité que la mort de miss Arundell puisse se révéler parfaitement naturelle ?

– J'ai envisagé cette possibilité, en effet.

– Mais votre siège est déjà fait ?

– Parfaitement. Si vous rencontrez un cas de..., disons, de tuberculose, qui ressemble à la tuberculose et qui présente les symptômes de la tuberculose et des résultats sanguins positifs – eh bien, vous considérez qu'il s'agit de la tuberculose, n'est-ce pas ?

– C'est ainsi que vous voyez les choses ? Alors qu'attendez-vous au juste ?

– J'attends la preuve finale.

Le téléphone sonna. D'un geste, Poirot me fit signe de répondre ; je me levai donc et décrochai. Je reconnus la voix.

– Capitaine Hastings ? Mrs Tanios à l'appareil. Veuillez dire à monsieur Poirot qu'il a parfaitement raison. S'il vient ici demain matin à 10 heures, je lui donnerai les informations qu'il souhaite.

– À 10 heures, demain ?

– Oui.

– Parfait, je le lui dirai.

Poirot me jeta un regard interrogateur. J'acquiesçai d'un signe de tête.

Il se tourna de nouveau vers Donaldson. Son attitude s'était modifiée. Il était soudain brusque – sûr de lui.

– Soyons clair, dit-il. J'ai diagnostiqué ici un cas de meurtre. Cela ressemblait à un meurtre et cela en présentait toutes les réactions caractéristiques – en fait, *c'était* un meurtre ! Il n'y a pas le moindre doute.

– De quoi doute-t-on encore, alors ? Car je vois bien qu'il y a encore du doute quelque part.

– *L'identité du meurtrier.* Mais je la connais, désormais.

– Vraiment ? Vous la connaissez ?

– Disons que j'aurai demain la preuve définitive entre les mains.

Donaldson leva les sourcils, l'air légèrement ironique.

– Ah ! demain ! s'exclama-t-il. Parfois, monsieur Poirot, demain peut être très loin.

– Au contraire, répondit Poirot, j'ai toujours trouvé que demain succédait à aujourd'hui avec une régularité somme toute bien monotone.

Donaldson sourit. Il se leva.

– J'ai bien peur de vous avoir fait perdre votre temps, monsieur Poirot.

– Pas du tout. Il vaut toujours mieux réussir à se comprendre.

Sur une petite courbette, le Dr Donaldson quitta la pièce.

28

Une nouvelle victime

– Voilà un homme intelligent, dit Poirot, songeur.

– Il n'est pas facile de deviner où il veut en venir.

– Oui, il a quelque chose d'inhumain. Mais il ne manque pas de perspicacité.

– C'était un coup de téléphone de Mrs Tanios, dis-je.

– J'avais compris.

Je lui transmis son message. Poirot approuva d'un signe de tête.

– Bon, murmura-t-il. Tout marche comme sur des roulettes. Encore vingt-quatre heures, Hastings, et je pense que nous saurons exactement où nous en sommes.

– Je suis toujours un peu dans le brouillard. Qui soupçonnons-nous au juste ?

– Je ne sais pas qui *vous* soupçonnez, Hastings. Tout le monde à tour de rôle, j'imagine.

– J'ai parfois l'impression que ça vous amuse de me mettre dans cet état !

– Non, non, il ne me viendrait jamais à l'idée de jouer à ce petit jeu.

– Ça ne m'étonnerait pourtant pas de vous.

Poirot secoua la tête, l'air un peu absent. Je le dévisageai un instant et demandai :

– Qu'est-ce qu'il y a ?

– Mon ami, je suis toujours inquiet, vers la fin d'une enquête. Si quelque chose se passait mal...

– Est-ce que quelque chose pourrait mal se passer ?

– Je ne pense pas. (Il se tut, sourcils froncés.) Je crois avoir paré à toute éventualité.

– Alors, que diriez-vous si nous oubliions ce crime et allions voir un spectacle ?

– Ma parole, Hastings, que voilà une bonne idée !

Nous passâmes une fort agréable soirée, et pourtant j'avais commis l'impair d'emmener Poirot voir une pièce policière. Voici un conseil que j'offre à tous mes lecteurs : n'accompagnez jamais un soldat à une pièce sur l'armée, un marin à une pièce sur la marine, un Écossais à une pièce écossaise, un détective à une pièce policière – et un acteur à n'importe quelle pièce ! Vous subirez, dans tous ces cas de figure, une avalanche de critiques dévastatrices. Pas un instant Poirot ne cessa de se plaindre des erreurs psychologiques, et le manque d'ordre et de méthode du détective héros de l'histoire faillit le rendre hystérique. Lorsque nous nous quittâmes, ce soir-là, Poirot m'expliquait encore que toute l'affaire aurait dû être résolue dès la première moitié du premier acte.

– Mais dans ce cas, Poirot, il n'y aurait pas eu de pièce, lui fis-je remarquer.

Poirot fut forcé d'admettre que ce n'était pas faux.

Il était 9 heures passées de quelques minutes lorsque je pénétrai au salon, le lendemain matin. Comme d'habitude, Poirot prenait son petit déjeuner en ouvrant son courrier avec des soins maniaques.

Le téléphone sonna. Je répondis.

– C'est monsieur Poirot ? demanda une femme, haletante. Oh ! c'est vous, capitaine Hastings...

J'entendis une espèce de hoquet et un sanglot.

– C'est vous, miss Lawson ? demandai-je.

– Oui, oui. Il est arrivé quelque chose de si affreux !

Je serrai le combiné de toutes mes forces.

– Que se passe-t-il ?

– Elle a quitté le *Wellington,* vous savez – Bella, je veux dire. J'y suis allée hier, en fin d'après-midi, et ils m'ont expliqué qu'elle était partie. Sans même me laisser un mot ! C'est une chose. Je me suis dit qu'après tout le Dr Tanios avait peut-être raison. Il m'a parlé d'elle si gen-ti-ment, et il semblait si af-fli-gé, et maintenant il semble vraiment qu'il avait raison, après tout.

– Mais qu'est-il arrivé, miss Lawson ? C'est juste que Mrs Tanios a quitté son hôtel sans vous prévenir ?

– Oh, non, ce n'est pas *ça* ! Oh, mon Dieu, non ! Si ce n'était que cela, ce ne serait rien. Bien que je pense effectivement que c'était bi-zar-re, vous savez. Le Dr Tanios disait qu'il craignait qu'elle ne soit pas complètement... pas com-plè-te-ment... enfin, vous voyez ce que je veux dire. Il a appelé ça la manie de la persécution.

– Oui. (Satanée bonne femme !) Mais qu'est-il *arrivé* ?

– Oh, mon Dieu... c'est terrible ! Morte dans son sommeil. Elle a pris trop de somnifères. Et ces mal-heu-reux enfants ! Tout cela est d'une si affreuse tris-tes-se ! Je n'ai pas arrêté de pleurer depuis que je connais la nouvelle.

– Comment avez-vous été informée ? Dites-moi tout.

Du coin de l'œil, je notai que Poirot avait cessé d'ouvrir son courrier. Il écoutait ce que je disais. Je n'avais aucune envie de lui laisser la place : si je le faisais, il semblait très probable que miss Lawson recommencerait à se lamenter.

– Ils m'ont téléphoné. De l'hôtel. Un hôtel qui s'appelle le *Coniston.* Il semble qu'ils aient trouvé mon nom et mon adresse dans son sac. Oh ! mon Dieu, monsieur Poirot... euh, je veux dire, capitaine Hastings... est-ce-que-ce-n'est-pas-hor-ri-ble ? Ces pauvres enfants qui se retrouvent sans mère.

– Écoutez, dis-je. Êtes-vous sûre que c'est un accident ? Ils n'ont pas envisagé le suicide ?

– Oh ! quelle idée a-bo-mi-na-ble, capitaine Hastings ! Oh ! mon Dieu, je ne sais pas. Vous pensez que c'est possible ? Ce serait a-bo-mi-na-ble. Bien entendu, elle semblait vrai-ment très déprimée. Mais elle n'avait pas à s'inquiéter. Je veux dire, il n'y aurait eu aucun problème pour-ce-qui-est-de-l'ar-gent. J'allais par-ta-ger avec elle – je vous assure que j'allais partager. Cette chère miss Arundell l'aurait souhaité. J'en suis certaine. Ça paraît si mons-trueux d'imaginer qu'elle a pu mettre fin à ses jours... Mais peut-être qu'elle ne l'a pas fait. Les gens de l'hôtel pensent que c'était un accident.

– Qu'est-ce qu'elle a avalé ?

– Un de ces machins pour dormir. Du véronal, je crois. Non, du chloral... oui, c'est ça. Du chloral. Oh ! mon Dieu, capitaine Hastings, est-ce que vous ne pensez pas que...

Je lui raccrochai au nez sans plus de manières, et je me tournai vers Poirot.

– Mrs Tanios...

Il leva une main.

– Oui, oui, je sais ce que vous allez dire. Elle est morte, n'est-ce pas ?

– Oui. Trop de somnifères. Du chloral.

Poirot se leva.

– Venez, Hastings, dit-il. Il faut aller là-bas tout de suite.

– Est-ce que c'est ça dont vous aviez peur, hier soir ? Quand vous disiez que vous étiez toujours inquiet à la fin d'une enquête ?

– Je craignais qu'il y eût une nouvelle mort, oui.

Le visage de Poirot était grave. Nous parlâmes très peu tandis que nous roulions vers Euston. À une ou deux reprises Poirot secoua la tête.

– Pensez-vous que... que ce soit un accident ? demandai-je timidement.

– Non, Hastings... non. Ce n'est pas un accident.

– Comment diable a-t-il bien pu découvrir où elle se trouvait ?

Poirot ne répondit pas. Il se contenta de secouer de nouveau la tête.

Le *Coniston* était un établissement de piètre apparence, situé non loin de la gare d'Euston. Montrant sa carte et faisant preuve soudain de manières brutales, Poirot se fit introduire rapidement dans le bureau du directeur.

Les faits étaient très simples

Une certaine Mrs Peters et ses deux enfants étaient arrivés vers midi et demi. Ils avaient déjeuné à 13 heures.

À 4 heures de l'après-midi, un homme était venu porter un message à Mrs Peters. On le lui avait transmis, et quelques minutes plus tard elle était descendue avec ses enfants et une valise. Les enfants étaient repartis avec le visiteur, tandis que Mrs Peters allait à la réception pour dire que, finalement, elle n'aurait besoin que d'une seule chambre.

Elle n'avait pas l'air spécialement nerveuse ni troublée – plutôt calme et concentrée, au contraire. Elle avait dîné vers 19 h 30 et était remontée dans sa chambre aussitôt après.

C'était la femme de ménage qui l'avait retrouvée morte ce matin.

Le médecin, immédiatement appelé, avait déclaré que le décès datait de plusieurs heures. Il y avait un verre vide sur la table de nuit. Il était évident qu'elle avait pris un somnifère et que, par erreur, elle en avait avalé une trop forte dose. L'hydrate de chloral, avait dit le médecin, était un produit capricieux et sujet à caution. Rien ne pouvait faire penser à un suicide. D'ordinaire, on trouve une lettre. Là, il n'y en avait pas. On avait cherché dans ses affaires pour prévenir la famille, et on était tombé sur le nom de miss Lawson – à laquelle on avait téléphoné.

Poirot demanda si l'on avait retrouvé des papiers ou des documents quelconques. Par exemple le mot de l'homme qui était venu chercher les enfants.

Rien, lui répondit-on. Rien, sauf une liasse de feuillets calcinés dans la cheminée.

Poirot hocha la tête d'un air pensif.

Pour autant que l'on puisse savoir, Mrs Peters n'avait reçu aucun visiteur – à l'exception du fameux messager qu'elle était descendue voir dans le hall de l'hôtel.

Je demandai au portier de me le décrire, mais il resta très vague. Un homme de taille moyenne... aux cheveux blonds, pensait-il... d'allure militaire... sans signe particulier. Non, il pouvait certifier que l'individu en question ne portait pas la barbe.

– Ce n'était pas Tanios, murmurai-je à Poirot.

– Mon cher Hastings ! Vous croyez vraiment que Mrs Tanios, après tout le mal qu'elle s'était donné pour éloigner ses enfants de leur père, les lui aurait rendus simplement, sans la moindre protestation ? Ah, mais bien sûr que non !

– Alors, qui est cet homme ?

– À l'évidence, quelqu'un en qui Mrs Tanios avait

confiance, ou plutôt quelqu'un envoyé par une tierce personne en laquelle elle avait confiance.

– Un individu de taille moyenne..., fis-je, songeur.

– Inutile de vous préoccuper de son signalement, Hastings. Je suis certain qu'il s'agit d'un personnage sans importance. L'acteur principal est resté dans les coulisses !

– Et le message venait de cette troisième personne ?

– Oui.

– Quelqu'un en qui Mrs Tanios avait confiance ?

– Évidemment.

– Et le message a été brûlé ?

– Oui, on lui a demandé de le faire.

– Et votre résumé des faits ?

Le visage de Poirot était d'une sévérité inhabituelle.

– Ça aussi, ça a été brûlé, mais c'est sans importance !

– Ah bon ?

– Oui, car voyez-vous... tout est dans la tête d'Hercule Poirot.

Il me prit par le bras.

– Venez, Hastings, allons-nous-en d'ici. Nous devons nous occuper des vivants et non des morts. Oui, c'est avec les vivants que j'ai à faire !

29

Reconstitution à Littlegreen House

Il était 11 heures du matin, le lendemain.

Sept personnes se trouvaient rassemblées à Littlegreen House.

Hercule Poirot se tenait près de la cheminée. Charles et Theresa avaient opté pour le canapé ; Charles, assis sur l'accoudoir, tenait sa sœur par l'épaule. Le Dr Tanios était affalé dans un fauteuil à oreillettes. Il avait les yeux rouges et portait un brassard noir.

La maîtresse de maison, miss Lawson, était piquée sur un siège à dossier droit que jouxtait une table ronde. Elle aussi avait les yeux rouges et ses cheveux étaient encore plus en désordre que d'habitude. Le Dr Donaldson était juste en face de Poirot. Son visage était totalement dénué d'expression.

C'est avec un intérêt grandissant que j'observai chacun d'eux à tour de rôle.

Tout au long de mon association avec Poirot, j'avais assisté à bien des scènes semblables. Un petit groupe de gens aux traits dissimulés sous des masques de bon aloi. Puis Poirot arrachait son masque à l'un d'entre eux et révélait ce qu'il y avait dessous – *le visage d'un assassin* !

Oui, cela ne faisait aucun doute. *L'une des personnes présentes était un meurtrier !* Mais laquelle ? Je n'étais toujours certain de rien.

Poirot se racla la gorge – avec un peu de solennité, selon son habitude – et prit la parole :

– Nous sommes réunis ici, mesdames et messieurs, pour nous poser des questions sur la mort d'Emily Arundell, survenue le 1er mai dernier. Il y a quatre possibilités : que le décès soit naturel, qu'il s'agisse d'un accident, qu'elle se soit suicidée, ou encore qu'elle ait été tuée par une personne connue ou inconnue.

» Aucune enquête n'a été ouverte au moment de son décès, car il était alors admis qu'elle était morte de causes naturelles ; un permis d'inhumer avait d'ailleurs été délivré par le Dr Grainger.

» Lorsque des doutes surgissent après un enterrement, il est d'usage de procéder à une exhumation. J'ai évité, pour plusieurs raisons, de demander cette procédure. La principale étant que cela aurait déplu à ma cliente.

Le Dr Donaldson l'interrompit.

– Votre cliente ?

Poirot se tourna vers lui.

– Ma cliente, miss Emily Arundell. C'est pour son compte que j'agis. Son vœu le plus cher était d'éviter tout scandale.

Je passerai sur les dix minutes suivantes, qui entraîneraient nombre de répétitions inutiles. Poirot évoqua la lettre qu'il avait reçue, il la montra et la lut à haute voix. Il dit ensuite comment il avait décidé de se rendre à Market Basing, et comment il avait découvert le piège à l'origine de l'accident.

Puis il se tut, s'éclaircit de nouveau la gorge avant de poursuivre :

– Je vais à présent vous exposer le cheminement qui m'a conduit à la vérité, et vous donner le détail de ce que je crois être l'exacte reconstitution des faits.

» Et pour commencer, il est indispensable que je vous décrive ce qui s'est passé dans l'esprit de miss Arundell. C'est, je pense, assez facile. Elle fait une chute, occasionnée, lui dit-on, par la balle du chien, mais miss Arundell *sait que c'est faux*. Cette femme, vive et intelligente, qui doit rester alitée un moment, a le temps de réfléchir aux circonstances de son accident. Elle en vient à la conclusion que quelqu'un a volontairement essayé de la blesser, voire de la tuer.

» Partant de là, elle se demande de qui il peut bien s'agir. Il y avait *sept* personnes dans la maison – quatre invités, sa dame de compagnie et ses deux bonnes. De ces sept personnes, une seule peut être mise hors de cause car elle ne tire aucun avantage de sa mort. Elle ne soupçonne pas sérieusement non plus les domestiques – qui la servent depuis de nombreuses années et lui sont très dévouées, elle le sait. Il reste donc *quatre* personnes, trois membres de sa famille et un parent par alliance. *Chacune de ces quatre personnes profite de sa disparition, trois directement et une indirectement.*

» Elle se retrouve alors dans une position bien délicate, car elle possède un sens de la famille très développé. Fondamentalement, elle n'est pas du genre à laver son linge sale sur la place publique, selon la formule consacrée. Mais elle n'est pas non plus de celles qui restent sans réaction devant une tentative de meurtre !

» Elle prend donc une décision. Elle m'écrit une

lettre. Mais elle entreprend aussi une autre démarche, et cela, selon moi, pour deux raisons. L'une, je pense, était qu'elle éprouvait une profonde rancune vis-à-vis de sa famille. Elle les soupçonnait tous sans exception et elle était bien décidée à leur river leur clou. L'autre, plus logique, était qu'elle voulait se protéger et qu'elle avait trouvé là un moyen de le faire. Comme vous le savez, elle a écrit à son notaire, Mr Purvis, et lui a demandé de rédiger un testament en faveur de la seule personne de la maison qui, elle en était convaincue, ne pouvait être impliquée dans son accident.

» Je suis aujourd'hui en mesure d'affirmer que, d'après la lettre qu'elle m'a envoyée et aussi d'après ses décisions ultérieures, miss Arundell est passée de *vagues* soupçons à l'encontre de quatre personnes à une *quasi-certitude* concernant l'une d'elles. Sa lettre insistait tout particulièrement sur le fait que cette histoire devait rester confidentielle, puisqu'il en allait de l'honneur de sa famille.

» D'un point de vue victorien – ou grand siècle si vous préférez –, cela signifie, me semble-t-il, qu'il s'agissait d'une personne *portant son nom* – et de préférence *d'un homme.*

» Si elle avait soupçonné Mrs Tanios, elle se serait préoccupée de la même façon de sa sécurité, mais elle aurait été moins inquiète pour l'honneur des siens. En revanche, elle aurait sans doute montré les mêmes craintes s'il s'était agi de Theresa, mais avec moins de violence que pour Charles.

» Charles était un *Arundell.* Il portait le nom de la *famille* ! Ses raisons de le soupçonner sont très claires. Pour commencer, elle ne se faisait aucune illusion sur son compte. Il avait déjà failli salir leur nom une fois. C'est-à-dire qu'elle le considérait non comme un délinquant *en puissance* – mais comme un délinquant *avéré*. Il avait déjà imité sa signature sur un chèque. De l'escroquerie au meurtre, il n'y a qu'un pas.

» Elle avait en outre eu avec lui une conversation pour le moins édifiante deux jours à peine avant son accident. Alors qu'elle venait de lui refuser de l'argent, il lui avait fait remarquer – oh ! sur le mode léger – que c'était là le meilleur moyen de se faire " liquider ". Ce à quoi elle avait rétorqué qu'elle était parfaitement capable de se défendre ! Son neveu avait alors renchéri – cela nous a été rapporté – " N'en soyez pas si sûre. " *Et deux jours plus tard se produit le sinistre accident.*

» Il n'est guère étonnant que miss Arundell, allongée sur son lit et ressassant les circonstances de sa chute, en soit venue à la conclusion que c'était *Charles Arundell* qui avait attenté à ses jours.

» La succession des événements est parfaitement claire, elle aussi. La conversation avec Charles. L'accident. La lettre qu'elle m'écrit, en proie à la plus vive détresse. La lettre au notaire. Le mardi suivant, le 21, Mr Purvis apporte le nouveau testament et elle le signe.

» Charles et Theresa viennent le week-end d'après et miss Arundell, immédiatement, fait en sorte d'assurer sa sécurité. *Elle parle du testament à son neveu.* Et elle ne se contente pas de lui *annoncer* la chose, elle lui *montre* l'original ! Cela, à mon sens, est *parfaitement concluant. Elle veut qu'il soit bien clair dans l'esprit d'un meurtrier potentiel qu'il n'a rien à gagner à la tuer !*

» Sans doute pensait-elle que Charles transmettrait

l'information à sa sœur. Mais tel n'a pas été le cas. Pourquoi ? J'imagine qu'il avait une très bonne raison à cela – il se sentait coupable ! Il estimait que c'était à cause de *lui* qu'elle avait modifié son testament. Mais *pourquoi* se sentait-il coupable ? Parce qu'il avait vraiment tenté de l'assassiner ? Ou simplement parce qu'il lui avait volé quelques billets ? Tentative de meurtre ou simple larcin peuvent l'un comme l'autre expliquer son silence. Il n'a parlé de rien, espérant que sa tante se calmerait et reviendrait sur sa décision.

» Ainsi, en ce qui concernait l'état d'esprit de miss Arundell, j'avais l'impression d'avoir assez correctement reconstitué la succession des événements. Il me restait alors à décider si ses soupçons étaient fondés.

» Tout comme elle, je considérais que mes recherches devaient se limiter à un petit cercle de personnes – sept, pour être exact. Charles et Theresa Arundell, le Dr Tanios et sa femme, les deux bonnes et miss Lawson. Il me fallait prendre en compte une huitième personne, à savoir le Dr Donaldson, qui a dîné à Littlegreen House ce soir-là, mais je n'ai été informé de sa présence que plus tard.

» On pouvait classer facilement ces sept personnes en deux catégories. Six d'entre elles tiraient profit à un degré plus ou moins important de la mort de miss Arundell. Si l'une d'elles était coupable, le mobile du crime ne pouvait être que *l'argent.* Dans la seconde catégorie, il n'y avait qu'une seule personne – miss Lawson. Miss Lawson n'avait rien à gagner à la disparition de miss Arundell, mais, *conséquence de l'accident,* c'est elle qui devait en tirer *plus tard* de considérables bénéfices !

» Cela signifiait que si miss Lawson avait manigancé ce prétendu accident...

– Je n'ai jamais rien fait de tel ! le coupa cette dernière. C'est honteux ! Venir dire de telles horreurs !

– Un peu de patience, mademoiselle. Et soyez assez gentille de ne pas m'interrompre, dit Poirot.

Miss Lawson rejeta la tête en arrière avec colère.

– J'ai le droit de protester ! Honteux, voilà ce que c'est ! Honteux !

Mais Poirot l'ignora et poursuivit.

– Je disais donc que *si* c'était miss Lawson qui avait manigancé cet accident, elle l'avait fait pour une raison totalement *différente* – c'est-à-dire qu'elle s'était arrangée pour que miss Arundell *en vînt tout naturellement à soupçonner sa famille et s'en éloignât.* C'était une possibilité ! Et en cherchant à confirmer ou à infirmer cette hypothèse, j'ai découvert un détail très précis. Si miss Lawson avait voulu faire peser des soupçons sur la famille de sa maîtresse, elle aurait insisté sur le fait que Bob, le chien, avait passé la nuit *dehors.* Mais au contraire, elle avait tout fait pour *éviter* que cela ne parvînt aux oreilles de miss Arundell. Je me suis donc dit que miss Lawson *devait* être innocente.

– Je l'espère bien ! s'exclama cette dernière d'une voix tranchante.

– J'ai réfléchi ensuite au problème de la disparition de miss Arundell. Une première tentative de meurtre qui échoue est souvent suivie d'une seconde. Que miss Arundell soit morte moins de deux semaines après l'accident m'a paru fort significatif. J'ai donc commencé à enquêter.

» Le Dr Grainger ne pensait pas que le décès de sa patiente présentait un caractère anormal – ce qui n'était pas vraiment pour conforter ma théorie. Mais en me renseignant sur les événements de la soirée où miss Arundell était tombée malade, je découvris, là encore, un fait très significatif. Miss Isabel Tripp me parla d'un halo de lumière apparaissant autour de la tête de miss Arundell, et sa sœur confirma ses dires. Évidemment, elles pouvaient très bien toutes les deux inventer cette histoire – dans un esprit romanesque –, mais je ne les croyais pas capables d'imaginer toutes seules un incident de ce genre. Lorsque j'en parlai à miss Lawson, celle-ci me donna elle aussi une information intéressante : elle évoqua un ruban lumineux sortant de la bouche de miss Arundell et formant un halo autour de sa tête.

» À l'évidence, et bien que décrit de façon quelque peu différente par les trois témoins, le phénomène demeurait le même. Ce qui, loin de toute explication spirite, revient à dire ceci : *cette nuit-là, la respiration de miss Arundell était phosphorescente !*

Le Dr Donaldson fit un léger mouvement dans son fauteuil.

Poirot lui adressa un signe de tête :

– Oui, vous commencez à comprendre. Il n'existe que très peu de substances phosphorescentes. La plus commune m'a apporté précisément la réponse que j'attendais. Je vais vous lire un bref extrait d'un article sur l'empoisonnement par le phosphore.

» *L'haleine du sujet peut devenir phosphorescente avant l'apparition des premiers malaises.* C'est cela que virent miss Lawson et les sœurs Tripp : l'haleine de miss Arundell, phosphorescente “ comme un brouillard lumineux ”. Je continue. *Une fois la jaunisse complètement déclarée, l'organisme peut être considéré sous l'influence de l'action toxique du phosphore, mais il subit aussi les effets de la rétention de la sécrétion biliaire dans le sang, et à partir de ce moment-là, il n'y a plus aucune différence particulière entre un empoisonnement au phosphore et certaines affections du foie – l'atrophie aiguë, par exemple.*

» Vous voyez l'ingéniosité du procédé ? Puisque miss Arundell souffrait depuis des années de problèmes hépatiques, les symptômes d'un empoisonnement au phosphore feraient penser à *une nouvelle attaque de la même maladie.* Il n'y aurait rien de différent, rien d'anormal.

» Oh, c'était bien imaginé ! Des allumettes étrangères, un produit contre les nuisibles ? Il n'est pas très difficile de se procurer du phosphore qui est mortel à très petite dose, entre six millièmes et deux centièmes de milligramme.

» Et voilà ! Comme toute l'affaire devient claire, merveilleusement claire, soudain ! Naturellement, le Dr Grainger s'y laisse prendre – et d'autant mieux qu'il n'a plus d'odorat, comme je l'ai appris en discutant avec lui –, alors que l'un des symptômes de l'empoisonnement au phosphore, c'est justement une haleine sentant l'ail. Il n'a aucun soupçon. Pourquoi en aurait-il eu ? Les circonstances du décès n'étaient pas suspectes ; quant au seul détail qui aurait pu lui mettre la puce à l'oreille, il n'en a pas eu connaissance ; dans le cas contraire, d'ailleurs, il l'aurait sans doute mis au compte des sottises du spiritisme.

» J'étais désormais certain (grâce aux témoignages des sœurs Tripp et de miss Lawson) qu'un meurtre avait été commis. Mais par qui ? J'éliminai les domestiques, dont la mentalité ne s'accordait évidemment pas avec un tel crime, ainsi que miss Lawson qui n'aurait sans doute jamais raconté son histoire d'ectoplasme lumineux si elle avait eu quelque chose à voir dans cette affaire. Et j'éliminai Charles Arundell puisqu'*il savait, ayant vu le testament, qu'il n'avait plus rien à gagner de la mort de sa tante.*

» Restaient donc Theresa, le Dr Tanios, Mrs Tanios et le Dr Donaldson, dont j'appris qu'il était venu dîner à Littlegreen House le soir de l'incident de la balle du chien.

» À ce point de mon enquête, je n'avais pas grand-chose pour m'aider. J'ai dû me rabattre sur l'aspect psychologique de ce meurtre et la *personnalité* de l'assassin ! Les deux crimes avaient, en gros, *le même profil.* Ils étaient *simples* tous les deux, habiles, menés avec efficacité. Ils nécessitaient un certain nombre de connaissances, mais pas énormément. Il est facile de trouver des informations sur l'empoisonnement au phosphore, et l'on se procure aisément cette substance, comme je l'ai dit, surtout à l'étranger.

» J'ai d'abord songé aux deux hommes. Ils étaient tous deux médecins, et intelligents. Chacun d'eux aurait pu voir que le phosphore était parfaitement adapté à la situation. Mais l'incident de la balle du chien ne me parut pas correspondre à la mentalité masculine. Cela me paraissait une idée typiquement féminine.

» J'ai pensé à Theresa Arundell. Elle faisait un suspect

très plausible. Elle était audacieuse et n'avait ni pitié ni scrupules. Elle était égoïste et dévorait la vie à pleines dents. Elle avait toujours eu ce qu'elle désirait et en était arrivée à un point où elle avait désespérément besoin d'argent – pour elle et pour l'homme qu'elle aimait. En outre, on voyait bien à son comportement qu'elle savait que sa tante avait été assassinée.

» Puis il y a eu cette intéressante petite scène entre son frère et elle. Cela m'a fait penser que *chacun soupçonnait l'autre de ce crime*. Charles a essayé de lui faire dire qu'*elle était au courant de la modification du testament*. Pourquoi ? C'est facile à comprendre : si elle l'était, on ne pouvait pas la soupçonner de meurtre. Elle, d'un autre côté, ne croyait pas Charles lorsqu'il disait que miss Arundell lui avait montré le document. Elle considérait cela comme une façon singulièrement maladroite de détourner les soupçons.

» Il y avait un autre détail important : la répugnance de Charles à prononcer le mot " arsenic ". J'ai appris plus tard qu'il avait longuement interrogé le vieux jardinier sur l'efficacité d'un certain désherbant. Ce qu'il avait derrière la tête était évident.

Charles Arundell changea légèrement de position.

– C'est vrai, j'y ai pensé, dit-il. Mais... Eh bien, j'imagine que je n'en ai pas eu le courage.

Poirot lui fit un signe de tête.

– Précisément. *Cela ne correspond pas à votre psychologie*. Vos crimes seront toujours des crimes de faible. Voler, falsifier – oui, c'est une solution de facilité –, mais le meurtre, *non* ! Tuer demande une nature obsessionnelle.

Poirot reprit son monologue, sur un ton de conférencier.

– Theresa Arundell, décidai-je, avait la force de caractère nécessaire pour accomplir un tel geste, mais il fallait considérer d'autres facteurs. Elle avait toujours fait ce qu'elle avait voulu ; elle avait vécu pleinement, uniquement préoccupée d'elle-même – mais ce genre de personne ne tue pas, sauf, peut-être, à l'occasion d'une brusque crise de fureur. Et pourtant... j'étais certain que c'était elle qui avait volé le désherbant dans la boîte du jardinier.

– Je vais vous dire la vérité, déclara soudain Theresa. J'ai effectivement pris du désherbant à Littlegreen House. Mais je n'ai pas pu faire ça ! J'aime trop la vie... J'aime trop être vivante... pour faire ça à quelqu'un... lui enlever la vie... Je suis peut-être mauvaise et égoïste, mais il y a des choses dont je suis incapable ! Je ne pouvais pas tuer une créature vivante, palpitante !

Poirot hocha de nouveau la tête.

– C'est vrai, et vous n'êtes pas aussi mauvaise que vous le dites, chère mademoiselle. Vous êtes simplement jeune et insouciante.

» Restait donc Mrs Tanios, reprit Poirot. Dès que je l'ai rencontrée, j'ai su qu'elle avait peur. Elle s'en est rendu compte et elle a su tirer avantage de ce moment de faiblesse où elle s'était trahie. Elle a joué de façon très convaincante la femme qui *craint pour son mari*. Un peu plus tard, elle a changé de tactique. C'était très adroitement fait, mais je n'ai pas été dupe. Une femme peut avoir peur *pour* son mari, ou *de* son mari, mais rarement *les deux à la fois*. Mrs Tanios a opté pour la seconde solution, et elle a été parfaite dans ce rôle, allant même jusqu'à venir me retrouver dans le hall de l'hôtel comme pour me dire quelque chose en cachette du docteur. Quand celui-ci est arrivé – comme elle l'avait prévu –, elle a fait semblant de ne pas pouvoir parler devant lui.

» J'ai immédiatement compris qu'elle ne craignait pas son mari, mais plutôt qu'elle le haïssait. Et en récapitulant ce que je savais de l'affaire, j'ai été convaincu d'avoir trouvé le personnage que je cherchais. J'avais là une femme qui n'était pas du genre à profiter pleinement de la vie. Une femme frustrée. Une fille banale, menant une existence monotone, incapable de séduire les hommes qui lui plaisaient, et préférant finalement épouser quelqu'un qu'elle n'aimait pas plutôt que de rester vieille fille. Je la voyais accumuler les insatisfactions dans sa vie, je voyais sa vie à Smyrne, exilée loin de tout ce qu'elle aimait. Puis ses enfants étaient nés, auxquels elle s'était passionnément attachée.

» Son mari l'aimait, mais elle, en secret, le détestait de plus en plus. Il avait spéculé avec son argent, et il l'avait perdu – un grief de plus contre lui.

» Il n'y avait vraiment qu'une seule chose qui illuminait sa triste existence – l'attente de la mort d'Emily. À ce moment-là, elle serait riche, indépendante, et elle aurait les moyens d'élever ses enfants comme elle le désirait – n'oublions pas l'importance qu'elle attachait à l'éducation : elle était fille de professeur !

» Peut-être avait-elle déjà préparé son crime, ou en avait-elle eu l'idée, avant d'arriver en Angleterre. Elle possédait certaines connaissances en chimie, car elle avait aidé son père dans son laboratoire. Elle connaissait le mal dont souffrait Emily Arundell et elle savait que le phosphore serait parfait pour ses desseins.

» Puis, en arrivant à Littlegreen House, une méthode plus simple se présenta à elle. La balle du chien, un fil tendu en travers de l'escalier. Une idée féminine, simple et ingénieuse.

» Elle fit une tentative – qui échoua. Elle ne s'est pas rendu compte, je crois, que sa tante avait compris ce qui s'était passé. Miss Arundell ne soupçonnait que Charles. Je doute que son attitude envers Bella ait changé. Alors, cette femme refoulée, malheureuse et ambitieuse, mit son plan original à exécution, avec calme et détermination. Elle trouva un excellent moyen d'administrer le poison – dans les cachets que miss Arundell prenait après ses repas. Ouvrir un cachet, le remplir de phosphore, le refermer, était un jeu d'enfant.

» Ce cachet, elle le remit ensuite avec les autres. Miss Arundell l'avalerait tôt ou tard. On ne penserait pas à un empoisonnement. Et si, par le plus grand des hasards, c'était le cas, elle serait bien loin de Market Basing à ce moment-là.

» Elle prit pourtant une précaution supplémentaire. Elle se procura une double dose d'hydrate de chloral chez le pharmacien, en imitant la signature de son mari sur l'ordonnance. Je devine dans quelle intention : pour l'avoir avec elle au cas où quelque chose tournerait mal,

» Comme je l'ai dit, j'ai su au premier coup d'œil que Mrs Tanios était la personne que je cherchais, mais je n'avais absolument aucune *preuve*. Je devais me montrer prudent. Je craignais de la voir commettre un autre crime si elle avait la moindre idée que je la soupçonnais. De plus, j'avais l'impression qu'elle y avait déjà songé : son seul désir, c'était de se débarrasser de son mari.

» Son premier meurtre avait été pour elle une amère déception. L'argent, tout cet argent merveilleux qui l'obsédait, était allé à miss Lawson ! C'était un rude coup, mais elle se remit fort intelligemment à la tâche. Elle commença à culpabiliser miss Lawson qui, je crois, n'était déjà pas très à l'aise.

On entendit soudain des sanglots. Miss Lawson sortit son mouchoir et le trempa de ses larmes.

– Ça a été affreux ! gémit-elle. Je me suis mal conduite ! Très mal conduite ! Voyez-vous, j'étais vraiment curieuse, pour ce testament – je veux dire, je voulais savoir pourquoi miss Arundell en avait rédigé un autre. Et un jour, pendant qu'elle se reposait, j'ai réussi à ouvrir le tiroir du bureau. Et j'ai découvert qu'elle me laissait tout – qu'elle-me-laissait-tout-à-moi ! Bien sûr, je n'avais jamais imaginé qu'il s'agissait *d'autant*. Quelques milliers de livres, pensais-je, pas davantage. Et pourquoi pas ? Après tout, sa propre famille ne-se-sou-ci-ait pas vraiment d'elle ! Et puis, alors qu'elle était si malade, elle a voulu que je lui apporte le testament. J'ai compris – j'en étais sûre... – qu'elle allait le détruire... Et c'est là que je me suis si mal conduite. Je lui ai dit qu'elle l'avait renvoyé à Mr Purvis. La pauvre. La pauvre chère miss Arundell, elle était si tête en l'air ! Elle ne se souvenait jamais de l'endroit où elle mettait les choses. Elle m'a crue. Elle m'a demandé d'écrire au notaire pour le réclamer et je lui ai répondu que j'allais le faire.

» Oh, mon Dieu ! Oh, mon Dieu ! Ensuite son état a

empiré, et elle a été totalement incapable de penser encore à quelque chose. Et puis elle est morte. Et lorsqu'on a lu le testament, et que j'ai entendu le montant de l'héritage, j'ai-vrai-ment-eu-honte ! Trois cent soixante-quinze mille livres ! Je n'aurais jamais pensé qu'il s'agissait d'une somme pareille, ou alors je n'aurais pas agi ainsi.

» J'ai eu l'impression d'avoir dé-tour-né cet argent – mais je ne savais pas quoi faire. L'autre jour, quand Bella est venue me voir, je lui ai annoncé qu'elle pourrait en avoir la moitié. J'étais sûre que je me sentirais mieux, après ça.

– Vous voyez ? dit Poirot, Mrs Tanios parvenait à ses fins. C'est pourquoi elle était si opposée à toute contestation du testament. Elle avait son plan et elle ne voulait surtout pas contrarier miss Lawson. Bien sûr, elle a fait semblant de respecter le souhait de son mari, mais elle s'est arrangée pour bien faire comprendre ce qu'elle pensait.

» Elle avait, à ce moment-là, deux objectifs : se libérer, elle et ses enfants, du Dr Tanios, et obtenir sa part de l'héritage. Elle aurait alors ce qu'elle désirait : une existence heureuse et fortunée en Angleterre, avec ses enfants.

» Plus le temps passait, plus elle avait du mal à dissimuler son aversion pour son mari. En fait, elle n'essayait même plus. Le pauvre homme en était bouleversé : le comportement de son épouse devait lui sembler incompréhensible. Et pourtant, il était assez logique. Elle jouait le rôle de la femme terrorisée. Si j'avais des soupçons – et elle était persuadée que c'était le cas –, elle voulait me faire croire que c'était son mari le coupable. Et elle pouvait commettre à tout moment ce second meurtre que, j'en étais sûr, elle avait déjà planifié dans sa tête. Je savais qu'elle était en possession d'une dose mortelle de chloral. J'avais peur de la voir organiser un faux suicide du docteur, accompagné d'aveux de sa part.

» Et je n'avais toujours pas de preuves contre elle ! J'étais au bord du désespoir quand j'appris enfin quelque chose. Miss Lawson me déclara avoir vu Theresa Arundell agenouillée dans les escaliers, dans la nuit du lundi de Pâques. Je découvris bientôt que miss Lawson ne pouvait pas avoir aperçu Theresa clairement – pas assez, en tout cas, pour reconnaître *son visage*. Et pourtant, elle était certaine de son identification. Elle a fini par me dire qu'elle avait vu une broche portant les initiales de Theresa – T.A.

» À ma requête, Theresa Arundell m'a montré le bijou en question, tout en niant formellement s'être trouvée dans l'escalier cette nuit-là. J'ai d'abord cru que quelqu'un avait emprunté la broche, mais lorsque je l'ai regardée dans le miroir, la vérité m'a sauté aux yeux. Miss Lawson, qui venait juste de se réveiller, avait vu une vague silhouette et les initiales T.A. réfléchissant la faible lumière du couloir. Elle en avait conclu qu'il s'agissait de Theresa.

» Mais si elle avait lu dans le miroir les initiales T.A. – alors, les vraies initiales devaient être A.T., puisqu'un miroir inverse les images.

» Bien sûr ! La mère de miss Tanios se nommait Arabella Arundell. Bella n'est qu'un diminutif. A.T. signifiait Arabella Tanios. Il n'y avait rien de bizarre à ce que

Mrs Tanios possédât une broche semblable à celle de Theresa. Ce bijou était très peu courant à Noël dernier, mais dès le printemps tout le monde portait le même, et j'avais déjà constaté que Bella Tanios imitait les chapeaux et les vêtements de sa cousine Theresa, autant que lui permettaient ses faibles moyens.

» Je détenais la clé de l'énigme.

» Seulement, que faire ? Demander aux autorités un permis d'exhumer le corps ? C'était possible, sans doute. Je *pouvais* démontrer que miss Arundell avait été empoisonnée avec du phosphore – mais il y avait tout de même un petit risque. Le corps était enterré depuis deux mois, et je savais qu'il y avait des cas d'empoisonnement de ce genre où l'on ne trouve aucune lésion et où l'aspect post-mortem est très peu concluant. Et puis, comment prouver que Mrs Tanios avait été en possession de phosphore ? Difficile, puisqu'elle se l'était probablement procuré à l'étranger,

» C'est à ce moment-là que Mrs Tanios a fait quelque chose de décisif. Elle a quitté son mari, en s'en remettant à la pitié de miss Lawson. Et elle a formellement accusé le médecin de meurtre.

» J'étais persuadé que si je ne faisais rien, il serait la prochaine victime. Je m'arrangeai pour les tenir éloignés l'un de l'autre sous le prétexte que c'était pour assurer sa sécurité à elle. Elle ne pouvait pas vraiment s'y opposer. En fait, c'était à sa sécurité *à lui* que je pensais. Ensuite... Ensuite...

Il se tut – un long moment. Son visage avait pâli.

– Mais ce n'était qu'une mesure provisoire. Je devais

m'assurer que le tueur ne tuerait plus. Je devais protéger les innocents.

» Alors, j'ai rédigé un compte rendu de mon enquête et je l'ai remis à Mrs Tanios.

Il y eut un long silence.

Puis le Dr Tanios s'écria :

– Oh, mon Dieu ! Voilà pourquoi elle s'est suicidée !

– N'était-ce pas la meilleure solution ? dit doucement Poirot. C'est en tout cas ce qu'elle a pensé. Il fallait songer aux enfants, voyez-vous.

Le Dr Tanios enfouit sa tête entre ses mains.

Poirot s'approcha de lui et lui tapota l'épaule.

– Il fallait le faire. Croyez-moi, c'était nécessaire. Il y aurait eu d'autres crimes. Vous, pour commencer. Puis, peut-être, en fonction des circonstances, miss Lawson. Et ainsi de suite.

Il se tut.

Le Dr Tanios dit alors, d'une voix brisée :

– Elle a voulu... me faire prendre un somnifère, un soir... Mais il y avait... une expression sur son visage – je l'ai jeté. C'est à ce moment-là que j'ai commencé à croire qu'elle perdait la tête.

– Essayez de voir les choses de cette façon. C'est en partie vrai, en effet. Mais pas au sens légal du terme. Elle savait ce qu'elle faisait...

Le Dr Tanios murmura d'une voix triste :

– Elle a été beaucoup trop bonne pour moi – toujours.

Étrange épitaphe pour une meurtrière qui avait avoué son crime.

30

Le dernier mot

Il ne reste plus grand-chose à dire.

Theresa épousa son médecin quelque temps plus tard. Je les connais assez bien tous les deux, à présent, et j'ai appris à apprécier le Dr Donaldson – la clarté de ses vues, sa force intérieure et sa profonde humanité. Ses manières, je l'avoue, sont toujours aussi guindées, et Theresa les imite souvent pour le taquiner. Elle est très heureuse, je crois, et entièrement dévouée à la carrière de son mari, qui s'est déjà fait un nom en endocrinologie.

Il a fallu empêcher miss Lawson, en crise de conscience aiguë, de redistribuer jusqu'à son dernier sou. Mr Purvis a réglé la question à la satisfaction générale, en partageant à parts égales la fortune de miss Arundell entre miss Lawson, Charles et Theresa et les enfants Tanios.

Charles a tout dépensé en un peu plus d'un an. À présent, il vit, me suis-je laissé dire, en Colombie britannique.

Juste deux ultimes anecdotes.

– Vous êtes un petit roublard, vous, hein ? dit miss Peabody en nous abordant un jour que nous sortions de Littlegreen House. Un malin ! Vous avez réussi à tout arranger ! Pas d'exhumation. Pas de scandale. Une situation réglée comme du papier à musique.

– Il ne fait semble-t-il aucun doute que miss Arundell

soit morte d'une atrophie aiguë du foie, répondit doucement Poirot.

– C'est très satisfaisant, dit miss Peabody. Et quant à Bella Tanios, elle a succombé à une trop forte dose de somnifères, à ce qu'il paraît ?

– Oui, c'est très triste.

– C'était une malheureuse – une de ces femmes qui ont toujours envie de ce qu'elles n'ont pas. Ça rend les gens un peu bizarres, parfois. J'ai eu une fille de cuisine qui était comme ça. Mocharde. Et incapable de s'en consoler. Elle s'est mise à écrire des lettres anonymes. Les gens deviennent parfois cinglés. Enfin là, ma foi, je dirais que tout est pour le mieux.

– Espérons-le, bien chère mademoiselle, espérons-le.

– En tout cas, conclut miss Peabody en se préparant à nous quitter, laissez-moi vous le dire – vous vous êtes bien dépatouillé. Très bien, même.

Elle s'éloigna.

Nous entendîmes un « ouaf » plaintif derrière nous.

Je me retournai et ouvris le portail.

– Allez viens, mon vieux.

Bob bondit. Il avait une balle dans la gueule.

– Non, tu ne peux pas l'emporter en promenade.

Bob soupira et, l'âme en peine, abandonna sa balle dans le jardin. Il lui jeta un coup d'œil inquiet, puis nous rejoignit.

Il me regarda.

« Si c'est toi qui le dis, oh ! mon seigneur et maître, je veux bien croire que tu as raison. »

Je pris une profonde inspiration.

– Ma parole, Poirot, c'est bon d'avoir de nouveau un chien !

– Butin de guerre, répondit Poirot. Mais j'aimerais vous rappeler, mon bon ami, que c'est à *moi* et non pas à *vous* que miss Lawson a offert Bob !

– C'est possible, répliquai-je, mais vous ne savez absolument pas vous y prendre avec les chiens, Poirot. Vous ne pigez rien à la psychologie canine ! Alors qu'entre Bob et moi la compréhension est totale, n'est-ce pas, mon vieux Bob ?

– Ouaf ! approuva Bob avec énergie.

La dernière énigme

1

Une maison

Immobile sur le débarcadère, un peu tremblante d'émoi, Gwenda Reed promenait lentement ses regards autour d'elle. Les docks et les bâtiments de la douane étaient tout ce qu'elle voyait présentement de l'Angleterre.

C'est à ce moment-là qu'elle prit une décision dont elle ignorait encore qu'elle allait l'entraîner dans une série d'aventures dramatiques. Cette décision, c'était de ne pas gagner Londres par le train ainsi qu'elle l'avait projeté.

Après tout, qu'est-ce qui aurait pu l'y obliger, puisque personne n'était au courant de son arrivée, puisque personne ne l'attendait à la gare ? Elle venait de descendre à Plymouth d'un navire bondissant et grinçant après une traversée dont les trois derniers jours passés sur une mer démontée, et la dernière chose qu'elle souhaitât c'était de terminer son voyage dans un wagon de chemin de fer en proie, lui aussi, au tangage et au roulis. Au lieu de cela, elle s'installerait dans un hôtel solidement planté sur la terre ferme, puis elle se glisserait ce soir avec délices dans un lit douillet bien posé sur ses quatre pieds, qui ne craquerait ni ne balancerait. Après une bonne nuit de sommeil, dès le lendemain matin – quelle bonne idée ! –, elle louerait une voiture et entreprendrait de parcourir lentement, sans la moindre hâte, le sud de l'Angleterre à la recherche d'une maison. Une belle maison – celle que, en accord avec Giles, elle avait projeté d'acheter. Oui, c'était vraiment une excellente idée.

De cette manière, elle verrait une partie de cette Angleterre dont Giles lui avait si souvent parlé et qu'elle ne connaissait pas encore ; bien que, à l'instar de la plupart des Néo-Zélandais, elle la considérât comme la mère patrie. Mais, en ce moment, l'Angleterre n'avait pas un aspect particulièrement attrayant. La journée était grise, la pluie menaçait, et il soufflait un vent âpre et énervant. Tandis qu'elle avançait docilement avec les autres passagers en direction de la douane et du bureau des passeports, Gwenda se disait qu'elle ne voyait évidemment pas l'Angleterre sous son meilleur jour.

Le lendemain, cependant, ses sentiments étaient tout différents. Le soleil brillait, elle avait de sa fenêtre une vue agréable, et le monde qui s'étendait devant ses yeux n'était plus en proie au tangage et au roulis. Il s'était gentiment assagi. Cela, c'était enfin l'Angleterre, qui accueillait, au terme d'un long voyage, Mrs Gwenda Reed, jeune femme mariée de vingt et un ans à peine.

Gwenda ignorait la date exacte de l'arrivée de Giles. Il se pouvait qu'il la suivît dans quelques semaines, mais il se pouvait aussi qu'il tardât plusieurs mois à la rejoindre. C'était lui qui l'avait incitée à le précéder en

Angleterre pour se mettre à la recherche d'une maison qui leur convînt. Tous deux pensaient en effet qu'il serait agréable d'avoir un pied-à-terre quelque part. Le travail de Giles l'obligerait à effectuer un assez grand nombre de déplacements. Certes, Gwenda pourrait le suivre parfois ; mais, en certaines occasions, cela lui serait impossible. Et tous deux caressaient l'idée d'avoir une maison, un endroit qui serait bien à eux. Giles avait récemment hérité quelques meubles d'une vieille tante, de sorte que tout concourait à faire de ce projet quelque chose de sensé et de pratique. D'autre part, Gwenda et son mari jouissant d'une confortable aisance, la réalisation de ce plan ne comportait pas de difficulté.

Malgré cela, Gwenda avait d'abord hésité à venir seule en Angleterre pour choisir et acheter une maison.

– Nous devrions faire ça ensemble, avait-elle suggéré.

Mais Giles avait répliqué en riant :

– Cela n'est guère dans mes cordes. Si la maison te plaît, elle me plaira aussi. Il faudrait qu'elle ait un bout de jardin, naturellement, et qu'elle ne ressemble pas à ces horreurs modernes que l'on voit maintenant un peu partout. J'avais pensé à la côte sud. En tout cas, j'aimerais un endroit pas trop éloigné de la mer.

Gwenda avait alors demandé à son mari s'il avait une préférence pour un lieu déterminé, mais il avait répondu par la négative. Il était resté orphelin très jeune – sa femme était d'ailleurs orpheline, elle aussi –, et il avait passé des vacances chez divers parents ; mais aucun lieu ne lui avait laissé de souvenir marquant. De plus, cette maison devait être celle de Gwenda. Or, pour la choisir ensemble, il aurait peut-être fallu attendre plusieurs mois. Et qu'aurait fait la jeune femme pendant tout ce temps ? Aurait-elle été obligée de vivre à l'hôtel ? Non, elle devait absolument dénicher une maison, l'acheter et s'y installer.

– Tu as donc l'intention de me faire faire tout le travail, avait-elle fait remarquer en souriant.

Mais, au fond, l'idée d'acheter une maison, de l'aménager, de la rendre coquette et accueillante pour le retour de Giles, cette idée l'enchantait d'autant plus qu'elle adorait son mari.

Le premier matin, après s'être fait apporter son petit déjeuner au lit, elle se leva et dressa ses plans. Elle passa ensuite la journée à visiter Plymouth et y prit grand plaisir. Le lendemain, elle loua une confortable Daimler avec chauffeur et se mit en route.

Il faisait bon et la promenade était agréable. Elle visita plusieurs demeures dans le Devon, mais aucune n'était exactement ce qu'elle souhaitait. Cependant, comme rien ne pressait, elle poursuivit tranquillement ses recherches. Ayant appris à lire entre les lignes les descriptions enthousiastes des agents immobiliers, elle s'épargna un certain nombre de déplacements qui eussent été vains.

Une semaine environ après son arrivée en Angleterre, un mardi soir, la voiture descendait à vitesse réduite la route sinueuse conduisant aux faubourgs de cette ravissante station balnéaire qu'est encore Dillmouth. Et soudain, on passa devant une grille à laquelle était fixé un écriteau portant la mention « À VENDRE ». À travers les arbres, on entrevoyait une petite villa blanche de style victorien.

Gwenda sentit son cœur battre plus vite, comme si elle la reconnaissait. C'était là *sa* maison ! Elle en était déjà certaine. Elle se représentait le jardin, les hautes fenêtres. Oui, elle était convaincue que cette demeure était exactement celle dont elle rêvait.

L'après-midi tirait à sa fin ; aussi alla-t-elle s'installer au *Royal Clarence Hotel* et ne se rendit-elle que le lendemain matin à l'agence immobilière dont elle avait lu le nom et l'adresse sur l'écriteau.

En possession d'une carte de l'agence, elle se trouva bientôt dans l'antique grand salon, avec ses porte-fenêtres donnant sur une terrasse dallée devant laquelle une sorte de rocaille parsemée de petits arbustes fleuris descendait en pente abrupte vers une pelouse. À travers les arbres, au-delà du jardin, on apercevait vaguement la mer.

« Voici *ma* maison, se dit encore Gwenda. Mon chez-moi. Il me semble déjà la connaître tout entière. »

La porte s'ouvrit au même moment, et une grande femme à l'air mélancolique, visiblement enrhumée, entra en reniflant.

– Mrs Hengrave, sans doute ? s'enquit Gwenda. Je viens de la part de l'agence pour visiter la maison. Mais peut-être est-ce un peu tôt ?

Mrs Hengrave se moucha et déclara d'un air lugubre que cela n'avait aucune espèce d'importance. La visite commença donc aussitôt.

Oui, cette villa était parfaite. Pas trop grande. Un peu démodée, sans doute, mais on pourrait aisément installer une autre salle de bains – peut-être même deux – et moderniser la cuisine. Avec un nouvel évier et un équipement moderne...

Tandis que la jeune femme était absorbée par ses plans et ses projets, la voix de Mrs Hengrave racontait en une sorte de ronronnement monotone les détails de la dernière maladie du major Hengrave. Une moitié de Gwenda prenait soin d'émettre de temps à autre quelques mots exprimant la compréhension ou la sympathie. Les parents de Mrs Hengrave vivaient tous dans le Kent, et ils étaient impatients de la voir venir s'installer auprès d'eux... Le major avait beaucoup aimé Dillmouth, il avait été pendant de longues années secrétaire du Club de golf, mais elle-même...

« Oui... Bien sûr... Oui, les cliniques sont ainsi, c'est vrai... Bien sûr... Vous devez être... »

Et l'autre moitié de la jeune femme laissait courir ses pensées. Ici, une armoire à linge, me semble-t-il... Oui. Une chambre à deux lits avec une belle vue sur la mer... Ça plaira beaucoup à Giles... Cette petite pièce pourra être transformée en cabinet de toilette... Ah ! voici la salle de bains... Je suppose que la baignoire est habillée d'acajou... Oui, j'ai vu juste ! Et elle se trouve au centre de la pièce. Magnifique ! Je ne changerai rien à ça. C'est une pièce d'époque. Comme elle est grande ! Si on y faisait flotter des petits bateaux, on pourrait se croire dans la mer... Et je sais ce que nous ferons de ces deux petites pièces sombres qui donnent sur le derrière de la maison : deux autres salles de bains. Vertes, avec des chromes étincelants. Et nous garderons celle-ci telle qu'elle est...

– Une pleurésie, dit Mrs Hengrave, qui a dégénéré au bout de trois jours en une double pneumonie.

– Terrible, murmura Gwenda. Dites-moi, n'y a-t-il pas une autre chambre, à l'extrémité de ce couloir ?

Il y en avait une, et elle était même telle qu'elle l'avait imaginée, avec un des murs en arrondi et percé d'une grande baie. Naturellement, il faudrait la refaire. Elle était pourtant en très bon état ; mais pourquoi les gens comme Mrs Hengrave aimaient-ils tellement ce genre de papier couleur moutarde ?

Faisant demi-tour, elle longea le couloir à la suite de Mrs Hengrave.

– Six... non, sept chambres à coucher, murmura-t-elle. Sans compter ni la petite ni la mansarde.

Le plancher craquait légèrement sous ses pieds. Déjà, elle avait l'impression que c'était elle et non Mrs Hengrave qui vivait dans cette maison. Mrs Hengrave était une intruse, une femme qui faisait tapisser ses pièces avec du papier d'une couleur invraisemblable et avait fait coller une frise de glycine autour de son salon.

Gwenda baissa les yeux vers le bout de papier dactylographié qu'elle tenait dans sa main et sur lequel étaient inscrits les particularités de la propriété et le prix qu'on en demandait. Au cours de ces quelques derniers jours, elle s'était passablement familiarisée avec les prix des maisons. La somme exigée pour celle-ci n'était pas excessive ; mais, évidemment, l'habitation avait besoin d'être assez sérieusement modernisée. Et même alors... Elle remarqua, au bas de la feuille, la mention : PRIX À DÉBATTRE. Elle se dit que Mrs Hengrave devait être impatiente d'aller vivre près de sa famille, dans le Kent.

Les deux femmes commençaient à descendre l'escalier lorsque, tout à coup, Gwenda se sentit submergée par une vague de frayeur irraisonnée. C'était une sensation atroce, mais qui passa presque aussi vite qu'elle était venue. Pourtant, une idée nouvelle traversa l'esprit de la jeune femme.

– La maison n'est pas hantée, n'est-ce pas ? demanda-t-elle d'une voix mal assurée.

Mrs Hengrave, qui descendait devant elle et était arrivée au moment de son récit où l'état du major Hengrave déclinait rapidement, tourna la tête et leva les yeux d'un air choqué.

– Pas à ma connaissance, madame. Est-ce que quelqu'un aurait fait courir un tel bruit ?

– Vous n'avez jamais rien senti vous-même, rien... vu ? Personne n'est-il mort ici ?

Question malencontreuse, songea aussitôt Gwenda, parce qu'il était probable que le major Hengrave...

– Mon mari est décédé à la clinique Sainte-Monique, répondit la femme d'un air froid.

– Oh, bien sûr. Je crois que vous me l'avez déjà dit.

La propriétaire de la maison poursuivit sur le même ton glacial.

– Dans une maison construite il y a une centaine d'années, il s'est forcément produit un certain nombre de décès, jusqu'à aujourd'hui. Cependant, miss Elworthy, à qui mon pauvre mari avait acheté cette maison, il y a sept ans, jouissait d'une excellente santé. En fait, elle projetait de quitter l'Angleterre pour aller faire de l'évangélisation je ne sais plus où. Et elle n'a jamais mentionné aucun décès récent dans sa famille.

Gwenda se hâta d'apaiser la mélancolique Mrs Hengrave. Elles se trouvaient à nouveau dans le salon, pièce charmante où régnait cette amosphère paisible dont rêvait la jeune femme. Son bref instant de frayeur lui paraissait maintenant totalement incompréhensible. Que lui était-il donc arrivé ? La maison n'avait certes rien d'anormal ou d'étrange.

Ayant sollicité de Mrs Hengrave la permission d'aller jeter un coup d'œil au jardin, elle franchit la porte-fenêtre et se trouva sur la terrasse.

« Il devrait y avoir ici quelques marches », songea-t-elle.

Au lieu de cela, il y avait un forsythia d'une hauteur démesurée et qui masquait pratiquement toute la vue sur la mer.

Gwenda hocha la tête. Elle modifierait tout ça.

À la suite de Mrs Hengrave, elle longea la terrasse et descendit le petit escalier de pierre qui, à l'extrémité opposée, conduisait à la pelouse. Elle remarqua que la rocaille était envahie par l'herbe et que la plupart des arbustes avaient besoin d'être taillés. Mrs Hengrave murmura sur un ton d'excuse que le jardin avait été un peu négligé. Elle ne pouvait se payer les services d'un jardinier que deux fois par semaine, et encore lui faisait-il faux bond de temps à autre.

Après avoir traversé le potager, petit mais suffisant, les deux femmes regagnèrent la maison. Gwenda expliqua qu'elle avait d'autres demeures à visiter et que, bien qu'elle aimât beaucoup Hillside – un nom affreusement banal ! – elle ne pouvait prendre une décision immédiate.

Mrs Hengrave la quitta avec un regard pensif, en esquissant un dernier reniflement.

Gwenda retourna à l'agence, fit une offre ferme et passa le reste de la journée à visiter Dillmouth. C'était une charmante station balnéaire d'aspect un peu vieillot. Tout au bout de la ville, cependant, dans le quartier neuf, se dressaient deux hôtels résolument modernes et des bungalows aux couleurs crues ; mais la configuration de la côte, avec les dunes qui s'élevaient à proximité, avait empêché la ville de s'étendre exagérément.

Après le déjeuner, Gwenda reçut un coup de téléphone de l'agence lui annonçant que Mrs Hengrave avait accepté son offre. Un sourire malicieux sur les lèvres, elle se rendit au bureau de poste pour envoyer un télégramme à Giles :

Ai acheté maison. Tendresses. Gwenda.

– Ça va lui en boucher un coin, murmura-t-elle. Il verra que je ne perds pas de temps !

2

Un papier peint

Un mois s'était écoulé, et Gwenda avait emménagé à Hillside. Le mobilier de la tante de Giles, tiré du garde-meubles, avait pris sa place dans la maison. Il était certes un peu antique, mais d'excellente qualité. Gwenda avait vendu deux armoires, qu'elle trouvait trop grandes, mais le reste s'adaptait parfaitement et était en harmonie avec la vieille demeure. Dans le salon, il y avait deux ravissants guéridons incrustés de nacre, une adorable petite table à ouvrage, un bureau en bois de rose et un canapé d'acajou.

Les bergères avaient été reléguées dans les chambres, et Gwenda avait acheté pour son mari et pour elle-même deux grands fauteuils profonds, qu'elle avait disposés de chaque côté de la cheminée, tandis que le canapé Chesterfield était placé entre les deux portes-fenêtres. Pour les rideaux, la jeune femme avait choisi une cretonne imprimée ornée de roses et d'oiseaux jaunes sur fond bleu pâle. La pièce, songea-t-elle, était maintenant parfaite.

Gwenda était cependant à peine installée, car elle avait encore des ouvriers dans la maison. Les nouvelles salles de bains étaient terminées, ainsi que l'aménagement ultramoderne de la cuisine. En ce qui concernait la décoration, elle attendrait un peu. Elle voulait prendre le temps de s'habituer à son intérieur avant de choisir les nouveaux papiers dont elle souhaitait tapisser les chambres à coucher. La maison était déjà en ordre, et il n'était nullement besoin de tout entreprendre en même temps.

Une certaine Mrs Cocker était maintenant installée à la cuisine. C'était une femme dotée d'une affabilité un peu condescendante et qui donnait parfois l'impression de désapprouver la trop grande familiarité de Gwenda.

Mais, une fois cette dernière remise adroitement à sa place, elle semblait toute disposée à se détendre.

– Quand il n'y a pas d'homme dans la maison, déclara-t-elle ce matin-là en apportant le plateau à Gwenda, une femme préfère déjeuner au lit.

Gwenda avait accepté sans discuter cette affirmation qui devait exprimer, se dit-elle, l'opinion des Anglais.

– Brouillés, ce matin, annonça ensuite Mrs Cocker en désignant les œufs. Vous aviez parlé de haddock fumé, mais j'ai pensé que vous n'aimeriez pas en manger dans votre chambre, parce que ça laisse une odeur. Je vous en servirai au souper, sur des toasts.

– Merci, Mrs Cocker.

La femme sourit d'un air aimable et s'apprêta à se retirer.

Gwenda n'occupait pas la grande chambre à deux lits, ayant jugé que cela pouvait attendre jusqu'à l'arrivée de Giles. Elle avait fixé son choix sur celle qui se trouvait à l'extrémité du couloir et qui possédait une baie en arrondi. Elle s'y sentait vraiment chez elle et parfaitement heureuse.

Elle promena ses regards autour de la pièce et déclara impulsivement :

– Cette chambre me plaît beaucoup.

Mrs Cocker jeta un coup d'œil indulgent autour d'elle.

– C'est une très jolie pièce, madame, bien qu'un peu petite. Les barreaux qui sont aux fenêtres laisseraient supposer que c'était une chambre d'enfant, à une certaine époque.

– Je n'y avais pas songé, mais c'est bien possible, en effet.

Une chambre d'enfant... c'est parfait, dit Mrs Cocker avant de se retirer.

Il y avait dans son ton comme une sorte de sous-entendu. Quand nous aurons un homme dans la maison, semblait-elle se dire, qui sait ? Peut-être aurons-nous sans tarder besoin d'une nursery.

Gwenda se sentit rougir, et elle parcourut à nouveau la pièce des yeux. Oui, cela ferait une ravissante chambre d'enfant. Elle se mit à la meubler par la pensée. Là, contre ce mur, une grande maison de poupée et de petites armoires à jouets. Dans la cheminée, entourée d'un garde-feu, des flammes pétilleraient joyeusement. Mais on ne garderait pas cet affreux papier couleur moutarde. Il faudrait quelque chose de clair et de gai : par exemple, de petits bouquets de coquelicots alternant avec des bleuets. Oui, ce serait ravissant. Elle essaierait de trouver un papier comme ça. Elle était sûre d'en avoir vu un quelque part.

Il n'y aurait pas besoin de beaucoup de meubles, car il existait deux placards dans le mur. Mais celui du coin était fermé et la clef égarée. Il avait même été recouvert d'une couche de peinture, ce qui laissait supposer qu'il n'avait pas été utilisé depuis longtemps. Gwenda se dit qu'il faudrait songer, dès le lendemain, à le faire ouvrir par les ouvriers. D'ailleurs, il lui serait fort utile, car elle n'avait pas assez de place pour tous ses vêtements.

Elle se sentait chaque jour un peu plus chez elle, à Hillside. Elle en était là de ses réflexions lorsqu'elle entendit, par la fenêtre ouverte, quelqu'un qui s'éclaircissait la gorge. Elle se dépêcha d'expédier son petit déjeuner. Foster, le jardinier fantaisiste sur les promesses de qui on ne pouvait pas toujours tabler, avait cependant dû venir aujourd'hui, ainsi qu'il l'avait annoncé.

Gwenda sauta du lit, alla prendre son bain, s'habilla d'une jupe de tweed et d'un sweater, puis descendit rapidement au jardin. Sa première décision avait été de faire aménager une allée à travers la rocaille, de manière à pouvoir atteindre directement à la pelouse. Foster avait bien un peu regimbé, faisant observer que le forsythia devrait disparaître, ainsi que le lilas, mais la jeune femme avait tenu bon, et il travaillait à présent presque avec enthousiasme.

Il accueillit la jeune femme avec un petit rire.

– On dirait que vous revenez au bon vieux temps, miss.

Il persistait à appeler Gwenda « mademoiselle ».

– Au bon vieux temps ? Que voulez-vous dire ?

Le jardinier tapota le sol de sa bêche.

– J'arrive aux anciennes marches. Regardez ! C'est là qu'elles étaient. Exactement comme vous les voulez maintenant. Puis quelqu'un les a fait recouvrir.

– Ces gens étaient vraiment trop stupides. Il sera tellement agréable d'avoir, depuis la fenêtre du salon, une perspective sur la pelouse et sur la mer.

Foster avait des idées assez vagues sur ce que pouvait être une perspective. Il acquiesça néanmoins, d'un air contraint.

– Je dis pas, notez bien, que ça sera pas mieux... Ça vous donnera de la vue. Et puis, ces arbustes assombrissaient le salon. Pourtant, c'est un peu dommage, car ils poussaient merveilleusement. J'ai jamais vu un forsythia plus robuste. Les lilas, ça vaut pas très cher, c'est vrai ; mais ces wigandies, ça coûte de l'argent, et... ils sont trop vieux pour être transplantés.

– Oh, je sais. Mais cela...

Gwenda fit un geste en direction de la mer que l'on apercevait au loin.

– ... cela, c'est beaucoup plus beau.

Foster se gratta le crâne d'un air pensif.

– Ma foi, miss, vous avez peut-être raison.

– Je le pense aussi. Mais... dites-moi, qui est-ce qui habitait ici avant les Hengrave ? Je crois qu'ils n'y sont pas restés longtemps, n'est-ce pas ?

– Les Hengrave ? Quelque chose comme cinq ou six ans. Ils n'étaient pas de la région. Avant eux, c'étaient les demoiselles Elworthy. Des personnes très pratiquantes, qui s'occupaient de missions. Y a même un pasteur noir qui est resté chez elles un certain temps. Quatre, qu'elles étaient. Et puis leur frère, aussi. Mais, avec toutes ces femmes, l'avait pas droit à la parole, le pauvre diable. Avant, y avait... attendez voir... Ah oui ! Une Mrs Findeyson. Une vraie dame, celle-là. De la petite noblesse, comme qui dirait. L'était de la région, d'ailleurs, vu qu'elle vivait ici avant ma naissance.

– Est-elle morte à Hillside ?

– Non pas. L'est morte quelque part en Égypte ; mais elle est enterrée dans le cimetière de Dillmouth, pour sûr. Tenez, c'est elle qu'avait planté ce magnolia. Et puis aussi ces laburnums et ces pittospores. L'adorait les arbustes, la bonne dame.

Après un instant de silence, le jardinier continua :

– À cette époque, y avait pas aucune de ces maisons

tout le long de la colline. On était véritablement à la campagne. Pas de cinéma, et pas tous ces magasins neufs. L'esplanade non plus n'existait pas.

Son ton laissait apparaître la désapprobation qu'éprouvent les personnes âgées envers toute innovation.

– Des changements, ajouta-t-il avec un petit ricanement de mépris. Rien que ça.

– Les changements sont inévitables, fit doucement remarquer Gwenda. Après tout, il y a aujourd'hui des quantités d'améliorations, ne croyez-vous pas ?

– C'est ce qu'on dit. Seulement, moi, je les ai pas remarquées. Des changements, peuh !

Foster esquissa un geste en direction de la haie de macrocnèmes à travers laquelle on apercevait, sur la gauche, un bâtiment qui brillait au soleil.

– C'était autrefois le Cottage Hospital. Très bien et très pratique. Et puis, on est allé construire un autre hôpital, plus grand, à près d'un mille de la ville. Si vous voulez aller rendre visite à quelqu'un, vous en avez pour vingt minutes à pied ; et vingt pour le retour. Ou alors, il vous faut payer le bus.

Nouveau geste en direction de la haie.

– À présent, c'est une école de filles. Depuis dix ans. Toujours des changements, que je vous dis. Des changements partout. Tenez, encore autre chose : aujourd'hui, les gens s'installent dans une maison, ils y restent dix ou douze ans, et puis ils s'en vont ailleurs. Ils tiennent pas en place, quoi ! Qu'est-ce qu'il y a de bon dans tout ça, voulez me le dire ? On peut rien planter convenablement si on regarde pas loin devant soi, miss.

Gwenda considéra le magnolia avec amour.

– Comme Mrs Findeyson, n'est-ce pas ?

– Ah ! celle-là, c'était quelqu'un ! Elle était toute jeune quand elle est venue ici, juste après son mariage. Elle a élevé ses enfants, les a casés, a enterré son mari... Tous les étés, elle gardait ses petits-enfants. Et elle avait près de quatre-vingts ans quand elle s'en est allée.

Le ton de Foster, cette fois, reflétait une admiration sans réserve.

Gwenda regagna la maison, le sourire aux lèvres. Après avoir jeté un coup d'œil aux ouvriers, elle alla s'installer au petit bureau du salon pour écrire des lettres. Dans le courrier attendant une réponse, il y avait une missive des West : des cousins de Giles, qui habitaient Londres. Ils l'invitaient à venir les voir dans leur maison de Chelsea, dans le cas où elle se rendrait à la capitale.

Raymond West était un romancier bien connu, sinon populaire, et sa femme Joan était peintre. Gwenda se dit que ce serait peut-être amusant d'aller les voir, mais sans doute la prendraient-ils pour une philistine, car ni Giles ni elle n'étaient vraiment des intellectuels.

Un coup de gong sonore résonna majestueusement dans le hall, accompagné par un craquement de bois torturé. Cet antique instrument avait fait partie des possessions de la vieille tante, et Mrs Cocker semblait éprouver un immense plaisir à le faire tonner, car elle faisait toujours bonne mesure. Gwenda porta les mains à ses oreilles et se leva.

Elle traversa rapidement le salon en direction du mur opposé, et puis s'arrêta net en poussant une exclamation de contrariété. C'était la troisième fois que cela lui arrivait. On eût dit qu'elle s'attendait à pouvoir passer à travers ce mur pour gagner la salle à manger.

Faisant demi-tour, elle sortit dans le hall et contourna l'angle du mur du salon pour se rendre à la salle à manger. Cela faisait un assez long détour, et elle se dit que ce serait plutôt ennuyeux durant l'hiver, car ce hall était plein de courants d'air, et le chauffage central n'était installé, au rez-de-chaussée, que dans le salon et la salle à manger.

La jeune femme prit place à la ravissante table Sheraton, qu'elle avait achetée récemment pour remplacer la massive table d'acajou.

Je ne vois pas, songeait-elle, pourquoi on ne pourrait pas percer une porte qui ferait communiquer les deux pièces. J'en parlerai à Mr Sims dès demain matin.

Mr Sims, entrepreneur et décorateur, était un homme d'un certain âge, à la voix sourde et rauque, qui se promenait sans cesse avec dans sa main un petit carnet dans lequel il s'empressait de noter toutes les idées coûteuses qui pouvaient traverser l'esprit de ses clients. Consulté sur la question de la porte, il approuva sans réserve la suggestion de Gwenda.

– C'est la chose la plus simple du monde, Mrs Reed. Et ce serait effectivement une amélioration appréciable.

– Est-que cela coûterait très cher ?

La jeune femme avait appris à se méfier des affirmations et aussi de l'enthousiasme de Mr Sims, car elle avait déjà éprouvé quelques surprises par suite de divers à-côtés qui ne figuraient pas sur le devis primitif.

– Une bagatelle, répondit l'entrepreneur d'un ton qu'il voulait rassurant.

Malgré cela, Gwenda avait l'air plus méfiante que jamais, car c'était précisément les « bagatelles » de Mr Sims qu'elle redoutait le plus, les estimations du bonhomme étant toujours remarquablement modérées.

– Écoutez, Mrs Reed, reprit-il d'un ton affable, je vais demander à Taylor de venir jeter un coup d'œil cet après-midi, dès qu'il en aura terminé avec le cabinet de toilette. Je pourrai ensuite vous donner une idée plus précise du montant des travaux. Tout dépend de la façon dont a été construit le mur.

Gwenda acquiesça. Après quoi, elle alla écrire à Joan West pour la remercier de son invitation et lui dire qu'elle regrettait de ne pouvoir quitter Dillmouth en ce moment, car elle tenait à surveiller les ouvriers. Sa lettre achevée, elle alla faire une courte promenade pour profiter de la brise marine.

À son retour, elle trouva Taylor – le chef de chantier de Mr Sims – agenouillé près du mur qui séparait le salon de la salle à manger. Il se releva en souriant.

– Aucune difficulté, madame, dit-il. Il y a eu autrefois une porte à cet endroit précis. Mais elle a été murée, sans doute par quelqu'un à qui elle ne convenait pas.

Gwenda fut agréablement surprise. C'est extraordinaire, se dit-elle, j'ai toujours eu l'impression qu'il devait y avoir une porte. Elle se rappelait l'air décidé avec lequel elle s'était dirigée vers le mur quand avait retenti le gong du déjeuner. Et soudain, elle éprouva comme un petit frisson d'inquiétude. La chose était étrange, quand on y réfléchissait... Comment pouvait-elle être tellement sûre qu'il existait autrefois une porte à cet endroit, puisqu'il n'en restait pas la moindre trace visible ? Comment l'avait-elle deviné ? Bien sûr, ce serait commode de pouvoir passer directement d'une pièce dans l'autre. Mais pourquoi s'était-elle dirigée sans la moindre hésitation vers ce point particulier du mur ? N'importe quel endroit eût convenu tout aussi bien ; pourtant, à trois reprises, tout en pensant à autre chose, elle était allée tout droit vers l'endroit précis où se trouvait jadis la porte de communication.

J'espère, se dit-elle, que je ne possède pas le don de seconde vue ou quelque chose dans ce goût...

Il n'y avait jamais eu en elle la moindre trace de métapsychisme. Elle n'appartenait pas à cette catégorie de personnes. Mais en était-elle bien certaine, au fond ? Cette allée qu'elle avait voulue entre la terrasse et la pelouse, avait-elle eu conscience, d'une manière ou d'une autre, qu'elle avait existé autrefois ?

Après tout, je suis peut-être médium, songea-t-elle, un peu mal à l'aise. À moins que tout cela n'ait quelque chose à voir avec la maison elle-même. Pourquoi avait-elle demandé à Mrs Hengrave si elle était hantée, le jour où elle était venue la visiter ?

Mais non, elle n'était pas hantée ! C'était une demeure charmante. Il ne pouvait y avoir en elle aucune influence maléfique. D'ailleurs, Mrs Hengrave avait eu l'air fort étonnée par cette supposition. Et cependant, n'y avait-il pas eu dans son attitude une certaine réserve ?

Grand Dieu ! je commence à me faire des idées, songea à nouveau la jeune femme.

Elle fit un effort pour reporter sa pensée sur sa discussion avec Taylor.

– Autre chose, avait-elle dit. Il y a dans ma chambre,

au premier étage, un des placards qui est coincé. Je voudrais bien pouvoir l'ouvrir.

L'homme était monté examiner la porte du placard et avait ensuite déclaré :

– Elle a été peinte à plusieurs reprises, mais je pourrai vous la faire ouvrir demain matin, si vous le désirez.

Gwenda avait donné son accord, et le chef de chantier s'était retiré.

Ce soir-là, la jeune femme se sentit particulièrement agitée et nerveuse. Assise dans un des fauteuils du salon, s'efforçant de lire, elle était consciente du moindre craquement des meubles ou du parquet. Une ou deux fois, elle jeta un coup d'œil inquiet par-dessus son épaule et frissonna. Elle ne cessait de se répéter qu'il n'y avait rien d'extraordinaire dans l'incident de la porte et dans celui de l'allée du jardin. De toute évidence, ce n'étaient là que des coïncidences. Dans les deux cas, les idées qu'elle avait eues n'étaient dictées que par le simple bon sens.

Pourtant, sans vouloir se l'avouer, elle se sentait vaguement alarmée à la pensée de monter se coucher. Lorsque, finalement, elle se leva, éteignit les lumières et se retrouva dans le hall, elle éprouva un instant d'hésitation et une certaine appréhension à s'engager dans l'escalier. Elle le gravit en toute hâte, longea rapidement le couloir du premier étage et ouvrit d'un geste vif la porte de sa chambre.

Une fois à l'intérieur de la pièce, elle sentit instantanément s'apaiser ses craintes et jeta un coup d'œil rassuré autour d'elle. Là, dans cette chambre confortable et douillette, elle se sentait en sécurité, heureuse. À l'abri. Elle haussa les épaules. À l'abri de quoi, triple idiote ? se dit-elle en baissant les yeux vers son pyjama étalé sur le lit et vers ses mules disposées sur le tapis.

« Vraiment, ma pauvre Gwenda, murmura-t-elle, tu pourrais aussi bien avoir six ans et porter des pantoufles avec des petits lapins dessinés dessus ! »

Elle se déshabilla, enfila son pyjama et se glissa dans le lit avec une sensation de soulagement.

Le lendemain matin, elle avait plusieurs choses à faire en ville, et il était l'heure du déjeuner quand elle rentra.

– Les ouvriers ont ouvert le placard de votre chambre, madame, lui annonça Mrs Cocker en posant devant elle une sole frite accompagnée de purée de pommes de terre et de carottes à la crème.

– Oh, très bien ! dit Gwenda. Merci, Mrs Cocker.

Elle avait faim et mangea de bon appétit. Le déjeuner terminé, elle prit le café au salon, puis monta dans sa chambre. Traversant vivement la pièce, elle alla ouvrir la porte du placard.

Elle ne put retenir un petit cri de frayeur, et ses yeux s'agrandirent d'étonnement.

L'intérieur du placard laissait apparaître la tapisserie d'origine, qui avait été recouverte dans le reste de la chambre : un papier où s'étalaient des bouquets de coquelicots alternant avec des bleuets...

*

Gwenda resta un long moment à fixer le papier, puis s'éloigna d'un pas mal assuré pour aller s'asseoir sur son lit.

Elle se trouvait dans une maison qu'elle n'avait jamais

vue avant de l'acheter, dans une région qu'elle n'avait jamais visitée auparavant et, deux jours plus tôt, elle avait imaginé un papier peint qui correspondait exactement à celui dont la chambre était tapissée autrefois.

Des idées insensées tournoyaient dans sa tête. Prescience, prémonition...

L'allée du jardin et la porte de communication, elle pouvait encore les classer parmi les coïncidences, mais il en allait différemment avec le papier peint de la chambre. Il n'était pas concevable que l'on pût imaginer un papier portant un dessin très particulier et puis le découvrir à l'endroit précis où on aurait voulu qu'il fût... Il y avait là une explication qui lui échappait et qui... oui, qui lui faisait peur. De temps à autre, elle revoyait cette maison telle qu'elle était autrefois. À n'importe quel moment, elle pouvait s'attendre à voir quelque chose d'autre. Quelque chose qu'elle n'aurait pas souhaité voir...

Oui, cette maison l'effrayait, maintenant. Mais était-ce bien la maison qui lui faisait peur ? N'était-ce pas plutôt elle-même ? Elle ne voulait pas être de ces personnes qui *voient des choses*...

Elle poussa un long soupir, se leva, enfila une veste, descendit rapidement l'escalier et sortit de la maison pour se rendre au bureau de poste le plus proche et expédier un télégramme avec réponse payée.

WEST, 19 ADDWAY SQUARE CHELSEA LONDRES PUIS-JE CHANGER IDÉE ET VENIR DEMAIN ? GWENDA

3

« Couvrez son visage... »

Raymond West et sa femme Joan firent de leur mieux pour que Gwenda se sentît chez elle et ne fût en rien dépaysée. Ce ne fut pas leur faute si la jeune femme, au fond d'elle-même, les trouva un peu alarmants. Raymond, avec son apparence étrange qui faisait un peu penser à un corbeau, ses cheveux en bataille et ses crescendos subits dans une conversation absolument incompréhensible, laissait Gwenda ahurie et nerveuse tout à la fois. Joan et son mari semblaient parler un langage à eux. Gwenda n'avait encore jamais été ainsi plongée dans un milieu d'intellectuels dont pratiquement tous les éléments lui étaient étrangers.

– Nous avons projeté de vous amener à quelques spectacles, dit Raymond.

Gwenda buvait à petites gorgées le verre de gin qu'on lui avait servi, alors qu'elle eût plutôt souhaité, après son voyage, déguster une bonne tasse de thé. Malgré cela, son visage s'illumina à la pensée d'aller au théâtre.

– Ce soir, continua l'écrivain, soirée de ballets à Sadler's Wells ; et, demain, nous aurons une réunion d'anniversaire en l'honneur de mon extraordinaire tante Jane. Nous irons voir *La Duchesse d'Amalfi* [1] ; puis, vendredi *Ils marchaient sans pieds.* Il faut absolument que vous voyiez ça. C'est une pièce traduite du russe, qui est

1. Tragédie de John Webster, auteur dramatique né à Londres vers 1580, mort vers 1624 (N. du T.).

bien le drame le plus significatif de ces vingt dernières années.

Gwenda remercia comme il se devait pour tous ces projets destinés à la distraire. Plus tard, quand Giles serait là, ils iraient ensemble voir des comédies musicales et autres choses du même genre. Aussi tressaillit-elle un peu à la pensée de voir *Ils marchaient sans pieds* ; mais elle se dit qu'elle l'aimerait peut-être, bien que le terme « significatif » lui fît un peu peur. Dans son esprit, une œuvre significative était généralement celle qui ne plaisait à personne.

– Vous adorerez ma tante Jane, ajouta Raymond. C'est, si je puis me permettre cette expression, une « pièce d'époque ». Victorienne jusqu'au bout des ongles. Chez elle, les tables de toilette ont leurs pieds emmaillotés d'indienne. Et elle vit dans un petit village où il ne se passe jamais rien. Tout à fait semblable à une mare stagnante.

– Il s'y est tout de même passé quelque chose, une fois, intervint Joan d'un ton sec.

– Bah ! un simple drame passionnel. Vulgaire, sans le moindre raffinement.

– Ça t'avait pourtant beaucoup intéressé, à l'époque, lui rappela sa femme avec un petit clin d'œil.

– J'aime aussi parfois jouer au cricket dans un petit patelin, déclara Raymond avec dignité.

– Quoi qu'il en soit, tante Jane s'était véritablement distinguée, en cette occasion.

– Certes. Ce n'est pas une sotte. Et elle adore les problèmes.

– Les problèmes ? répéta Gwenda dont la pensée s'était envolée vers l'arithmétique.

Raymond fit un geste vague de la main.

– N'importe quel genre de problèmes. Par exemple, pourquoi la femme de l'épicier avait pris son parapluie par une belle soirée d'été, pour se rendre à une réunion paroissiale. Pourquoi un bocal de crevettes avait été placé à l'endroit où on l'a découvert. Ou encore, ce qui était arrivé au surplis du curé. Pour tante Jane, tout est bon. Si vous avez un problème dans votre vie, Gwenda, vous pouvez le lui soumettre. Elle vous donnera la réponse.

Il se mit à rire. Gwenda l'imita, mais sans beaucoup d'entrain.

Le lendemain, la jeune femme fut présentée à tante Jane, c'est-à-dire à miss Marple. Cette dernière était une charmante vieille demoiselle, grande et maigre, avec des joues roses et des yeux bleus où brillait parfois un éclair de malice, des manières affables bien que, peut-être, légèrement affectées.

Après un repas où on avait bu à la santé de tante Jane, on se rendit au théâtre. Il y avait dans le groupe deux autres hommes : un artiste d'un certain âge et un jeune avocat. Durant le repas, le premier s'était surtout consacré à Gwenda, tandis que le second partageait ses attentions entre Joan et miss Marple dont il semblait apprécier particulièrement les remarques. Au théâtre, cependant, les rôles furent inversés, et Gwenda se trouva assise tout au milieu de la rangée, entre Raymond et l'avocat.

Les lumières s'éteignirent, et la pièce commença. Elle

était remarquablement interprétée, et Gwenda l'apprécia d'autant plus qu'elle n'avait pas souvent vu des productions théâtrales de premier plan.

La représentation tirait à sa fin et atteignait à présent le point culminant de l'horreur. La voix de l'acteur franchissait la rampe, chargée de tout le tragique d'un esprit faussé et perverti.

« Couvrez son visage. Elle est morte jeune, et mes yeux sont éblouis. »

Gwenda poussa un cri.

Elle bondit hors de son fauteuil, passa en aveugle devant tous les autres pour gagner l'allée centrale, se précipita vers la sortie et se retrouva dans la rue. Tantôt marchant et tantôt courant, elle remonta Haymarket en proie à une folle panique. Parvenue dans Piccadilly, elle remarqua un taxi en maraude, le héla, grimpa dedans et donna au chauffeur l'adresse de la maison de Chelsea. Arrivée à destination, les doigts tremblants, elle sortit maladroitement l'argent de son sac à main, paya le taxi et gravit les marches du perron. La jeune bonne qui lui ouvrit la porte la considéra avec une surprise non dissimulée.

– Vous rentrez bien tôt, Miss, dit-elle. Vous ne vous sentez pas malade au moins ?

– Je... non, oui... je... je... j'ai eu un petit malaise.

– Voulez-vous boire quelque chose ? Un peu de cognac, peut-être ?

– Non, merci. Rien. Je monte me coucher tout de suite.

Elle gravit l'escalier en courant pour échapper à d'autres questions.

Parvenue dans sa chambre, elle se déshabilla, laissa tomber ses vêtements en tas sur le tapis et se glissa dans son lit, où elle resta un long moment toute frissonnante, le cœur battant la chamade, les yeux rivés au plafond.

Elle n'entendit pas l'arrivée des autres. Mais, au bout d'un moment, la porte s'ouvrit, et miss Marple entra, deux bouillottes sous son bras, une tasse à la main.

Gwenda s'assit dans son lit, s'efforçant de réprimer les frissons qui l'agitaient encore.

– Oh ! miss Marple, je suis affreusement confuse, balbutia-t-elle. Je ne sais ce qui... Ç'a été vraiment affreux de ma part. Que doivent-ils penser de moi ? Ils doivent être vraiment fâchés...

– Mais non. Ne vous inquiétez pas, mon enfant. Installez-vous bien dans votre lit avec ces deux bouillottes.

– Je n'ai pas besoin de bouillotte...

– Oh, mais si ! Tenez... Voilà qui est parfait. À présent, buvez cette tasse de thé.

Le thé était brûlant et très fort, un peu trop sucré, mais Gwenda l'avala sans protester. Elle sentit ses frissons diminuer progressivement.

– Étendez-vous et dormez, reprit la vieille demoiselle. Vous avez éprouvé un choc, mais nous reparlerons de tout ça demain matin. Ne vous inquiétez surtout pas. Contentez-vous de dormir.

Miss Marple remonta les couvertures sur la poitrine de la jeune femme, lui tapota amicalement l'épaule et sortit.

Au même moment, en bas, Raymond s'adressait à Joan d'un air irrité.

– Qu'est-ce qu'a donc cette fille ? Elle est malade, ou quoi ?

– Mon cher, je n'en sais absolument rien. Je l'ai entendue crier, et c'est tout. J'imagine que la pièce était un peu trop macabre pour elle.

– Bien sûr, Webster est parfois assez effrayant. Mais je n'aurais jamais cru...

Il s'interrompit à l'entrée de miss Marple.

– Va-t-elle mieux ?

– Oui. Mais elle a éprouvé un sérieux choc.

– Un choc ? À la vue d'un drame de Webster ?

– J'ai l'impression qu'il doit y avoir quelque chose de plus, répondit miss Marple d'un air songeur.

Le lendemain matin, on apporta à Gwenda son petit déjeuner au lit. Elle but un peu de café et grignota un bout de tartine beurrée. Puis elle se leva, s'habilla et descendit au rez-de-chaussée. Joan était partie pour son studio, et Raymond était déjà enfermé dans son cabinet de travail. Seule, miss Marple se trouvait dans le salon, occupée à tricoter, assise près de la fenêtre d'où l'on avait vue sur le fleuve. À l'entrée de Gwenda, elle leva son visage calme et souriant.

– Bonjour, ma chère, dit-elle. J'espère que vous vous sentez mieux.

– Oui, merci. Je vais tout à fait bien. Mais je me demande comment j'ai pu être aussi affreusement stupide hier soir. Sont-ils très en colère après moi ?

– Bien sûr que non. Ils comprennent parfaitement.

– Ils comprennent... quoi ?

Miss Marple leva à nouveau les yeux de son ouvrage.

– Que vous avez éprouvé un choc, c'est tout.

Et elle ajouta d'un ton plus doux :

– Ne pensez-vous pas que vous feriez bien de me parler un peu de tout cela ?

Gwenda s'était mise à faire nerveusement les cent pas dans la vaste pièce.

– Je pense surtout, répondit-elle, que je ferais bien d'aller voir un psychiatre.

– Il y en a certes d'excellents à Londres. Mais êtes-vous sûre qu'il soit nécessaire d'en consulter un ?

– Mon Dieu, je crois que je deviens folle... Oui, je deviens certainement folle.

Une femme de chambre d'un certain âge entra au même instant, portant sur un plateau d'argent un télégramme qu'elle présenta à Gwenda.

– Le télégraphiste demande s'il y a une réponse, Madame.

La jeune femme ouvrit vivement le télégramme, qui avait été réexpédié de Dillmouth. Elle le fixa pendant deux ou trois secondes, sans comprendre, puis le roula en boule dans sa main.

– Non, il n'y a pas de réponse, dit-elle machinalement.

La femme de chambre se retira.

– Pas de mauvaises nouvelles, j'espère ? demanda miss Marple.

– C'est de Giles, mon mari. Il m'annonce qu'il compte arriver par avion la semaine prochaine.

La jeune femme semblait toute déconcertée et malheureuse. Miss Marple toussota.

– Eh bien, mais... c'est là une bonne nouvelle, non ?

– Croyez-vous ? Alors que je me demande si je suis folle ou non ? Si je le suis, je n'aurais jamais dû épouser

Giles. Et puis, il y a la maison et... tout le reste... Il m'est impossible de retourner là-bas. Oh ! je ne sais pas quoi faire.

La vieille demoiselle tapota doucement le canapé.

– Venez donc vous asseoir près de moi, ma chère enfant, et racontez-moi tout.

Ce fut avec une sensation de soulagement que Gwenda accepta cette invitation. Elle dévida son histoire tout entière en commençant au moment où, visitant la région à la recherche d'une maison, elle avait aperçu Hillside entre les arbres ; et elle continua par les incidents qui l'avaient intriguée d'abord, ennuyée et effrayée ensuite.

– Et j'ai fini par avoir vraiment peur, ajouta-t-elle. J'ai alors eu l'idée de venir à Londres, de quitter tout cela. Seulement, il m'a été impossible de m'en éloigner vraiment, vous l'avez constaté. Tout... m'a suivi, si je puis dire. Et hier soir...

– Hier soir ? insista miss Marple.

– J'imagine que vous n'allez pas me croire, reprit Gwenda avec un débit plus précipité. Vous allez penser que je suis hystérique ou folle... Cela s'est produit tout à coup, juste à la fin. La pièce m'avait plu, et pas une fois je n'avais songé à Hillside. Mais soudain, voilà que la maison surgit devant moi, au moment où l'acteur prononce ces mots...

Elle répéta d'une voix basse et tremblante.

« Couvrez son visage. Elle est morte jeune, et mes yeux sont éblouis. »

– J'étais là, sur l'escalier, regardant le hall à travers les barreaux, et je l'ai vue. Allongée sur le sol. Morte. Ses beaux cheveux blonds épars autour de son visage... tout *bleu* ! Elle était morte, comprenez-vous ? Étranglée. Et quelqu'un prononçait ces mêmes paroles, d'une voix horrible et chargée de haine. Et puis, j'ai vu les mains de l'homme... grises, ridées... Des mains... simiesques. Je vous le dis, c'était affreux. Elle était morte. MORTE !...

– Qui était morte ? demanda miss Marple d'une voix douce.

Et la réponse vint, rapide, machinale.

– Hélène...

4

Hélène ?

Pendant un moment, Gwenda regarda fixement miss Marple, puis écarta une mèche de cheveux de son front.

– Pourquoi ai-je dit ça ? murmura-t-elle. Pourquoi ai-je dit : « Hélène » ? Je ne connais personne de ce nom.

Elle laissa retomber ses mains en un geste de découragement.

– Vous voyez bien que je suis folle ! J'imagine des choses. Je vois des choses qui n'existent pas. Au début, ce n'était qu'un papier peint... Maintenant, ce sont des cadavres. Mon cerveau va donc de plus en plus mal.

– Ne sautez pas si vite aux conclusions, mon enfant...

– Ou alors, c'est la maison. Elle doit être hantée, ensorcelée, ou quelque chose comme ça... Je vois des événements qui s'y sont déroulés autrefois – ou bien des événements qui vont s'y dérouler, ce qui serait encore pire. Peut-être une femme nommée Hélène va-t-elle être assassinée à Hillside ?... Seulement, si la maison est vraiment hantée, je ne comprends pas pourquoi je vois ces choses affreuses lorsque j'en suis éloignée. C'est pourquoi je suis persuadée que c'est moi qui ai l'esprit dérangé. Je ferais bien d'aller consulter un psychiatre sans perdre de temps. Ce matin même.

– Ma chère Gwenda, vous pourrez toujours vous y résoudre quand vous aurez épuisé toutes les autres possibilités. Mais, quant à moi, je pense qu'il vaut mieux examiner d'abord les explications les plus simples et les plus terre à terre. Étudions les faits aussi clairement que possible. Trois détails bien définis vous ont bouleversée : une allée de jardin qui avait été recouverte mais dont vous sentiez l'existence, une porte de communication qui avait été murée, et enfin un papier peint que vous aviez imaginé correctement dans tous ses détails sans l'avoir vu. Est-ce exact ?

– Oui.

– Eh bien, l'explication la plus simple, la plus naturelle, c'est que vous aviez déjà vu tout cela.

– Vous voulez dire... dans une autre vie ?

– Grand Dieu, non ! Au cours de votre vie actuelle. Je veux dire que toutes ces choses pourraient fort bien n'être que des souvenirs réels.

– Mais je n'étais jamais venue en Angleterre avant le mois dernier, miss Marple.

– En êtes-vous bien sûre ?

– Naturellement, j'en suis sûre. J'ai passé toute ma vie près de Christchurch, en Nouvelle-Zélande.

– Y êtes-vous née ?

– Non. Je suis née en Inde, où mon père était officier. Ma mère étant morte deux ou trois ans après ma naissance, il m'a renvoyée chez des parents à lui, en Nouvelle-Zélande. Et c'est là que j'ai été élevée. Papa est mort quelques années plus tard.

– Vous ne vous rappelez pas votre voyage depuis l'Inde jusqu'en Nouvelle-Zélande ?

– Pas vraiment. Je me rappelle très vaguement m'être trouvée sur un bateau. Je revois une fenêtre toute ronde – un hublot, je suppose –, puis un homme en uniforme blanc, avec un visage rouge, des yeux bleus et une marque au menton – probablement une cicatrice. Il me faisait sauter en l'air, et j'aimais beaucoup ça, tout en ayant un peu peur. Mais ce sont là des souvenirs très fragmentaires.

– Vous souvenez-vous d'une nurse... ou d'une ayah ?

– Ce n'était pas une ayah, mais Nannie. Je me souviens d'elle parce qu'elle est restée un certain temps : jusqu'à mes cinq ans, je crois. Elle me faisait des cocottes en papier. Oui, elle était sur le bateau avec moi. Et elle me grondait lorsque je criais parce que le capitaine m'embrassait et que je n'aimais pas sa barbe.

– Voilà un détail fort intéressant, déclara doucement miss Marple, parce que vous êtes en train de mélanger deux voyages différents. Dans l'un, le capitaine a une barbe et, dans l'autre, un visage rouge avec une cicatrice au menton.

– Oui, murmura Gwenda après un instant de réflexion, vous devez avoir raison.

– Il me semble parfaitement possible que, à la mort de votre maman, votre père vous ait d'abord ramenée en Angleterre et que vous ayez vécu à Dillmouth, dans cette même maison que vous occupez à présent. Vous m'avez dit qu'elle vous avait semblé familière dès que vous êtes entrée pour la visiter. Et cette chambre que vous avez choisie était probablement celle où vous dormiez quand vous étiez petite fille.

– Oui, c'était certainement une chambre d'enfant, car il y a des barreaux aux fenêtres.

– Et elle avait un joli papier orné de coquelicots et de bleuets. Les enfants se rappellent très bien les murs de leur chambre. Je me suis souvenue moi-même des iris mauves qui tapissaient les murs de ma nursery. Et je crois que je n'avais pas plus de trois ans quand la pièce a été retapissée.

– C'est sans doute pourquoi j'ai pensé aussitôt aux jouets, aux petites armoires, à la maison de poupée.

– Oui. Et l'image de la salle de bains était également restée gravée dans votre subconscient, avec sa grande baignoire habillée d'acajou. Vous m'avez même dit avoir pensé à des petits bateaux et à des canards dès que vous êtes entrée.

– Il est exact, dit Gwenda d'un air songeur, que j'ai eu dès le début l'impression de savoir où se trouvait chaque chose à l'intérieur de la maison : la cuisine, l'armoire à linge... Et je ne pouvais m'empêcher de penser qu'il aurait dû y avoir une porte de communication entre le salon et la salle à manger. Mais comment est-il possible que je sois venue en Angleterre acheter précisément la maison dans laquelle j'avais vécu ?

– Il n'y a là rien d'impossible. C'est une coïncidence assez remarquable, je veux bien le reconnaître. Mais les coïncidences existent, vous savez. Votre mari désirait une demeure sur la côte sud, et c'était cela que vous cherchiez. Vous êtes passée devant une maison qui vous a attirée parce qu'elle vous rappelait inconsciemment des souvenirs, qui correspondait à peu près à ce que vous désiriez, dont le prix était raisonnable, et vous l'avez achetée. Non, ce n'est pas tellement improbable. Si elle avait été ce que l'on appelle – peut-être avec juste raison – une maison hantée, vous auriez réagi différemment, j'en suis persuadée. Mais vous n'avez éprouvé aucun sentiment de violence ou de répulsion, sauf – m'avez-vous dit – à un moment très précis : lorsque vous commenciez à descendre l'escalier et regardiez vers le bas, en direction du hall.

Quelque chose qui ressemblait à une lueur d'effroi passa dans les yeux de Gwenda.

– Voulez-vous dire que... Hélène... c'est vrai aussi ?

– Mon Dieu, je le pense, répondit miss Marple d'une voix douce. Et nous devons considérer, je crois, que si les autres choses sont des souvenirs, celle-là en est un également.

– J'aurais véritablement vu quelqu'un de... mort... d'étranglé ?

– Je ne pense pas que vous ayez eu exactement conscience du fait que cette personne avait été étranglée ; cela vous a été suggéré par la pièce d'hier soir et cadre avec ce que vous savez maintenant, en tant qu'adulte, de la signification d'un visage convulsé. Je crois qu'un très jeune enfant, descendant un escalier, sentirait instinctivement la violence, le mal, la mort, et qu'il les associerait avec une série de mots. Car le meurtrier, j'en suis convaincue, a dû prononcer ces mêmes paroles que vous avez entendues hier soir dans la *Duchesse d'Amalfi*. Et cela constitue évidemment un choc pour un enfant. Les enfants sont d'étranges petits êtres. S'ils sont violemment effrayés, surtout par quelque chose qu'ils ne comprennent pas, ils n'en parlent pas. Ils le gardent en eux-mêmes et, apparemment, ils arrivent à l'oublier. Mais le souvenir est toujours là, latent, enfoui au plus profond de leur subconscient.

Gwenda poussa un long soupir.

– Et vous croyez que c'est ce qui m'est arrivé, à moi ? Mais alors, pourquoi ne puis-je, maintenant, me souvenir de tout ?

– On ne peut pas se souvenir de quelque chose sur commande. Et même, très souvent, quand on essaie de le faire, le souvenir semble s'éloigner un peu plus. Néanmoins, il y a, me semble-t-il, certains détails qui tendent à prouver que les choses se sont bien passées ainsi. Par exemple, lorsque vous m'avez parlé, il y a un instant, de ce que vous aviez ressenti hier soir au théâtre, vous avez employé une tournure très révélatrice. Vous avez dit : « J'étais là, dans l'escalier, regardant à travers les barreaux... » Or, en règle générale, on ne regarde pas *à travers* les barreaux d'un escalier, mais *par-dessus* la rampe. *Seul un enfant regarde à travers.*

– Très subtil, dit Gwenda avec admiration.

– Voyez-vous, ces petits détails sont significatifs.

– Mais qui était Hélène ? demanda la jeune femme d'un air désorienté.

– Êtes-vous toujours aussi sûre que c'était vraiment « Hélène » ?

– Oui... C'est étrange, parce que j'ignore qui est « Hélène » ; mais, en même temps, je sais que c'était bien Hélène qui était étendue là... Comment puis-je parvenir à en savoir plus ?

– La première chose à faire, à mon sens, c'est de savoir avec certitude si vous avez jamais séjourné en Angleterre quand vous étiez enfant. Vos parents...

– Tante Alison ! s'écria Gwenda. Elle doit être au courant, j'en suis sûre.

– Eh bien, à votre place, je lui écrirais tout de suite par avion. Dites-lui simplement que, par suite de certaines circonstances, il vous est indispensable de savoir si vous avez fait, autrefois, un séjour en Angleterre. Vous devriez être en possession de la réponse lorsque votre mari arrivera.

– Oh, merci, miss Marple ! Vous avez été tellement bonne ! Et j'espère que vos déductions se révèleront exactes. Parce que, dans ce cas, tout ira bien. Cela prouvera qu'il n'y a rien de surnaturel dans ces événements.

La vieille demoiselle sourit.

– J'espère, moi aussi, que tout s'arrangera comme nous le souhaitons. Je pars après-demain pour aller passer quelques jours chez de vieux amis, dans le nord de l'Angleterre, mais je serai de retour dans une dizaine de jours. Si vous et votre mari êtes ici à ce moment-là, et si vous avez reçu une réponse à votre lettre, je serais très curieuse de connaître le résultat.

– Bien entendu, ma chère miss Marple. D'ailleurs, je tiens beaucoup à vous présenter Giles. C'est un vrai chou, vous verrez. Et nous discuterons de tout ça.

Gwenda avait retrouvé son entrain. Pourtant, miss Marple avait l'air pensif.

5

Rétrospection

Dix jours plus tard, miss Marple entrait dans le hall d'un petit hôtel de Mayfair où elle avait rendez-vous avec Giles et Gwenda Reed. Les deux jeunes gens lui réservèrent un accueil enthousiaste.

– Je vous présente mon mari, dit Gwenda. Giles, tu ne peux savoir à quel point miss Marple a été bonne pour moi.

– Je suis ravi de faire votre connaissance, miss Marple, j'ai cru comprendre que Gwenda était toute prête à céder à la panique et à se précipiter dans un asile d'aliénés.

Les yeux bleus de la vieille demoiselle dévisagèrent le jeune homme d'un air approbateur. Un garçon extrêmement sympathique, grand et blond, à la mâchoire énergique, au menton volontaire.

– Nous allons prendre le thé dans le petit bureau, décréta Gwenda. Personne n'y vient jamais, et nous y serons tranquilles pour montrer à miss Marple la lettre de tante Alison.

Miss Marple leva vivement les yeux.

– Vous savez, reprit la jeune femme, c'est presque exactement ce que vous aviez pensé.

Après le thé, Gwenda tendit à la vieille demoiselle la réponse de miss Alison Danby.

Très chère Gwenda,

J'ai été tout émue d'apprendre que tu avais traversé une épreuve pénible. À vrai dire, j'avais complètement oublié que tu avais habité l'Angleterre pendant un certain temps lorsque tu étais petite fille.

Ta maman – ma pauvre sœur Megan – avait fait la connaissance de ton père, le major Halliday, alors qu'elle était en visite chez des amis à nous, résidant à ce moment-là en Inde. C'est là qu'ils se sont mariés et que tu es née. Hélas, ta mère mourut deux ans à peine après ta naissance. Ce fut un choc bien douloureux pour nous tous, et nous écrivîmes à ton père – que nous n'avions jamais vu – pour lui suggérer de te confier à nos soins. En effet, il nous semblait être assez difficile pour un militaire de s'occuper d'une aussi jeune enfant, et nous aurions été trop heureux de te garder. Pourtant, ton père refusa. Il nous annonçait dans sa lettre qu'il avait décidé de donner sa démission et de te ramener avec lui en Angleterre où, disait-il, il espérait que nous lui rendrions visite un jour.

Je crois savoir que c'est au cours de ce voyage qu'il fit la connaissance d'une jeune femme, se fiança et l'épousa dès son retour en Angleterre. Le mariage ne fut d'ailleurs pas une réussite, et ils se séparèrent un an plus tard. C'est alors que ton père nous écrivit à nouveau pour nous demander si nous étions toujours disposés à t'accueillir chez nous. Inutile de te dire que nous acceptâmes avec joie. Tu nous fus envoyée sous la garde d'une nurse anglaise et, à la même époque, ton père fit un testament te léguant l'ensemble de ses biens. Il suggéra même que tu puisses adopter légalement notre nom. Ce dernier point, je dois le dire, nous parut un peu étrange, mais nous pensâmes qu'il était poussé par de bonnes intentions et que, dans son idée, tu aurais fait ainsi davantage partie de la famille. Néanmoins, nous repoussâmes cette suggestion. Environ un an plus tard, il mourait dans une clinique. Je suppose qu'il se savait déjà condamné lorsqu'il t'expédia chez nous et rédigea son testament.

Je crains de ne pouvoir te dire avec précision où tu habitais en Angleterre avec ton père. Bien sûr, sa lettre portait son adresse, mais il y a maintenant dix-huit ans de cela, et je ne me souviens pas de ce détail. Tout ce que je sais, c'est qu'il s'était fixé dans le Sud, et je suppose que ça pouvait fort bien être à Dillmouth. J'avais vaguement dans l'idée que c'était à Dartmouth, mais les deux noms sont assez semblables pour que j'aie commis une confusion. Je crois que ta belle-mère s'est remariée par la suite, mais je ne me rappelle pas non plus son nom – pas même son nom de jeune fille, bien que ton père l'eût mentionné dans la lettre où il nous annonçait son remariage. Je crois bien que, sur le moment, nous lui en voulûmes un peu d'épouser cette jeune fille si tôt après la mort de ta maman ; mais chacun sait que, à bord d'un bateau, les relations se nouent plus vite que partout ailleurs. D'autre part, il a pu penser que cela serait une bonne chose pour toi.

Il semble stupide de ma part de ne t'avoir jamais parlé de ton séjour en Angleterre ; mais, ainsi que je te l'ai déjà dit, cela m'était sorti de l'esprit. La mort de ta mère et ta venue chez nous m'étaient naturellement apparues comme les choses les plus importantes.

J'espère que tout cela est maintenant suffisamment clair.

Je souhaite ardemment que Giles puisse bientôt te rejoindre, car il doit vous être dur d'être séparés si peu de temps après votre mariage.

D'autres nouvelles dans ma prochaine lettre, mais je veux expédier celle-ci aussi rapidement que possible.

Bien affectueusement,
Alison DANBY

P.S. Tu ne me dis pas ce qu'a été cette « épreuve pénible ».

– Vous voyez, dit Gwenda, c'est presque exactement ce que vous aviez imaginé.

Miss Marple lissa pensivement la feuille de papier léger.

– C'est vrai, dit-elle. J'ai souvent constaté que l'explication la plus simple est généralement la bonne.

– Miss Marple, intervint Giles, je vous suis infiniment reconnaissant. Ma pauvre Gwenda était absolument bouleversée, et je dois dire que j'aurais été plutôt ennuyé si elle avait eu le don de seconde vue ou des qualités de médium.

– Ça pourrait être, en effet, un don assez gênant chez une femme, dit Gwenda. À moins que son mari n'ait toujours mené une vie exemplaire.

– Ce qui est mon cas, déclara Giles en riant.

– Et votre maison ? demanda miss Marple.

– La maison ? Mais... nous partons dès demain pour nous y installer. Giles est impatient de la voir.

– Je ne sais si vous vous en rendez compte, miss Marple, dit le jeune homme, mais nous nous trouvons en face d'un crime exceptionnel, commis sur notre seuil ou, plus exactement, dans notre hall.

– J'y avais déjà songé, répondit la vieille demoiselle d'une voix lente.

– Giles adore les histoires policières, ajouta Gwenda.

– Et c'est bien une histoire policière, reprit son mari. Le cadavre d'une jolie femme étranglée, dont on ne sait rien d'autre que le prénom... Bien sûr, je me rends compte que près de vingt années se sont écoulées et que, après tout ce temps, il serait vain de rechercher des indices matériels ; du moins peut-on jeter un coup d'œil et essayer de comprendre ce qui a pu se passer. Oh ! je sais bien qu'il est pratiquement impossible de résoudre l'énigme.

– Je suis persuadée, moi, qu'on le pourrait, dit miss Marple, même au bout de dix-huit ans. Oui, je le crois vraiment.

– En tout cas, ça ne fera de mal à personne si on essaie, n'est-ce pas ?

Le visage de Giles était rayonnant.

Miss Marple, cependant, paraissait mal à l'aise. Elle avait l'air grave et presque inquiet.

– Cela pourrait faire, au contraire, beaucoup de mal, dit-elle. Et je vous conseille vivement, à tous les deux, d'abandonner cette idée.

– Abandonner notre crime mystérieux ! Si, toutefois, il s'agit bien d'un crime.

– N'en doutez pas. C'en était bien un, et c'est pourquoi, à votre place, je laisserais tout ça tranquille. Un meurtre n'est pas une chose à traiter à la légère.

– Mais, miss Marple, si tout le monde raisonnait ainsi...

La vieille demoiselle l'interrompit.

– Oh, je sais ! Dans certains cas, il est de notre devoir d'intervenir : par exemple, si les soupçons portent sur un innocent ou si un criminel en liberté risque de frapper à nouveau. Mais il nous faut bien nous rendre compte que l'affaire que nous évoquons appartient à un passé déjà lointain. Il est probable que personne ne s'est jamais douté qu'un meurtre avait été commis. Dans le cas contraire, vous en auriez déjà entendu parler soit par votre vieux jardinier soit par quelqu'un d'autre. Car un crime, même ancien, reste toujours – surtout dans une petite ville – un événement d'importance. Mais on a très certainement fait disparaître le cadavre d'une manière ou d'une autre, et personne n'a jamais eu le moindre soupçon. Êtes-vous certains qu'il soit sage d'aller fouiller dans ce passé ?

– Miss Marple, vous donnez l'impression d'être vraiment inquiète ! s'écria soudain Gwenda.

– Je le suis, ma chère. Vous êtes, vous et votre mari, deux charmants jeunes gens – si vous voulez bien me pardonner de le faire remarquer –, vous êtes mariés depuis peu, vous êtes heureux... N'allez donc pas – je vous le demande instamment – essayer de mettre au jour des choses susceptibles de vous bouleverser. De vous blesser, même.

Gwenda leva vers miss Marple de grands yeux remplis d'étonnement.

– Pensez-vous à quelque chose de... particulier ? À quoi voulez-vous faire allusion ?

– À rien de précis, ma chère enfant. Je me contente de vous donner le conseil – parce que j'ai une longue expérience derrière moi de ne pas réveiller le chat qui dort.

– Mais il ne s'agit de rien de tel ! protesta Giles d'une voix plus grave. Hillside nous appartient désormais, à Gwenda et à moi. Or, quelqu'un a été assassiné dans cette maison – du moins le pensons-nous, et nous ne pouvons pas faire semblant de l'ignorer, même si le crime remonte à plusieurs années.

Miss Marple poussa un soupir.

– Pardonnez-moi, dit-elle. Je suppose que la plupart des jeunes hommes de caractère réagiraient de la même façon. Vous avez toute ma sympathie, presque mon admiration. Et malgré cela, je souhaiterais – oh combien ! – que vous puissiez oublier toute cette affaire.

*

Le lendemain, à St Mary Mead, la nouvelle se répandit rapidement que miss Marple était de retour. On l'avait aperçue dans la Grand-Rue à onze heures, et elle s'était rendue au presbytère à midi moins dix. Ce même après-midi, trois des commères du village lui rendirent visite pour recueillir ses impressions sur la capitale. Ce tribut étant rendu à la politesse, elles se lancèrent dans les détails d'un conflit concernant la kermesse de la paroisse et l'emplacement des divers éventaires.

Plus tard dans la soirée, on aperçut miss Marple dans son jardin, comme à l'ordinaire ; mais, pour une fois, elle s'occupa davantage des mauvaises herbes que de ses voisins. Durant son frugal repas, elle se montra étonnamment distraite et écouta à peine le récit animé de sa petite bonne Evelyne, qui s'obstinait à lui conter les tribulations du pharmacien de la localité.

Le lendemain, elle était tout aussi distraite, et plusieurs personnes – parmi lesquelles la femme du pasteur – ne manquèrent pas de s'en apercevoir. Le même soir, elle déclara ne pas se sentir très bien et se coucha de bonne heure, après avoir fait demander au Dr Haydock de venir la voir dans la matinée.

Le Dr Haydock était, depuis de longues années, son médecin traitant aussi bien que son ami et allié. Il commença par écouter patiemment l'énumération des symptômes qu'elle éprouvait, puis l'examina et, finalement, s'assit dans un fauteuil en agitant négligemment son stéthoscope devant elle.

– Pour une femme de votre âge, et en dépit de votre apparente et trompeuse fragilité, vous êtes dans un état de santé remarquable, déclara-t-il sans ambages.

– Je veux bien admettre que mon état général est assez bon, répondit la vieille demoiselle, mais je me sens tout de même un peu fatiguée, abattue.

– Hum ! Vous avez couru la prétentaine, à Londres, hein ? Et vous avez dû vous coucher tard...

– C'est vrai. De plus, je trouve la capitale extrêmement fatigante, de nos jours. L'atmosphère y est tellement polluée... Rien de comparable avec l'air pur de la mer.

– L'air de St Mary Mead est également fort bon.

– Mais souvent humide et... mou. Pas très vivifiant, à mon avis.

Le médecin la dévisagea avec un intérêt accru.

– Je vous ferai envoyer un tonique, dit-il complaisamment.

– Je vous remercie. Le sirop d'Easton est toujours très efficace.

– Je n'ai pas besoin que vous me dictiez mes ordonnances, bougonna le vieux médecin.

– Je me demandais, reprit miss Marple en le dévisageant de ses yeux bleus candides, si un changement d'air ne me serait pas salutaire.

– Vous êtes restée trois mois absente.

– Oui. Mais je suis d'abord allée à Londres, dont l'atmosphère est plutôt débilitante, puis dans le Nord, en plein cœur d'une région industrielle. Rien de comparable, avouez-le, avec l'air vivifiant de la mer.

Le docteur rangea sa trousse, puis leva les yeux en souriant.

– Et si vous m'appreniez maintenant pour quelle raison véritable vous m'avez fait appeler ? Soufflez-moi ce qu'il faut dire, et je le répéterai après vous. Vous voulez absolument que je vous prescrive l'air de la mer, n'est-ce pas ?

– Je savais bien que vous comprendriez, répondit la vieille demoiselle d'un air satisfait.

– Excellente chose, en effet, que l'air de la mer. Vous devriez aller sans plus tarder à Eastbourne, sinon votre santé risque d'en pâtir sérieusement.

– Eastbourne est, je crois, un peu froid. À cause des dunes, vous savez...

– Bournemouth, alors. Ou encore l'île de Wight.

Miss Marple cligna de l'œil.

– J'ai l'impression qu'une petite station serait beaucoup plus agréable.

Le médecin reprit place dans le fauteuil qu'il venait de quitter.

– Vous éveillez ma curiosité. Quelle petite station suggérez-vous ?

– Eh bien, j'ai pensé à Dillmouth.

– Gentil, certes, mais un peu triste. Et pourquoi Dillmouth, s'il vous plaît ?

Miss Marple garda le silence pendant un moment. À nouveau, elle paraissait soucieuse.

– Supposons qu'un jour, par hasard, vous découvriez un fait vous laissant supposer que, dix-huit ou vingt ans plus tôt, un crime a été commis. Ce fait n'étant connu que de vous seul – personne n'ayant jamais rien soupçonné –, que feriez-vous ?

Haydock réfléchit un instant.

– Il n'y a pas eu d'erreur judiciaire ? Personne n'a subi un dommage quelconque du fait de ce crime ?

– Pas que je sache.

– Un crime... Eh bien, je vais vous dire ce que je ferais,

puisque vous me le demandez : je laisserais dormir toute l'histoire. S'en mêler pourrait devenir dangereux.

– C'est bien ce dont j'ai peur.

– On dit qu'un meurtrier répète toujours son crime. Ce n'est pas vrai. Il y a des personnes qui, ayant commis un quelconque forfait, s'arrangent pour s'en tirer sans dommage et prennent ensuite grand soin de ne jamais recommencer. Je ne prétends pas qu'elles vivent heureuses après cela – je ne le crois pas –, car il existe maintes sortes de châtiment. Mais, en apparence, tout va bien. Peut-être en a-t-il été ainsi dans le cas de Madeleine Smith et dans celui de Lizzie Borden. Dans le premier, on a accordé un non-lieu faute de preuves ; dans le second, Lizzie Borden fut acquittée. Mais bien des gens restent persuadés que les deux femmes étaient coupables. Je pourrais citer d'autres criminels qui n'ont jamais recommencé, parce qu'ils avaient obtenu ce qu'ils désiraient et étaient ainsi satisfaits. Seulement, si quelque danger les avait menacés... J'imagine que votre assassin – quel qu'il soit – appartient à cette catégorie. Il a commis un crime, et personne n'a jamais rien soupçonné. Il se croit donc tranquille. Mais si quelqu'un se mêle maintenant d'aller fouiner dans cette vieille affaire, de chercher des pistes, de remuer ciel et terre, si ce quelqu'un parvient à mettre dans le mille, que fera votre homme – ou votre femme ? Restera-t-il impassible et souriant tandis que la menace se précisera, se rapprochera ? Permettez-moi d'en douter. Croyez-moi, ma chère miss Marple, si rien d'impératif ne vous y oblige, restez bien sagement en dehors de tout ça.

Le médecin marqua un temps d'arrêt avant d'ajouter d'un ton plus ferme :

– Et c'est, en quelque sorte, mon ordonnance : ne vous occupez pas de cette histoire !

– Mais ce n'est pas moi qui suis concernée : ce sont deux charmants jeunes gens... Laissez-moi tout vous expliquer en détail.

Et la vieille demoiselle entreprit de raconter toute l'histoire.

– Extraordinaire, commenta le médecin quand elle eut achevé son récit. Quelle coïncidence ! J'imagine que vous voyez les contrecoups qu'elle peut entraîner.

– Oh, parfaitement ! Mais je ne crois pas que cela soit encore venu à l'idée de ces deux enfants.

– Ça risque de leur valoir bien du malheur, et ils peuvent regretter amèrement de s'être mêlés de cette vieille affaire. Mieux vaut laisser dormir les secrets de famille. Malgré tout, je comprends le point de vue du jeune Giles. Et moi-même, je crois bien que, dans ces circonstances, j'aurais réagi de la même manière. En ce moment même, je suis curieux de...

Il s'interrompit pour considérer miss Marple d'un air grave.

– C'est donc pour ça que vous tenez tellement à aller à Dillmouth. Pour vous immiscer dans une affaire qui ne vous concerne en rien.

– Pas du tout, docteur. Je me fais seulement du souci pour ces deux jeunes gens. Ils ont si peu d'expérience, et ils sont tellement confiants, tellement crédules... Il me semble qu'il est de mon devoir de veiller sur eux.

– Hum ! Veiller sur eux...

Miss Marple lui adressa un sourire un peu pincé.

– Vous êtes bien d'avis que quelques semaines à Dillmouth me seraient bénéfiques sur le plan de la santé, n'est-il pas vrai ?

– Cette folle équipée pourrait aussi mettre fin à vos jours. Mais comme je sais que vous ne suivrez pas mes conseils...

*

Miss Marple se rendait chez ses amis les Bantry lorsqu'elle rencontra le colonel, son fusil à la main et son épagneul sur les talons.

– Ravi de vous revoir ! dit le vieux militaire d'un ton cordial. Comme va Londres ?

Miss Marple déclara que Londres se portait très bien et que son neveu l'avait emmenée voir plusieurs pièces de théâtre.

– Des trucs pour intellectuels, j'imagine. Moi, je n'aime que les comédies musicales.

– J'ai vu, en particulier, une pièce russe fort intéressante, bien qu'un peu trop longue pour mon goût.

– Les Russes ! explosa le colonel.

Il se rappelait un roman de Dostoïevski, qu'on lui avait donné à lire autrefois dans une clinique.

Il ajouta que miss Marple trouverait Dolly dans le jardin.

C'était en effet l'endroit où l'on était à peu près sûr de rencontrer Mrs Bantry, qui avait la passion du jardinage. Sa littérature favorite, c'était les catalogues de bulbes ou d'arbustes, et sa conversation roulait surtout sur les primevères, les oignons, les plantes en tout genre.

Miss Marple aperçut d'abord un postérieur plantureux vêtu de tweed fané ; mais, au bruit de ses pas sur le gravier de l'allée, Mrs Bantry se redressa en faisant une grimace de douleur et en essuyant son front en sueur avec une main maculée de terre.

– J'ai appris que vous étiez de retour, Jane, dit-elle d'un ton joyeux. Que pensez-vous de mes delphiniums ? Est-ce qu'ils ne se portent pas bien ? Et avez-vous vu ces nouvelles petites gentianes ? Elles m'ont donné du mal, mais je crois qu'elles sont bien parties, maintenant. Ce qu'il nous faudrait, c'est de la pluie. Le sol est affreusement sec.

Puis, changeant brusquement de sujet :

– Esther m'avait dit que vous étiez malade.

Esther remplissait chez Mrs Bantry les fonctions de cuisinière et d'agent de liaison avec le village.

– Je suis heureuse de constater qu'il n'en est rien.

– Je suis seulement un peu surmenée. Le Dr Haydock est d'avis que j'ai besoin de l'air de la mer. Et je crois qu'il a raison : je me sens épuisée.

– Mais vous ne pouvez pas partir en ce moment, voyons ! C'est la meilleure période de l'année pour le jardin. Vos plates-bandes doivent juste commencer à fleurir.

– Le docteur affirme qu'un changement d'air m'est absolument indispensable.

– Je veux bien admettre que Haydock n'est pas aussi stupide que certains autres médecins, reconnut Mrs Bantry un peu à contrecœur.

– Dites-moi, Dolly, je pensais tout à l'heure à cette cuisinière que vous aviez...

– Vous avez besoin d'une cuisinière ? Vous ne voulez pas parler de celle qui buvait, n'est-ce pas ?

– Non, non. Je songeais à celle qui faisait de la si bonne cuisine et dont le mari était valet de chambre.

– Ah ! Celle qui avait une voix grave et triste, comme si elle était tout le temps sur le point de fondre en larmes. C'était une bonne cuisinière, en effet ; mais son mari n'était qu'un gros fainéant absolument bon à rien. Il est fort regrettable que dans un ménage de domestiques, il y en ait toujours un qui laisse à désirer. Ceux-là nous ont quittés parce qu'ils avaient fait un héritage, et ils sont allés ouvrir une pension de famille sur la côte sud.

– C'est bien ce qu'il me semblait. Ne sont-ils pas à Dillmouth ?

– Mais oui. Ils habitent sur le boulevard de la Plage. Au numéro 14, je crois.

– Le docteur m'ayant ordonné l'air de la mer, j'ai pensé que je pourrais peut-être aller à... Ne s'appelaient-ils pas Saunders ?

– Si. Je trouve que c'est là une excellente idée, Jane. Vous ne sauriez mieux tomber. Mrs Saunders s'occupera bien de vous et, hors saison, elle vous consentira des prix raisonnables. Avec une bonne table et l'air de la mer, vous ne tarderez pas à retrouver toutes vos forces...

6

Investigations

– Où crois-tu que se trouvait le cadavre ? demanda Giles. Par ici ?

Gwenda et son mari étaient dans le hall de Hillside. Ils étaient arrivés la veille au soir, et le jeune homme était particulièrement excité, aussi heureux qu'un petit garçon à qui on vient d'offrir un nouveau jouet.

– Oui, à peu près, répondit Gwenda.

Elle remonta l'escalier à reculons et baissa ensuite les yeux vers le hall, d'un air critique.

– Je crois que c'est ça.

– Baisse-toi. Rappelle-toi que tu n'as que trois ans.

La jeune femme obéit sans protester.

– Tu ne voyais vraiment pas l'homme qui a prononcé ces paroles ?

– Je ne me rappelle pas l'avoir vu. Il devait se tenir un peu plus en arrière... Oui, par là. Je ne voyais que ses pattes.

Giles fronça les sourcils.

– Ses... pattes ?

– Oui, des pattes qui n'avaient rien d'humain.

– Voyons, Gwenda, il ne s'agit pas de l'*Assassinat de la Rue Morgue.* Un homme n'a pas de pattes.

– Eh bien, celui-là... si ! Il en avait.

Giles jeta à sa femme un regard soupçonneux.

– Tu as dû imaginer ce détail après coup.

Gwenda garda le silence pendant un moment avant de répondre d'une voix lente :

– À vrai dire, j'aurais bien pu imaginer toute l'histoire, ne crois-tu pas ? Tu sais, j'ai bien réfléchi, et j'ai l'impression que cela n'était peut-être qu'un rêve tel que peut en faire une enfant. Est-ce que ça ne pourrait pas être là la véritable explication ? En effet, personne, à Dillmouth, ne semble avoir la moindre idée qu'il ait pu se produire dans cette maison un crime, une mort subite ou même une quelconque disparition.

Giles faisait maintenant penser à un petit garçon à qui on vient de confisquer son jouet tout neuf.

– Je suppose que tout cela peut n'être, en effet, qu'un cauchemar, reconnut-il à contrecœur.

Puis son visage s'éclaira à nouveau.

– Et pourtant, non, reprit-il, je ne le pense pas. Tu aurais pu rêver de pattes de singe, d'un cadavre aussi. Mais tu n'aurais pu inventer la citation tirée de la *Duchesse d'Amalfi*.

– Quelqu'un aurait pu dire ces paroles devant moi à un moment quelconque, et elles seraient, plus tard, revenues dans mon rêve.

– Je ne pense pas qu'une aussi jeune enfant ait eu cette possibilité, à moins qu'elle n'ait entendu cette phrase en un moment de trouble intense. Et, dans ce cas, nous revenons au même point... Un instant ! Il me semble que j'y suis : ce sont les *pattes* dont tu as rêvé. Tu as vu le corps, tu as entendu ces paroles, et tu as été tellement effrayée que, par la suite, tu as fait un cauchemar dans lequel venaient s'ajouter ces pattes de singe. Sans doute parce que tu devais avoir peur des singes, à cette époque.

Gwenda semblait un peu déconcertée.

– Les choses se sont peut-être passées ainsi, dit-elle d'un ton peu convaincu.

– Je souhaiterais que tu puisses préciser un peu tes souvenirs. Redescends dans le hall... Ferme les yeux et essaie de te concentrer... Est-ce que tu ne te rappelles pas autre chose ?

– Non, Giles, rien. Plus je réfléchis et plus cela semble s'éloigner. Vois-tu, je commence à me demander si j'ai vraiment vu quoi que ce soit. L'autre soir, au théâtre, j'ai peut-être été victime d'une sorte de... transport au cerveau.

– Non. Il s'est véritablement produit quelque chose. Miss Marple le pense aussi. Et Hélène ? Ce nom doit bien te rappeler...

– Absolument rien, Giles. Ce n'est qu'un nom, et pas autre chose.

– Peut-être n'est-ce pas celui-là que tu as entendu véritablement.

– Oh, mais si ! C'était bien « Hélène » ! protesta la jeune femme d'un air buté.

– Dans ce cas, tu dois forcément te rappeler quelque chose d'elle. La connaissais-tu bien ? Habitait-elle ici, ou bien y était-elle simplement en visite ?

– Je te répète que j'en sais rien ! répliqua Gwenda qui commençait à se sentir tendue et nerveuse.

Giles essaya une autre méthode.

– De qui te souviens-tu ? De ton père ?

– Non. Du moins... je ne puis l'affirmer. Chez ma

tante Alison, il y avait une photo de lui, et on me disait souvent : « C'est ton papa. » Mais je ne garde aucun souvenir de lui ici, dans cette maison.

– Pas de domestiques... de bonne d'enfant ?

– Non. Plus j'essaie de me souvenir et plus je sens le trou se creuser dans ma mémoire. Les choses que je sais se trouvent toutes dans mon inconscient, comme lorsque je me dirigeais automatiquement vers cet endroit du mur où était autrefois une porte de communication. Je ne me rappelais pas véritablement son existence. Peut-être que si tu cessais de me harceler, les choses me reviendraient. Oh ! Et puis, essayer de découvrir ce qui a pu se passer à ce moment-là est chose absolument vaine. Il y a si longtemps de cela !

– Le cas ne me semble pas aussi désespéré que tu le prétends. La vieille miss Marple elle-même l'a reconnu.

– Mais elle ne nous a pas donné la moindre idée quant à la façon de s'y prendre. Pourtant, si j'en crois l'expression de son regard, elle devait en avoir, des idées. Je me demande comment elle s'y serait prise, elle.

– J'avoue que je ne vois pas bien comment elle serait susceptible de penser à des choses qui nous échappent à nous. Écoute, Gwenda, il nous faut cesser d'échafauder des hypothèses et nous efforcer d'examiner les faits avec méthode et logique. J'ai d'ailleurs déjà commencé en allant parcourir les registres de l'état civil. Malheureusement, j'ai fait chou blanc : il n'y a pas une seule « Hélène » décédée à cette époque. Il nous faut donc essayer autre chose. Si ton père et ta belle-mère ont vraiment vécu dans cette maison, ils doivent forcément l'avoir achetée ou louée.

– D'après Foster, le jardinier, avant les Hengrave, elle appartenait à des gens nommés Elworthy et, auparavant, à une certaine Mrs Findeyson.

– Ton père a pu l'acheter, l'habiter un certain temps et la revendre ensuite. Mais il me paraît beaucoup plus vraisemblable qu'il l'ait louée, sans doute toute meublée. Dans ce cas, le mieux que nous ayons à faire, c'est de nous adresser aux agences immobilières.

Faire le tour des agences n'était pas un gros travail, car il n'y en avait que deux, à Dillmouth. L'agence Wilkinson était de création relativement récente, puisque son existence ne remontait guère qu'à une dizaine d'années ; et elle s'occupait surtout de la vente des bungalows et des maisons neuves qui se trouvaient en dehors de la ville. L'autre, celle de Galbraith et Penderley, Gwenda la connaissait déjà, puisque c'était par son intermédiaire qu'elle avait acheté Hillside.

Giles s'y rendit le lendemain et débita sa petite histoire : Sa femme et lui aimaient beaucoup Dillmouth, et ils étaient enchantés de l'acquisition de leur maison. Or, Mrs Reed venait précisément de découvrir qu'elle avait vécu un certain temps à Dillmouth, alors qu'elle était petite fille. Il lui en restait quelques vagues souvenirs, et elle avait l'impression que c'était à Hillside qu'elle avait séjourné, mais elle ne pouvait en être absolument sûre. Était-il possible de savoir si cette maison avait été, à un moment donné, vendue ou louée à un certain major Halliday ? Cela devait remonter à dix-huit ou dix-neuf ans...

Mr Penderlay esquissa un geste d'excuse.

– Je crains qu'il ne nous soit pas possible de vous renseigner, Mr Reed. Nos archives ne remontent pas aussi loin. Si notre vieil employé Mr Narracott était encore en vie, il aurait certainement pu vous aider, car il avait une mémoire extraordinaire, et il était resté chez nous pendant près de trente ans. Malheureusement...

– N'y a-t-il personne qui soit susceptible de se rappeler ?

– Notre personnel est relativement jeune. Bien sûr, il y a le vieux Mr Galbraith lui-même, qui s'est retiré des affaires il y a quelques années.

– Peut-être pourrions-nous le voir.

– Naturellement, mais je crains que cela ne vous avance guère. Il a été frappé d'une attaque l'année dernière, et ses facultés sont sérieusement diminuées. Il a plus de quatre-vingts ans, vous savez...

– Est-ce qu'il vit toujours à Dillmouth ?

– Oui. Il habite Calcutta Lodge, une charmante petite propriété sur la route de Seaton. Mais je ne pense vraiment pas...

*

– Ça me paraît sans espoir, déclara Giles. Mais on ne sait jamais.

Calcutta Lodge s'élevait au milieu d'un très beau jardin, et le salon dans lequel furent introduits les deux jeunes gens était, lui aussi, remarquablement tenu, bien que peut-être un peu trop surchargé de meubles.

Une femme d'âge moyen, l'air vaguement soupçonneux, fit bientôt son entrée. Giles lui ayant expliqué le but de leur visite, le visage de miss Galbraith se détendit.

Elle était un peu rassurée : on n'allait pas essayer de lui vendre un aspirateur.

– Je suis navrée, répondit-elle, mais je ne pense pas pouvoir vous aider. Cela remonte déjà à bien des années.

– Il arrive cependant que l'on se rappelle certains détails, insista Gwenda.

– En ce qui me concerne, je ne peux pas savoir grand-chose, car je ne me suis jamais occupée de l'agence. Un major Halliday, dites-vous ? Je ne me souviens pas d'avoir jamais entendu ce nom à Dillmouth.

– Votre père pourrait peut-être se souvenir, suggéra Gwenda.

Miss Galbraith hocha la tête.

– Il ne s'intéresse plus à grand-chose, maintenant, et sa mémoire est devenue très capricieuse.

Les yeux de Gwenda se posèrent sur un petit guéridon de cuivre de Bénarès, puis sur une série d'éléphants d'ébène alignés sur la cheminée.

– J'avais dans l'idée qu'il pourrait se rappeler, dit-elle, parce que mon père venait justement des Indes. Et comme votre villa s'appelle Calcutta Lodge...

– Oui, mon père a séjourné un certain temps à Calcutta pour ses affaires. Ensuite, il aurait aimé y retourner, mais ma mère n'a pas voulu s'expatrier. Évidemment, on ne peut pas dire que le climat soit des plus sain, dans ces régions. Ma foi, si vous voulez tout de même essayer de lui parler... J'ignore s'il est dans un de ses bons jours.

Elle conduisit ses visiteurs jusqu'à un petit bureau situé sur le derrière de la maison. Là, assis dans un grand fauteuil de cuir un peu râpé, se tenait un vieux monsieur, le visage tiré de côté, la lèvre ornée d'une moustache blanche à la gauloise. Il considéra Gwenda d'un air approbateur, et sa fille fit les présentations.

– Ma mémoire n'est plus ce qu'elle a été, murmura-t-il d'une voix sourde.

Son élocution manquait un peu de clarté.

– Halliday, dites-vous ? Non, je ne me rappelle pas ce nom. Je connaissais bien, au lycée, un garçon qui portait son nom ; mais ça remonte à quelque soixante-dix ans.

– Nous pensons que le major Halliday avait pu louer Hillside.

– Hillside ? Est-ce que la maison portait déjà ce nom ? C'était une certaine Mrs Findeyson, qui habitait là. Une femme remarquable, d'ailleurs.

– Il se peut que mon père ait loué la maison en meublé. Il revenait des Indes à ce moment-là.

– Des Indes ? Je me rappelle quelqu'un... Un militaire... Il connaissait ce vieux bandit de Mohammed Hassan, à qui j'avais acheté des tapis et qui m'avait roulé... Un militaire, oui... Il avait une jeune femme et un bébé... Une petite fille.

– C'était moi, dit Gwenda.

– Pas possible ! Mon Dieu, comme le temps passe ! Voyons, comment s'appelait-il donc ? Il cherchait une maison en meublé. Mrs Findeyson était partie pour l'Égypte, je crois, où elle devait passer l'hiver. Pour sa santé, soi-disant... Tout ça, c'est des niaiseries. Mais quel était donc son nom ?

– Halliday, répéta Gwenda.

– C'est juste. Halliday. Le major Halliday. Un chic type. Il avait une très jolie femme... toute jeune... Les cheveux blonds... Elle tenait à ne pas être trop éloignée de ses parents, me semble-t-il. Oui, très jolie...

– Qui étaient ses parents ?

– Aucune idée. Non, pas la moindre idée. Mais... vous ne lui ressemblez pas du tout.

Gwenda fut sur le point de lui apprendre qu'il ne s'agissait que de sa belle-mère, mais elle se dit qu'il était inutile de compliquer un peu plus la situation.

– Comment était-elle ?

La réponse de Mr Galbraith fut assez surprenante.

– Elle paraissait inquiète... Oui, c'est bien ça... Inquiète. Un garçon sympathique, ce major Halliday. Je me rappelle qu'il était ravi de savoir que j'avais été à Calcutta. Il ne ressemblait pas du tout à ces hommes qui ne sont jamais sortis d'Angleterre. Bornés, voilà ce qu'ils sont. Moi, j'ai vu le monde. Quel était donc le nom de ce militaire... qui voulait louer une maison en meublé ?...

Cela faisait maintenant penser à un très vieux phonographe répétant un disque usé.

– Sainte-Catherine. C'est ça. Il a loué Sainte-Catherine pour huit livres par semaine... pendant que Mrs Findeyson était en Égypte. Elle est d'ailleurs morte là-bas, la pauvre femme et, par la suite, la maison fut mise aux enchères. Qui donc l'a achetée ?... Ah oui ! les demoiselles Elworthy. Quatre vieilles filles. Mais elles ont changé le nom de la propriété, parce que ça faisait trop papiste pour leur goût. Elles passaient leur temps à distribuer des tracts... Bien laides, toutes les quatre. Elles s'intéressaient aux peuplades noires, envoyaient des vêtements, des bibles... Elles étaient enragées pour essayer de convertir les païens...

Il poussa un soupir et se renversa dans son fauteuil.

– Il y a si longtemps, dit-il d'un air las, que je ne me rappelle plus les noms. Un type qui venait des Indes... Un brave garçon... Un militaire, je crois... Une jolie femme... Une petite fille... Je suis fatigué, Gladys... Je voudrais une tasse de thé...

Giles et Gwenda le remercièrent, remercièrent sa fille et se retirèrent.

– Voilà qui est donc prouvé, dit Gwenda en remontant en voiture. Mon père et moi avons véritablement séjourné à Hillside. Qu'allons-nous faire à présent ?

– J'ai été stupide ! s'écria soudain le jeune homme. Somerset House, bien sûr.

– Qu'est-ce que c'est ?

– Un bureau où l'on peut retrouver le double de tous les actes de mariage. Je vais m'y rendre pour consulter celui du mariage de ton père. D'après ta tante, il a épousé sa seconde femme dès son retour en Angleterre. Ne comprends-tu pas que nous aurions dû y penser plus tôt ? Il est parfaitement possible que cette « Hélène » ait été une parente de ta belle-mère ; peut-être une jeune sœur. De toute facon, une fois que nous connaîtrons son nom de famille, nous risquons de découvrir quelqu'un susceptible de nous fournir des renseignements sur elle. Rappelle-toi, le vieux Galbraith a prétendu que ta belle-mère voulait être près de ses parents. Si ceux-ci vivent encore, nous pourrons enfin apprendre quelque chose.

– Giles, murmura Gwenda, tu es vraiment épatant !

*

Cependant, Giles ne jugea pas indispensable de se rendre à Londres, cette enquête de pure routine pouvant parfaitement s'accomplir par personne interposée. Il se contenta donc de passer un coup de téléphone à son bureau de la capitale, et la réponse lui parvint deux jours plus tard.

Il tira de l'enveloppe une copie d'acte de mariage qu'il tendit à sa jeune femme après y avoir jeté un rapide coup d'œil.

– Et voilà ! dit-il. Vendredi 7 août. Bureau de l'état civil de Kensington. Kelvin James Halliday et Hélène Spenlove Kennedy.

Gwenda poussa une exclamation.

– *Hélène !*

Mari et femme se considérèrent un instant en silence.

– Mais, dit enfin Giles, il n'est pas possible que ce soit... Je veux dire... ils se sont séparés au bout d'un an et... elle s'est remariée.

La jeune femme baissa à nouveau les yeux vers le nom, clairement dactylographié : Hélène Spenlove Kennedy.

Hélène...

7

Le docteur Kennedy

Quelques jours plus tard, Gwenda remontait l'Esplanade. Il soufflait un vent âpre, et elle s'arrêta soudain devant un des abris vitrés qu'une municipalité prévoyante avait fait édifier à l'intention des promeneurs.

– Miss Marple ! s'écria la jeune femme, frappée d'étonnement.

Car c'était bien la vieille demoiselle, qui était assise là, emmitouflée dans un épais manteau de lainage, le cou soigneusement entouré d'une écharpe.

– J'imagine, dit-elle, que c'est pour vous une surprise de me trouver ici. Mais mon médecin m'a ordonné l'air de la mer, et vous m'aviez tellement vanté le charme de Dillmouth que j'ai décidé de venir y passer quelque temps. De plus, l'ancienne cuisinière d'une de mes amies tient ici une pension de famille.

– Pourquoi n'êtes-vous pas venue nous voir ?

– Vous savez, les vieilles personnes sont parfois bien ennuyeuses. Et puis, il faut laisser les jeunes mariés tranquilles.

Elle sourit à la protestation de Gwenda.

– Oh ! je suis sûre que vous m'auriez très bien reçue... Et comment allez-vous, tous les deux ? Avez-vous élucidé votre mystère ?

– Pas encore, mais nous avons une piste, déclara Gwenda en s'asseyant près de la vieille demoiselle.

Et elle lui fit part des résultats de leurs recherches.

– Maintenant, termina-t-elle, nous venons de faire paraître une annonce dans plusieurs journaux régionaux, – ainsi que dans le *Times* et dans d'autres grands quotidiens. Nous demandons à toute personne ayant connu Hélène Spenlove Halliday, née Kennedy, de bien vouloir se mettre en rapport avec nous. Je crois que nous devrions recevoir des réponses. Qu'en dites-vous ?

– Je le crois aussi, dit lentement miss Marple, je le crois...

Son ton était aussi calme qu'à l'accoutumée, mais son regard paraissait troublé. Elle jeta un coup d'œil rapide à la jeune femme assise à ses côtés et dont les paroles lui avaient paru sonner un peu faux. Gwenda avait l'air soucieuse. Peut-être commençait-elle à apercevoir les conséquences possibles de sa curiosité, au demeurant bien naturelle. Mais il était maintenant trop tard pour revenir en arrière, et elle devait s'en rendre compte.

– Cette affaire, je l'avoue, m'intrigue et m'intéresse, reprit miss Marple d'une voix douce. Vous savez, ma vie est tellement monotone... J'espère que vous ne me jugerez pas indiscrète si je vous demande de me tenir au courant des progrès de votre enquête ?

– Vous saurez tout, je vous le promets ! s'écria Gwenda avec chaleur. Je n'oublie pas que si vous n'aviez pas été près de moi à un certain moment, je serais maintenant en train de tarabuster les médecins pour qu'ils me fassent enfermer dans un asile psychiatrique. Donnez-moi votre adresse, et puis... il faudra aussi que vous veniez boire un verre... je veux dire... prendre le thé chez nous. Il faut bien que vous voyiez le lieu du crime, non ?

La jeune femme se mit à rire, mais d'un rire qui paraissait un peu forcé. Lorsqu'elle se fut éloignée, miss Marple hocha doucement la tête et fronça les sourcils.

*

Chaque jour, Giles et Gwenda attendaient le courrier avec impatience, mais leurs espoirs furent d'abord déçus. Les deux seules réponses reçues jusqu'à présent provenaient de deux agences de police privée qui leur proposaient d'entreprendre une enquête.

– Rien ne presse de ce côté, avait déclaré Giles. Et si nous sommes, par la suite, obligés d'avoir recours à une agence, il faudra la choisir soigneusement. Je n'ai pas la moindre confiance en celles qui font du battage dans la presse. D'ailleurs, je ne vois pas ce que ces gens-là pourraient faire de mieux que nous.

Son optimisme trouva sa récompense quelques jours plus tard lorsque arriva une lettre rédigée de cette écriture nette mais à peu près illisible qui caractérise généralement les membres des professions libérales.

Galls Hill
Woodleigh Bolton

Cher Monsieur,

En réponse à votre annonce parue dans les colonnes du Times, *je vous informe qu'Hélène Spenlove Kennedy est ma sœur. Je suis sans nouvelles d'elle depuis de longues années, et je serais naturellement heureux d'en avoir.*

Je vous prie d'agréer, etc.

James KENNEDY
Docteur en Médecine

– Woodleigh Bolton n'est pas très loin d'ici, fit remarquer Giles. À une trentaine de milles, je crois. Nous allons écrire à ce Dr Kennedy pour lui demander si nous pouvons lui rendre visite. À moins qu'il ne préfère venir ici.

La réponse ne se fit pas attendre. Le docteur annonçait qu'il serait disposé à recevoir ses visiteurs le mercredi suivant.

Woodleigh Bolton était un village aux maisons éparses, disséminées au flanc d'une colline. Galls Hill se dressait tout au sommet et avait vue sur la lande en direction de la mer.

– C'est un endroit plutôt lugubre, dit Gwenda en frissonnant.

La maison elle-même était triste, et il paraissait évident que le Dr Kennedy méprisait les innovations modernes telles que le chauffage central. La femme qui ouvrit la porte était, elle aussi, d'aspect plutôt rébarbatif. Elle conduisit les visiteurs, à travers un hall presque nu, jusqu'à un bureau où le maître de céans se leva pour les accueillir. La pièce était longue, haute de plafond, les murs tapissés de livres.

Le Dr Kennedy était un homme d'un certain âge, aux cheveux blancs, aux yeux perçants surmontés d'épais sourcils.

– Mr et Mrs Reed ? Asseyez-vous ici, madame. Ce fauteuil est sans doute le plus confortable. Et maintenant, de quoi s'agit-il ?

Son air était froid et distant.

Giles se lança dans l'histoire que Gwenda et lui avaient préparée à l'avance. Ils s'étaient mariés récemment en Nouvelle-Zélande. Ils venaient d'arriver en Angleterre, où sa femme avait vécu quelque temps lorsqu'elle était enfant, et elle souhaitait retrouver des parents ou des amis de la famille.

Le docteur gardait son impassibilité. Il était certes

courtois, mais visiblement contrarié par l'insistance des deux jeunes gens à vouloir renouer de vieux liens de famille.

– Et vous pensez que ma sœur – ou plutôt ma demi-sœur – est une de vos parentes ?

Une légère hostilité perçait maintenant sous sa politesse.

– C'était ma belle-mère, expliqua Gwenda. La seconde femme de mon père. Mais je ne me souviens pas bien d'elle, car je n'étais qu'une enfant, à cette époque. Mon nom de jeune fille est Halliday.

Le vieux médecin la regarda avec des yeux remplis d'étonnement et, soudain, un sourire illumina son visage. Il avait perdu toute sa raideur et son indifférence.

– Juste ciel ! s'écria-t-il. Ne me dites pas que vous êtes Gwennie !

La jeune femme fit un petit signe de tête affirmatif. Ce diminutif, depuis longtemps oublié, sonnait à ses oreilles avec une familiarité rassurante.

– Mais si ! Je suis Gwennie.

– Que Dieu me pardonne, déjà adulte et mariée ! Il doit bien y avoir quinze ans depuis que... Non, ça fait beaucoup plus que ça. Je suppose que vous ne vous souvenez pas de moi.

– À vrai dire, non. Je ne me souviens même pas de mon père. Du moins, toute cette époque est-elle très confuse dans ma mémoire.

– Bien sûr, la première femme de Halliday était originaire de Nouvelle-Zélande. Il me l'avait dit un jour. Un beau pays, n'est-il pas vrai ?

– C'est pour moi le plus beau du monde. Mais j'aime bien l'Angleterre aussi.

– Y êtes-vous en visite, ou bien... comptez-vous rester ?

Tout en parlant, il appuya sur le bouton de la sonnette.

– Nous allons prendre le thé.

La femme à l'air revêche apparut sur le seuil.

– Le thé, s'il vous plaît, dit le docteur. Avec des toasts... ou des gâteaux, ou autre chose.

La respectable femme de charge avait toujours son air venimeux. Néanmoins, elle inclina la tête et disparut.

– Je ne prends généralement pas le thé, reprit le médecin, mais il faut bien fêter ça.

– C'est très aimable à vous, répondit Gwenda. Non, nous ne sommes pas en visite en Angleterre. Nous y avons acheté une maison... Hillside.

– Ah oui ? À Dillmouth, j'imagine, puisque c'est de là que vous m'avez écrit.

– Oui, et c'est la coïncidence la plus extraordinaire. N'est-ce pas, Giles ?

– C'est bien mon avis. Vraiment renversant.

– Voyez-vous, continua Gwendy, elle était à vendre...

Et, voyant que le docteur ne paraissait pas bien comprendre, elle ajouta :

– C'est la maison même où j'ai habité autrefois avec mon père.

Kennedy fronça les sourcils.

– Hillside ? En effet, j'ai entendu dire qu'on l'a débaptisée. Elle s'appelait autrefois... Sainte... je ne sais plus quoi. Du moins si c'est bien de la même que nous parlons. Elle se trouve sur la route de Leahampton, à droite, un peu avant d'entrer dans la ville.

– C'est exact.

– Il est étrange que les noms puissent ainsi vous sortir de la tête. Attendez... C'était... Sainte-Catherine, je crois.

– Et est-ce que j'y ai vraiment vécu ?

– Certes.

Il considéra la jeune femme d'un air amusé.

– Pour quelle raison avez-vous voulu y revenir ? Vous ne pouvez pas en avoir gardé des souvenirs très précis.

– Non. Et pourtant, dès que je l'ai vue, j'ai eu l'impression que c'était, en quelque sorte, mon chez-moi.

– Votre chez-vous, murmura le docteur.

Il n'y avait dans sa voix nulle intonation particulière, et pourtant Giles se demanda soudain à quoi il pouvait bien penser.

– Voyez-vous, reprit Gwenda, j'espérais que vous pourriez me parler de ce passé déjà lointain. De mon père, d'Hélène et... enfin... de tout.

Kennedy la regarda à nouveau d'un air pensif.

– Je suppose que vos parents de Nouvelle-Zélande n'ont jamais été au courant des événements. D'ailleurs, il n'y a pas grand-chose à dire. Ma sœur Hélène revenait des Indes sur le même bateau que votre père. Il était veuf, avec une petite fille... Hélène a dû le plaindre ou tomber amoureuse de lui, je ne sais pas. Votre père se sentait seul, et il s'est mis à l'aimer aussi. Il est difficile de savoir, après coup, comment arrivent les choses. Quoi qu'il en soit, ils se sont mariés à Londres dès leur arrivée, puis ils sont venus me voir à Dillmouth, où j'exerçais à cette époque. Kelvin Halliday était un garçon sympathique, un peu nerveux peut-être ; mais tous deux paraissaient heureux.

Le docteur se tut pour reprendre au bout d'un instant :

– Pourtant, moins d'un an plus tard, Hélène s'enfuyait avec un autre homme. Vous le savez sans doute.

– Pour quelle raison est-elle partie ? demanda Gwenda.

Kennedy la fixa de ses yeux perçants.

– Elle ne me l'a pas dit. Elle ne m'a jamais fait de confidences. Néanmoins, j'avais remarqué – il était impossible de ne pas le voir – qu'il existait certaines frictions entre elle et Kelvin. J'en ignore la raison. J'ai toujours été un peu... prude et, de plus, partisan de la fidélité conjugale. Ce qui explique qu'Hélène ne m'ait pas mis au courant de ce qui se tramait. J'avais entendu certaines rumeurs, comme il arrive souvent dans ces cas-là, mais sans qu'il fût fait mention d'un nom quelconque. Kelvin et Hélène recevaient souvent des invités, qui venaient de Londres ou d'autres coins d'Angleterre, et j'imagine qu'il s'agissait de l'un d'eux.

– Le divorce ne fut pas prononcé, n'est-ce pas ?

– Non. Hélène n'en voulait pas. C'est Kelvin lui-même qui me l'a dit. Ce qui m'a conduit à penser – peut-être à tort, d'ailleurs – qu'il s'agissait d'un homme marié. Ce pouvait être quelqu'un dont la femme était catholique ; mais il y a évidemment d'autres possibilités.

– Et mon père ?

– Il ne tenait pas, lui non plus, à divorcer, répondit le médecin d'un ton plutôt sec.

– Parlez-moi de lui, reprit Gwenda. Pourquoi a-t-il soudain décidé de m'envoyer en Nouvelle-Zélande ?

Kennedy réfléchit un moment avant de répondre.

– Je suppose que votre oncle et votre tante ont fait pression sur lui. Et, après l'échec de son second mariage, il a sans doute pensé que c'était la meilleure solution.

– Pourquoi ne m'y a-t-il pas emmenée lui-même ?

Le médecin parcourut des yeux le dessus de la cheminée, à la recherche d'un cure-pipe.

– Je ne sais pas... Voyez-vous, il était déjà en assez mauvaise santé.

– Qu'avait-il ? De quoi est-il mort ?

La porte s'ouvrit au même moment devant la femme de charge qui apportait le thé. Il y avait sur le plateau quelques toasts beurrés et de la confiture, mais pas de gâteaux. Le médecin adressa un petit signe à Gwenda pour lui demander de bien vouloir servir. Elle s'exécuta. Quand les tasses furent remplies, elle prit un toast, tandis que Kennedy poursuivait avec une gaieté un peu forcée :

– Parlez-moi des transformations que vous avez fait subir à la maison. Y avez-vous apporté beaucoup de changements ? J'imagine que je ne la reconnaîtrais pas si je la voyais.

– Jusqu'à présent, nous ne nous sommes guère occupés que des salles de bains, dit Giles.

Gwenda leva les yeux vers le docteur.

– De quoi mon père est-il mort ? demanda-t-elle à nouveau.

– Je ne saurais vous l'apprendre, ma chère. Comme je le disais tout à l'heure, depuis un certain temps, sa santé laissait à désirer, et il est finalement entré dans une maison de repos, quelque part sur la côte est. C'est là qu'il est mort deux ans plus tard.

– Où se trouvait exactement cette maison ?

– Désolé, mais je ne m'en souviens pas. Je suis à peu près sûr, toutefois, que c'était bien sur la côte est.

Il y avait à présent une certaine réticence dans l'attitude de Kennedy. Giles et Gwenda échangèrent un coup d'œil.

– Du moins pouvez-vous nous apprendre où il est enterré ? insista le jeune homme. Gwenda souhaite, comme il est naturel, se rendre sur sa tombe.

Le docteur se pencha vers le foyer de la cheminée pour curer sa pipe.

– Vous savez, répondit-il ensuite d'une voix sourde, à votre place, je ne m'appesantirais pas trop sur le passé. Tout ce culte des morts est, à mon avis, une erreur. Ce qui compte, c'est l'avenir. Vous êtes, tous les deux, jeunes et en bonne santé, vous avez le monde devant vous. Regardez donc en avant, pas en arrière. Il ne sert à rien d'aller fleurir la tombe de quelqu'un que vous avez à peine connu.

– Je désire néanmoins me rendre sur celle de mon père ! répliqua Gwenda d'un air de révolte.

– Je regrette de ne pouvoir vous aider, dit le docteur d'une voix calme. Cela remonte à un certain nombre d'années, et ma mémoire n'est plus aussi fidèle qu'autrefois. D'autre part, j'ai perdu votre père de vue après son départ de Dillmouth. Je crois qu'il m'a écrit une fois depuis le sanatorium, mais je n'en suis même pas absolument sûr. Et je n'ai pas la moindre idée de l'endroit où il a pu être enterré.

– N'est-ce pas étrange ? fit remarquer Giles.

– Pas vraiment. Le lien qui nous unissait, c'était évidemment Hélène, pour qui j'ai toujours eu une grande affection. Ce n'est que ma demi-sœur, et elle est beaucoup plus jeune que moi, mais je me suis efforcé de l'élever aussi bien que je l'ai pu, choisissant pour elles les meilleures écoles et tout le reste. Malheureusement, je dois à la vérité de reconnaître qu'elle n'a jamais eu un caractère très stable. Alors qu'elle était encore toute jeune, nous avons eu des ennuis à cause d'un garçon parfaitement indésirable dont elle s'était entichée. J'ai eu cependant la chance de pouvoir la tirer sans dommage de cette fâcheuse situation. Ensuite, elle décida de partir pour l'Inde et d'épouser Walter Fane, le fils du plus gros notaire de Dillmouth ; un brave garçon, mais ennuyeux comme la pluie. Il l'avait toujours adorée, mais elle n'avait jamais daigné lever les yeux sur lui. Et puis, brusquement, elle change d'avis et s'embarque pour l'Inde avec l'intention de l'épouser. Seulement, dès qu'elle le revoit, le projet tombe à l'eau et elle m'envoie un câble me demandant de lui faire parvenir le montant de son voyage de retour. Que pouvais-je faire ? Je lui expédiai l'argent, naturellement. Et c'est au cours de ce voyage qu'elle fit la connaissance de Kelvin. Ils étaient mariés avant même que je ne fusse au courant de leur décision. Voyez-vous, j'ai toujours eu des ennuis avec ma sœur. C'est ce qui explique que Kelvin et moi n'ayons pas continué à nous fréquenter après le départ d'Hélène. Mais, dites-moi, où est-elle en ce moment ? Le savez-vous ? J'aimerais tellement la retrouver ou, du moins, avoir de ses nouvelles.

– Mais... nous n'en savons rien, répondit Gwenda. Rien du tout.

– Oh ! d'après votre annonce, je m'étais imaginé...

Son regard intrigué alla de Gwenda à Giles.

– Pourquoi, au fait, avez-vous fait paraître cette annonce ?

– Nous souhaitions entrer en relations...

– Avec quelqu'un dont il ne vous reste à peu près aucun souvenir ? s'étonna Kennedy.

– Je pensais que si je pouvais la retrouver, elle me parlerait de mon père.

– Hum ! Oui, je comprends. Et je suis sincèrement désolé de ne pouvoir vous être d'aucune aide. Tout cela est si lointain, et ma mémoire...

– Vous devez tout de même savoir, intervint Giles, dans quel genre de maison de repos était entré le major Halliday. Était-ce un sanatorium pour tuberculeux ?

Le visage du docteur se ferma de nouveau.

– Heu... oui, je crois.

– Dans ce cas, nous devrions le retrouver sans difficulté. Je vous remercie, docteur, pour tout ce que vous nous avez appris.

Giles se leva, aussitôt imité par sa femme.

– Merci beaucoup, dit à son tour Gwenda. Et j'espère que vous viendrez nous voir à Hillside.

Au moment où elle franchissait le seuil, elle tourna la tête et aperçut une dernière fois le Dr Kennedy, debout près de la cheminée. Il tiraillait nerveusement sa moustache grisonnante et paraissait soucieux.

– Il sait quelque chose dont il n'a pas voulu nous faire part, dit la jeune femme en prenant place dans la voiture aux côtés de son mari. Oui, il y a quelque chose, Giles. Et je souhaiterais à présent n'avoir jamais mis le nez dans cette vieille histoire.

Les deux jeunes gens se regardèrent pendant un instant et, dans l'esprit de chacun d'eux, une sorte de crainte commençait à s'insinuer.

– Miss Marple avait raison, continua Gwenda, nous aurions dû laisser dormir le passé.

– Nous ne sommes pas obligés de poursuivre, fit observer Giles d'une voix mal assurée. Peut-être ferions-nous aussi bien d'abandonner, chérie.

Gwenda secoua la tête.

– Non, Giles. Nous ne pouvons pas nous arrêter maintenant. Nous nous poserions toujours des questions qui resteraient sans réponses, nous imaginerions des tas de choses... Il nous faut continuer, nous n'avons pas le choix. Il est certain que le Dr Kennedy nous a caché certains détails, sans doute par pure bonté d'âme. Seulement, nous n'avons que faire de ce genre de bonté. Il nous faut absolument découvrir ce qui s'est réellement passé. Même si... même si c'est mon père qui a...

Sa voix se brisa, et elle se tut.

8

Les hallucinations de Kelvin Halliday

Le lendemain matin, Giles et Gwenda étaient dans le jardin lorsque Mrs Cocker apparut sur le seuil de la porte-fenêtre.

– Excusez-moi, monsieur, un certain Dr Kennedy vous demande au téléphone.

Laissant Gwenda en conversation avec le vieux Foster, Giles rentra dans la maison et saisit le combiné.

– Ici Giles Reed.

– Kennedy à l'appareil. J'ai réfléchi à notre conversation d'hier, Mr Reed, et je suis parvenu à la conclusion que certains faits que je n'ai pas cru bon de mentionner devraient cependant être connus de vous et de votre femme. Pourrais-je vous rendre visite cet après-midi ?

– Naturellement. Vers quelle heure ?

– Disons trois heures. Est-ce que cela vous conviendrait ?

– À merveille.

Au même moment, le jardinier demandait à Gwenda :

– Est-que ce Dr Kennedy est celui qui habitait autrefois ici, à West Cliff ?

– Je le suppose. Vous le connaissiez ?

– Comme ci, comme ça. Les gens prétendent que c'était un excellent médecin ; mais le Dr Lazenby était plus populaire, c'est sûr. Il avait toujours un mot aimable ou une bonne plaisanterie. Le Dr Kennedy, lui, était plutôt sec ; mais il connaissait son affaire.

– Quand a-t-il abandonné sa clientèle ?

– Oh ! ça fait longtemps. Une bonne quinzaine d'années, rapport à sa santé, qu'on dit...

Giles, qui venait de disparaître, répondit aussitôt au regard interrogateur de sa femme.

– Il doit venir cet après-midi.

– Oh !

Gwenda se tourna à nouveau vers le jardinier.

– Avez-vous connu la sœur du Dr Kennedy ?

– Sa sœur ? Je crois pas. L'était qu'une gamine qui allait encore à l'école. Ensuite, l'est partie à l'étranger, mais il me semble qu'elle est revenue ici après son mariage. Et puis, l'a filé avec un autre gars. L'avait toujours été un peu folle, la petite Kennedy. Mais je me demande si je l'ai jamais vue moi-même, parce que je travaillais alors à Plymouth.

Gwenda s'éloigna en compagnie de son mari.

– Pourquoi vient-il ? demanda-t-elle.

– Nous le saurons bientôt.

Le Dr Kennedy arriva à trois heures précises.

– Ça me fait tout drôle de me retrouver ici, dit-il en parcourant des yeux le salon où on venait de le faire entrer.

Puis, sans autre préambule, il en vint au but de sa visite.

– J'ai compris que vous étiez résolus à trouver la maison de repos où est mort Kelvin Halliday et que vous désiriez également en savoir davantage sur sa maladie et sur ses derniers jours.

– Absolument, dit Gwenda.

– Vous pouvez évidemment y parvenir sans difficulté.

C'est pourquoi il me semble que le choc sera moins rude si je vous mets moi-même au courant des faits que j'ai passés sous silence hier. Je suis désolé d'avoir à vous l'apprendre, car cela risque de vous causer de la peine, Gwennie, mais votre père n'était pas atteint de tuberculose. Il est mort dans une clinique psychiatrique.

– Une clinique... psychiatrique ? Avait-il donc... perdu la raison ?

Le visage de la jeune femme était devenu d'une pâleur de cire.

– Officiellement, il n'a jamais été déclaré atteint de maladie mentale. Et, à mon avis, il n'était pas fou au sens que l'on donne généralement à ce terme. Il avait eu une très grave dépression nerveuse, et il souffrait d'hallucinations obsessionnelles. Il est entré dans cet établissement de son propre gré, et il aurait pu le quitter à n'importe quel moment s'il l'avait désiré. Néanmoins, son état ne s'améliora pas, et il y mourut.

– Des hallucinations obsessionnelles ? répéta Giles. Quel genre d'hallucinations ?

Le Dr Kennedy répondit d'un ton plus sec :

– Il croyait avoir étranglé sa femme.

Gwenda étouffa un petit cri. Giles se rapprocha vivement d'elle et s'empara de sa main glacée qu'il serra dans la sienne.

– Et... était-ce la vérité ? demanda-t-il.

– Quoi ?

Le médecin le regarda d'un air étonné.

– Non, bien sûr que non. Il n'avait rien fait de tel.

– Mais... comment le savez-vous ? demanda Gwenda d'une voix tremblante.

– Ma chère enfant, il n'a jamais été question d'une pareille chose. Hélène l'a quitté pour un autre homme. Or, depuis un certain temps, il souffrait de dépression nerveuse, et ce dernier choc l'a fait basculer, si je puis ainsi m'exprimer. Les psychiatres ont une explication pour de tels cas : si un homme aime mieux voir sa femme morte plutôt qu'infidèle, il peut finir par croire qu'elle est véritablement morte et même qu'il l'a tuée de ses propres mains.

Giles et Gwenda échangèrent un coup d'œil discret.

– Ainsi donc, reprit le jeune homme, vous êtes bien sûr qu'il n'avait pas commis l'acte dont il s'accusait ?

– Oh, absolument sûr. Voyez-vous, j'ai reçu, par la suite, deux lettres d'Hélène : la première – qui venait de France – une semaine après son départ, la seconde environ six mois plus tard. Non, croyez-moi, tout se résume à un cas d'hallucination.

Gwenda respira profondément.

– Voulez-vous tout me raconter, s'il vous plaît ?

– Je vous dirai tout ce que je peux, bien entendu. Comme je l'ai déjà mentionné, votre père souffrait, depuis un certain temps, d'une sorte de névrose, et il était même venu me consulter à ce sujet. Il disait faire des rêves inquiétants, toujours les mêmes et qui finissaient toujours de la même façon ; il se voyait étranglant Hélène. J'essayai d'aller à la racine du mal et pensai qu'il avait dû y avoir quelque conflit dans son enfance. Apparemment, son père et sa mère ne s'entendaient pas très bien. Mais je n'insisterai pas sur ce point, qui n'offre guère d'intérêt que pour un médecin. Je lui conseillai d'aller consulter un psychiatre – il y en a d'excellents –, mais il ne voulut rien entendre, persuadé que cela n'était que niaiseries.

« J'avais l'impression qu'Hélène et lui ne s'accordaient pas parfaitement ; mais de cela, il ne m'a jamais parlé, et je ne lui ai pas posé de questions. L'affaire, cependant, trouva son aboutissement le jour où – il me souvient que c'était un vendredi – en rentrant de l'hôpital, je le trouvai qui m'attendait dans mon cabinet de consultation. À mon entrée, il leva les yeux vers moi et me dit : « J'ai tué Hélène. »

« Pendant un moment, je ne sus quoi penser, tellement il était calme et froid. Je lui demandai s'il avait encore fait un de ces cauchemars auxquels il était sujet. « Cette fois, me répondit-il, ce n'est pas un rêve, mais la vérité. Je l'ai étranglée. » Et puis, toujours aussi calme, il ajouta : « Vous feriez bien de retourner à la maison avec moi ; nous appellerons la police de là-bas. » Je ne savais toujours quoi penser. Néanmoins, j'allai ressortir la voiture, et nous partîmes. Quand nous arrivâmes, la maison était calme et sombre. Nous montâmes jusqu'à la chambre à coucher...

– La chambre à coucher ? intervint vivement Gwenda.

Sa voix trahissait un étonnement profond. Le docteur la considéra d'un air intrigué.

– Oui, dit-il. Mais il n'y avait personne. Aucune femme ne gisait en travers du lit ; rien n'avait été dérangé, le dessus-de-lit n'était même pas froissé. Une fois de plus, tout n'était qu'hallucination.

– Et... qu'a dit mon père ?

– Il a persisté dans son histoire, naturellement. Et il y croyait vraiment. Je lui ai administré un sédatif et l'ai fait coucher dans la petite chambre voisine. Ensuite, j'ai jeté un coup d'œil dans la maison. Et, dans la corbeille à papiers du salon, j'ai découvert une feuille froissée qui portait quelques lignes écrites de la main d'Hélène : *Ceci est un adieu. Je suis désolée, mais notre mariage a été une erreur dès le début. Je pars avec le seul homme que j'aie jamais aimé. Pardonne-moi si tu le peux. Hélène.*

« J'interrogeai ensuite la femme de chambre, dont c'était le jour de sortie et qui rentra fort tard. Je l'emmenai dans la chambre d'Hélène, pour lui faire inventorier les affaires de ma sœur. Tout était parfaitement clair : Hélène avait emporté une valise et un sac de voyage qu'elle avait évidemment remplis de vêtements. Je fouillai tout de même la maison de fond en comble ; mais, naturellement, sans découvrir le moindre indice me permettant de conclure qu'une femme avait été assassinée.

« Le lendemain matin, j'eus un moment assez difficile avec Kelvin, mais il se rendit enfin compte qu'il avait eu une hallucination – du moins me le dit-il –, et il consentit à entrer en traitement dans une maison de santé.

« Une semaine plus tard, ainsi que je vous l'ai déjà dit, je reçus une lettre d'Hélène, postée à Biarritz, dans laquelle elle m'annonçait son départ imminent pour l'Espagne. Elle me demandait également de dire à Kelvin qu'elle ne désirait pas divorcer, mais qu'il devait s'efforcer de l'oublier aussi vite que possible.

« Je montrai la lettre à Kelvin. Il ne fit aucun commentaire, mais écrivit en Nouvelle-Zélande aux parents de sa première femme pour leur demander de se charger de sa petite fille. Il mit ensuite ses affaires en ordre et entra dans une excellente clinique privée pour y recevoir les soins nécessités par son état. Le traitement, hélas, fut un échec, et il mourut deux ans plus tard. Je puis vous donner l'adresse de la clinique. Elle se trouve dans le Norfolk. Le directeur actuel y était déjà jeune médecin, à cette époque, et il pourra très certainement vous fournir tous les détails sur la maladie de votre père.

– Vous nous avez dit, je crois, avoir reçu une autre lettre d'Hélène ? interrogea Gwenda.

– Oui, environ six mois plus tard. Elle venait de Florence, et elle donnait une adresse poste restante au nom de « Miss Kennedy ». Hélène se rendait compte, disait-elle, qu'il était peut-être injuste envers Kelvin de refuser le divorce, même si elle ne le souhaitait pas. Et elle précisait que s'il le désirait, il me suffisait de l'en informer. Elle veillerait alors à lui faire parvenir toutes les preuves nécessaires. J'apportai la lettre à Kelvin, mais il m'affirma que lui non plus ne tenait nullement à divorcer. J'écrivis aussitôt à Hélène pour lui donner la réponse. Depuis lors, je n'ai plus jamais entendu parler d'elle. J'ignore où elle se trouve et ne sais même pas si elle est encore en vie. C'est pourquoi j'ai été attiré par votre annonce et espérais que vous seriez susceptibles de me donner des nouvelles d'elle.

Il s'interrompit un instant pour ajouter ensuite d'une voix plus douce :

– Je suis véritablement désolé, Gwennie, mais il fallait que vous sachiez. Je regrette seulement que vous n'ayez pas laissé dormir tout ce passé déjà lointain...

9

Un facteur inconnu

Lorsque Giles rentra dans le salon après avoir raccompagné le Dr Kennedy jusqu'à sa voiture, il retrouva Gwenda assise à l'endroit même où il l'avait laissée. Elle avait les pommettes rouges, et ses yeux paraissaient fiévreux. Lorsqu'elle parla, sa voix avait un accent dur et cassant qui ne lui était pas habituel.

– Comment dit cette vieille citation ? *La mort ou la folie de part et d'autre.* Voilà où nous en sommes, Giles. La mort ou la folie.

– Gwenda, ma chérie...

Giles s'approcha de sa femme et lui entoura les épaules de son bras. Il la sentit raidie et tendue.

– Pourquoi n'avons-nous pas laissé dormir tout ça ? Pourquoi ? C'est mon père lui-même qui l'a tuée. Et c'est sa voix que j'ai entendue prononcer ces paroles... Pas étonnant que tout me soit revenu ; pas étonnant que j'aie été tellement effrayée. Mon propre père !

– Un instant, Gwenda, un instant ! Nous ne savons pas vraiment...

– Mais bien sûr que si, nous savons ! Il a déclaré au Dr Kennedy qu'il avait étranglé sa femme, n'est-ce pas ?

– Mais Kennedy affirme qu'il n'en a rien fait.

– Parce qu'il n'a pas trouvé de cadavre. Pourtant, il y en avait un : je l'ai vu !

– Et tu l'as vu dans le hall. Pas dans la chambre à coucher.

– Qu'est-ce que ça change ?

– Eh bien, c'est bizarre, tu ne crois pas ? Pourquoi ton père aurait-il dit avoir étranglé sa femme dans sa chambre si, en réalité, cela s'était passé dans le couloir ?

– Oh ! je ne sais pas. Ce n'est qu'un détail sans importance.

– Je n'en suis pas si sûr. Réfléchis, ma chérie. Il y a dans toute cette affaire un certain nombre de points assez étranges. Admettons, si tu le veux, que ton père ait étranglé Hélène dans le hall. Que s'est-il passé ensuite ?

– Il est allé chez le Dr Kennedy.

– Oui. Il lui a raconté qu'il avait tué sa femme dans sa chambre et l'a ramené avec lui. Or, quand ils sont arrivés, il n'y avait pas le moindre cadavre. Pas plus dans la chambre que dans le hall. Qu'était-il devenu ?

– Peut-être y en avait-il un et le docteur a-t-il aidé mon père à le faire disparaître. Seulement, ça, il ne pouvait pas nous l'avouer !

Giles hocha la tête d'un air peu convaincu.

– Non, Gwenda, je ne puis imaginer Kennedy agissant de cette manière. C'est un Écossais peu impressionnable et d'esprit pratique, et tu suggères qu'il a pu se compromettre en acceptant d'être complice après coup. Je ne crois pas qu'il ait jamais pu faire une chose semblable. Il aurait probablement fait l'impossible pour venir en aide à son beau-frère en témoignant à l'enquête de l'état mental du coupable. Ça, oui. Mais pour quelle raison aurait-il voulu étouffer l'affaire ? Après tout, Kelvin Halliday n'était véritablement ni un de ses parents ni un ami intime. Or, c'était sa propre sœur qui avait été tuée ;

une sœur qu'il aimait tendrement, même si son tempérament un peu victorien désapprouvait la conduite de la jeune femme. Ce n'est même pas comme si tu avais été, toi, l'enfant de sa sœur. Non, je reste persuadé qu'il n'aurait pas été capable de dissimuler un crime. Tout ce qu'il aurait pu faire, c'eût été de délivrer un certificat de mort naturelle – arrêt du cœur ou quelque chose dans ce genre. Oui, je suppose qu'il aurait pu aller jusque-là ; mais nous savons qu'il n'en a rien fait, puisque les registres de l'état civil ne mentionnent pas le décès. De plus, s'il avait agi ainsi, il nous aurait dit que sa sœur était morte. Alors, maintenant, explique-moi, si tu le peux, ce qu'est devenu le cadavre.

– Peut-être mon père l'a-t-il enterré quelque part : dans le jardin, par exemple.

– Pour aller ensuite annoncer à Kennedy qu'il avait assassiné sa femme ? Pourquoi ? Et pourquoi n'admettrions-nous pas purement et simplement qu'elle l'a quitté ?

Gwenda écarta ses cheveux de son front. Elle était à présent moins tendue, et son visage reprenait progressivement son aspect normal.

– Je ne sais pas, dit-elle. Je veux bien reconnaître que tout cela est bizarre. Crois-tu que Kennedy nous ait dit la vérité ?

– J'en suis à peu près sûr. À son point de vue, l'affaire est parfaitement claire. Des rêves, des hallucinations et, finalement, une hallucination plus forte que les autres. L'ennui, c'est que, en ce qui nous concerne, nous savons qu'il y avait un cadavre. Pour Kennedy, tout cadre : le billet d'adieu, les valises et les vêtements disparus et, plus tard, deux lettres Je sa sœur.

– Oui, mais quelle explication allons-nous trouver pour ces lettres ?

– Si nous partons du principe que Kennedy dit la vérité – ce qui, à mon avis, est bien le cas –, il nous faut bien trouver une explication.

– Je suppose que ces lettres étaient véritablement de la main de sa sœur et qu'il a dû reconnaître l'écriture.

– Je ne crois pas qu'il faille attacher une très grande importance à ce point particulier. Vois-tu, ce n'est pas comme s'il s'agissait d'une signature sur un chèque. Si l'écriture de ces lettres se rapprochait suffisamment de celle de sa sœur, Kennedy n'a pas eu l'idée de douter de leur authenticité. Il avait déjà la conviction qu'Hélène s'était enfuie avec un autre homme, et ces lettres n'ont fait que le confirmer dans cette croyance. S'il n'avait jamais reçu de ses nouvelles, alors il aurait pu éprouver des soupçons. Malgré cela, il y a certains détails auxquels il ne semble pas avoir prêté attention, mais qui me frappent, moi. Ces lettres sont étrangement anonymes et ne comportent qu'une adresse poste restante. Aucune indication, d'autre part, de l'homme avec qui Hélène serait partie, ce qui dénote une détermination bien établie de rompre tous les liens anciens. C'est exactement le genre de lettres que pourrait imaginer un meurtrier s'il voulait endormir les soupçons de la famille de la victime. De plus, faire expédier des lettres de l'étranger est chose relativement facile.

– Tu crois que mon père...

– Non, c'est précisément ce que je ne crois pas. Imagine un homme absolument décidé à se débarrasser de sa femme. Il fait d'abord courir le bruit de son infidélité, puis procède à une mise en scène susceptible de faire croire à une fuite : un billet d'adieu, des vêtements disparus de la garde-robe... Ensuite, quelqu'un enverra de l'étranger deux ou plusieurs lettres à des intervalles calculés à l'avance. En réalité, il a tranquillement tué sa femme et dissimulé le cadavre, disons sous le dallage de la cave. C'est là un crime qui a souvent été exécuté. Seulement, ce genre de meurtrier ne va pas ensuite se précipiter chez son beau-frère pour lui raconter qu'il a assassiné sa femme et lui demander d'appeler la police. D'un autre côté, si ton père était le type du criminel émotif et follement amoureux de sa femme, s'il l'avait étranglée dans une crise de jalousie frénétique, à la manière d'Othello – et cela cadre avec les paroles que tu as entendues –, il n'aurait pas exécuté toute cette mise en scène – vêtements, lettres à venir – avant d'aller annoncer son crime à l'homme le moins susceptible de se taire et de garder le secret. Rien ne cadre dans tout ça, Gwenda. Tout sonne faux.

– Où veux-tu en venir, Giles ?

– Je ne sais pas. Il semble y avoir un facteur inconnu, quelqu'un qui n'a pas fait son apparition jusqu'à présent, mais dont on commence à apercevoir la technique.

Le regard de la jeune femme s'assombrit.

– Tu inventes cela pour me consoler, Giles, dit-elle d'une voix mal assurée.

– Je te jure que non. Ne vois-tu pas qu'il est impossible d'imaginer un canevas qui s'adapte à tous les faits ?

Nous savons qu'Hélène Halliday a été étranglée, parce que tu as vu toi-même...

Il s'interrompit soudain.

– Bon Dieu ! j'ai été stupide. Je comprends tout, maintenant. Tu as raison. Et Kennedy a raison aussi. Écoute, Gwenda... Hélène s'apprête à s'enfuir avec son amant... Qui est-il ? nous n'en savons rien. Mais elle rédige un billet pour son mari. Celui-ci entre au même moment dans la pièce, lit ce qu'elle est en train d'écrire et devient fou furieux. Il froisse le billet, le jette dans la corbeille à papiers et s'élance sur sa femme. Effrayée, elle s'enfuit dans le hall. Il la rattrape, la prend à la gorge, et elle s'effondre sur le dallage. C'est alors que, debout à quelques pas d'elle, il prononce cette citation de la *Duchesse d'Amalfi*, juste au moment où une fillette, là-haut, le regarde à travers les barreaux de l'escalier.

– Et après ça ?

– Le point essentiel, c'est qu'*Hélène n'est pas morte*. Il a pu penser qu'elle l'était ; mais, en réalité, elle est seulement inconsciente. Peut-être son amant arrive-t-il après le départ du mari qui s'est précipité chez le Dr Kennedy, à l'autre extrémité de la ville ; ou peut-être reprend-elle connaissance toute seule. Quoi qu'il en soit, dès qu'elle est à nouveau consciente, elle file sans perdre un instant. Et cela explique tout : la conviction de Kelvin, lequel est persuadé avoir tué sa femme ; la disparition des vêtements, qu'Hélène avait évidemment dû préparer et expédier un peu plus tôt au cours de la journée ; les lettres, aussi, qui sont donc parfaitement authentiques.

– Ta théorie n'explique pourtant pas pourquoi mon

père avait déclaré à Kennedy avoir tué sa femme dans la chambre à coucher.

– Il était tellement bouleversé qu'il ne se rappelait pas exactement où cela s'était passé.

– J'aimerais te croire. Mais je suis et je reste persuadée que lorsque j'ai baissé les yeux vers le hall, elle était morte.

– Comment aurais-tu pu le savoir ? Souviens-toi que tu n'avais que trois ans.

La jeune femme considéra son mari d'un air bizarre.

– Je crois que l'on se souvient à cet âge beaucoup mieux qu'on ne peut le faire plus tard. C'est un peu comme les chiens qui sentent la mort et se mettent à hurler. Je crois que les enfants, eux aussi, sentent la mort.

– Sottises que tout ça...

Il fut brusquement interrompu par la sonnerie de la porte d'entrée.

– Je me demande qui ça peut bien être.

Gwenda prit un air consterné.

– Mon Dieu ! J'avais complètement oublié. J'ai invité miss Marple à venir prendre le thé aujourd'hui. Ne lui parlons de rien de tout ça.

*

Gwenda craignait que sa petite réception ne se passât pas exactement comme elle le désirait. Mais miss Marple, fort heureusement, ne parut pas remarquer que son hôtesse parlait légèrement trop vite et que sa gaieté était un peu forcée. Elle était apparemment trop occupée à bavarder, disant combien elle appréciait son séjour à Dillmouth, parlant d'amis à elle qui avaient écrit à des connaissances de la région, de sorte qu'elle avait déjà reçu plusieurs invitations d'habitants de la localité.

– Voyez-vous, continua-t-elle, on se sent tellement moins étrangère, moins isolée, quand on parvient à connaître quelques-unes des personnes installées depuis des années. Par exemple, je dois aller prendre le thé chez Mrs Fane, qui est la veuve d'un des associés de la plus importante étude d'hommes de loi des environs. C'est aujourd'hui son fils qui dirige l'affaire.

Et la vieille demoiselle continuait son bavardage. La propriétaire de la pension de famille était absolument charmante pour elle, et la cuisine véritablement excellente.

– Voyez-vous, elle est restée quelques années cuisinière chez ma vieille amie Mrs Bantry. Bien qu'elle ne soit pas originaire de la région, sa tante a vécu ici pendant longtemps, et elle y venait passer les vacances avec son mari. C'est pourquoi elle est au courant de bien des histoires, de bien des commérages. À propos, êtes-vous satisfaits de votre jardinier ? J'ai entendu murmurer qu'on le considère un peu comme une sorte de fantaisiste qui parle plus qu'il ne travaille.

– Oui, répondit Giles, ce qui l'intéresse le plus, c'est effectivement de bavarder et d'ingurgiter de nombreuses tasses de thé. Cependant, quand nous sommes dans les parages, il travaille fort convenablement.

– Venez donc voir le jardin, proposa Gwenda.

Les deux jeunes gens firent visiter à miss Marple non seulement le jardin, mais encore toute la maison.

Gwenda avait un peu peur de recevoir des critiques de la part de la vieille demoiselle, mais ses craintes étaient vaines. Miss Marple ne parut rien trouver de bizarre ou d'anormal. Et, chose étrange, ce fut Gwenda qui agit soudain d'une manière imprévue, l'interrompant au beau milieu d'une anecdote pour s'adresser à son mari.

– Tant pis, je vais lui dire...

Miss Marple tourna la tête dans sa direction ; Giles ouvrit la bouche comme pour parler, haussa les épaules, hésita et, finalement :

– Ma foi, ça te regarde, dit-il.

Et la jeune femme débita toute l'histoire, sans oublier de mentionner leur visite au Dr Kennedy, puis celle qu'il leur avait rendue.

– C'est ce que vous vouliez dire, à Londres, n'est-ce pas ? demanda-t-elle ensuite d'une voix entrecoupée. Vous pensiez que mon père avait pu... être compromis dans cette affaire.

– Cette possibilité m'avait effectivement traversé l'esprit, avoua la vieille demoiselle d'une voix douce. Hélène pouvait fort bien être votre jeune belle-mère et, dans un cas comme celui-là, c'est souvent le mari qui se trouve compromis.

Miss Marple parlait maintenant d'une voix claire, sans la moindre émotion, comme quelqu'un qui expose un fait banal et parfaitement naturel.

– Je comprends, dit Gwenda pourquoi vous nous aviez conseillé de ne pas nous occuper de tout ça. Et je souhaiterais maintenant vous avoir écoutée. Hélas, nous ne pouvons plus abandonner. Il est impossible de revenir en arrière.

– Oui, répondit doucement miss Marple, c'est impossible.

– Vous devriez à présent écouter Giles qui doit avoir, je crois, quelques observations à formuler.

– Je prétends seulement, dit le jeune homme, qu'il y a quelque chose qui ne cadre pas.

Lentement, avec clarté, il exposa les divers points qu'il avait déjà soulignés devant sa femme.

– Si seulement, dit-il en terminant, vous pouviez convaincre Gwenda que c'est la seule façon dont ont pu se dérouler les événements !

Les yeux perçants de miss Marple se fixèrent un instant sur la jeune femme, puis revinrent à son mari.

– Votre hypothèse est parfaitement raisonnable, dit-elle. Cependant, il reste toujours, ainsi que vous l'avez fait remarquer vous-même, la possibilité de l'existence d'un... X.

– Un X ? répéta Gwenda.

– Oui. Le facteur inconnu. Quelqu'un, dirons-nous, qui reste en coulisse, mais dont l'existence semble être prouvée par certains faits.

– Nous allons nous rendre dans cette maison de santé du Norfolk, où mon père est mort, annonça Gwenda. Peut-être y découvrirons-nous quelque chose.

10

Les dessous d'une affaire

Saltmarsh House se trouvait dans un site agréable à environ six milles de la côte, et la maison de santé était desservie par la gare de la petite ville de South Benham.

Giles et Gwenda furent introduits dans un vaste salon aux sièges recouverts d'une cretonne fleurie. Une charmante vieille dame aux cheveux blancs pénétra dans la pièce, un verre de lait à la main. Elle adressa un petit signe de tête aux visiteurs et alla s'asseoir près de la cheminée. Ses yeux se posèrent pensivement sur Gwenda, puis elle se pencha vers la jeune femme et demanda dans un murmure :

– *S'agit-il de votre pauvre enfant ?*

Gwenda fut légèrement décontenancée.

– Heu... non, répondit-elle avec une certaine hésitation.

– Ah ! je me le demandais.

La vieille hocha la tête et but une gorgée de lait.

– Dix heures et demie, reprit-elle ensuite sur le ton de la conversation. C'est l'heure. Toujours à dix heures et demie. Vraiment extraordinaire.

Elle baissa la voix et se pencha à nouveau en avant.

– Derrière la cheminée, souffla-t-elle. Mais ne dites à personne que je vous ai parlé.

Au même moment, une employée en uniforme blanc pénétra à son tour dans la pièce et pria les visiteurs de bien vouloir la suivre jusqu'au cabinet du Dr Penrose.

Le médecin se leva pour les accueillir.

Gwenda ne put s'empêcher de penser qu'il avait lui-même l'air un peu fou ; au moins autant que la vieille dame qui buvait sa tasse de lait en débitant d'incompréhensibles sornettes. Mais sans doute tous les psychiatres lui ressemblaient-ils.

– J'ai reçu votre lettre, ainsi que celle du Dr Kennedy, commença-t-il. Et j'ai étudié le cas de votre père, Mrs Reed. Je me le rappelle d'ailleurs fort bien, mais j'ai tenu tout de même à me rafraîchir la mémoire, de manière à pouvoir vous apprendre tout ce que vous désirez savoir. J'ai cru comprendre que vous n'aviez été mise que tout récemment au courant des faits.

Gwenda expliqua qu'elle avait été élevée en Nouvelle-Zélande par des parents du côté de sa mère et que tout ce qu'elle savait de son père, c'était qu'il était décédé dans une maison de santé.

– C'est bien cela, répondit le médecin. Son cas présentait certains faits assez particuliers.

– Par exemple ? demanda Giles.

– Eh bien, son obsession ou, si vous préférez, son hallucination – était relativement grave. Il affirmait catégoriquement avoir étranglé sa seconde femme au cours d'une crise de jalousie. Néanmoins, un grand nombre des signes habituels à ce genre de névrose étaient absents, et je n'hésite pas à avouer franchement, Mrs Reed, que, n'eût été la déclaration du Dr Kennedy précisant que Mrs Halliday était encore en vie, j'aurais pu, à cette époque, prendre au sérieux les allégations de votre père.

– Aviez-vous donc l'impression qu'il avait véritablement tué sa femme ? demanda Giles.

– J'ai dit, « à cette époque ». Plus tard, j'eus quelque motif de réviser mon opinion, à mesure que le caractère et l'état mental du major Halliday me devenaient plus familiers. Votre père, Mrs Reed, n'appartenait pas au type paranoïaque. Il ne souffrait pas de la manie de la persécution et n'avait aucun penchant pour la violence. Il n'était pas non plus ce que l'on appelle « fou », et il ne présentait absolument aucun danger pour autrui. Mais il avait une fixation tenace en ce qui concernait la mort de Mrs Halliday ; et, pour expliquer l'origine de cet état d'esprit, je suis convaincu qu'il nous aurait fallu pouvoir remonter fort loin – probablement jusqu'à une expérience traumatisante se situant dans son enfance. Pourtant, je dois reconnaître que toutes nos méthodes d'analyse ont échoué et que nous avons été incapables de déterminer avec précision l'origine de ses troubles. Briser la résistance d'un malade est parfois un très long travail, qui peut exiger des années. Dans le cas de votre père, c'est le temps qui nous a manqué.

Il s'interrompit un instant, puis levant vivement les yeux :

– Vous savez, je présume, que le major Halliday s'est suicidé.

– Oh *non* ! s'écria Gwenda.

– Veuillez m'excuser, Mrs Reed, mais je vous croyais au courant. Quoi qu'il en soit, peut-être avez-vous le droit de nous en vouloir jusqu'à un certain point. Car je suis obligé de reconnaître qu'une surveillance plus serrée aurait sans doute pu éviter un tel dénouement. Mais, franchement, je n'avais décelé chez votre père aucun signe pouvant laisser supposer qu'il était homme à se suicider. Il n'avait aucune tendance à la mélancolie ou à l'abattement. Il se plaignait seulement d'insomnie, et mon confrère avait jugé bon de lui faire donner chaque soir des comprimés de somnifère. Hélas, au lieu de les prendre, il les mettait de côté ; jusqu'au moment où il en eut une quantité suffisante pour...

Il laissa sa phrase en suspens et esquissa un geste vague des deux mains.

– Se sentait-il donc tellement malheureux, ici ?

– Je ne le crois pas. Il souffrait plutôt, à mon avis, d'un complexe de culpabilité et du désir de subir le châtiment qu'il croyait mériter. Vous savez qu'il avait d'abord insisté, le jour même de la disparition de sa femme, pour qu'on appelât immédiatement la police. Et, bien qu'on l'en eût dissuadé en lui affirmant qu'il n'avait commis aucun crime, il refusait obstinément de se laisser convaincre entièrement. Pourtant, on lui avait prouvé à maintes reprises – et il avait été obligé de l'admettre – qu'il n'avait aucun souvenir réel d'avoir commis l'acte dont il s'accusait.

Le Dr Penrose fouilla dans les papiers étalés devant lui.

– Ses déclarations quant à son comportement au cours de la fameuse soirée n'ont jamais varié. Quand il est rentré chez lui, il faisait déjà nuit. Ainsi qu'il le faisait d'habitude, il est entré dans la salle à manger, s'est versé un verre qu'il a bu aussitôt, puis est passé dans le salon en traversant la porte de communication. Après cela, il ne s'est plus souvenu de rien jusqu'au moment où il s'est trouvé debout dans la chambre à coucher, contemplant sa femme morte étendue sur le lit. Étranglée. Et il a tout de suite été persuadé qu'il avait commis le crime.

– Excusez-moi, docteur, interrompit Giles, mais pourquoi en était-il tellement persuadé ?

– Il semble qu'il n'y ait jamais eu le moindre doute dans son esprit. Depuis des mois, il entretenait des soupçons aussi fous que mélodramatiques. Il était, par exemple, convaincu que sa femme lui administrait des drogues à son insu. Il avait vécu aux Indes et, là-bas, les tribunaux ont souvent à juger de cas où la femme a rendu son mari fou en lui faisant absorber du datura. Il avait souffert à plusieurs reprises d'hallucinations qui brouillaient son esprit en ce qui concernait particulièrement le temps et le lieu. Il niait vigoureusement avoir soupçonné sa femme d'infidélité ; mais, en dépit de ces dénégations, je suis persuadé que c'était bien là que se trouvait la motivation. Il semble que les choses se soient passées ainsi : en entrant au salon, il trouve le billet écrit par sa femme et dans lequel elle lui annonce qu'elle le quitte ; et sa manière à lui d'esquiver ce coup brutal, c'est de se convaincre qu'il aime mieux la voir morte qu'infidèle, qu'il aime mieux la *tuer.* D'où l'hallucination.

– Ce qui veut dire qu'il l'aimait beaucoup, murmura Gwenda.

– Cela paraît l'évidence même, Mrs Reed.

– Et il n'a jamais voulu admettre que son crime n'avait eu lieu que dans son imagination ?

– Il a été obligé de reconnaître qu'il *devait forcément* en être ainsi ; mais, au fond de lui-même, sa croyance restait inchangée. L'obsession était trop forte pour céder devant le raisonnement. Si nous avions pu découvrir la nature de la fixation profonde se situant sans doute dans son enfance...

Gwenda l'interrompit à nouveau. Elle trouvait ce détail sans grand intérêt.

– Mais vous êtes absolument certain qu'il n'a pas commis ce crime, n'est-ce pas ?

– Si c'est cette pensée qui vous tracasse, Mrs Reed, vous pouvez la chasser de votre esprit. Le major Halliday, si jaloux qu'il ait pu être de sa femme, n'était pas le moins du monde un assassin.

Le docteur toussota et se saisit d'un petit carnet noir à la couverture défraîchie.

– Si vous désirez ceci, Mrs Reed, je puis vous le remettre. Ce carnet contient des notes écrites par votre père durant son séjour ici. Lorsque nous avons remis ses effets personnels à ses exécuteurs testamentaires – une firme d'hommes de loi –, le Dr McGuire, qui était alors directeur de l'établissement, a cru pouvoir conserver ce document comme particulièrement révélateur. Le cas de votre père apparaît d'ailleurs – sous de simples initiales, naturellement – dans un ouvrage écrit par le Dr McGuire en personne. Donc, si vous désirez avoir cette sorte de journal...

Gwenda tendit la main pour s'emparer du petit carnet noir.

– Je vous remercie, dit-elle. J'aimerais beaucoup le conserver, en effet.

*

Dans le train de Londres, Gwenda ouvrit le carnet au hasard et se mit à lire.

Je suppose que ces médecins connaissent leur affaire... Tout ça paraît tellement extraordinaire et stupide... Etais-je amoureux de ma mère ? Est-ce que je haïssais mon père ? Je n'en crois pas un mot... Je ne puis m'empêcher de penser que cela n'est qu'une simple affaire de police – une affaire pour les tribunaux – et non pas une histoire pour les psychiatres... Pourtant, je dois bien reconnaître que certains des malades soignés dans cet établissement ont l'air tellement naturels et raisonnables – exactement comme tout le monde – sauf quand on touche à leur point faible. Eh bien, il semble que, moi aussi, j'aie mon point faible...

J'ai écrit à James... en lui demandant de se mettre en rapport avec Hélène... Qu'on la laisse venir me voir, si elle est en vie... Il prétend qu'il ignore où elle se trouve... tout simplement parce qu'il sait qu'elle est morte et que c'est moi qui l'ai tuée... C'est un brave garçon, mais ses affirmations ne me trompent pas... Hélène est morte...

Quand ai-je commencé à la soupçonner ? Il y a longtemps... Peu de temps après notre arrivée à Dillmouth... Son comportement avait changé... Elle dissimulait quelque chose... Je la surveillais... Oui, et elle m'observait aussi de son côté...

Mettait-elle des drogues dans mes aliments ?... Ces cauchemars étranges et affreux... Non pas des rêves ordinaires... mais des cauchemars vivants, réels... Je sais qu'il s'agissait de drogues... Elle seule a pu faire ça... Pour-

quoi ?... Il y avait un homme... Un homme dont elle avait peur...

Il me faut être honnête envers moi-même. Je l'ai soupçonnée d'avoir un amant, et il y avait sûrement quelqu'un... Je le sais... Elle m'en avait vaguement parlé sur le bateau... Quelqu'un qu'elle aimait et ne pouvait épouser... Nous étions semblables, elle et moi... Car je ne pouvais oublier Megan... Comme notre petite Gwennie lui ressemble parfois !... Hélène jouait si gentiment avec Gwennie, sur le bateau... Hélène... Tu es si charmante, Hélène...

Est-elle encore en vie ? Ou bien lui ai-je véritablement mis les mains autour de son cou et ai-je serré jusqu'à l'étouffer ? J'ai traversé la salle à manger et j'ai vu le billet sur le bureau du salon... Ensuite... ensuite tout est devenu noir... tout noir... un grand trou noir... Mais il n'y a aucun doute : je l'ai tuée... Dieu merci, Gwennie est en sécurité en Nouvelle-Zélande. Son oncle et sa tante sont de braves gens, et ils veilleront bien sur elle pour l'amour de Megan... Megan... Megan, comme je voudrais que tu sois encore là...

C'est le meilleur moyen... Sans scandale. La meilleure solution pour l'enfant. Il m'est impossible de continuer ainsi pendant des années. Il faut que je prenne le chemin le plus court... Gwennie n'en saura jamais rien... Elle ne saura jamais que son père était un assassin...

Les yeux de Gwenda, brouillés de larmes étaient fixés sur Giles, assis en face d'elle ; mais ceux du jeune homme étaient dirigés vers le coin opposé du compartiment. Conscient du regard de sa femme, il tourna la tête.

L'autre voyageur, assis un peu plus loin, lisait un journal du soir et, sur la première page, s'étalait un gros titre mélodramatique : QUELS ÉTAIENT LES HOMMES DANS SA VIE ?

Lentement, Gwenda fit un petit signe de tête et baissa à nouveau les yeux vers les notes écrites par son père dans le petit carnet noir.

Il y avait sûrement quelqu'un... Je le sais...

11

Des hommes dans sa vie

Miss Marple traversa l'Esplanade et s'engagea dans Fore Street. On y trouvait principalement de très vieilles boutiques : un magasin de laines à tricoter et d'ouvrages de dame, un confiseur, un tailleur dont la devanture était restée résolument victorienne, d'autres encore du même genre.

La vieille demoiselle jeta un coup d'œil à la vitrine du marchand de laines. Deux jeunes vendeuses étaient occupées avec des clientes, mais une autre – d'un certain âge – était tranquillement assise au fond de la boutique. Miss Marple poussa la porte et entra.

– Qu'y a-t-il pour votre service, madame ? lui demanda la vendeuse aux cheveux grisonnants.

Miss Marple expliqua qu'elle désirait de la laine bleu pâle pour tricoter un vêtement de bébé. Sans la moindre hâte, elle discuta ensuite de modèles et parcourut des revues présentant des vêtements d'enfants. La vendeuse ne montrait pas le moindre signe d'impatience. Elle était depuis longtemps habituée à recevoir des clientes comme celle-là. D'ailleurs, elle aimait beaucoup mieux ces vieilles dames douces et bavardes que les jeunes mamans énervées et parfois impolies qui ne savaient jamais ce qu'elles voulaient et ne regardaient que les articles bon marché et tape-à-l'œil.

– Oui, continua miss Marple, je crois que ce sera très beau, et je sais qu'on est généralement satisfait de cette marque de laine, qui ne rétrécit pas au lavage.

Tout en faisant le paquet, la vendeuse fit remarquer que le vent était, ce jour-là, particulièrement froid.

– Oui, je l'ai senti en longeant l'Esplanade, dit la vieille demoiselle. Je trouve aussi que Dillmouth a beaucoup changé. Je n'y étais pas venue depuis... voyons... quelque chose comme dix-neuf ans.

– Il n'est donc pas surprenant que vous y voyiez des tas de changements. Le *Superb* n'était pas encore construit, à cette époque, et le *Southview Hotel* non plus, je suppose ?

– Oh non ! Dillmouth n'était alors qu'une toute petite station. Je résidais chez des amis... à la villa Sainte-Catherine, sur la route de Leahampton. Vous connaissez peut-être ?

Mais la vendeuse n'habitait Dillmouth que depuis une dizaine d'années.

Miss Marple la remercia de son amabilité, prit le

paquet et quitta le magasin pour entrer, tout à côté, chez le marchand de nouveautés. Là aussi, elle se dirigea vers une employée d'un certain âge, et la conversation s'engagea sur les mêmes sujets, tandis que la vieille demoiselle examinait des cardigans d'été. Cette fois, l'employée répondit sans hésitation.

– Ce devait être chez Mrs Findeyson.

– Heu... oui, il me semble que c'est ça. Mais les amis dont je parle avaient loué la maison en meublé. C'étaient un certain major Halliday et sa femme. Ils avaient une fillette, qui devait avoir... trois ans, à l'époque.

– Je me rappelle. Ils ont dû rester environ un an.

– Oui. Le major rentrait des Indes. Ils avaient une excellente cuisinière, qui m'avait donné une recette de pudding aux pommes absolument extraordinaire. Et aussi, me semble-t-il, une recette de pain d'épice. Je ne me rappelle pas son nom, et je me demande ce qu'elle est devenue.

– Je suppose que vous parlez d'Edith Pagett, madame. Elle est toujours à Dillmouth : elle sert maintenant à Windrush Lodge.

– J'avais aussi rencontré d'autres personnes : les Fane, par exemple. Je crois que Mr Fane était avoué, ou quelque chose comme ça.

– C'est vrai. Mais il est mort il y a plusieurs années. Son fils, Mr Walter Fane habite encore avec sa mère, car il ne s'est jamais marié. Et c'est lui, à présent, qui dirige l'étude.

– Vraiment ? J'avais dans l'idée qu'il était parti pour l'Inde.

– Vous ne vous trompez pas. Mais il était alors tout

jeune, et il est revenu au bout d'un an ou deux. Son étude est actuellement la plus cotée de la région et celle qui traite la plupart des grosses affaires. Mr Fane est d'ailleurs un homme charmant, et tout le monde l'aime beaucoup.

– Il avait été fiancé à miss Kennedy, n'est-ce pas ? Et ensuite la jeune fille a rompu pour épouser le major Halliday.

– Oui, elle était partie pour l'Inde dans l'intention d'épouser Mr Fane ; mais elle a changé d'avis et a finalement choisi le major.

Le ton de l'employée contenait un rien de désapprobation.

Miss Marple se pencha un peu en avant et baissa la voix.

– J'ai beaucoup plaint ce pauvre major Halliday et sa petite fille. J'ai cru comprendre que sa seconde femme l'a quitté pour s'enfuir avec un autre. Elle devait être de tempérament un peu volage.

– Complètement écervelée, voilà ce qu'elle était. Son frère, le médecin, était pourtant un homme charmant. Et tellement compétent !

– Avec qui est-elle partie ? Je ne l'ai jamais su.

– Ça, je ne saurais le dire. Certains prétendent que c'est avec un des invités qui avaient été reçus à la villa pendant l'été. Ce que je sais, par contre, c'est que le major a éprouvé un choc terrible. Il a quitté Dillmouth, et j'ai entendu dire que sa santé s'était complètement délabrée... Votre monnaie, madame.

Miss Marple ramassa la monnaie et prit son paquet.

– Merci beaucoup, dit-elle. Je me demande si... Edith

Pagett – c'est bien ainsi que vous l'avez appelée ? – a toujours cette recette de pain d'épice. Parce que je l'ai perdue – ou plutôt, c'est ma petite bonne qui l'a égarée, et j'aime tellement le pain d'épice.

– Je souhaite qu'elle l'ait encore, madame. À propos, sa sœur habite justement la maison voisine ; elle est mariée à Mr Mountford, le confiseur, et Edith vient la voir toutes les fois qu'elle a un jour de liberté. Je suis certaine que Mrs Mountford lui transmettrait votre message.

– C'est une très bonne idée, et je vous remercie infiniment pour tout le mal que vous vous êtes donné.

– Tout le plaisir a été pour moi, madame.

Miss Marple sortit dans la rue.

– Une bonne vieille maison, murmura-t-elle. Et ces cardigans sont vraiment très jolis. Je n'ai donc pas gaspillé mon argent.

Elle jeta un coup d'œil à sa montre.

– Encore cinq minutes avant d'aller retrouver ces deux charmants enfants au *Ginger Cat.* J'espère qu'ils n'auront rien appris de trop inquiétant, dans cette maison de santé du Norfolk.

*

Giles et Gwenda étaient assis à une table d'angle dans la salle du *Ginger Cat,* le petit carnet noir posé devant eux, lorsque miss Marple vint les rejoindre.

– Que désirez-vous prendre ? demanda gentiment Gwenda. Du café ?

– Volontiers, je vous remercie. Mais pas de gâteaux ; un simple scone beurré.

Giles passa la commande à la serveuse, tandis que Gwenda poussait le carnet vers la vieille demoiselle.

– Il vous faut d'abord lire ceci, dit-elle. Ensuite, nous pourrons parler. C'est mon père qui a écrit ces notes pendant son séjour à la maison de santé...

Et, se tournant vers son mari :

– Oh ! Giles, voudrais-tu auparavant répéter exactement à miss Marple ce que nous a appris le Dr Penrose ?

Le jeune homme s'exécuta sans se faire prier. Quand il eut terminé, miss Marple ouvrit le carnet, tandis que la serveuse posait sur la table trois tasses de café léger, puis une assiette contenant un scone beurré et des gâteaux. Giles et Gwenda gardaient maintenant le silence.

Au bout d'un moment, miss Marple referma le carnet. Son expression était difficile à déchiffrer, mais Gwenda crut déceler dans ses yeux une flamme de colère. En tout cas, compte tenu de son âge, ils brillaient étrangement.

– Vous nous aviez conseillé de ne pas nous occuper de cette affaire, dit la jeune femme, vous vous rappelez ? Je comprends maintenant le sens de cette recommandation. Nous ne vous avons pas écoutée, et voilà où nous en sommes. Seulement, il semble à présent que nous soyons arrivés à un autre endroit où on pourrait s'arrêter si on le voulait. Croyez-vous que nous le devrions ?

Miss Marple hocha lentement la tête. Elle paraissait soucieuse et perplexe.

– Je ne sais pas, répondit-elle. Je ne sais vraiment pas.

Il serait peut-être mieux de le faire ; parce que, après ce laps de temps, il n'y a rien que vous puissiez entreprendre – rien, en tout cas, qui soit de nature constructive.

– Vous voulez dire, je suppose, qu'après tout ce temps, nous ne pouvons rien découvrir ? demanda Gwenda.

– Oh non ! Ce n'est pas du tout ce que j'ai voulu dire. Dix-neuf ans, ce n'est pas tellement long, vous savez. Il y a encore des gens qui se souviendraient, qui répondraient à des questions. Beaucoup de gens. Par exemple, des domestiques. Il devait y en avoir au moins deux dans la maison, à ce moment-là, sans compter la nurse et probablement un jardinier. Il suffirait de prendre son temps et de se donner un peu de mal pour les amener à raconter ce qu'ils peuvent savoir. En fait, j'ai déjà découvert l'un d'eux : la cuisinière. Non, ce n'est pas cela que je voulais dire. Je songeais surtout au résultat pratique que vous pourriez en retirer ; et je serais assez portée à déclarer : aucun. Pourtant...

Elle s'interrompit un instant.

– Il y a un pourtant... Je suis un peu lente à me faire une opinion, mais j'ai le sentiment qu'il y a quelque chose – peut-être pas très tangible, je le reconnais – qui vaudrait la peine que l'on prenne certains risques. Mais je ne parviens pas à déterminer avec exactitude de quoi il s'agit.

– Il me semble...

Giles s'interrompit brusquement, et miss Marple tourna les yeux vers lui.

– Les messieurs, dit-elle, paraissent capables de classer

les faits plus clairement. Je suis certaine, Mr Reed, que vous vous êtes déjà formé une opinion.

– J'ai évidemment réfléchi à la question, et je crois qu'on ne peut parvenir qu'à deux conclusions. La première est celle que j'ai déjà suggérée. Hélène Halliday n'était pas morte lorsque Gwennie l'a vue étendue dans le hall. Elle est revenue à elle et s'est enfuie avec son amant. Cette hypothèse cadre avec les faits tels que nous les connaissons. Elle s'accorde avec la conviction de Halliday – qui croyait avoir tué sa femme –, ainsi qu'avec le billet d'adieu et les vêtements manquants. Mais elle laisse certains points dans l'ombre. Par exemple, elle n'explique pas pourquoi Halliday était persuadé avoir étranglé Hélène *dans la chambre à coucher.* D'autre part, elle ne répond pas à ce qui me paraît être une question essentielle : *Où se trouve actuellement Hélène Halliday ?* Parce que je considère comme invraisemblable que personne n'ait jamais eu de ses nouvelles depuis cette époque lointaine. En admettant que les deux lettres reçues par Kennedy soient authentiques, qu'est-elle devenue ensuite ? Pourquoi n'a-t-elle jamais écrit à nouveau ? Elle était en termes affectueux avec son frère, lequel, de son côté, lui a toujours été très attaché. Il pouvait désapprouver la conduite de sa sœur, mais ce n'est pas une raison pour qu'il n'ait plus jamais entendu parler d'elle, pour qu'il n'ait plus jamais reçu de ses nouvelles. À mon avis, ce point a sérieusement tracassé le docteur. À l'époque, il a probablement accepté l'histoire telle qu'il nous l'a racontée : la fuite de sa sœur et l'effondrement de son beau-frère. Mais, à mesure que les années passaient sans lui apporter de nouvelles d'Hélène et tandis que persistait la conviction d'Halliday qu'il avait tué sa femme, le doute a dû commencer à se glisser dans son esprit. Et si l'histoire de Kelvin était vraie ? S'il avait étranglé sa femme, comme il le prétendait ? Telle est l'angoissante question qu'il a dû se poser. Pas de nouvelles de sa sœur. Sous aucune forme. Si elle était décédée quelque part à l'étranger, ne l'aurait-on pas prévenu ? Je crois que cela explique son impatience à la vue de notre annonce. Il espérait évidemment que nous pourrions lui apprendre ce qu'était devenue sa sœur depuis sa disparition et où elle se trouvait en ce moment. Quoi qu'il en soit, j'ai la conviction qu'il est anormal de disparaître aussi *complètement* que semble l'avoir fait Hélène Halliday. Ce seul point est en soi extrêmement suspect.

– Je suis d'accord avec vous, dit miss Marple. Et... l'autre hypothèse, Mr Reed ?

– Elle est assez fantastique, répondit Giles d'une voix lente. Un peu effrayante aussi, parce qu'elle implique une sorte de... malveillance, si je puis dire.

– Oui, intervint Gwenda, malveillance est le mot qui convient. Il y aurait même, je crois, quelque chose de... dément.

La jeune femme réprima un frisson.

– C'est très possible, reconnut miss Marple. Il se passe autour de nous bien des choses étranges, beaucoup plus que les gens ne se l'imaginent. Je l'ai souvent constaté.

Le visage de la vieille demoiselle était à nouveau soucieux.

– Voyez-vous, reprit Giles, on ne peut trouver aucune explication *normale*. Je vais maintenant vous exposer ma seconde hypothèse – assez bizarre, je dois le reconnaître –, selon laquelle Kelvin Halliday *n'a pas* tué sa femme, mais croyait sincèrement l'avoir fait. C'est visiblement ce que pense le Dr Penrose, qui paraît être un brave type. Sa première impression a sans doute été, au début, qu'Halliday avait commis le crime et désirait, pour cette raison, se livrer à la police. Ensuite, il a dû se ranger à l'avis de Kennedy et admettre que Kelvin souffrait d'un complexe de fixation – si toutefois c'est là l'expression exacte dans le jargon des médecins. Mais cette solution ne lui plaisait tout de même pas entièrement. Il avait l'expérience de ce genre de malades. Or, Halliday paraissait différent. À mesure qu'il le connaissait mieux, il était de plus en plus persuadé que ce n'était pas le type d'homme capable d'étrangler une femme. Même sous l'emprise de la colère. Il acceptait donc la théorie de la fixation, mais avec méfiance et quelque hésitation. Cela signifie, à mon avis, qu'une seule théorie s'adapte à ce cas : Halliday a été contraint par quelqu'un d'autre à penser qu'il avait tué sa femme. En d'autres termes, nous sommes parvenus jusqu'à X. En examinant les faits avec soin, je dirai que cette hypothèse est au moins *possible*. Selon ses propres déclarations, en arrivant chez lui ce soir-là, Halliday est entré dans la salle à manger pour boire un verre, ainsi qu'il le faisait toujours ; puis il est passé dans le salon contigu, a vu le billet sur le bureau et a éprouvé un malaise...

Miss Marple esquissa un signe d'approbation.

– Sans doute pas un simple vertige, continua Giles, mais plus probablement un malaise beaucoup plus sérieux dû à l'effet d'une drogue versée dans sa bouteille de whisky. La suite est assez claire, n'est-ce pas ? X avait étranglé Hélène dans le hall, puis l'avait transportée au premier étage, étendue sur le lit et tout arrangé pour faire croire à un crime passionnel. Lorsque Kelvin retrouve sa lucidité, c'est là qu'il voit sa femme. Et le pauvre diable, qui a été tourmenté par la jalousie, est persuadé qu'il vient de commettre un crime dans un moment d'aberration. Que fait-il ensuite ? Il part à pied pour se rendre chez son beau-frère, qui habite à l'autre extrémité de la ville. Et cette absence permet à X de parfaire sa mise en scène. Il entasse quelques vêtements dans une valise et un sac de voyage qu'il emporte en même temps que le corps... Mais ce qu'il a pu faire du cadavre, j'avoue que ça me dépasse...

– Je suis surprise de vous entendre dire cela, Mr Reed, intervint miss Marple. À mon sens, ce problème ne présentait que peu de difficultés. Mais continuez, je vous prie.

– « *Quels étaient les hommes dans sa vie ?* » cita Giles. J'ai aperçu ce titre sur la première page d'un journal, alors que nous revenions de Londres, Gwenda et moi. Et je me suis mis à réfléchir parce que, dans le cas qui nous occupe, c'est le point crucial, n'est-il pas vrai ? S'il y a véritablement un certain X, comme nous le pensons, tout ce que nous pouvons supposer de lui, c'est qu'il devait être absolument fou de la jeune femme.

– C'est pourquoi il haïssait mon père et souhaitait le faire souffrir, dit Gwenda.

– Voilà donc où nous en sommes. Nous savons quel genre de fille était Hélène...

Giles s'interrompit, comme s'il répugnait à exprimer son opinion.

– Folle des hommes, compléta Gwenda.

Miss Marple leva vivement la tête mais ne dit rien.

– ... et très belle. Mais nous ne possédons aucun indice concernant les autres hommes qu'il pouvait y avoir dans sa vie. En plus de son mari, il pouvait y en avoir... n'importe quel nombre.

Miss Marple hocha la tête.

– C'est peu probable. Je vous rappelle qu'elle était fort jeune. De plus, vous commettez une petite erreur, Mr Reed, car nous savons quelque chose sur les hommes qu'elle a fréquentés. Il y a d'abord celui qu'elle devait épouser avant de rencontrer le major Halliday.

– Ah oui ! Le fils de l'avoué. Comment s'appelait-il donc ?

– Walter Fane.

– C'est juste. Mais vous ne pouvez pas le compter au nombre des suspects, car il se trouvait alors en Inde.

– En êtes-vous certain ? Rappelez-vous qu'il n'y est pas resté longtemps. Il en est revenu pour entrer dans l'étude de son père.

– Peut-être a-t-il suivi Hélène jusqu'ici ! s'écria Gwenda.

– C'est possible, mais nous n'en savons rien.

Giles considérait la vieille demoiselle avec une certaine curiosité.

– Comment avez-vous découvert tout ça ?

Miss Marple esquissa un sourire.

– J'ai un peu bavardé. Dans les magasins... en attendant le bus... Les vieilles dames passent pour être curieuses, et on peut, de cette manière, récolter pas mal de potins locaux.

– Walter Fane, murmura Giles d'un air pensif. Hélène l'avait repoussé, et il a pu en être terriblement ulcéré. S'est-il jamais marié ?

– Non, répondit miss Marple. Il habite avec sa mère. Je suis invitée à prendre le thé chez eux à la fin de la semaine.

– Il y a aussi quelqu'un d'autre dont nous avons entendu parler, dit soudain Gwenda. Un homme, rappelez-vous, avec qui Hélène s'était plus ou moins compromise, à sa sortie du lycée. Un individu indésirable, pour reprendre l'expression du Dr Kennedy. Je me demande d'ailleurs pour quelle raison il était « indésirable ».

– Cela fait deux hommes, dit Giles. Et chacun d'eux a pu garder rancune à la jeune fille qui l'avait repoussé... Peut-être le premier souffrait-il de quelque déficience... mentale.

– Le Dr Kennedy pourrait nous renseigner sur ce point, fit remarquer Gwenda. Seulement, il sera un peu difficile de lui poser des questions sur ce sujet. Chercher à savoir ce qu'est devenue ma belle-mère – dont je me souviens pourtant à peine –, passe encore ; mais m'informer de ses affaires de cœur ou de ses liaisons antérieures, ça risque d'exiger quelques explications ; parce que cet intérêt peut paraître un peu excessif à propos d'une personne que l'on n'a pratiquement pas connue.

– Il y a probablement d'autres moyens de se renseigner, dit miss Marple.

– De toute manière, nous sommes en possession de deux « possibilités », fit observer Giles.

– Et nous pouvons, me semble-t-il, en ajouter une troisième. Ce peut n'être qu'une pure hypothèse, mais sans doute justifiée par les événements.

Gwenda et son mari regardèrent la vieille demoiselle avec une légère surprise.

– Ce n'est qu'une simple déduction, reprit miss Marple en rougissant un peu. Hélène Kennedy était partie pour l'Inde dans l'intention d'épouser le jeune Fane. Même si elle n'en était pas follement amoureuse, elle devait éprouver pour lui une certaine affection, puisqu'elle était prête à passer sa vie à ses côtés. Pourtant, dès qu'elle arrive là-bas, elle rompt son engagement et télégraphie à son frère de lui envoyer l'argent nécessaire pour rentrer en Angleterre. Pourquoi ?

– Elle avait changé d'idée, j'imagine, dit Giles.

Gwenda haussa les épaules.

– Naturellement, dit-elle. Nous le savons. Mais miss Marple a voulu demander : pourquoi avait-elle changé d'idée ?

– Cela arrive parfois aux jeunes filles.

– *Dans certaines circonstances,* précisa miss Marple.

– Évidemment, il a dû se passer quelque chose, reconnut Giles.

– Bien sûr ! dit vivement Gwenda. Un autre homme.

Les deux femmes se regardèrent avec l'assurance de personnes admises au sein d'une franc-maçonnerie dont les hommes étaient exclus.

– Sur le bateau qui l'emmenait aux Indes ! ajouta Gwenda. La rencontre fortuite, puis le clair de lune sur le pont. Seulement, ce devait être sérieux... Pas un simple flirt de voyage.

– Oui, je pense que c'était sérieux, murmura miss Marple.

– Mais alors, intervint Giles, pourquoi n'a-t-elle pas épousé cet homme ?

– Peut-être ne l'aimait-il pas réellement ? suggéra la jeune femme d'une voix lente.

Puis, secouant doucement la tête :

– Non, je crois que dans ce cas, elle aurait épousé Fane. Mais alors... Mon Dieu, je suis stupide ! Un homme marié, bien sûr !

Elle leva vers miss Marple un regard triomphant.

– Exactement, dit la vieille demoiselle. C'est bien ainsi que je verrais les choses. Ils sont tombés follement amoureux l'un de l'autre ; mais l'homme était marié – peut-être même avait-il des enfants. Il était probablement honnête, et... les choses ne sont pas allées plus loin.

– Seulement, Hélène ne voulait plus épouser Walter Fane, reprit Gwenda, et elle décide de rentrer en Angleterre. Oui, tout cadre. Et puis, sur le bateau qui la ramenait ici, elle rencontre mon père...

La jeune femme s'interrompit quelques secondes pour réfléchir.

– Elle n'était sûrement pas follement amoureuse de lui ; mais attirée tout de même. Tous les deux étaient malheureux... et ils se sont consolés mutuellement. Mon père lui a parlé de ma mère, et peut-être lui a-t-elle parlé de l'autre homme...

Gwenda se saisit du petit carnet noir et en tourna vivement les pages.

– Oui, bien sûr... *Il y avait sûrement quelqu'un... Je le sais... Elle m'en avait vaguement parlé sur le bateau... Quelqu'un qu'elle aimait et ne pouvait épouser.* Oui, c'est cela. Hélène et mon père se sentaient semblables, et elle a dû se dire qu'elle pourrait le rendre heureux ; peut-être même a-t-elle cru qu'elle serait heureuse elle aussi, en fin de compte.

Elle s'arrêta encore et adressa un signe de tête à miss Marple.

– C'est cela ! répéta-t-elle d'un air convaincu.

Giles paraissait légèrement exaspéré.

– Vraiment, Gwenda, tu es en train d'imaginer des tas de choses, et tu prétends ensuite qu'elles se sont réellement passées.

– Elles se sont passées, Giles. Il faut qu'il en soit ainsi. Et nous avons maintenant un troisième personnage qui pourrait être notre X.

– Tu veux dire...

– L'homme marié. Nous ne savons pas comment il était... Il se peut qu'il n'ait pas été du tout l'honnête garçon dont nous parlions tout à l'heure. Peut-être même était-il un peu fou. Il a pu suivre Hélène jusqu'ici.

– Tu viens de nous expliquer qu'il se rendait aux Indes.

– Sans doute. Mais on peut aisément en revenir. C'est ce qu'a fait Walter Fane, un an plus tard. Je n'affirme pas, note bien, que notre inconnu soit revenu ; néanmoins, il représente une autre « possibilité ». Tu voulais savoir quels étaient les hommes qui avaient pu se trouver dans la vie d'Hélène. Eh bien, nous en avons trois :

Walter Fane, un jeune homme dont nous ignorons le nom et un homme marié...

– Dont nous ignorons l'existence réelle, compléta Giles.

– Nous trouverons, n'est-ce pas, miss Marple ?

– Si nous savons nous y prendre, nous pouvons effectivement découvrir beaucoup de choses. Et maintenant, voici ma contribution à l'enquête. Au cours d'une petite conversation dans la boutique du marchand de nouveautés, j'ai appris qu'Edith Pagett, cuisinière à Sainte-Catherine à l'époque qui nous intéresse, habite toujours Dillmouth. Je crois, Gwenda, qu'il paraîtrait tout à fait naturel que vous désiriez la voir. Elle pourrait peut-être vous raconter certaines choses.

– C'est merveilleux ! s'écria la jeune femme. Et... j'ai aussi une autre idée. Je vais faire un nouveau testament... Ne prends pas cet air soucieux, Giles. Je te léguerai toujours mon argent ; mais c'est Mr Fane que je vais charger de rédiger le document.

– Gwenda, sois prudente, je t'en prie.

– Faire un testament est une chose tout à fait normale. Et la tactique que j'ai imaginée est parfaite. Je veux voir cet homme, Giles ! Je veux voir à quoi il ressemble et si, à mon avis, il a pu...

Elle laissa sa phrase inachevée.

– Ce qui me surprend, c'est que personne d'autre n'ait répondu à notre annonce. Cette Edith Pagett, par exemple...

Miss Marple hocha la tête.

– À la campagne, les gens mettent longtemps à se décider... Ils sont soupçonneux et aiment à réfléchir avant d'agir.

12

Lily Kimble

Lily Kimble étala deux journaux sur la table de la cuisine avant de faire égoutter les pommes de terre qui grésillaient dans la friteuse. Tout en fredonnant une rengaine à la mode, elle se pencha distraitement sur le journal qui se trouvait le plus près d'elle.

Et soudain, cessant de fredonner, elle appela :

– Jim... Jim, écoute ça, tu veux ?

Jim Kimble, un homme d'âge mûr, bougon et taciturne, était en train de se laver devant l'évier de l'arrière-cuisine.

– Hem ! grommela-t-il.

– C'est un truc dans le journal, reprit sa femme. Écoute... *Toute personne susceptible de donner des nouvelles d'Hélène Halliday, née Kennedy, est priée de se mettre en rapport avec Messrs Reed et Hardy, Southampton Row.* On doit vouloir parler de cette Mrs Halliday chez qui j'ai travaillé autrefois, à la villa Sainte-Catherine. Son mari et elle avaient loué la maison à Mrs Findeyson. Et je me rappelle que son prénom était Hélène. C'était la sœur du Dr Kennedy, celui qui disait toujours que je devrais me faire enlever les végétations.

Mrs Kimble se tut pendant qu'elle s'occupait des pommes de terre. Jim Kimble reniflait dans la serviette de toilette avec laquelle il s'essuyait le visage.

– Bien sûr, c'est un vieux journal, reprit Lily en regardant la date. Il a près d'une semaine. Je ne comprends pas de quoi il s'agit. Tu ne crois pas qu'il pourrait y avoir de l'argent à gagner là-dedans, Jim ?

– Hem ! grogna encore Kimble sans se compromettre.

– Il pourrait s'agir d'un testament ou quelque chose comme ça, conjectura sa femme. Ça remonte déjà assez loin...

– Hem !

– Près de... dix-neuf ans. Peut-être même vingt. Je me demande... Je me demande pourquoi on revient là-dessus maintenant. Tu ne penses pas que ce pourrait être la police, n'est-ce pas, Jim ?

– Pour quelle raison ?

– Ma foi, tu sais ce que j'ai toujours pensé, reprit Mrs Kimble d'un air mystérieux. Je te l'ai raconté, à l'époque, quand nous sortions ensemble. On a prétendu qu'elle avait filé avec un type. Mais c'est toujours ça que disent les maris qui se débarrassent de leur femme. Tu peux être sûr que c'était un crime. C'est ce que je t'avais dit ; et à Edie aussi. Mais Edie n'a pas voulu y croire ; elle n'a jamais eu aucune imagination. Rappelle-toi ces vêtements, que la patronne avait soi-disant emportés... Eh bien, ça ne cadrait pas, si tu vois ce que je veux dire. Une valise avait disparu, un sac de voyage aussi, et assez de vêtements pour les remplir toutes les deux, d'accord.

Mais pas ceux qu'elle aurait dû prendre ! C'est ce que j'ai fait remarquer à Edie. « Crois-moi, que je lui ai dit, c'est le patron qui l'a zigouillée et enterrée dans la cave. » Seulement, ce n'était pas dans la cave, parce que Léonie – la nurse suisse – avait vu quelque chose par la fenêtre. Elle n'aurait pas dû quitter la maison, mais elle était tout de même venue au cinéma avec moi. La gamine ne se réveillait jamais pendant la nuit. Sage comme une image qu'elle était, cette gosse. « Et Madame ne monte jamais à la nursery le soir, que j'ai dit à Léonie ; personne saura que tu es sortie avec moi. » Et elle est venue. Ensuite, quand nous sommes rentrées, il paraissait y avoir du grabuge. Le patron, malade, dormait dans la petite chambre, et le docteur le surveillait. C'est alors qu'il m'a posé des questions sur les vêtements. À ce moment-là, j'ai pas fait attention. J'ai pensé qu'elle avait bel et bien levé le pied avec ce type dont elle s'était toquée – un homme marié –, et Edie espérait que nous n'allions pas être mêlées à une affaire de divorce. Quel était donc le nom de ce gars ? Je ne peux pas arriver à m'en souvenir. Ça commençait par un M... ou peut-être un R ; je ne sais plus. Je dois perdre la mémoire, je suppose.

Mr Kimble revenait de l'arrière-cuisine. Ignorant les sujets de moindre importance, il demanda si le souper était prêt.

– Un instant, répondit sa femme. Je vais sortir les frites, mais laisse-moi aller chercher un autre journal. Celui-ci, vaut mieux le garder, on sait jamais. De toute façon, ça peut pas être la police, après tant de temps. Peut-être des hommes de loi... Dans ce cas, pourrait y avoir de l'argent à ramasser. Évidemment, dans l'annonce, il est pas question de récompense ; mais il pourrait tout de même y en avoir une. Je voudrais bien le savoir... On donne une adresse pour répondre, mais j'aime pas tellement ça. Avec des gens de Londres... Qu'est-ce que tu en dis, Jim ?

– Hem ! grommela Kimble en contemplant d'un œil gourmand le poisson et les frites.

La discussion s'arrêta là.

13

Walter Fane

Gwenda posa les yeux sur Walter Fane, assis en face d'elle de l'autre côté du vaste bureau d'acajou.

Elle vit un homme d'une cinquantaine d'années, à l'air las, au visage doux et insignifiant. Le genre d'homme, songea-t-elle, dont il serait malaisé de se souvenir si on le rencontrait par hasard. Un homme qui, pour employer une terminologie moderne, manquait de personnalité. Sa voix, lorsqu'il parla, était lente et agréable. Probablement un homme de loi très compétent, se dit encore la jeune visiteuse.

Elle jeta un coup d'œil discret autour de la pièce – le bureau du principal associé de la firme. Il convenait parfaitement à Walter Fane, avec son aspect vieillot et ses meubles usagés. Contre les murs, s'alignaient des classeurs portant des noms de notabilités du comté : Lady Jessup ; Arthur ffoulkes, Esq. Décédé ; Sir John Vavasour-Trench...

Les grandes fenêtres à guillotine aux carreaux légèrement sales donnaient sur une arrière-cour flanquée par les murs imposants d'une maison voisine qui datait du XVIIe siècle. Il n'y avait nulle part rien d'élégant ni de moderne, mais rien de laid, non plus. C'était un bureau quelconque, avec ses classeurs empilés les uns sur les autres, sa table de travail encombrée de paperasses et ses rangées d'ouvrages de droit alignés dans la bibliothèque ; mais c'était aussi, selon toute apparence, le bureau de quelqu'un qui devait savoir exactement où chercher ce qu'il désirait.

La plume de Walter Fane cessa de gratter le papier. Et l'homme de loi leva les yeux en esquissant un vague sourire.

– Voilà qui est très clair, Mrs Reed, dit-il. Un testament très simple. Quand aimeriez-vous revenir pour le signer ?

Gwenda déclara qu'elle n'était nullement pressée.

– Vous savez, ajouta-t-elle, nous avons acheté une villa à Dillmouth... Hillside.

L'homme de loi baissa les yeux sur ses notes.

– Oui, en effet. Vous m'avez donné l'adresse.

Il n'y avait pas eu le moindre changement dans l'intonation de sa voix.

– C'est une très belle maison, et nous l'aimons beaucoup.

Walter Fane sourit.

– Vraiment ! Est-elle au bord de la mer ?

– Non. Elle s'appelait autrefois Sainte-Catherine, mais elle a été débaptisée.

Mr Fane ôta ses lunettes et se mit à en frotter les verres avec une pochette de soie, les yeux fixés sur le bureau.

– Ah oui, dit-il. Sur la route de Leahampton, n'est-ce pas ?

Il leva la tête, et Gwenda constata une fois de plus combien les gens habitués à porter des lunettes paraissent différents quand ils les ôtent. Les yeux de Walter Fane, d'un gris très pâle, semblaient étrangement vagues, avec leur myopie prononcée. Il semble, se dit Gwenda, que son visage ne soit pas réellement présent.

Walter Fane remit ses lunettes et déclara, de sa voix nette d'homme de loi :

– Vous m'avez dit, je crois, avoir déjà fait un testament au moment de votre mariage.

– Oui, mais j'y avais inclus, en Nouvelle-Zélande, certains legs en faveur de personnes maintenant décédées ; aussi ai-je pensé qu'il était plus simple d'en établir un nouveau, d'autant que mon mari et moi avons l'intention de nous fixer définitivement en Angleterre.

Walter fit un signe d'approbation.

– C'est une décision fort sage. Eh bien, je crois que tout cela est en règle, Mrs Reed. Peut-être voudriez-vous passer après-demain vers onze heures ? Cela vous conviendrait-il ?

– Oui, ce serait parfait.

Gwenda se leva, aussitôt imitée par Walter Fane. Puis, avec une précipitation préméditée elle ajouta :

– Je... je me suis adressée à vous parce que je crois que vous avez autrefois... connu ma mère.

– Vraiment ? dit Fane avec un peu plus de chaleur dans la voix. Comment s'appelait-elle ?

– Halliday. Megan Halliday. Je crois... enfin, on m'a dit que vous aviez été fiancés pendant un certain temps.

Sur le mur, la pendule faisait entendre son lent tic-tac. C'était le seul bruit à rompre le silence de la pièce.

Gwenda sentit tout à coup son cœur battre plus fort. Le visage de Mr Fane était d'une parfaite et presque inquiétante impassibilité. Il faisait un peu penser à une maison aux stores baissés. Une maison contenant un cadavre ? (Quelles pensées stupides peuvent traverser ton esprit, ma pauvre Gwenda !)

– Non, répondit l'homme de loi d'une voix inchangée, je n'ai jamais connu votre mère, Mrs Reed. Mais j'ai été fiancé, pendant un certain temps, à Hélène Kennedy, qui est devenue plus tard la seconde femme de votre père.

– Oh ! je comprends. C'est stupide de ma part. J'avais mal compris. Il s'agissait donc d'Hélène, ma belle-mère. Naturellement, je ne m'en souviens guère. Je n'étais qu'une enfant quand le second mariage de mon père s'est brisé. Mais quelqu'un m'avait dit que vous aviez été fiancé à Mrs Halliday, en Inde, et j'ai cru qu'il s'agissait de ma mère, parce que... c'est là-bas que mon père avait fait sa connaissance.

– Hélène Kennedy était venue en Inde pour m'épouser, dit Walter Fane ; et puis, elle a changé d'idée. Et c'est sur le bateau qui la ramenait en Angleterre qu'elle a rencontré votre père.

C'était là un simple exposé des faits, dépourvu de toute émotion. Gwenda avait encore l'impression de se trouver devant la façade d'une maison aux stores baissés.

– Excusez-moi, dit-elle. Ai-je commis un impair ?

Walter Fane ébaucha encore un de ses rares sourires. Les stores se levaient.

– Il y a de cela dix-neuf ou vingt ans, Mrs Reed, dit-il. Après un tel laps de temps, les ennuis et les folies de jeunesse nc signifient plus grand-chose. Vous êtes donc la fille de Kelvin. Vous n'ignorez certainement pas que votre père et Hélène ont vécu un certain temps à Dillmouth.

– Bien sûr que non, et c'est même pour cette raison que mon mari et moi nous sommes installés ici. Certes, il ne me restait pratiquement aucun souvenir de cette époque. Mais quand il nous a fallu choisir un endroit pour nous fixer, je suis tout d'abord venue jeter un coup d'œil à Dillmouth. J'ai trouvé l'endroit si attrayant que j'ai décidé que nous nous installerions ici et nulle part ailleurs. Et nous avons eu la chance de pouvoir acheter la maison même où nous avions vécu autrefois.

– Je me la rappelle, dit Walter Fane.

Encore un de ses sourires.

– Vous ne vous en souvenez évidemment pas, Mrs Reed, mais je vous ai autrefois portée sur mes épaules.

Gwenda se mit à rire.

– Vraiment ? Dans ce cas, vous êtes un vieil ami. Je ne puis prétendre me souvenir de vous, naturellement, car je devais avoir à cette époque deux ans et demi ou trois ans... Étiez-vous revenu des Indes pour... passer quelques mois de congé en Angleterre ?

– Non, j'avais quitté les Indes pour tout de bon. J'y étais allé dans l'intention de m'occuper de plantations de thé, mais cette vie ne me convenait pas. J'étais né pour suivre les traces de mon père et devenir un prosaïque homme de loi. J'avais obtenu mes diplômes avant mon départ, et je suis donc rentré tout de suite dans l'étude paternelle. J'y suis resté depuis lors...

Il s'arrêta une ou deux secondes et répéta :

– Oui... depuis lors...

Dix-huit ans, se dit Gwenda, ce n'est pourtant pas tellement long.

Changeant soudain d'attitude, Mr Fane tendit la main à sa visiteuse.

– Eh bien, dit-il, puisque nous semblons être de vieilles connaissances, il vous faudra venir un de ces jours prendre le thé en compagnie de votre mari. Je dirai à ma mère de vous envoyer une carte. En attendant, jeudi onze heures ?

Gwenda quitta le bureau. Il y avait une toile d'araignée dans un angle de la cage d'escalier et, au milieu, une banale bestiole qui, songea la jeune femme, n'avait pas l'air réelle. Ce n'était pas une de ces araignées grasses et dodues qui attrapent des mouches pour les manger. Elle ressemblait plutôt à un fantôme d'araignée. Un peu comme Walter Fane ressemblait, lui aussi, à une sorte de fantôme.

*

Giles attendait sa femme sur le bord de mer.

– Eh bien ? demanda-t-il sans préambule.

– À l'époque qui nous intéresse, il était rentré des Indes et se trouvait à Dillmouth. Il m'a même portée sur son dos, m'a-t-il dit ! Mais il n'a pu assassiner personne : ce n'est vraiment pas possible. Il est bien trop calme et doux pour cela. Réellement très gentil. Mais c'est le genre d'homme que l'on ne remarque pas. Il est de ces gens qui viennent aux réunions mondaines, mais dont on ne sait jamais à quel moment ils sont partis. Je suppose que c'est un homme foncièrement honnête, dévoué à sa mère et pourvu d'un tas de qualités. Mais si l'on se place au point de vue d'une femme, il est horriblement terne. Je comprends qu'il n'ait pu faire grande impression sur Hélène. Tu sais, c'est un de ces hommes sur qui on doit pouvoir compter dans le mariage, mais... dont on n'a vraiment pas envie.

– Pauvre diable ! Et j'imagine qu'il devait être fou d'elle.

– Oh, je ne sais pas... En fait, je ne le crois même pas. De toute façon, je suis certaine que ce n'est pas lui notre assassin. Ce n'est pas du tout ainsi que je vois un meurtrier.

– Seulement, tu ne sais pas grand-chose des assassins, ma chérie.

– Que veux-tu dire ?

– Eh bien, je songeais à la tranquille Lizzie Borden, dont seuls les jurés ont prétendu qu'elle n'était pas coupable. Et à Wallace, cet homme paisible déclaré coupable et acquitté en appel. Et à Armstrong, dont tout le monde disait que c'était le garçon le plus gentil de la terre. Vois-tu, je ne crois pas que les assassins puissent se classer dans une catégorie bien déterminée.

– Je ne puis vraiment pas m'imaginer Walter Fane...

Gwenda s'interrompit brusquement.

– Qu'y a-t-il ? demanda Giles.

– Rien.

La jeune femme revoyait Walter Fane en train d'essuyer les verres de ses lunettes ; et elle se rappelait le regard étrange de ses yeux myopes quand elle avait parlé de la villa Sainte-Catherine.

– Peut-être, dit-elle avec l'ombre d'une hésitation, peut-être était-il toqué d'elle, après tout.

14

Edith Pagett

Le salon de Mrs Mountford était assez confortable et accueillant. On y trouvait au centre une petite table ronde couverte d'une nappe immaculée, des fauteuils à l'ancienne mode près de la cheminée et, contre le mur, un canapé à l'air un peu sévère. Il y avait sur la cheminée deux chiens en porcelaine et d'autres bibelots. Un peu plus loin, dans un cadre, une vieille photo représentant les princesses Elizabeth et Margaret Rose. Sur le mur opposé, leur père le roi George VI en uniforme d'amiral de la Royal Navy. Une autre photo montrait Mrs Mountford au milieu d'un groupe de pâtissiers et de confiseurs. Un tableau fait de coquillages ornait un autre endroit et voisinait avec une aquarelle représentant Capri et sur laquelle s'étalait une mer invraisemblablement bleue. Il y avait encore beaucoup d'autres objets. Aucun d'eux ne prétendait à la beauté ou à l'élégance, et cependant, tout cela contribuait à faire de ce modeste salon une pièce gaie et agréable où les visiteurs prenaient plaisir à s'asseoir.

Mrs Mountford, née Pagett, était une femme trapue et rondelette, avec des cheveux noirs striés de gris. Sa sœur, au contraire, était grande et mince, sans un seul fil d'argent dans sa chevelure, bien qu'elle eût certainement atteint la cinquantaine.

– Songez donc ! disait Edith Pagett à ce moment-là. La petite miss Gwennie. Veuillez m'excuser, madame, de vous donner encore ce nom, mais c'est tellement renversant de vous voir ici, après tant d'années. Je vous revois encore telle que vous étiez alors quand vous veniez dans ma cuisine, si fraîche et si jolie. « Winnies ! » disiez-vous. Dans votre langage, cela désignait les raisins secs, et je me suis toujours demandé où vous aviez bien pu dénicher ce mot. Mais c'était bien des raisins que vous vouliez. Et je vous donnais des raisins de Smyrne, à cause des pépins.

Gwenda regardait la femme assise en face d'elle, avec ses yeux noirs et ses joues rouges ; mais aucun souvenir ne lui revenait. La mémoire est chose bien étrange.

– Je voudrais pouvoir me rappeler, murmura-t-elle.

– Il est peu probable que vous le puissiez, madame. Vous n'étiez qu'une toute petite fille. De nos jours, on dirait que personne ne veut plus servir dans une maison où il y a des enfants. Je ne peux pas comprendre ça. À mon sens, ce sont les enfants qui mettent de la vie dans une maison. Bien sûr, leurs repas compliquent parfois un peu le service ; mais, dans ce cas, c'est souvent la faute de la nurse et non celle de l'enfant. Les nurses sont toujours assez exigeantes – des plateaux et tout un tas de chichis, si vous voyez ce que je veux dire. Vous souvenez-vous de Léonie, miss Gwennie ? Oh ! veuillez m'excuser encore : je devrais dire Mrs Reed.

– Léonie ? C'était ma nurse ?

– Oui. Elle venait de Suisse et ne parlait pas très bien l'anglais. Elle était aussi très sensible et se mettait à pleurer si Lily lui disait quelque chose qui la chagrinait. Lily Abbott était notre femme de chambre, à l'époque. Une fille légèrement effrontée et passablement écervelée. Elle jouait beaucoup avec vous... Vous vous amusiez à vous cacher dans l'escalier...

Gwenda frissonna involontairement.

L'escalier.

Puis, soudain :

– Je me souviens d'elle ! C'est elle qui avait mis un ruban au cou du chat, n'est-ce pas ?

– Comme c'est curieux que vous vous rappeliez ce détail ! Oui, c'était votre anniversaire, et Lily avait décidé que Thomas devait avoir un nœud autour du cou. Elle a donc pris un ruban qui se trouvait autour d'une boîte de chocolats et lui a mis une faveur. Ce pauvre Thomas était furieux. Il est parti comme un fou dans le jardin et s'est frotté aux buissons jusqu'à se débarrasser de cet ornement qui lui déplaisait. Les chats n'aiment pas beaucoup, en général, qu'on leur joue des tours.

– C'était un chat noir et blanc, n'est-ce pas ?

– Mais oui. Brave vieux Tommy. Il était merveilleux pour la chasse aux souris.

Edith Pagett s'interrompit un instant et toussota.

– Excusez mon bavardage, madame. Mais il me semble revivre les jours anciens. Vous vouliez peut-être me demander quelque chose ?

– J'aime entendre parler du passé, dit Gwenda. En fait, c'est tout ce que j'espérais. Voyez-vous, j'ai été élevée en Nouvelle-Zélande et, naturellement, là-bas, on ne pouvait rien m'apprendre sur mon père, sur ma belle-mère... Elle était... belle, n'est-ce pas ?

– Oui. Et elle vous aimait beaucoup. Elle vous emmenait à la plage, jouait avec vous dans le jardin... Elle était elle-même si jeune ! Rien qu'une gamine, en vérité. Je me disais toujours qu'elle devait prendre à ces jeux autant de plaisir que vous. Voyez-vous, elle était fille unique, pour ainsi dire. Le Dr Kennedy, son frère, était beaucoup plus âgé qu'elle, et il était toujours plongé dans ses livres. De sorte que, lorsqu'elle n'était pas au lycée, elle devait jouer toute seule...

Miss Marple, assise un peu en retrait, tout contre le mur, demanda d'une voix douce :

– Vous avez toujours habité Dillmouth, n'est-il pas vrai ?

– Oui, mademoiselle. Mon père possédait la ferme de Rylands, de l'autre côté de la colline. Mais il n'avait pas de fils et, après sa mort, ma mère s'est sentie incapable de s'occuper de la propriété. Aussi l'a-t-elle vendue pour acheter le petit magasin d'articles de fantaisie qui se trouve au bout de la Grand-Rue. Oui, j'ai passé toute ma vie ici.

– Vous devez donc savoir bien des choses sur les habitants de la localité.

– Mon Dieu, oui. Dillmouth n'était autrefois qu'une toute petite station, bien qu'il y ait toujours eu des tas d'estivants durant la belle saison. Mais c'étaient des gens calmes et agréables, qui revenaient ici chaque année ; pas de ces excursionnistes en autocar que nous avons à présent.

– J'imagine, dit Giles à son tour, que vous connaissiez bien Hélène Kennedy, avant qu'elle ne devînt Mrs Halliday ?

– Ma foi, j'avais entendu parler d'elle, et j'avais dû l'apercevoir à plusieurs reprises, mais je ne la connaissais pas vraiment jusqu'au jour où je suis entrée à son service, après son mariage avec le major Halliday.

– Et... vous l'aimiez bien ? demanda miss Marple. Edith Pagett tourna la tête vers elle.

– Oui, mademoiselle, je l'aimais beaucoup. Quoique les gens puissent raconter sur son compte, elle a toujours été envers moi aussi gentille et aussi bonne qu'il est possible de l'être. Je ne l'aurais jamais crue capable de faire ce qu'elle a fait. Cela m'a véritablement consternée. Bien sûr, il y avait eu des cancans...

Elle s'interrompit encore et jeta un coup d'œil d'excuse à Gwenda. La jeune femme se mit brusquement à parler.

– Je veux savoir, dit-elle. Je vous en prie, ne croyez pas que je me froisserai de ce que vous pourrez dire. Ce n'était pas vraiment ma mère...

– C'est vrai, madame.

– Et, voyez-vous, nous tiendrions beaucoup à la retrouver. Depuis qu'elle a quitté Dillmouth, on n'a plus jamais eu de ses nouvelles, et nous ne savons même pas si elle est encore en vie. Or, il y a des raisons...

Elle hésita, et ce fut Giles qui précisa :

– Des exigences légales. Nous ne savons pas s'il faut présumer son décès ou bien...

– Je comprends parfaitement. Après la guerre, le mari de ma cousine avait été porté disparu, et il y a eu des tas d'ennuis et de formalités. Alors, si je puis vous aider d'une manière quelconque, je suis disposée à le faire. Ce n'est pas comme si vous étiez des étrangers. Miss Gwennie et ses « winnies »... C'était si drôle, la façon dont vous disiez ça, madame.

– C'est très aimable à vous, reprit Giles. Eh bien, puisque vous n'y voyez pas d'inconvénient, je vais vous poser une première question. Mrs Halliday a quitté la maison très brusquement, n'est-il pas vrai ?

– Oui, monsieur. Et ce fut pour nous tous un choc terrible. Surtout pour ce pauvre major, qui en perdit complètement la santé.

– Pardonnez-moi d'être brutal, mais... avez-vous une idée de l'homme avec qui elle s'est enfuie ?

Edith Pagett secoua la tête.

– Pas vraiment. C'est une des questions que m'a posées le Dr Kennedy, à l'époque, et j'ai été incapable de lui répondre avec précision. Lily n'a pas pu en dire davantage, d'ailleurs. Quant à Léonie, elle était étrangère, parlait assez mal l'anglais, et bien des choses lui échappaient.

– Vous n'aviez donc pas de certitude. Mais pourriez-vous hasarder une conjecture ? Tout cela appartient à un passé déjà lointain, et ça n'a plus grande importance, même si votre supposition est erronée. Vous avez certainement dû avoir des soupçons ?

– Certes, nous avions nos soupçons, mais ce n'était rien d'autre que des soupçons. Et, en ce qui me concerne, je n'ai jamais rien vu. Mais Lily, qui était une fine mouche, avait depuis quelque temps ses idées sur la question. « Remarque bien, ce que je te dis, me disait-elle, ce gars-là a le béguin pour elle. Y a qu'à voir la façon dont il la reluque quand elle sert le thé. Et sa femme, donc ! Les regards furieux qu'elle lui lance... »

– Et qui était ce... cet homme ?

– Je suis désolée, mais je ne me souviens pas de son nom, après tout ce temps. Un certain capitaine... Esdale... Non, ce n'était pas ça. Emery, peut-être ? Non plus. Mais il me semble que ça commençait par un E... ou par un H. Un nom assez peu courant, d'ailleurs. Mais je n'ai plus repensé à tout ça depuis dix-huit ans. Sa femme et lui résidaient au *Royal Clarence.*

– Des estivants ?

– Oui, mais je crois qu'ils avaient connu Mrs Halliday auparavant. Ils venaient très souvent à la villa. En tout cas, d'après Lily, il était amoureux d'elle.

– Et, naturellement, cela ne plaisait pas à sa femme.

– Ma foi, non... Pourtant, je n'ai pas cru, à l'époque, qu'il pût y avoir quelque chose entre eux. Et encore aujourd'hui, je ne sais quoi dire.

– Se trouvaient-ils encore au *Royal Clarence*, demanda Gwenda, lorsque ma belle-mère s'est enfuie ?

– Pour autant qu'il me souvienne, ils sont partis à peu près au même moment – peut-être un jour plus tôt ou un jour plus tard. De toute façon, les deux départs étaient assez rapprochés pour faire jaser. Mais je n'ai jamais rien su de précis. Tout s'est fait discrètement, si toutefois il y avait quelque chose, ce dont je doute encore. Ce qui est extraordinaire, c'est que Mrs Halliday se soit enfuie ainsi, aussi brusquement. Mais les gens prétendaient qu'elle avait toujours été frivole, bien que, en ce qui me concerne, je n'aie jamais rien constaté de semblable. Si j'avais cru à ces racontars, je n'aurais pas accepté de les suivre dans le Norfolk.

Pendant un instant, les trois visiteurs dévisagèrent Edith Pagett avec le plus grand étonnement.

– Dans le Norfolk ? répéta ensuite Giles. Avaient-ils donc l'intention d'aller s'installer là-bas ?

– Oui, monsieur. Ils y avaient acheté une maison. Mrs Halliday m'en avait parlé trois semaines environ avant... ces événements. Elle m'avait demandé si j'aimerais les suivre, et j'avais dit oui. Je n'avais jamais quitté Dillmouth et, comme je n'avais plus mes parents, j'ai pensé que cela me changerait un peu.

– Je n'avais jamais entendu dire qu'ils avaient acheté une maison dans le Norfolk, dit à nouveau Giles.

– Mrs Halliday semblait vouloir garder le secret, et elle m'avait demandé de n'en parler à personne. Naturellement, j'avais obéi. Ça faisait un certain temps qu'elle souhaitait quitter Dillmouth et qu'elle harcelait le major Halliday pour qu'il cédât à son caprice. Mais lui se plaisait ici. Je crois même savoir qu'il avait écrit à Mrs Findeyson – à qui appartenait la villa Sainte-

Catherine – pour lui demander si elle ne serait pas disposée à la vendre. Mais Mrs Halliday était absolument opposée à un tel projet. Elle semblait avoir pris Dillmouth en aversion. On aurait dit qu'elle avait peur de s'y fixer définitivement.

Ces dernières paroles avaient été prononcées sur le ton le plus naturel ; et pourtant, les trois visiteurs se raidirent en les entendant.

– Ne croyez-vous pas, suggéra Giles, qu'elle désirait aller dans le Norfolk pour être plus près de cet homme ?

Edith Pagett réfléchit pendant un instant, l'air soucieux.

– En vérité, monsieur, je ne le pense pas. D'ailleurs, je crois me rappeler que ces gens-là habitaient dans le nord de l'Angleterre. Dans le Northumberland, me semble-t-il. C'est pourquoi ils aimaient venir passer leurs vacances dans le Sud où la température est tellement plus douce.

– Vous avez dit il y a un instant, intervint Gwenda, que ma belle-mère semblait avoir peur. De quelque chose ou de quelqu'un ?

– Maintenant que vous en parlez, je me rappelle...

– Quoi donc ?

– Un jour, Lily, qui venait de faire l'escalier, entra brusquement dans la cuisine et me dit : « Y a de l'eau dans le gaz. » Elle avait parfois une manière assez vulgaire de s'exprimer, Lily. Je vous demande de m'excuser, madame. Naturellement, je lui demandai ce qu'elle voulait dire. Elle m'annonça alors que les maîtres venaient d'entrer au salon par la porte-fenêtre du jardin et que, la porte donnant sur le hall étant ouverte, elle avait surpris leur conversation. « J'ai peur de toi, disait Mrs Halliday qui, d'après Lily, paraissait fort effrayée. Il y a longtemps que j'ai peur de toi. Tu n'es pas normal : tu es fou. Va-t'en et laisse-moi tranquille. Je veux être seule. J'ai peur et je crois que, au fond de moi-même, tu m'as toujours fait peur. »

Edith Pagett marqua un temps d'arrêt. Elle semblait elle-même en proie à une certaine panique.

– Bien sûr, reprit-elle, il m'est impossible, après tout ce temps, de vous répéter les paroles exactes, mais c'était quelque chose comme ça. En tout cas, Lily avait pris cette conversation très au sérieux, et c'est pourquoi, après ce qui est arrivé, elle...

Une autre hésitation.

– Je ne veux pas dire, bien sûr... Excusez-moi, madame. Je me suis laissé entraîner...

– Dites-nous tout ce que vous savez, Edith, car c'est très important pour nous. Certes, ces événements datent de longtemps, mais il faut que nous sachions.

– Je ne pourrais pas, monsieur, répondit Edith d'un air gêné.

Miss Marple prit la parole.

– Qu'est-ce que pensait Lily ? Que croyait-elle ?

L'ancienne cuisinière de Mrs Halliday reprit sur un ton d'excuse.

– Lily se mettait souvent des idées dans la tête, mais je n'y ai jamais beaucoup prêté attention. Elle était toujours fourrée au cinéma, et c'était là qu'elle prenait toutes ces sottises mélodramatiques qu'elle débitait parfois. Le soir du départ de Mrs Halliday, elle était encore allée au cinéma et avait entraîné Léonie avec elle, ce qui était d'ailleurs très mal de sa part. Je ne me suis pas gênée pour le lui dire. Elle m'a répondu : « Ça n'a pas d'importance : je ne laisse pas la gamine toute seule dans la maison, puisque tu es en bas dans la cuisine. Et puis, les patrons ne vont pas tarder à rentrer. D'ailleurs, la petite ne se réveille jamais, une fois endormie. » Ce qui, je le lui fis remarquer, était absolument faux. Mais je n'ai su que plus tard que Léonie était sortie également. Si je l'avais su, je serais montée pour m'assurer que... vous n'aviez besoin de rien, miss Gwenda. Parce que, depuis la cuisine, il était impossible de rien entendre quand la porte matelassée du hall était fermée.

Edith Pagett reprit son souffle avant de poursuivre :

– J'étais occupée à faire un peu de repassage, et la soirée s'écoula rapidement. Mais, brusquement, le Dr Kennedy fit irruption dans la cuisine et me demanda où était Lily. Je lui répondis qu'elle était sortie, mais qu'elle allait certainement rentrer d'une minute à l'autre. Je ne me trompais pas. Dès qu'elle fit son apparition, il l'emmena dans la chambre de Madame. Il voulait savoir si elle avait emporté des vêtements. Lily inspecta la garde-robe et lui dit approximativement ce qui manquait. Ensuite, elle redescendit à la cuisine, complètement bouleversée. « Elle a filé, me dit-elle. Partie avec quelqu'un. Le patron a eu un choc terrible : une attaque ou quelque chose comme ça. Quel idiot ! Il aurait bien dû le voir venir. » – « Tu ne devrais pas parler ainsi, lui dis-je. Comment sais-tu qu'elle est partie avec quelqu'un ? Elle a peut-être reçu un télégramme l'appelant auprès d'un parent malade. » – « Un parent malade, mon œil ! » (C'était la façon de parler de Lily.)

« D'ailleurs, elle a laissé un billet ! » – « Et avec qui serait-elle partie, selon toi ? » – « Sûrement pas avec l'austère Mr Fane, bien qu'il lui fasse les yeux doux et tourne autour de ses jupes comme un caniche. » – « Tu penses donc, lui dis-je, qu'il s'agit du capitaine ? » – « J'en mettrais la main au feu, me répondit-elle. À moins que ce ne soit avec notre mystérieux inconnu dans sa bagnole tape-à-l'œil. » (C'était là une plaisanterie stupide que nous faisions parfois.) Je protestai : « Je n'en crois rien ! Je ne peux pas admettre ça de la part de Mrs Halliday. Jamais elle n'aurait fait une chose pareille. » « Eh bien, soupira Lily, il semble pourtant qu'elle l'ait faite. »

Édith marqua encore un temps d'arrêt avant de continuer son récit.

– Cela, comprenez-vous, c'était sur le moment. Un peu plus tard, je dormais lorsque Lily me secoua brutalement. « Écoute, me dit-elle, tout cela ne cadre pas. » – « Qu'est-ce qui ne cadre pas ? demandai-je. » – « Les vêtements. » « Que veux-tu dire ? » – « Écoute, répéta-t-elle, le docteur m'a demandé d'examiner la garde-robe, et je l'ai fait. Il manque une valise, un sac de voyage et assez de vêtements pour les remplir tous les deux, d'accord. Seulement, ce ne sont pas les bons. » – « Je ne comprends pas, dis-je. » – « Elle a emporté sa robe du soir gris et argent, reprit Lily, mais elle n'a pas pris la ceinture qui va avec et pas davantage le soutien-gorge et le jupon indispensables avec cette robe. De plus, elle a emporté ses chaussures de soirée en brocart d'or, au lieu de celles en lamé d'argent. Elle a aussi pris son tailleur de tweed vert qu'elle n'utilise jamais avant l'automne et ses corsages de dentelle qui ne peuvent se porter qu'avec un tailleur habillé. Par contre, elle a laissé son joli pull-over fantaisie auquel elle tenait tant. Quant à ses sous-vêtements, tous dépareillés ; choisis au hasard, quoi. Retiens bien ce que je te dis : elle n'est pas partie du tout. C'est son mari qui lui a fait son affaire. »

Edith Pagett jeta un coup d'œil angoissé en direction de Gwenda, avant de poursuivre d'une voix mal assurée.

– Naturellement, j'étais maintenant tout à fait réveillée. Je me dressai sur mon lit et lui demandai ce qu'elle voulait dire. « Exactement comme dans le *News of the World* de la semaine dernière, me répondit-elle. Le patron a découvert le pot aux roses, il l'a tuée et enterrée dans la cave. Tu n'as rien pu entendre parce que la cave se trouve juste au-dessous du hall, mais je te garantis que les choses se sont passées comme ça. Ensuite, il a entassé des vêtements dans une valise et un sac de voyage pour faire croire qu'elle avait levé le pied. Mais c'est dans la cave qu'elle est, et pas ailleurs, tu peux me croire. Elle n'a pas quitté la maison. » Je rabrouai vertement Lily et lui dis ce que je pensais de toutes ses inventions. Pourtant, je dois avouer que, le lendemain matin, je descendis à la cave. Naturellement, tout y était comme à l'ordinaire, rien n'avait été déplacé, et le sol n'avait été creusé en aucun endroit. Je remontai pour déclarer à Lily qu'elle se rendait ridicule à inventer de telles sornettes. Mais elle ne voulut pas en démordre : le major Halliday avait assassiné sa femme. « Rappelle-toi, me dit-elle encore, qu'elle avait peur de lui. Je le lui ai entendu dire. » Là, je l'arrêtai tout net. « Tu te trompes, ma petite, parce que ce n'était pas à son mari qu'elle parlait. Ce jour-là, tu venais juste de me raconter cette histoire, lorsque, jetant un coup d'œil par la fenêtre, j'ai vu le major Halliday qui descendait la colline avec ses clubs de golf. Ce n'était donc pas lui qui était entré dans le salon avec Madame. C'était quelqu'un d'autre. »

Ces derniers mots semblèrent se répercuter dans la pièce, tandis que Giles répétait à mi-voix :

– C'était quelqu'un d'autre.

15

Une adresse

Le *Royal Clarence* était le plus vieil hôtel de la ville ; il y régnait une atmosphère un peu vieillotte, mais il était encore très fréquenté par des familles qui venaient passer un mois au bord de la mer.

Miss Narracott, qui trônait à la réception, était une femme de quarante-sept ans, à la poitrine généreuse et à la coiffure démodée. Elle se dérida à la vue de Giles, que son œil exercé classa immédiatement parmi « les gens bien ». Et le jeune homme, qui avait la parole facile et des manières persuasives quand il le voulait, lui débita une très belle petite histoire. Il avait eu une discussion avec sa femme pour savoir si la grand-mère de celle-ci avait ou non fait un séjour au *Royal Clarence* dix-huit ans auparavant. Sa femme affirmait qu'on ne pourrait jamais être fixé, car il était bien évident que la direction de l'hôtel avait dû se débarrasser depuis longtemps des registres concernant cette époque lointaine. Mais il avait prétendu, lui, qu'un établissement de cette classe devait sûrement conserver quelque chose, même si ces documents dataient de cent ans.

– Mon Dieu, Mr Reed, répondit miss Narracott, ce n'est pas tout à fait exact. Nous n'avons pas tous les vieux registres, mais nous conservons ce que nous appelons les « Livres des Visiteurs ». On y trouve des noms de personnalités célèbres : romanciers, artistes... Et même des signatures de membres de la famille royale.

Giles réagit comme il convenait, feignant intérêt et respect, de sorte que l'on ne fit aucune difficulté pour lui apporter le fameux volume correspondant à l'année en question. S'étant d'abord laissé complaisamment indiquer un certain nombre de noms illustres, il tourna ensuite les pages jusqu'au mois d'août.

Et il découvrit l'inscription qui, selon toute apparence, était celle qu'il cherchait :

Major et Mrs Setoun Erskine, Anstell Manor, Daith, Nortumberland, 27 juillet-17 août.

– Puis-je recopier ceci ? demanda-t-il.

– Mais bien entendu, Mr Reed. Voici du papier et un stylo. Oh ! vous avez le vôtre ! Excusez-moi, il faut que j'aille jeter un coup d'œil...

Giles s'empressa de recopier les deux lignes qui l'intéressaient.

De retour à Hillside, il trouva Gwenda dans le jardin, penchée au-dessus d'une bordure de fleurs. Elle se redressa à son approche et lui lança un coup d'œil interrogateur.

– Quelque chose ?

– Oui, je pense que c'est ça.

La jeune femme parcourut des yeux la feuille qu'il lui tendait.

– Daith, murmura-t-elle. Oui, Edith Pagett nous a effectivement parlé du Northumberland. Mais je me demande si ces gens habitent toujours cette région.

– Nous allons aller nous en rendre compte sur place.

– Oh oui ! c'est la meilleure solution. Quand ?

– Dès que possible. Veux-tu demain ? Nous irons en voiture, et tu pourras ainsi voir une autre partie de l'Angleterre.

– Et s'ils étaient morts ou partis ailleurs ? Si quelqu'un d'autre habitait maintenant à leur place ?

Giles haussa les épaules.

– Dans ce cas, nous reviendrons, et il nous faudra suivre nos autres pistes. À propos, j'ai écrit à Kennedy pour lui demander s'il lui était possible de me faire parvenir les deux lettres d'Hélène qu'il a reçues après son départ, ainsi qu'un spécimen de l'écriture de ta belle-mère. Mais, bien sûr, il se peut qu'il ne soit plus en possession de ces lettres.

– Je souhaiterais, quant à moi, pouvoir entrer en rapport avec la femme de chambre – Lily –, celle qui avait mis une faveur à Thomas.

– C'est drôle que tu te souviennes d'un détail comme celui-là.

– Oui, n'est-ce pas ? Je me souviens aussi de Thomas.

Il était noir avec des taches blanches, et il avait trois adorables chatons.

– Quoi ! Thomas ?

– Ma foi, on l'avait baptisé Thomas, mais il se trouva ensuite que ç'aurait dû être Thomasina ! Tu sais comment ça se passe, avec les chats. En ce qui concerne Lily, je me demande ce qu'elle est devenue. Il semble qu'Édith Pagett l'ait complètement perdue de vue. Elle n'était pas de la région et, après les événements de la villa Sainte-Catherine, elle est entrée dans une autre place, à Torquay. Elle a écrit une fois ou deux, et puis plus rien. Édith a entendu dire qu'elle s'était mariée, mais elle ignore avec qui. Si nous pouvions la retrouver, nous en apprendrions peut-être davantage.

– Et Léonie, la nurse ?

– Peut-être. Mais, tu sais, elle était étrangère et n'a pas dû très bien comprendre la situation. Je ne me souviens pas du tout d'elle. Non, je crois que c'est surtout Lily qui nous serait utile. C'était une fine mouche, nous a déclaré Édith... Oh ! j'ai trouvé, Giles !... Faisons paraître une autre annonce pour tenter de la retrouver. Elle s'appelait Abbott. Lily Abbott.

– Oui, tu as raison, nous pourrions essayer. En tout cas, nous partons demain pour le Northumberland à la recherche des Erskine.

16

Le fils de sa mère

– Couché, Henry ! ordonna Mrs Fane à un épagneul asthmatique dont les yeux clairs brillaient de gourmandise. Un autre scone, miss Marple, pendant qu'ils sont encore chauds ?

– Merci, ils sont délicieux. Vous devez avoir une excellente cuisinière.

– Mon Dieu, Louisa n'est pas mauvaise, quoique négligente, comme la plupart des domestiques. Et puis, pas la moindre diversité dans ses puddings. À propos, comment va la sciatique de Dorothy Yarde ? Elle la faisait autrefois beaucoup souffrir. Je pense, quant à moi, que c'est surtout une question de nerfs.

Miss Marple s'empressa de fournir des détails sur les ennuis de santé de leur amie commune. Il était heureux, songeait-elle, que, parmi ses nombreux amis et parents dispersés dans toute l'Angleterre, elle ait eu la chance de découvrir quelqu'un qui connaissait Mrs Fane et lui avait écrit pour lui annoncer la présence à Dillmouth de la vieille demoiselle en lui demandant de l'inviter un jour.

Eleanor Fane était une femme grande et imposante, aux yeux gris acier, aux cheveux blancs et frisés et au teint rose comme celui d'un bébé, alors qu'il n'y avait visiblement en elle pas grand-chose de la douceur d'un bébé.

Après avoir discuté des maux de Dorothy, les deux

femmes abordèrent le sujet de la santé de miss Marple, parlèrent de l'air vivifiant de Dillmouth, puis de la condition médiocre qui est celle de la plus grande partie de la jeune génération.

– Trop gâtés quand ils étaient enfants, déclara Mrs Fane d'un ton péremptoire. Chez moi, ça ne se passait pas ainsi.

– Vous avez plusieurs fils, n'est-ce pas ?

– Trois. L'aîné, Gérald, est à Singapour, où il travaille à la Banque d'Extrême-Orient. Robert est dans l'Armée.

Mrs Fane fit entendre un petit ricanement significatif avant d'ajouter :

– Et il a épousé une catholique. Vous savez ce que ça signifie : tous les enfants élevés dans la religion papiste. Je me demande ce qu'en aurait dit son pauvre père. À présent, j'ai rarement de ses nouvelles, car il trouve à redire à quantité de choses que j'avais essayé de lui inculquer pour son propre bien. Je suis d'avis qu'il faut toujours être sincère et dire exactement ce qu'on pense. Eh bien, son mariage a été, à mon sens, une catastrophe. Il peut bien faire semblant d'être heureux, le pauvre garçon, mais je ne puis croire que tout aille pour le mieux.

– Votre plus jeune fils n'est pas marié, si j'ai bien compris.

Le visage de Mrs Fane s'épanouit.

– Non. Walter est resté à la maison. Il a toujours été de santé délicate, depuis son enfance, et j'ai dû veiller sur lui avec le plus grand soin. Vous allez le voir dans un instant. Je ne saurais assez vous dire à quel point il m'est dévoué. Je suis vraiment la plus heureuse des femmes d'avoir un tel fils.

– N'a-t-il jamais songé à se marier ?

– Il dit toujours qu'il lui est impossible de s'intéresser aux jeunes filles modernes. Elles ne l'attirent pas. Lui et moi avons tant de choses en commun qu'il ne sort pas autant qu'il le devrait, je le crains. Le soir, il me lit des passages de Thackeray, et puis nous faisons habituellement une partie de piquet. C'est vraiment un homme d'intérieur.

– Comme ce doit être agréable pour vous ! A-t-il toujours travaillé ici ? Quelqu'un m'a dit que vous aviez autrefois un fils qui s'occupait de plantations de thé à Ceylan. Mais sans doute m'a-t-on induite en erreur.

Mrs Fane fronça légèrement les sourcils et tendit une tranche de gâteau à son invitée.

– Il était alors très jeune et a cédé à une impulsion de son âge. Un garçon a toujours envie de voir le monde. Et puis, il faut bien l'avouer, il y avait une jeune fille, là-dessous. Les jeunes filles sont parfois bien désagréables.

– Oh ! je sais. Je me rappelle que mon neveu...

Mais Mrs Fane poursuivit, refusant de prêter la moindre attention au neveu de miss Marple.

– Une fille qui ne lui convenait pas du tout, comme il arrive fréquemment. Oh ! je ne veux pas dire que c'était une *actrice*, ou autre chose dans ce genre. En fait, c'était la sœur du docteur. Elle était d'ailleurs un peu comme sa fille, car elle était beaucoup plus jeune que lui, et le pauvre homme n'avait pas la moindre idée de la manière dont elle aurait dû être élevée. Les hommes sont tellement dépourvus de bon sens, n'est-ce pas ? Elle commença à se dissiper, se compromit plus ou moins avec un simple clerc de l'étude de mon mari, un garçon absolument indésirable dont il fallut naturellement se débarrasser. Tout ceci en confidence, bien entendu. Évidemment, Hélène Kennedy passait pour être très jolie, bien que ce ne fût pas mon avis, car j'avais toujours eu l'impression qu'elle s'éclaircissait les cheveux. Mais Walter, le pauvre garçon, tomba follement amoureux d'elle. Comme je l'ai déjà dit, ce n'était pas du tout la femme qui lui convenait. Pas d'argent, pas d'espérances, et pas du tout la personne dont on peut rêver comme belle-fille. Seulement, que peut faire une mère ? Walter la demanda en mariage, et elle refusa. C'est alors qu'il eut l'idée saugrenue de partir pour l'Inde et de devenir planteur. Mon mari me dit : « Laisse-le aller », bien qu'il fût, lui aussi, fort déçu. En effet, il avait projeté de garder Walter près de lui et d'en faire son successeur, car notre fils avait déjà obtenu tous ses diplômes de droit. Mais les choses étaient ainsi. Quels ravages font parfois ces jeunes femmes !

– À qui le dites-vous ! Mon neveu...

Une fois de plus, Mrs Fane écarta sans scrupule le neveu de miss Marple.

– Donc, notre cher garçon s'embarqua pour Assam – à moins que ce ne fût Bangalore, je ne me rappelle plus très bien, et j'étais d'autant plus inquiète que je craignais pour sa santé délicate qui risquait de se dégrader au climat de l'Inde. Il n'était pas parti depuis un an – et il réussissait d'ailleurs fort bien, car Walter fait tout à la perfection – que cette impudente gamine change soudain d'idée et lui écrit que, tout bien réfléchi, elle est maintenant disposée à l'épouser.

– Mon Dieu ! mon Dieu ! fit miss Marple en hochant la tête.

– Elle rassemble donc son trousseau, prend son billet de bateau et s'embarque. Et... que croyez-vous qui se passe ensuite ?

– Je ne puis l'imaginer, répondit miss Marple en se penchant en avant, son attention aussitôt éveillée.

– Elle a une liaison avec un homme marié, s'il vous plaît. Sur le bateau même qui l'amenait aux Indes. Un homme marié et pourvu de trois enfants, je crois. Walter l'attend naturellement sur le quai, et la première chose qu'elle fait, c'est de lui annoncer qu'il lui est impossible de l'épouser. Ne trouvez-vous pas ça odieux ?

– Si, bien sûr. Une telle expérience aurait pu détruire complètement la confiance de votre fils en la nature humaine.

– Cela aurait effectivement dû lui montrer cette fille sous son vrai jour. Mais ce genre de femme se tire toujours de tout.

– N'a-t-il pas été offensé de son attitude ? demanda miss Marple avec un soupçon d'hésitation dans la voix. Certains hommes en auraient été passablement irrités.

– Walter a toujours eu une extraordinaire maîtrise de soi. Si bouleversé ou chagriné qu'il soit, il se domine et ne montre jamais rien.

La vieille demoiselle observa Mrs Fane d'un air pensif avant de suggérer :

– C'est peut-être parce qu'il garde les choses au plus profond de lui-même. Pourtant, on est parfois surpris par les réactions des enfants. Il arrive que l'un d'eux fasse un éclat soudain, alors qu'on l'avait cru indifférent ;

il arrive qu'une nature très sensible ne puisse s'exprimer jusqu'au moment où elle est littéralement poussée à bout.

– C'est étrange que vous disiez cela. Je me rappelle... Tenez, Gerald et Robert sont tous deux très vifs et toujours prêts à se bagarrer. C'est tout naturel, pour des garçons en pleine santé.

– Oui, bien sûr.

– Et ce cher Walter a toujours été si calme, si patient ! Eh bien, il me revient en mémoire un certain incident... Walter, qui était très habile de ses doigts, venait d'achever la construction d'un modèle réduit d'avion. Robert, intrépide et maladroit, s'empare de l'objet et le brise. Sur ces entrefaites, j'entre dans leur chambre et qu'est-ce que je vois ? Robert couché à terre et Walter, un tisonnier à la main avec lequel il l'avait presque assommé. Je vous avoue que j'ai eu toutes les peines du monde à l'empêcher de frapper son frère une seconde fois. Il ne cessait de crier : « Il l'a fait exprès... il l'a fait exprès... je vais le tuer ! » J'étais, comme vous vous en doutez, mortellement effrayée. Les enfants éprouvent parfois des sentiments si violents, n'est-il pas vrai ?

– C'est la pure vérité, murmura miss Marple d'un air pensif.

Puis, revenant au sujet primitif :

– Les fiançailles furent donc définitivement rompues, avec cette... Hélène Kennedy. Et qu'est devenue la jeune fille ?

– Elle est rentrée en Angleterre. Sur le chemin du retour, elle s'est arrangée pour avoir une autre intrigue mais, cette fois, elle a épousé l'homme qu'elle venait de rencontrer. Un veuf avec un enfant. Un homme qui vient de perdre sa femme est toujours une proie facile. Pauvre garçon ! Elle l'épousa donc, et ils allèrent habiter à l'autre extrémité de la ville, près de l'hôpital. Naturellement, ça ne dura pas : au bout d'un an, elle le quitta pour s'enfuir avec un autre.

– Mon Dieu ! mon Dieu ! répéta miss Marple en prenant un air consterné. Votre fils l'a échappé belle.

– C'est ce que je lui dis toujours.

– Est-ce pour raison de santé qu'il a abandonné son travail de planteur ?

Mrs Fane plissa imperceptiblement le front.

– Cette vie ne lui convenait pas, répondit-elle. Il est rentré environ six mois après le retour de la jeune fille.

– Ce devait être un peu ennuyeux, si la jeune femme habitait ici. Dans la même ville...

– Walter est un garçon extraordinaire. Il s'est conduit exactement comme si rien ne s'était passé. J'avais la conviction – et je le lui dis, à l'époque – qu'il eût été souhaitable de couper définitivement les ponts, car des rencontres risquaient d'être gênantes pour tous les deux. Mais Walter voulut absolument rester dans les mêmes termes amicaux que par le passé. Il se rendait à la villa Sainte-Catherine de la façon la plus normale, jouait avec l'enfant... Il est curieux, d'ailleurs que cette fillette, devenue femme, soit précisément venue s'installer ici avec son mari. Elle est passée l'autre jour à l'étude dans l'intention de rédiger un testament. Quelle extraordinaire coïncidence. Elle s'appelle maintenant Reed.

– Mr et Mrs Reed ? Mais je les connais ! Un jeune

couple charmant. Et dire que Mrs Reed est cette fillette qui...

– Oui, la fille de la première femme du major Halliday. Pauvre homme ! Il a été complètement brisé quand cette péronnelle l'a quitté. Comment se fait-il que les plus mauvaises femmes parviennent toujours à attirer les meilleurs hommes ? C'est là un mystère qu'il m'est impossible de comprendre.

– Et ce garçon qui avait eu précédemment une intrigue avec elle ? Ce jeune clerc de l'étude de votre mari, qu'est-il devenu ?

– Jackie Afflick ? Il s'est débrouillé. Il dirige maintenant une compagnie de voyages organisés. Les *Daffodil Coaches*. Des cars peints en jaune vif, s'il vous plaît. Nous vivons véritablement dans un monde d'une étonnante vulgarité.

– Afflick, avez-vous dit ?

– Oui. Oh ! un simple arriviste, toujours décidé à aller de l'avant. C'est sans doute pourquoi il avait jeté son dévolu sur Hélène Kennedy, qui était la sœur du médecin. Il devait penser qu'une telle union améliorerait sa position sociale.

– Cette Hélène n'est-elle jamais revenue à Dillmouth ?

– Jamais. Et c'est un bon débarras. Elle a sans doute complètement mal tourné. J'en suis navré pour le Dr Kennedy. Ce n'est évidemment pas de sa faute. La seconde femme de son père était une petite écervelée, et Hélène a dû hériter d'elle. J'ai toujours pensé...

Mrs Fane s'interrompit.

– Voici Walter.

Son oreille de mère avait déjà capté, venant du hall, certains bruits familiers. La porte s'ouvrit, et Walter Fane entra.

Mrs Fane fit les présentations. Puis, s'adressant à son fils :

– Voudrais-tu sonner pour qu'on apporte d'autre thé ?

– Ne t'inquiète pas, mère, j'en ai déjà pris une tasse.

– Nous en reprendrons tous.

La femme de chambre venait précisément d'apparaître pour emporter la théière.

– Béatrice, veuillez apporter d'autre thé, ajouta Mrs Fane. Et aussi des scones.

– Bien, madame.

Walter Fane avait pris place dans un fauteuil.

– Ma mère me gâte, dit-il avec un sourire aimable en se tournant vers miss Marple.

La vieille demoiselle l'observait, tandis qu'elle murmurait une réponse banale.

C'était un homme à l'aspect calme et doux, insignifiant et qui semblait manquer d'assurance. Une personnalité assez indéfinissable. Le genre d'homme dévoué mais auquel les femmes ne prêtent guère attention et qu'elles n'épousent que lorsque celui qu'elles aiment ne répond pas à leur amour. Walter toujours présent... Walter le chéri de sa mère... Walter qui avait un jour frappé son frère à coups de tisonnier et déclaré vouloir le tuer.

Miss Marple réfléchissait, et des tas de questions se pressaient dans sa tête.

17

Richard Erskine

Anstell Manor avait un aspect plutôt morne. C'était une maison blanche qui se détachait sur un fond de collines sombres, et on y accédait par une allée sinueuse qui traversait une végétation trop dense.

– Pourquoi sommes-nous venus ? demanda Giles. Qu'allons-nous pouvoir raconter ?

– Nous en avons déjà décidé.

– Oui, jusqu'à un certain point. Il est heureux que le beau-frère de la tante de la cousine de miss Marple – ou quelque chose comme ça – habite la région. Cela nous servira de prétexte pour nous introduire dans la place. Seulement, aller poser à son hôte des questions sur ses anciennes intrigues amoureuses, ce n'est généralement pas le but d'une visite mondaine.

– Et cette histoire est tellement ancienne ! Peut-être a-t-il complètement oublié cette fille.

– C'est possible. Et peut-être même n'y a-t-il eu, en réalité, aucune intrigue.

– Giles, est-ce que nous ne sommes pas en train de nous rendre complètement ridicules ?

– Je ne sais pas. J'en ai quelquefois l'impression. Je ne comprends pas pourquoi nous nous occupons de tout ça. Quelle importance cela a-t-il maintenant ?

– Bien sûr, miss Marple et le Dr Kennedy nous avaient conseillé de laisser dormir cette vieille affaire.

Pourquoi ne l'avons-nous pas fait, Giles ? Est-ce à cause d'Elle ?

– Elle ?

– Je veux parler d'Hélène. Est-ce pour cela que je me rappelle ? Mes souvenirs d'enfance sont-ils le seul lien qu'elle ait avec la vie... avec la vérité ? Est-ce Hélène qui se sert de moi – et de toi – pour faire éclater la vérité ?

– Tu veux dire... parce qu'elle est décédée de mort violente ?

– Oui. On dit – certains livres disent, en tout cas – que ces morts ne peuvent reposer en paix...

– Je crois que tu es en train de te forger des chimères, ma petite Gwenda.

– Peut-être. De toute façon, nous avons encore le choix. Nous faisons une visite de courtoisie, et il n'est nul besoin d'y introduire autre chose, à moins que nous ne le souhaitions vraiment.

Giles hocha la tête.

– Il nous faut continuer. Nous ne pouvons pas faire autrement.

– Oui, je crois que tu as raison. Et pourtant, tu sais, j'ai un peu peur...

*

– Vous êtes donc à la recherche d'une maison, dit le major Erskine.

Il tendit à Gwenda une assiette de sandwiches. La jeune femme en prit un, tout en levant les yeux vers leur hôte. Richard Erskine était d'assez petite stature, ses cheveux étaient gris, et il avait un regard las et pensif.

Sa voix était grave et agréable, légèrement traînante. Il n'y avait en lui rien de particulièrement remarquable ; et pourtant, Gwenda le trouva véritablement séduisant. En réalité, il était loin d'être aussi bel homme que Walter Fane. Mais, tandis que la plupart des femmes seraient passées près de ce dernier sans lui accorder un regard, elles se seraient intéressées à Erskine. Fane était falot ; Erskine, en dépit de son apparence calme, avait de la personnalité. Il parlait d'événements ordinaires d'une manière ordinaire, et pourtant il y avait en lui *quelque chose.* Ce quelque chose que les femmes ont tôt fait de reconnaître et auquel elles réagissent d'une manière typiquement féminine. Presque inconsciemment, Gwenda arrangea sa jupe, mit en place une mèche rebelle de sa coiffure et vérifia discrètement le dessin de ses lèvres. Dix-neuf ans plus tôt, Hélène Kennedy avait fort bien pu tomber amoureuse de cet homme. Gwenda en était absolument sûre.

En levant les yeux, elle rencontra ceux de son hôtesse, et elle se sentit rougir involontairement. Mrs Erskine était en conversation avec Giles, mais elle observait Gwenda, et son regard avait quelque chose de vaguement soupçonneux. C'était une femme de haute taille, à la voix presque aussi grave que celle d'un homme, de carrure quasi athlétique et vêtue d'un tailleur de tweed pourvu d'immenses poches. Elle paraissait plus âgée que son mari, mais Gwenda était à peu près sûre que ce n'était là qu'une apparence trompeuse. Son visage avait quelque chose de hagard. Une femme insatisfaite, jalouse et malheureuse, se dit Gwenda. Et, tout en poursuivant sa conversation avec le major Erskine, la jeune

Mrs Reed songeait : « Je suis sûre qu'elle lui mène la vie dure. »

– Partir à la recherche d'une maison est terriblement décevant, disait-elle en ce moment à son hôte. Les descriptions fournies par les agences sont toujours merveilleuses, mais quand vous êtes sur les lieux, vous trouvez l'habitation absolument impossible.

– Vous songez à vous fixer dans cette région ?

– Mon Dieu, c'est un des coins auxquels nous avions pensé. Surtout parce que ce n'est pas très éloigné du Mur d'Adrien, et que cet endroit a toujours fasciné mon mari. Voyez-vous – j'imagine que ça doit vous paraître bizarre – où que nous nous installions en Angleterre, cela nous est à peu près indifférent. Je suis originaire de Nouvelle-Zélande, et je n'ai aucune attache ici. Quant à Giles, il a passé de nombreuses vacances chez différentes tantes, et il n'a lui non plus aucun lien particulier. La seule chose que nous désirions, c'est de ne pas être trop près de Londres. Nous tenons à la vraie campagne.

Erskine sourit.

– La vraie campagne, vous la trouverez certes par ici. En fait, nous sommes complètement isolés, nos voisins étant peu nombreux et fort éloignés les uns des autres.

Gwenda crut déceler, dans sa voix bien timbrée, un fond de tristesse. Elle eut soudain la vision d'une vie solitaire – les jours courts et sombres de l'hiver avec le vent qui siffle dans la cheminée, les portes closes et les rideaux tirés, pas de voisins, et cette femme jalouse, à l'air insatisfait et malheureux.

Puis la vision disparut. C'était à nouveau l'été, avec les

portes-fenêtres ouvertes sur le jardin, le parfum des roses et le chant des oiseaux.

– Cette demeure est très ancienne, n'est-ce pas ? dit Gwenda.

– Oui, elle date de l'époque de la reine Anne, et elle se trouve dans notre famille depuis plus de trois cents ans.

– Elle est splendide, et vous devez en être très fier.

– Certes. Malheureusement, elle n'est plus en parfait état. Les impôts sont tellement écrasants qu'ils ne nous laissent même pas de quoi entretenir convenablement les bâtiments. Mais, maintenant que les enfants sont casés, le plus dur est passé.

– Combien d'enfants avez-vous ?

– Deux garçons. L'un est dans l'Armée, l'autre vient de terminer ses études à Oxford et va entrer dans une importante maison d'édition.

Il tourna les yeux vers la cheminée, et Gwenda suivit son regard. Elle aperçut la photographie de deux jeunes gens de dix-huit ou dix-neuf ans, prise probablement quelques années plus tôt. Il y avait dans les yeux du père à la fois de l'orgueil et de l'affection.

– Ce sont de braves garçons, dit-il. Vous pouvez me croire, bien que ce soit moi qui l'affirme.

– Ils en ont l'air, en effet.

– Oui. Et je crois que ça vaut la peine... vraiment...

Gwenda le regarda d'un air interrogateur.

– ... de faire des sacrifices pour ses enfants, compléta-t-il.

– J'imagine qu'il faut souvent renoncer à certaines choses.

– À bien des choses, parfois...

À nouveau, la jeune femme sentit en lui une tristesse qu'il s'efforçait de dissimuler. Mais, déjà, Mrs Erskine intervenait de sa voix grave et autoritaire.

– Cherchez-vous véritablement une maison dans cette partie du monde ? En tout cas, je crains fort de ne rien connaître dans les parages qui puisse vous convenir.

Et si tu connaissais quelque chose, vieille sorcière, tu te garderais bien de me le dire, songea Gwenda avec amertume. Cette femme imbécile est jalouse parce que je parle à son mari et parce que je suis jeune et attrayante.

– Ça dépend si vous êtes pressés ou non, dit Erskine.

– Pas tellement pressés, en vérité, répondit Giles d'un air enjoué. Nous voulons être certains de trouver quelque chose qui nous plaise. Pour le moment, nous avons une maison à Dillmouth, sur la côte sud.

Le major Erskine se leva pour aller chercher des cigarettes sur le guéridon qui se trouvait près de la fenêtre.

– Dillmouth, répéta Mrs Erskine.

Sa voix était dénuée de toute expression, mais elle fixait avec attention la nuque de son mari.

– Charmante petite ville, dit Giles. La connaissez-vous ?

Il y eut un moment de silence, puis ce fut Mrs Erskine qui reprit la parole.

– Nous y avons passé quelques semaines, un certain été, il y a bien longtemps. Mais nous n'avons pas tellement aimé cet endroit. Un climat trop mou.

– C'est aussi notre avis, dit Gwenda. Mon mari et moi préférerions un air plus vivifiant.

Erskine revenait avec les cigarettes. Il tendit le coffret à la jeune femme.

– Vous trouveriez ça dans notre région, dit-il.

Il y avait dans sa voix comme une étrange gravité. Gwenda leva les yeux sur lui, tandis qu'il présentait la flamme d'une allumette.

– Vous souvenez-vous bien de Dillmouth ? demanda-t-elle d'un ton neutre.

Erskine pinça les lèvres comme sous l'effet d'une douleur soudaine.

– Très bien, oui. Nous séjournions... voyons un peu... au *Royal George,* je crois. Ou plutôt, non... au *Royal Clarence.*

– C'est le plus ancien hôtel de la ville. Notre maison est tout près... Hillside. Mais elle s'appelait autrefois... Sainte-Marie. C'est bien ça, Giles ?

– Sainte-Catherine, corrigea son mari.

Cette fois, il était impossible de se méprendre sur l'effet produit. Erskine se détourna brusquement, et la tasse de sa femme heurta la soucoupe avec un petit tintement de porcelaine.

– Peut-être aimeriez-vous voir le jardin ? dit vivement Mrs Erskine.

– Oh, bien volontiers !

Ils sortirent par la porte-fenêtre. Le jardin était très bien entretenu, les allées pavées et soigneusement bordées de fleurs. Gwenda comprit que le mérite en revenait au major Erskine, qui se mit à lui parler avec enthousiasme de roses et de plantes herbacées. Le jardinage était visiblement son passe-temps favori.

Quelques instants plus tard, alors que les deux visiteurs s'éloignaient en voiture, Giles demanda avec une certaine hésitation :

– Est-ce que... tu l'as laissée tomber ?

– Oui. Près du second massif de delphiniums.

Elle considéra l'annulaire de sa main gauche et fit distraitement tourner son alliance.

– Et si tu ne la retrouvais pas ?

– Tu sais, ce n'est pas ma véritable bague de fiançailles. Celle-là... je n'aurais pas accepté de la risquer.

– Je suis heureux de te l'entendre dire.

– Elle me tient tellement à cœur ! Te souviens-tu de ce que tu m'as dit lorsque tu l'as passée à mon doigt ? « Une émeraude pour un mystérieux petit chaton aux yeux verts. »

– J'imagine, fit remarquer Giles avec calme, que nos petits mots tendres paraîtraient un peu étranges à une personne de la génération de miss Marple.

– Je me demande ce que notre vieille amie peut bien faire en ce moment. Elle est sans doute assise au soleil, en train de rêvasser.

– Plutôt en train de fouiner ou de fureter dans quelque coin, si je l'ai bien jugée. J'espère qu'elle ne va pas exagérer, un de ces jours, avec toutes ses questions.

– Chez une vieille dame, la curiosité est naturelle, et on n'y prête pas autant d'attention que si nous allions nous-mêmes poser des tas de questions à tort et à travers.

Giles reprit son air grave.

– C'est pourquoi il me déplaît que tu aies à le faire. Je ne puis supporter la pensée de rester bien tranquille à t'attendre pendant que tu vas faire la sale besogne.

Gwenda promena doucement son index sur la joue de son mari.

– Je sais, mon chéri, je sais. Mais tu dois admettre que c'est une tâche délicate d'aller faire subir à un homme un interrogatoire sur ses affaires de cœur. Seule une femme douée d'un peu d'habileté et de diplomatie peut se tirer de ce genre d'indiscrétion.

– Je n'ai jamais douté ni de ton intelligence ni de ton habileté. Mais si Erskine est l'homme que nous recherchons...

– Je ne crois pas qu'il le soit, dit Gwenda d'un air pensif.

– Veux-tu laisser entendre que nous faisons fausse route ?

– Pas entièrement. Je pense qu'il était bel et bien amoureux d'Hélène. Mais il est gentil, Giles. Terriblement sympathique. Ce n'est pas le genre d'homme à étrangler une femme.

– Permets-moi de te faire observer, ma petite fille, que, jusqu'à présent, tu n'as pas beaucoup fréquenté les étrangleurs !

– C'est vrai. Mais j'ai mon instinct féminin.

– J'imagine que c'est ce que doivent souvent dire les victimes de ce genre d'individus. Non, Gwenda, toute plaisanterie mise à part, je te conjure d'être prudente.

– Je le serai, c'est promis. Mais, tu sais, je le plains vraiment, ce pauvre homme affublé de ce dragon de femme. Je suis certaine qu'il a mené une bien triste vie.

– Je reconnais que c'est une femme bizarre. Et quelque peu inquiétante.

– Absolument sinistre. As-tu vu comment elle m'observait pendant que je parlais à son mari ?

– J'espère que le plan réussira.

*

Le plan en question fut mis à exécution le lendemain même.

Giles, qui se sentait, disait-il, pareil à un mauvais détective dans une affaire de divorce, prit position en un point qui dominait la grille d'entrée d'Anstell Manor. Vers onze heures et demie, il alla prévenir Gwenda que tout allait bien. Mrs Erskine était partie dans une petite Austin, de toute évidence pour aller faire son marché à la ville voisine, qui se trouvait à une distance de trois milles. Par conséquent, la voie était libre.

Gwenda se dirigea aussitôt vers la grille de la propriété, arrêta sa voiture, mit pied à terre et sonna. Elle demanda Mrs Erskine, mais il lui fut répondu, naturellement, qu'elle était sortie. Elle demanda alors le major Erskine. Il était dans le jardin, penché au-dessus d'un parterre, et se redressa à l'approche de la jeune femme.

– Je suis désolée de vous déranger, dit Gwenda, mais je crois avoir perdu une bague, hier. Je sais que je l'avais encore après le thé, quand nous sommes sortis dans le jardin. Et je serais navrée de ne pas la retrouver, car c'est ma bague de fiançailles. Elle est un peu grande à mon doigt, et...

On se mit à chercher. Gwenda refit le chemin qu'elle se rappelait avoir parcouru la veille, essayant de se souvenir des endroits où elle avait fait halte, des fleurs qu'elle avait touchées et, bien entendu, on aperçut bientôt le bijou auprès d'un massif de delphiniums, à l'endroit où elle l'avait volontairement laissé glisser de son doigt. Elle prit un air soulagé et ravi.

– Puis-je maintenant vous offrir quelque chose à boire, Mrs Reed ? demanda Erskine. De la bière, un peu de xérès ? À moins que vous ne préfériez du café.

– Je n'ai besoin de rien, je vous remercie. Seulement... une cigarette, si vous voulez bien.

Elle s'assit sur un banc, et Erskine prit place à ses côtés. Pendant quelques minutes, ils fumèrent en silence. Gwenda sentait son cœur battre plus vite, mais il n'y avait qu'un seul moyen d'atteindre le but : il fallait faire le saut sans hésiter.

– Je voudrais vous demander quelque chose, major Erskine, dit-elle. Sans-doute allez-vous me juger terriblement indiscrète, mais je voudrais absolument savoir, et... vous êtes probablement la seule personne à pouvoir me renseigner. Car je crois que vous avez été, à un certain moment, amoureux de ma belle-mère.

Erskine tourna vers elle un visage où se réflétait son étonnement.

– Votre belle-mère ?

– Oui. Hélène Kennedy, qui devint par la suite Mrs Halliday.

– Oh ! je comprends.

Erskine paraissait très calme, les yeux fixés sans la voir sur la pelouse inondée de soleil. Sa cigarette se consumait lentement entre ses doigts. Mais, malgré ce calme apparent, Gwenda sentait en lui une tension nerveuse et un trouble profonds. Comme s'il répondait à une question qu'il venait de se poser à lui-même, il murmura enfin :

– Les lettres, j'imagine.

Gwenda ne répondit pas.

– Je ne lui en ai pas envoyé beaucoup : deux, peut-être trois. Elle m'avait affirmé les avoir détruites ; mais les femmes ne détruisent jamais les lettres, n'est-ce pas ? Elles sont donc tombées entre vos mains, et vous voulez savoir...

– J'aimerais en savoir davantage sur elle. Voyez-vous, je l'aimais beaucoup, bien que je ne fusse qu'une toute petite fille quand elle est partie.

– Elle est partie ?

– Ne le saviez-vous pas ?

Les yeux d'Erskine, remplis de franchise et d'étonnement, se fixèrent sur ceux de Gwenda.

– Je n'ai jamais rien su d'elle depuis... depuis cet été que nous avons passé à Dillmouth.

– Vous ne savez donc pas où elle se trouve à présent ?

– Comment le saurais-je ? Il y a de cela des années... Tout est maintenant fini. Oublié.

– Oublié ?

Erskine esquissa un pauvre sourire chargé de tristesse et d'amertume.

– Peut-être pas oublié... Vous êtes très observatrice, Mrs Reed. Mais... parlez-moi d'elle... Elle n'est pas... morte, n'est-ce pas ?

Une petite brise fraîche se leva soudain, frôla leur nuque et passa.

– J'ignore si elle est morte ou non, dit Gwenda. Je pensais même que vous pourriez peut-être le savoir.

Il secoua lentement la tête.

– Voyez-vous, continua la jeune femme, elle a quitté Dillmouth précisément un soir de ce même été sans rien dire à personne, Et elle n'est jamais revenue.

– Et vous pensiez que je pourrais avoir de ses nouvelles ?

– Oui.

– Je n'ai pas reçu un seul mot. Mais son frère le docteur, qui habite Dillmouth, doit sûrement savoir quelque chose. Ou bien est-il mort ?

– Il est toujours en vie, mais il ne sait rien. Voyez-vous, tout le monde a pensé qu'elle s'était enfuie... avec quelqu'un.

Erskine tourna vivement la tête vers la jeune femme. Un profond chagrin se lisait dans ses yeux.

– On a pensé qu'elle s'était enfuie avec moi ?

– C'était une possibilité.

– Oh ! je ne crois pas qu'une telle possibilité ait jamais existé. Mais peut-être avons-nous été assez fous pour laisser passer, sans la saisir, notre chance de bonheur.

Gwenda se taisait. À nouveau, Erskine se tourna vers elle.

– Sans doute ferais-je mieux de tout vous dire, car je ne voudrais pas que vous vous mépreniez sur le compte d'Hélène et que vous la jugiez mal. Nous nous sommes rencontrés pour la première fois sur le bateau qui nous amenait tous les deux aux Indes. Un de mes enfants venait d'être malade, et ma femme était restée en Angleterre. Elle devait me rejoindre un peu plus tard. Hélène partait dans l'intention d'épouser un homme qui était dans les Eaux et Forêts... ou quelque chose comme ça.

Elle ne l'aimait pas, mais c'était un vieil ami, doux et gentil, et elle souhaitait s'éloigner de chez elle, où elle n'était pas heureuse. Nous nous éprîmes l'un de l'autre...

Il marqua un temps d'arrêt, puis reprit d'une voix lente :

– Mais ce n'était pas – je tiens à le préciser – l'aventure banale que l'on rencontre parfois sur un bateau. C'était sérieux. Nous étions tous deux... comment dire ?... profondément épris et bouleversés par notre amour. Hélas, il n'y avait pas de solution, car il m'était impossible d'abandonner Janet et les enfants. Hélène le comprit aussi bien que moi. S'il n'y avait eu que ma femme, les choses auraient pu être différentes ; mais il y avait les enfants. C'était sans espoir. Nous tombâmes d'accord pour nous dire adieu et essayer d'oublier.

Il se mit à rire. Un rire sans gaieté et qui sonnait affreusement faux.

– Oublier ! Non, je n'ai jamais oublié. Pas un seul instant. Ma vie n'a été qu'un enfer... Il m'était impossible de ne pas penser à Hélène... Elle n'a d'ailleurs pas épousé le garçon qu'elle allait rejoindre. Au dernier moment, elle n'a pu s'y résoudre. Elle est repartie pour l'Angleterre, et c'est durant ce voyage de retour qu'elle a rencontré quelqu'un d'autre : votre père, j'imagine. Deux mois plus tard, elle m'a écrit pour me dire ce qu'elle avait fait. Le major Halliday avait été très affecté par la perte de sa femme, disait-elle, et puis il y avait une enfant, une fillette de deux ou trois ans. Hélène pensait pouvoir rendre son mari heureux, et elle ferait de son mieux pour cela. Sa lettre venait de Dillmouth. Environ huit mois plus tard, mon père mourut, et je vins me fixer en Angleterre après avoir donné ma démission de l'Armée. Nous souhaitions prendre quelques semaines de vacances avant de nous installer ici, et ma femme suggéra Dillmouth, qu'une de ses amies lui avait décrit comme un endroit coquet et tranquille. Elle ignorait tout d'Hélène, bien entendu. Et vous pouvez aisément imaginer la tentation qui fut la mienne ! Revoir Hélène... Voir à quoi ressemblait l'homme qu'elle avait épousé...

Un autre bref silence, et Erskine continua :

– Nous descendîmes au *Royal Clarence.* Ce séjour fut une erreur, car revoir Hélène c'était souffrir le martyre... Elle paraissait assez heureuse, dans l'ensemble... je ne sais pas. En tout cas, elle évitait de se trouver seule avec moi. J'ignore si elle m'aimait encore ou non. Peut-être s'était-elle résignée... Mais je crois que Janet se doutait de quelque chose. C'est une femme extrêmement jalouse. Elle l'a toujours été. Une jalousie véritablement maladive...

Le major Erskine poussa un long soupir.

– Et voilà. C'est tout... Nous quittâmes Dillmouth...

– Le 17 août, précisa Gwenda.

– C'était à cette date ? C'est possible. Je ne me rappelle pas exactement.

– Un samedi.

– Oui, vous avez raison. Je me souviens que ma femme me fit observer que les routes seraient encombrées, le lendemain matin... Mais je ne crois pas que c'était...

– Essayez, je vous prie, de vous rappeler à quel moment vous avez vu Hélène pour la dernière fois.

Erskine ébaucha un sourire doux et infiniment las.

– Je n'ai pas besoin de réfléchir, car cette dernière vision d'Hélène est gravée à jamais au fond de ma mémoire. C'était la veille de notre départ. Sur la plage. J'y étais descendu faire une promenade après le dîner, et je l'y ai rencontrée. Il n'y avait personne d'autre dans les environs, et je l'ai raccompagnée jusque chez elle. Nous avons traversé le jardin...

– Quelle heure était-il ?

– Je ne sais pas exactement. Environ neuf heures, je suppose.

– Et vous vous êtes dit adieu ?

– Et nous nous sommes dit adieu.

Encore un petit rire désenchanté.

– Oh ! pas le genre d'adieu auquel vous pourriez penser. Ç'a été brusque et très bref. Hélène m'a dit simplement : « Allez-vous-en, maintenant, je vous en prie. Allez-vous-en vite, j'aime mieux... » Elle s'interrompit brusquement, et... je m'en allai.

– À l'hôtel ?

– Oui. Mais je marchai d'abord longtemps à travers la campagne, sans but précis...

– Il est difficile d'être affirmatif, après tant d'années, mais je crois bien que c'est ce même soir qu'Hélène est partie pour ne jamais revenir.

– Je comprends. Et comme j'ai quitté Dillmouth le lendemain, les gens se sont imaginé qu'elle s'était enfuie avec moi. Charmante mentalité, en vérité.

– Et, naturellement, ce n'est pas avec vous qu'elle s'est enfuie ?

– Grand Dieu, non ! Il n'a jamais été question d'une chose semblable.

– Dans ces conditions, pour quelle raison pensez-vous qu'elle soit partie ?

Erskine fronça les sourcils.

– C'est évidemment la question qu'on peut se poser. N'a-t-elle laissé... heu... aucune explication ?

Gwenda réfléchit avant d'énoncer ce qu'elle croyait, au fond d'elle-même, être la vérité.

– Je ne pense pas qu'elle ait laissé de mot. Croyez-vous qu'elle soit partie avec quelqu'un d'autre ?

– Non, bien sûr que non.

– Vous en paraissez absolument certain.

– Je le suis. Absolument.

– Alors, encore une fois, *pourquoi* s'est-elle enfuie ?

– Si elle est partie aussi brusquement... je ne puis imaginer qu'une seule raison : c'était *moi* qu'elle fuyait.

– Vous ! Comment cela ?

– Peut-être craignait-elle que j'essaie de la revoir, que je l'importune. Elle a dû comprendre que j'étais encore... fou d'elle... Oui, ce ne peut être que ça.

– Tout de même, cela n'explique pas qu'elle ne soit jamais revenue. Dites-moi, vous a-t-elle jamais parlé de mon père ? Vous aurait-elle dit, par hasard, qu'elle se faisait du souci à son sujet ou... qu'elle en avait peur ? Ou autre chose...

– Peur de lui ! Mais pourquoi ? Oh ! je comprends : vous pensez qu'il pouvait être jaloux... Était-il de tempérament jaloux ?

– Je l'ignore. Je n'étais encore qu'une enfant quand il est mort.

– Oui, c'est vrai. En ce qui me concerne, je l'ai toujours trouvé normal et même agréable. D'autre part, il était visiblement très attaché à Hélène et très fier d'elle... Non, en réalité, c'est moi qui étais jaloux de lui.

– Vous m'avez dit tout à l'heure qu'ils paraissaient plutôt heureux ensemble, n'est-il pas vrai ?

– Oui. Et je m'en réjouissais pour Hélène. Mais, en même temps, cela me faisait très mal... Non, elle ne m'a jamais parlé de lui. Ainsi que je vous l'ai dit, nous n'étions presque jamais seuls, et nous n'avons pas échangé de confidences. Pourtant, maintenant que vous avez soulevé la question, je me rappelle avoir remarqué qu'elle paraissait inquiète.

– Inquiète ?

– Oui. Je me suis dit que c'était peut-être à cause de ma femme ; mais... il y avait sûrement autre chose.

Erskine leva vivement les yeux vers le visage de la jeune femme assise à ses côtés.

– Aurait-elle vraiment eu peur de son mari, ainsi que vous l'avez suggéré tout à l'heure ? Était-il jaloux des autres hommes ?

– Vous semblez penser que tel n'était pas le cas.

– La jalousie est un sentiment étrange. Elle peut être, dans certains cas, si bien cachée qu'on ne la soupçonne même pas.

– Il y a un autre détail que j'aimerais aussi connaître...

Mais Gwenda s'interrompit brusquement en entendant une voiture qui remontait l'allée.

– Ah ! c'est ma femme qui revient de la ville, dit Erskine.

En quelques secondes, il devint un homme différent.

Son ton était maintenant compassé, son visage dénué d'expression, et seul un léger tremblement de ses mains trahissait sa nervosité.

Mrs Erskine contourna à grands pas l'angle de la maison. Son mari se leva et s'avança à sa rencontre.

– Mrs Reed avait perdu une de ses bagues dans le jardin, expliqua-t-il.

– Vraiment ! répliqua sa femme d'un ton sec.

– Bonjour, dit Gwenda en s'approchant. J'avais effectivement perdu une bague, mais j'ai eu la chance de la retrouver.

– C'est fort heureux.

– N'est-ce pas ? J'aurais été navrée... Eh bien, il faut maintenant que je prenne congé...

Mrs Erskine ne répondit pas.

– Je vous raccompagne jusqu'à votre voiture, dit le major.

Il commençait à longer la terrasse derrière Gwenda lorsque retentit la voix sèche de sa femme.

– Richard, si Mrs Reed veut bien l'excuser, il y a un coup de téléphone important...

– Oh ! c'est très bien, dit vivement la jeune femme. Ne vous donnez pas la peine, je vous en prie.

Elle continua son chemin et tourna l'angle de la maison en direction de l'allée. Mais en y arrivant, elle constata que Mrs Erskine avait rangé sa voiture de telle façon qu'elle n'avait aucune chance de pouvoir passer avec la sienne. Elle hésita un instant, puis revint sur ses pas jusqu'à la terrasse. Elle s'arrêta net à une petite distance de la porte-fenêtre. La voix irritée de Mrs Erskine lui parvenait nettement.

– Je me moque de ce que tu peux dire. C'était combiné... vous aviez arrangé ça hier... Tu avais demandé à cette fille de revenir pendant que je serais en ville. Tu es toujours le même... n'importe quelle jolie fille... Mais je ne le supporterai pas, tu m'entends ? Je ne le supporterai pas !

Puis ce fut la voix d'Erskine, calme, presque désespérée.

– Parfois, Janet, je pense vraiment que tu es folle.

– C'est plutôt toi qui es fou. Tu ne peux pas laisser les femmes tranquilles.

– Tu sais que c'est faux, Janet.

– C'est *vrai* ! Autrefois déjà, dans la ville d'où vient cette fille, à Dillmouth... Oseras-tu me dire que tu n'étais pas amoureux de cette blonde décolorée ? La femme d'Halliday...

– Ne peux-tu donc jamais rien oublier ? Pourquoi faut-il que tu rabâches les mêmes histoires ? Tu ne fais que te monter la tête, et...

– C'est toi qui me brises le cœur ! Mais je ne le supporterai pas, je te le dis ! Je ne le supporterai pas. Donner des rendez-vous et rire de moi derrière mon dos ! Tu ne m'aimes pas... Tu ne m'as jamais aimée. Je me tuerai. Je me jetterai du haut de la falaise... Je voudrais être morte...

– Janet, au nom du Ciel...

La voix grave de Mrs Erskine s'était brisée, et le bruit de ses sanglots troublait maintenant l'air estival.

Sur la pointe des pieds, Gwenda contourna à nouveau la maison et se retrouva dans l'allée. Elle réfléchit un instant, puis alla sonner à la porte d'entrée.

– Y a-t-il quelqu'un, demanda-t-elle, qui pourrait déplacer cette voiture, parce que je ne crois pas pouvoir sortir ?

La femme de chambre entra dans la maison. Bientôt, un homme arriva des anciennes écuries, maintenant transformées en garages, salua Gwenda en portant la main à sa casquette, puis monta dans l'Austin et l'amena dans la cour. Gwenda grimpa vivement dans sa voiture et prit le chemin de l'hôtel, où Giles l'attendait avec impatience.

– Tu as été bien longue, fit remarquer le jeune homme. As-tu appris quelque chose ?

– Oui. Je sais tout, à présent. Et c'est assez pathétique. Il était éperdument amoureux d'Hélène.

Elle narra les événements de la matinée.

– Je crois vraiment, dit-elle en terminant, que Mrs Erskine est un peu folle. C'est tout à fait l'impression que j'ai eue. Et je comprends ce que le major voulait dire quand il parlait de jalousie. Ce doit être épouvantable d'éprouver de tels sentiments. De toute façon, nous savons maintenant qu'Erskine n'est pas l'homme qui s'est enfui avec Hélène et qu'il ne sait rien de sa disparition. Car elle était bien vivante quand il l'a quittée, ce soir-là.

– Du moins l'affirme-t-il.

Gwenda prit un air indigné.

– C'est ce qu'il prétend ! répéta cependant Giles d'un ton plus ferme.

18

Liserons

Miss Marple se pencha sur la terrasse, au-dessus de la porte-fenêtre, et arracha un liseron. Maigre victoire, d'ailleurs, puisque, en dessous, ces plantes restaient en possession du terrain. Mais du moins les delphiniums connaîtraient-ils un soulagement temporaire.

Mrs Cocker apparut à la fenêtre du salon.

– Excusez-moi, mademoiselle, mais le Dr Kennedy est là. Il aimerait savoir combien de temps Mr et Mrs Reed seront absents. Je lui ai répondu que je ne pouvais le lui dire exactement, mais que vous étiez sans doute au courant. Dois-je le conduire jusqu'ici ?

– Oui, s'il vous plaît, Mrs Cocker.

Le docteur apparut un instant plus tard. Miss Marple se présenta.

– ... et j'ai convenu avec Gwenda, continua-t-elle, que je viendrais arracher les mauvaises herbes pendant son absence. Voyez-vous, je crois que mes jeunes amis se laissent un peu abuser par ce Foster – le jardinier –, qui est quelque peu fantaisiste. Il vient deux fois par semaine, boit un nombre incroyable de tasses de thé, bavarde autant qu'il boit et, si je ne me trompe, ne travaille guère.

– Oui, répondit Kennedy d'un air distrait. Ils sont tous pareils.

Miss Marple le dévisagea avec attention. Il était plus âgé qu'elle ne l'avait imaginé d'après la description de

Gwenda. Prématurément vieilli, se dit-elle. Il paraissait à la fois soucieux et malheureux.

– Ils sont donc partis, dit-il en se caressant le menton. Savez-vous pour combien de temps ?

– Oh, pas pour longtemps. Ils sont allés rendre visite à des amis, dans le Nord. Que voulez-vous, j'ai l'impression que les jeunes ne tiennent plus en place, de nos jours. Il faut qu'ils soient sans cesse par monts et par vaux.

– Oui, c'est assez vrai.

Il s'interrompit pour reprendre au bout d'un instant d'un air un peu embarrassé :

– Mr Reed m'a écrit pour me demander certains documents – des lettres si je pouvais les retrouver...

Il hésita encore, et miss Marple demanda d'un ton calme :

– Les lettres de votre sœur ?

Il lui décocha un coup d'œil vif et pénétrant.

– Vous êtes donc... au courant ? Sans doute êtes-vous une parente.

– Seulement une amie, et je les ai conseillés de mon mieux. Mais les gens suivent rarement les conseils qu'on leur donne. C'est peut-être dommage, mais c'est ainsi.

– Et quel était votre conseil ? demanda le vieux médecin d'un air intrigué.

– De laisser dormir cette affaire.

Kennedy prit place dans un fauteuil rustique, au demeurant fort inconfortable.

– Ce n'était pas une mauvaise idée, reconnut-il. J'aime beaucoup Gwennie, qui était autrefois une adorable petite fille et qui est devenue une ravissante jeune femme. C'est pourquoi je ne voudrais pas qu'elle s'attire des ennuis.

– Il y a tant de sortes d'ennuis...

– Pardon ? Oh oui... vous avez raison.

Il poussa un soupir, puis reprit :

– Mr Reed m'a donc écrit pour me demander si je pouvais lui confier les lettres de ma sœur, reçues après son départ, ainsi qu'un spécimen authentique de son écriture.

Il leva les yeux vers la vieille demoiselle.

– Vous comprenez ce que cela signifie, n'est-ce pas ?

– Oui, je le crois.

– Ils reviennent à l'idée que Kelvin, quand il prétendait avoir étranglé sa femme, ne disait que la vérité. Ils pensent que les lettres que j'ai reçues n'ont pas été écrites par Hélène et que ce ne sont que des faux. Ils sont donc persuadés qu'elle n'a pas quitté la maison vivante.

– Êtes-vous actuellement, vous-même, très sûr de ce qui s'est passé ? demanda miss Marple d'une voix douce.

– Je l'étais à l'époque, répondit le docteur, les yeux perdus dans le vague. L'affaire paraissait absolument claire, et je considérais que tout cela n'était qu'hallucination de la part de Kelvin. Il n'y avait pas de cadavre, des vêtements avaient disparu... Que pouvais-je penser d'autre ?

Miss Marple toussota légèrement.

– Et votre sœur avait récemment été... heu... attirée par un autre homme, n'est-il pas vrai ?

Le docteur leva encore les yeux vers elle. Des yeux où se lisait le chagrin.

– J'adorais ma sœur, dit-il, mais je dois reconnaître qu'il y avait toujours un homme dans ses jupes. Certaines femmes sont ainsi faites... Elles n'y peuvent rien.

– Tout vous semblait donc, à cette époque, parfaitement clair. Mais il n'en est plus tout à fait ainsi à présent, n'est-ce pas ? Pourquoi ?

– Parce que, répondit Kennedy avec franchise, il paraît inconcevable que, si Hélène est encore en vie, elle ne m'ait jamais donné de ses nouvelles. D'autre part, si elle est morte ailleurs, il semble également étrange que je n'aie pas été avisé. Eh bien...

Il se leva et tira une enveloppe de sa poche.

– Voici tout ce que je possède. J'ai dû détruire la première lettre que j'ai reçue d'Hélène, car je ne l'ai pas retrouvée. Cependant, j'avais conservé la seconde – celle qui mentionnait une adresse poste restante. J'ai également apporté le seul spécimen d'écriture que j'aie pu trouver : une liste d'oignons à planter ou quelque chose du même genre. Le double d'une commande, sans doute. L'écriture me paraît semblable à celle de la lettre ; mais, bien entendu, je n'ai rien d'un expert. Je vais vous laisser le tout, et vous voudrez bien le remettre à Giles et à Gwenda quand ils rentreront. Je suppose qu'il ne vaut pas la peine de le leur envoyer.

– Oh non. Je pense qu'ils seront de retour demain. Ou après-demain au plus tard.

Le docteur approuva d'un signe. Il regardait d'un œil absent la terrasse qui s'étendait devant lui. Puis, brusquement :

– Voulez-vous savoir ce qui me tracasse ? demanda-t-il. Si Kelvin Halliday a tué sa femme, il a dû dissimuler le corps ou s'en débarrasser d'une manière ou d'une autre. Et cela signifie forcément que l'histoire qu'il m'a racontée avait été soigneusement mise au point. Cela voulait dire qu'il avait déjà caché une valise et un sac plein de vêtements pour faire croire qu'Hélène était partie, qu'il avait même pris des dispositions pour que des lettres me parviennent de l'étranger. En fait, cela signifie qu'il s'agissait d'un assassinat froidement prémédité. Et je songe à nouveau à Gwennie. C'était une charmante enfant. Il serait certes regrettable pour elle d'avoir un père paranoïaque, mais combien plus grave encore d'avoir un père assassin.

Il se tourna vers la porte-fenêtre ouverte. La brusque question de miss Marple le fit sursauter.

– Dr Kennedy, de qui votre sœur avait-elle peur ?

Il se retourna et dévisagea la vieille demoiselle d'un air étonné.

– Peur ? De personne, autant que je sache.

– Je me le demandais... Je vous prie de m'excuser si mes questions sont indiscrètes, mais... il y avait un jeune homme, n'est-ce pas ? Je veux parler d'une petite intrigue alors qu'elle sortait à peine du lycée. Il s'agissait, je crois, d'un certain Afflick.

– Oh ! c'est de cela que vous voulez parler. Une simple amourette comme en connaissent la plupart des jeunes filles. Jackie Afflick était un sale petit bonbomme absolument indésirable, pas du tout du même milieu qu'Hélène. Il a eu ensuite certains ennuis et a quitté la région.

– Je me demandais s'il n'aurait pas pu... vouloir se venger.

Kennedy esquissa un sourire sceptique.

– Je ne pense pas que ses sentiments aient été bien profonds. De toute façon, ainsi que je viens de le dire, il a quitté la ville.

– À quel genre d'ennuis faites-vous allusion ?

– Oh, rien de criminel. Seulement certaines petites indiscrétions concernant les affaires de son employeur.

– Et son employeur était Mr Fane, n'est-ce pas ?

Kennedy parut un peu surpris.

– Oui, en effet. Maintenant que vous en parlez, je me rappelle, en effet, qu'il travaillait chez Fane et Watchman. Comme simple clerc, d'ailleurs.

Un simple clerc ? se demandait miss Marple en se penchant à nouveau sur les liserons après le départ du docteur.

19

Mr Kimble parle

– Je me demande ce que ça signifie, murmura Mrs Kimble.

Son mari avança sa tasse en marmonnant :

– À quoi penses-tu donc, Lily ? Pas de sucre, voyons !

Mrs Kimble rectifia aussitôt l'erreur et reprit le sujet qui l'intéressait.

– Je pense à cette annonce. « Lily Abbott, autrefois

femme de chambre Villa Sainte-Catherine à Dillmouth. » C'est assez clair, non ? Il s'agit de moi.

– Hem ! grogna Mr Kimble.

– Après tout ce temps, tu dois reconnaître que c'est bizarre.

– Hem !

– Qu'est-ce que je vais faire, Jim ?

– Laisse tomber.

– Et s'il y avait de l'argent à gagner ?

Faisant entendre une sorte de glouglou, Mr Kimble aspira quelques gorgées de thé pour se donner le courage de s'embarquer dans un long discours.

– Tu m'as autrefois raconté tout un tas de trucs sur ce qui s'est passé, mais je n'y ai pas prêté beaucoup d'attention. Je prenais ça pour des bêtises, des bavardages de femme. Peut-être que je me trompais, après tout. Mais, dans ce cas, c'est le boulot de la police ; pas le tien. Et tu n'as pas à t'en mêler. Et puis, c'est du passé. Laisse tomber, ma fille.

– Tout ça, c'est très bien. Mais on a pu me laisser de l'argent par testament. Mrs Halliday était peut-être vivante jusqu'à présent ; et si elle vient de mourir, elle a pu me léguer quelque chose.

– Tu rigoles, non ? Et pourquoi qu'elle t'aurait laissé quelque chose ?

– Même si c'est la police... Tu sais, Jim, il y a quelquefois une grosse récompense pour ceux qui peuvent donner des renseignements sur un assassin.

– Et qu'est-ce que tu pourrais dire ? Tout ce qui est dans ta tête, c'est toi qui l'y as fourré. Des inventions, pas moins.

– C'est toi qui le dis. Mais j'ai réfléchi...

– Hem ! fit Kimble d'un air désapprobateur.

– C'est pourtant vrai. Depuis que j'ai lu cette première annonce dans le journal. J'ai peut-être pas vu les choses comme il fallait les voir. Cette Léonie était un peu idiote, comme tous les étrangers. Elle ne comprenait même pas exactement ce qu'on lui disait, et son anglais était quelque chose d'affreux. Suppose que j'aie mal compris ce qu'elle m'a raconté... J'ai essayé de me rappeler le nom de cet homme... Car c'est lui qu'elle avait vu... Tu te rappelles ce film dont je t'ai parlé ? *Amant secret,* que ça s'appelait. C'était formidable. On avait fini par attraper le gars grâce à sa voiture. Il avait refilé cinquante dollars à l'employé du garage pour qu'il oublie qu'il lui avait fait le plein d'essence cette nuit-là. Je sais pas trop ce que ça peut faire en livres... Et l'autre était là, aussi... Et le mari fou de jalousie... Ils étaient tous les deux toqués de la fille. Et finalement...

Mr Kimble repoussa sa chaise, qui grinça sur le plancher. Puis il se leva lentement, avec un air digne et autoritaire. Sur le point de sortir de la cuisine, il lança son ultimatum.

– Tu vas laisser tomber tout ça, petite. Sinon, tu pourrais bien le regretter.

Il passa dans l'arrière-cuisine, mit ses chaussures et s'en alla sans ajouter un mot.

Lily resta assise pendant un long moment, plongée dans ses pensées. Bien sûr, elle ne pouvait pas aller exactement contre la volonté de son mari, mais tout de même... Jim était tellement terre-à-terre, et il avait des vues si étroites ! Elle aurait voulu pouvoir demander conseil à quelqu'un d'autre. À quelqu'un qui aurait pu lui parler de la récompense possible, de la police et de tout ce que cela signifiait. Quel dommage de laisser échapper une chance de ramasser de l'argent !

Et elle poursuivait son rêve... Qu'avait donc dit Léonie, autrefois ?

Finalement, il lui vint une idée. Elle se leva pour aller chercher un bloc de papier à lettres et un stylo.

Je sais ce que je vais faire, se dit-elle. Je vais écrire au docteur, au frère de Mrs Halliday. Il me dira ce qu'il faut faire... si toutefois il est encore en vie. D'ailleurs, j'ai ça sur la conscience, au fond. Car je ne lui ai pas parlé de Léonie, à l'époque. Ni de la voiture.

On n'entendait maintenant dans la pièce que le grattement laborieux du stylo de Lily sur le papier. Il était assez rare qu'elle eût à écrire, et cette lettre exigeait d'elle un effort considérable.

Sa missive achevée, elle glissa la feuille dans une enveloppe qu'elle cacheta soigneusement. Pourtant, elle ne se sentait pas aussi satisfaite qu'elle avait espéré l'être. Il y avait neuf chances sur dix pour que le docteur fût mort ou qu'il eût quitté Dillmouth.

Y avait-il quelqu'un d'autre ?

Quel était donc le nom de ce type ? Si seulement elle pouvait s'en souvenir...

20

Hélène

Le lendemain de leur retour du Northumberland Giles et Gwenda venaient de terminer leur petit déjeuner lorsque Mrs Cocker entra soudain pour annoncer miss Marple, laquelle se confondit en excuses.

– Je me rends parfaitement compte que ma visite est très matinale, et il n'est pas dans mes habitudes d'aller déranger les gens à cette heure-ci. Mais il y a quelque chose que je désirais vous annoncer.

– Nous sommes ravis de vous voir, dit Giles en avançant une chaise à la vieille demoiselle. Vous prendrez bien une tasse de café ?

– Non merci. J'ai déjà déjeuné fort convenablement. J'irai donc droit au but, si vous le permettez. Pendant votre absence, je suis venue, comme vous m'y aviez autorisée, pour arracher quelques mauvaises herbes...

– C'est vraiment très gentil de votre part, affirma Gwenda.

– Et il m'est apparu, continua miss Marple, que deux journées par semaine ne sauraient suffire à l'entretien d'un jardin comme le vôtre. De plus, je pense que Foster abuse de vous. Trop de thé, trop de bavardages et pas assez de travail. Et comme il lui est impossible de vous accorder un troisième jour par semaine, j'ai pris sur moi d'engager un autre jardinier, qui viendra tous les mercredis.

Giles considéra la vieille demoiselle d'un air un peu

surpris. Miss Marple avait évidemment agi dans les meilleures intentions du monde ; toutefois, son initiative semblait dénoter une assez étrange désinvolture qui ne lui ressemblait guère.

– Je sais bien, répondit-il, que Foster est un peu trop âgé pour fournir un travail valable...

– Je crains fort, Mr Reed, que Manning ne le soit encore plus, car il m'a déclaré avoir soixante-quinze ans. Mais, voyez-vous, il m'a semblé que l'employer pendant quelque temps pourrait être une opération avantageuse, étant donné qu'il a autrefois travaillé chez le Dr Kennedy. À propos, le jeune homme à qui Hélène avait été plus ou moins fiancée s'appelle Afflick.

– Miss Marple, je vous ai calomniée en pensée. Vous êtes un génie. Savez-vous que Kennedy m'a apporté une lettre d'Hélène, ainsi qu'un spécimen de l'écriture de sa sœur ?

– Je le sais. J'étais ici quand il est venu.

– Je me suis procuré l'adresse d'un excellent expert, et je vais lui envoyer les documents dès aujourd'hui.

– Si nous allions au jardin faire la connaissance de Manning ? suggéra Gwenda.

Manning était un vieillard voûté, à l'air maussade mais à l'œil rusé. L'allure à laquelle il ratissait une allée s'accéléra sensiblement à l'approche de ses nouveaux maîtres.

– B'jour, madame, b'jour, monsieur, grommela-t-il. La dame m'a dit que vous aimeriez un petit coup de main supplémentaire le mercredi. Alors, je suis venu. Vot' jardin est négligé que c'en est une honte.

– Je crains effectivement qu'il n'ait été bien abandonné depuis quelques années.

– Pas de doute là-dessus. Aut'fois, du temps de Mrs Findeyson, c'était une vraie merveille. L'aimait beaucoup son jardin, Mrs Findeyson.

Giles s'appuya nonchalamment contre un bouleau. Gwenda se mit à cueillir des roses. Miss Marple se pencha pour arracher quelques mauvaises herbes sur le bord de l'allée. Tout semblait prêt pour une discussion sur le jardinage au bon vieux temps.

– J'imagine que vous devez connaître la plupart des jardins des alentours, commença Giles d'un ton encourageant.

– Oui, je connais assez bien le coin. Et aussi les petites manies des gens. Par exemple, Mrs Yules avait une haie d'ifs taillée de telle façon qu'elle faisait penser à un écureuil. Le colonel Lampard, lui, était fou des bégonias. Des parterres immenses, qu'il avait. Mais on dirait que les parterres passent de mode, à présent. Je pourrais pas vous dire tous ceux que j'ai dû bêcher pour y semer du gazon.

– Vous avez travaillé chez le Dr Kennedy, je crois ?

– Oui. Mais il y a bien longtemps de ça. Près de vingt ans. Il s'est retiré et a quitté le pays. C'est le jeune Dr Brent qui l'a remplacé. De drôles d'idées qu'il a, celui-là, avec ses... vitapines, qu'il appelle. Enfin... Un mot qui ressemble.

– Vous devez vous souvenir aussi de miss Hélène, la sœur du docteur.

– Sûr, que je me souviens. Une bien jolie fille que c'était, avec ses longs cheveux blonds. Après son mariage, elle est venue habiter ici même, dans cette maison. Sainte-Catherine, que ça s'appelait. L'avait épousé un officier qui rentrait des Indes, à ce qu'il me semble.

– Oui, dit Gwenda. Ça, nous le savons.

– Ah ! c'est vrai. J'ai entendu dire l'autre soir, au pub, que vous étiez des parents à lui. Belle comme le jour, qu'elle était, miss Hélène, quand elle a quitté le lycée. Très gaie, aussi. Elle aimait sortir : l'aurait voulu aller partout : au bal, au tennis... Même qu'il m'a fallu refaire le terrain de tennis, parce qu'on l'avait plus utilisé depuis une vingtaine d'années et que les mauvaises herbes avaient tout envahi. J'ai donc coupé tout ça, remis le terrain en état, retracé les lignes blanches, enfin... tout. Un sacré boulot, vous pouvez me croire. Et puis, quand ç'a été fini, miss Hélène y a presque pas joué... J'ai toujours pensé que c'était bizarre...

– Qu'est-ce qui était bizarre ? demanda Giles.

– Ce truc qui est arrivé au filet de tennis. Quelqu'un était venu pendant la nuit et l'avait mis en charpie, pour ainsi dire. Par méchanceté, que je dirai. Voilà ce que c'était ; de la pure méchanceté.

– Qui avait pu faire une chose pareille ?

– C'est ce que le docteur voulait savoir. Il était furieux, et ça se comprend, vu qu'il venait juste de payer le filet. Et il a dit qu'il n'en achèterait pas un autre, parce que si on avait fait un sale coup une fois, on pouvait recommencer. Miss Hélène était pas contente non plus, naturellement. Elle avait pas de chance la pauvrette. D'abord ce filet déchiré, puis son pied malade...

– Son pied malade ? répéta Giles.

– Oui, elle était tombée sur un racloir... ou un autre

outil, je sais plus. C'était guère qu'une égratignure, mais on aurait dit que ça voulait pas guérir. Le docteur était très ennuyé. Il soignait la blessure aussi bien qu'il pouvait, mais ça s'arrangeait pas. Je me rappelle même qu'il disait : « Je n'y comprends rien. Ce racloir devait être... infesté... ou... infecté. Et d'ailleurs, qu'est-ce qu'il faisait au milieu de l'allée ? » Parce que c'était là que miss Hélène était tombée, un soir, en rentrant à la maison. Après ça, elle devait rester dedans, la pauvre gosse, avec son pied malade. Elle pouvait plus sortir pour aller danser, sûr. Le mauvais sort la poursuivait, comme qui dirait.

Giles jugea que le moment était venu d'aborder une autre question.

– Est-ce que vous vous souvenez d'un garçon nommé Afflick ? demanda-t-il d'un ton faussement indifférent.

– Vous voulez parler de Jackie Afflick, celui qui travaillait chez Fane et Watchman ?

– Oui. N'était-ce pas un ami de miss Hélène ?

– Bah ! c'était qu'une histoire de gosses. Mais le docteur a arrêté tout ça. Même qu'il a bien fait, parce que le jeune Afflick... l'était pas du même milieu que la demoiselle. C'était un de ces gars un peu trop délurés qui jouent avec le feu et qui finissent par se brûler, si vous voyez ce que je veux dire. D'ailleurs, il lui est arrivé une tuile, et il a filé d'ici. Bon débarras, parce que des gars comme ça, on en avait pas besoin à Dillmouth, et valait mieux qu'il aille faire des siennes autre part.

– Était-il encore ici quand ce filet de tennis a été déchiré ?

– Ah ! je vois ce que vous pensez. Mais il aurait pas

fait un truc pareil. L'était trop malin pour ça, Jackie Afflick. Celui qu'avait fait le coup, c'était par pure méchanceté, que je vous dis.

– Y avait-il quelqu'un qui aurait pu avoir une dent contre miss Hélène ?

Le père Manning étouffa un petit rire.

– Certaines jeunes femmes auraient bien pu lui en vouloir, parce que... elles lui arrivaient pas à la cheville, la plupart. Mais le coup du filet, c'était sûrement quelque vagabond qui l'avait fait.

– Est-ce que miss Hélène avait été très chagrinée de cette histoire avec Jackie Afflick ? demanda Gwenda.

– Je crois pas qu'elle attachait beaucoup d'importance à ces petits jeunes. Elle aimait sortir, s'amuser... mais c'était tout. Pourtant, y en avait qui l'admiraient drôlement. Le jeune Walter Fane, par exemple. Il la suivait comme un caniche, pas moins.

– Mais elle ne s'intéressait pas à lui, n'est-ce pas ?

– Non, elle se contentait d'en rire. Ensuite, l'est parti quelque part à l'étranger, mais l'est pas resté longtemps absent. C'est lui qui est à la tête de l'affaire, maintenant. Il s'est jamais marié. Bah ! je peux pas le blâmer. Parce que les femmes... ça cause des tas d'ennuis dans la vie d'un homme.

– Vous êtes marié ? demanda Gwenda.

– J'en ai enterré deux, répondit le vieux Manning sans se troubler. Et, vrai, je regrette pas. À présent, au moins, je peux fumer ma pipe tranquillement où je veux et aller boire un coup quand ça me chante.

Il se tut pour reprendre le râteau qu'il avait abandonné.

Giles et Gwenda se mirent à remonter l'allée en direction de la maison. Miss Marple se désintéressa soudain des mauvaises herbes pour suivre ses jeunes amis.

– Miss Marple, dit Gwenda d'un air soucieux, vous n'avez pas l'air dans votre assiette. Qu'y a-t-il ?

– Ce n'est rien, ma chère enfant...

La vieille demoiselle marqua un temps d'arrêt avant de reprendre avec une étrange insistance dans la voix :

– Cette histoire de filet de tennis ne me plaît pas. Le mettre ainsi en pièces...

Giles la considéra d'un air intrigué.

– Je ne comprends pas.

– Non ? Cela me semble pourtant terriblement clair. Mais peut-être vaut-il mieux que vous ne compreniez pas. D'ailleurs, je puis me tromper. Voyons, racontez-moi ce que vous avez fait au Northumberland.

Les deux jeunes gens lui fournirent un compte rendu de leurs activités. Miss Marple écouta attentivement sans les interrompre.

– C'est vraiment triste, dit Gwenda en terminant. Tragique, même.

– Oui, vraiment triste, répéta la vieille demoiselle.

– Comme il a dû souffrir, ce pauvre homme !

– Lui ? Oh, oui, bien sûr.

– Mais...

– C'est à *elle* que je pensais. À sa femme. Elle l'aimait sans doute profondément, et il n'a dû l'épouser que parce que c'était un bon parti ou simplement parce qu'il la plaignait. Ou encore pour quelque autre de ces bonnes raisons – en réalité affreusement injustes – qu'ont souvent les hommes.

Je connais cent manières d'aimer,
Et chacune d'elles fait du mal à l'aimée

cita Giles à mi-voix.

Miss Marple se tourna vers lui.

– Oui, c'est vrai. La jalousie, voyez-vous, n'est pas habituellement une affaire de *raison.* C'est beaucoup plus profond, plus intime que cela. Elle est basée sur la sensation que l'amour qu'on éprouve n'est pas partagé. Et alors, on attend, on observe, on surveille, on épie le moment où l'être aimé se tournera vers quelqu'un d'autre. Ce qui, bien entendu, arrive inévitablement. Ainsi, votre Mrs Erskine a, par ses soupçons et sa surveillance, transformé la vie de son mari en un véritable enfer ; et lui, sans pouvoir s'en empêcher, a agi de même envers elle. Mais je crois qu'elle a souffert plus que lui. Et pourtant, j'imagine qu'il lui était réellement attaché.

– C'est impossible.

– Vous êtes très jeune, ma chère Gwenda. Voyez-vous, il n'a jamais quitté sa femme ; et cela veut dire quelque chose, je vous assure.

– Il ne l'a pas quittée par devoir, à cause des enfants.

– À cause des enfants ? répéta miss Marple. Oui, peut-être avez-vous raison sur ce point. Car je dois avouer que les hommes ne me semblent pas se soucier beaucoup de leur devoir lorsqu'il s'agit uniquement de leur femme.

Giles se mit à rire.

– Quelle extraordinaire cynique vous faites, miss Marple.

– Mon Dieu, Mr Reed, j'espère bien que non. Il faut

toujours garder un peu d'espoir en ce qui concerne la nature humaine.

– Je continue à penser, reprit Gwenda d'un air rêveur, que Mr Fane n'a été pour rien dans cette affaire, et je suis également sûre du major Erskine. En fait, *je sais* qu'il ne pouvait pas être coupable.

– Nos impressions et nos sentiments ne sont pas toujours des guides très dignes de confiance, répondit doucement miss Marple. Certains actes sont parfois commis par les personnes que l'on aurait le moins soupçonnées. Je me rappelle l'émoi des habitants de notre petit village lorsqu'on s'aperçut que le trésorier du Christmas Club avait misé sur un cheval tous les fonds dont il était responsable. Pourtant, il désapprouvait ouvertement les courses de chevaux, aussi bien que toute autre sorte de pari ou de jeu, car son père, autrefois employé au PMU s'était mal conduit envers sa mère. Il était donc, intellectuellement parlant, absolument sincère. Malgré cela, passant un jour par hasard devant un champ de courses où des chevaux étaient à l'entraînement, il changea soudain d'avis. L'atavisme, sans doute.

– Les antécédents de Walter Fane et de Richard Erskine paraissent au-dessus de tout soupçon, fit observer Giles avec une petite moue amusée. Mais, évidemment, le meurtre peut être considéré comme un crime d'amateur.

– Le point important, dit miss Marple, c'est le fait que ces deux hommes se trouvaient tous les deux dans les parages. Fane était incontestablement à Dillmouth. Erskine, de son propre aveu, était en compagnie d'Hélène Halliday très peu de temps avant la disparition de la jeune femme. Or, après lui avoir fait ses adieux devant chez elle, il n'a pas regagné son hôtel immédiatement.

– Mais il a été d'une franchise absolue sur ce point ! s'écria Gwenda.

Miss Marple se tourna vers elle d'un air grave.

– J'ai voulu simplement attirer votre attention sur l'importance qu'il y avait à être *sur place.*

Ses yeux perçants allèrent de l'un à l'autre de ses interlocuteurs.

– Je ne pense pas, continua-t-elle, que vous ayez beaucoup de mal à trouver l'adresse de Jackie Afflick. Étant donné qu'il est propriétaire des *Daffodil Coaches*, ce doit être relativement facile.

– Je vais m'en occuper, dit Giles. Elle doit être sur l'annuaire. Croyez-vous que nous devions aller le voir ?

Miss Marple garda le silence pendant un instant avant de répondre.

– Si vous le faites, il vous faut être très prudents. Rappelez-vous ce qu'a dit le vieux jardinier : Afflick est un malin. *Je vous en prie,* soyez prudents.

21

J.J. Afflick

J.J. Afflick avait deux numéros dans l'annuaire téléphonique. Ses bureaux se trouvaient à Exeter et son domicile particulier dans la banlieue de la ville.

Rendez-vous fut pris pour le lendemain. Mais juste au moment où Giles et Gwenda montaient en voiture, Mrs Cocker sortit en courant et leur adressa un grand geste de la main.

– Le Dr Kennedy vous demande au téléphone, monsieur.

Giles descendit et rentra dans la maison.

– Reed à l'appareil, annonça-t-il.

– Bonjour, Mr Reed. Je viens de recevoir une lettre étrange d'une certaine Lily Kimble, et je me suis creusé la cervelle pour savoir qui ça pouvait bien être. J'ai d'abord cru que c'était une de mes anciennes malades, mais je crois plutôt qu'il s'agit d'une fille autrefois employée chez vous en qualité de femme de chambre. Je suis à peu près sûr qu'il y avait, à cette époque, une Lily ; mais je ne me rappelle pas son nom de famille.

– Il y avait effectivement une Lily. Ma femme se souvient même qu'elle avait, un jour, attaché une faveur au cou du chat.

– Gwennie me paraît avoir une mémoire exceptionnelle.

– C'est vrai.

– Eh bien, j'aimerais vous parler de cette lettre, mais pas au téléphone. Pourrais-je venir vous voir ?

– Nous partons à l'instant pour Exeter ; mais nous pouvons nous arrêter chez vous, si ça vous convient. C'est sur notre chemin.

– Ce sera parfait.

Le docteur les attendait et leur présenta aussitôt la lettre qu'il avait reçue. Elle était écrite sur un papier bon marché et d'une main plutôt malhabile.

Cher Monsieur,

Je vous serais reconnaissante si vous pouviez me donner un conseil à propos de l'annonce ci-jointe que j'ai découpée dans un journal. J'y ai bien réfléchi et j'en ai aussi discuté avec mon mari, mais je ne sais pas trop ce que je dois faire. Croyez-vous qu'il y ait de l'argent à gagner ou peut-être une récompense ? Parce qu'un peu d'argent m'arrangerait bien, mais je ne voudrais pas avoir des ennuis avec la police.

J'ai souvent pensé à cette nuit où Mrs Halliday a disparu. Seulement, je ne crois pas qu'elle soit partie, parce que les vêtements ne cadraient pas. Au début, j'ai pensé que c'était le patron qui avait fait le coup ; mais maintenant, je n'en suis plus aussi sûre, à cause de la voiture que j'ai vue par la fenêtre. Une chouette bagnole que j'avais déjà aperçue. Mais je ne voudrais rien faire sans vous demander votre avis. Je n'ai jamais eu affaire à la police, et mon mari n'aimerait pas ça. Je pourrais venir vous voir jeudi prochain, car c'est jour de marché, et il sera absent. Je serais contente si vous pouviez me recevoir.

Sentiments respectueux,
Lily KIMBLE

– La lettre m'a été adressée à mon ancien domicile de Dillmouth, précisa le docteur, et on me l'a fait suivre. La coupure de journal mentionnée, c'est naturellement votre annonce.

– Merveilleux ! s'écria Gwenda. Vous voyez, cette Lily ne croit pas, elle non plus, que mon père ait été coupable.

Elle avait parlé d'une voix chargée d'allégresse. Kennedy la considéra de ses yeux au regard las et bienveillant.

– J'espère que vous avez raison, Gwennie, dit-il doucement. Voici, à mon avis, ce que nous devrions faire. J'ai envie de répondre à cette femme qu'elle peut venir jeudi, ainsi qu'elle le suggère. Qu'en pensez-vous ? Elle a une correspondance assurée : en changeant à Dillmouth, elle peut être ici un peu après quatre heures et demie. Si vous pouvez venir, vous aussi, cet après-midi-là, nous pourrons l'interroger ensemble.

– Magnifique ! dit Giles.

Il jeta un coup d'œil à sa femme et ajouta :

– Viens, Gwenda. Il faut nous dépêcher.

Et, se tournant vers le Dr Kennedy :

– Nous avons rendez-vous avec Mr Afflick, le directeur des *Daffodil Coaches*. Et c'est, nous a affirmé sa secrétaire, un homme très pris.

Kennedy fronça les sourcils.

– Afflick, avez-vous dit ? Oh ! oui, ces horribles cars couleur beurre frais. Mais... il me semble que le nom d'Afflick me rappelle autre chose.

– Hélène, dit Gwenda.

– Seigneur ! Il ne s'agit tout de même pas de ce gars-là !

– Mais si.

– Et ce n'était qu'un pauvre diable, à l'époque. Il a donc fini par réussir.

– Il faut croire, répondit Giles. Mais voudriez-vous m'expliquer quelque chose, docteur ? Je sais que vous avez mis fin à une certaine intrigue entre lui et votre jeune sœur. Était-ce simplement à cause de sa position sociale ?

Kennedy lui adressa un regard dépourvu d'aménité.

– Jeune homme, répondit-il d'un ton plus sec, j'appartiens à la vieille école. Je n'ignore pas que, selon l'évangile moderne, un homme en vaut un autre. Moralement, c'est peut-être vrai. Néanmoins, je crois fermement que l'on est plus heureux en ne sortant pas du milieu dans lequel on est né. De plus, dans ce cas particulier, je tenais ce garçon pour un vaurien. Il a malheureusement prouvé que je ne me trompais pas.

– Qu'a-t-il fait exactement ?

– Il m'est impossible de m'en souvenir avec précision, à présent. Il avait, me semble-t-il, monnayé des renseignements confidentiels concernant un des clients de la firme dans laquelle il était employé.

– A-t-il été très touché par ce renvoi ?

Kennedy adressa à nouveau un regard pénétrant à son interlocuteur.

– Certainement, répondit-il d'un ton sec.

– Et il n'y avait aucune autre raison pour que vous considériez d'un mauvais œil son amitié avec votre sœur ? Vous ne pensiez pas qu'il y avait en lui autre chose de... trouble ?

– Puisque vous avez soulevé la question, je vais y répondre franchement. Il m'a paru, surtout après son renvoi, qu'il manifestait certains symptômes de déséquilibre mental. Quelque chose comme la manie de la persécution, en fait. Mais il ne semble pas que mes craintes se soient justifiées, étant donné sa réussite ultérieure.

– Qui l'avait renvoyé ? Walter Fane ?

– J'ignore si Walter Fane était personnellement concerné. Afflick avait été remercié par la firme, c'est tout.

– Et il s'est posé en victime, n'est-il pas vrai ?

Kennedy acquiesça d'un signe.

– Je comprends, reprit Giles. Eh bien, si vous voulez nous excuser, il nous faut maintenant prendre congé. À jeudi, docteur.

*

La maison était de construction récente, avec d'immenses baies. Giles et Gwenda furent introduits dans un vaste hall, qu'ils traversèrent pour atteindre le bureau, une pièce dont la moitié semblait être occupée par une énorme table de travail rehaussée de chromes étincelants.

– Vraiment, murmura Gwenda, je ne sais pas trop ce que nous aurions fait sans miss Marple. D'abord ses amis du Northumberland, et maintenant la femme du pasteur avec sa sortie annuelle du Club paroissial.

Giles lui fit signe de se taire, car la porte s'ouvrait. Jackie Afflick entra en coup de vent. C'était un homme d'âge moyen, corpulent et vêtu d'un costume à carreaux un peu trop voyant. Il avait les yeux noirs et perçants, le visage rubicond et jovial. Il répondait assez bien à l'idée que l'on se fait habituellement de l'homme d'affaires qui a réussi.

– Mr Reed ? dit-il. Ravi de faire votre connaissance.

Giles présenta sa femme, qui sentit aussitôt sa main emprisonnée dans une étreinte un peu trop empressée.

– Et que puis-je pour vous, Mr Reed ?

Afflick se laissa tomber dans son immense fauteuil et présenta à ses visiteurs un coffret à cigarettes en onyx. Giles attaqua aussitôt le sujet de la sortie annuelle du Club paroissial. De vieux amis à lui, expliqua-t-il, s'en occupaient, et ils souhaitaient organiser une excursion de deux jours à travers le Devon. Afflick fit un certain nombre de suggestions et indiqua les tarifs. Il avait néanmoins un air vaguement intrigué.

– Tout cela est parfaitement clair, dit-il enfin, et je vous enverrai un mot pour confirmer notre accord. Mais c'est là une affaire d'ordre strictement professionnel. J'avais cru comprendre, d'après les explications de ma secrétaire, que vous désiriez également un rendez-vous privé.

– Effectivement, il y avait deux sujets que nous souhaitions discuter avec vous. Nous venons d'en régler un. Le second est d'ordre purement privé. Ma femme, ici présente, désirerait vivement entrer en contact avec sa belle-mère, qu'elle n'a pas vue depuis de nombreuses années, et nous avions dans l'idée que vous pourriez peut-être nous aider.

– Ma foi, si vous voulez bien m'apprendre le nom de cette personne... J'imagine que je la connais ?

– En tout cas, vous l'avez connue à une certaine époque. Elle s'appelait Hélène Halliday ; et avant son mariage, Hélène Kennedy.

Afflick battit des paupières et renversa un peu son fauteuil en arrière, sans rien perdre de son calme.

– Hélène Halliday... Je ne me rappelle pas... Hélène Kennedy...

– Elle habitait Dillmouth, précisa Giles.

Le fauteuil d'Afflick reprit lentement sa position normale.

– J'y suis. Mais bien sûr la petite Hélène Kennedy !

Son visage rayonnait de plaisir.

– Je me la rappelle, maintenant. Mais il y a si longtemps ! Quelque chose comme vingt ans.

– Dix-huit.

– Vraiment ? Le temps passe, comme on dit. Mais je crains que vous ne soyez déçue, Mrs Reed, car je n'ai pas revu Hélène depuis cette époque. Je n'ai même pas entendu parler d'elle.

– Mon Dieu ! murmura Gwenda. C'est, en effet, très décevant. Nous espérions tellement que vous pourriez nous aider.

Les yeux de Jackie Afflick allèrent de l'un à l'autre de ses visiteurs.

– Que lui est-il arrivé ? Des ennuis ?

– Elle a brusquement quitté Dillmouth... il y a dix-huit ans. Avec quelqu'un.

– Et vous avez pensé, dit Jackie Afflick d'un air vaguement amusé, qu'elle avait pu s'enfuir avec moi. Mais pourquoi ?

– Parce que, reprit hardiment Gwenda, nous avons entendu dire qu'à une certaine époque, elle et vous aviez été... très épris l'un et l'autre.

– Hélène et moi ? Oh, ce n'était en réalité qu'une petite amourette qu'aucun de nous deux n'a jamais prise au sérieux.

Et Afflick ajouta d'un ton plus sec :

– On ne nous y a d'ailleurs pas encouragés.

– Vous devez nous trouver terriblement indiscrets, n'est-ce pas ?

– Ne vous inquiétez pas, je ne suis pas susceptible. Vous désirez retrouver une certaine personne et vous me croyez capable de vous aider... Eh bien, demandez-moi ce que vous voudrez. Je n'ai absolument rien à cacher.

Il considéra un instant Gwenda d'un air pensif.

– Vous êtes la fille de Halliday ?

– Oui. Avez-vous connu mon père ?

Afflick esquissa un signe de dénégation.

– Un jour que j'étais de passage à Dillmouth, j'ai rendu visite à Hélène dont j'avais appris le retour et le mariage. Elle s'est montrée courtoise, mais ne m'a même pas retenu à dîner. Et je n'ai pas vu votre père.

Gwenda crut déceler un rien de rancœur dans la voix de Jackie Afflick avouant qu'Hélène ne l'avait « même pas retenu à dîner ».

– Avez-vous eu l'impression qu'elle était... heureuse ?

Afflick haussa les épaules.

– Assez heureuse, apparemment. Certes, il y a de cela près de vingt ans. Mais si elle m'avait paru malheureuse, j'aurais certainement retenu le fait.

Et il ajouta avec une curiosité qui semblait assez naturelle :

– Vous voulez dire que vous n'avez jamais eu de ses nouvelles depuis qu'elle a quitté Dillmouth il y a dix-huit ans ?

– Nous n'avons rien su.

– Elle n'a même pas écrit ?

– Il est bien arrivé deux lettres, intervint Giles, mais

nous avons des raisons de croire qu'elles n'ont pas été écrites par elle.

– Pas écrites par elle ? répéta Afflick d'un ton légèrement amusé. Ça ressemble à un film policier.

– C'est un peu l'impression que nous avons eue, en effet.

– Et son frère le toubib, est-ce qu'il ne sait pas où elle se trouve ?

– Non.

– Hum ! Vous êtes donc en face d'une véritable énigme. Pourquoi ne pas faire passer une annonce dans les journaux ?

– Nous l'avons fait. Sans résultat.

– Il semblerait donc qu'elle soit morte sans que vous en ayez été avisés.

Gwenda frissonna.

– Avez-vous froid ? demanda Afflick.

– Non. Je songeais à Hélène... morte. Et cette pensée m'effraie.

– J'éprouve le même sentiment. Hélène était tellement belle ! Remarquablement belle.

– Je n'ai d'elle qu'un très vague souvenir. Mais vous qui l'avez bien connue, dites-moi comment elle était. Ce que les gens pensaient d'elle. Ce que vous en pensiez vous-même.

Afflick considéra la jeune femme en silence pendant un moment.

– Je vais être honnête envers vous, Mrs Reed. Croyez-moi si vous pouvez, mais je plaignais cette pauvre gosse.

Gwenda le regarda d'un air étonné.

– Vous la... plaigniez ?

– C'est bien ce que j'ai dit. Voyez-vous, elle sortait à peine du lycée et elle avait envie de s'amuser un peu, comme n'importe quelle autre jeune fille. Seulement, il y avait son frère – beaucoup plus âgé qu'elle, rigide et compassé –, avec des idées bien arrêtées sur ce qu'une jeune fille peut faire et sur ce qu'elle ne peut pas se permettre. De sorte que la gamine ne pouvait se procurer la moindre distraction, le moindre amusement. Malgré cela, je suis parvenu à la sortir un peu, à lui donner un aperçu de la vie. Cependant, je n'étais pas véritablement amoureux d'elle, et elle n'était pas non plus éprise de moi. Elle prenait simplement plaisir à jouer à la petite émancipée. Bien entendu, on ne tarda pas à découvrir que nous nous rencontrions, et Kennedy mit aussitôt un terme à ces sorties. Je ne le juge pas. Mais ce qui est sûr, c'est que la gamine fut plus frappée que moi. Nous n'étions pourtant aucunement fiancés. Certes, j'avais l'intention de me marier un jour ou l'autre, mais pas tout de suite. Et j'avoue que je souhaitais trouver une femme qui pût m'aider à faire mon chemin. Or, Hélène n'avait pas d'argent, et elle n'aurait pas constitué pour moi un parti très intéressant. Nous flirtions un peu, mais nous n'étions au fond que de bons amis.

– Vous avez dû, cependant, être passablement vexé lorsque le docteur...

Gwenda hésita à continuer.

– Je veux bien l'admettre, dit Jackie Afflick, car il n'est jamais agréable de s'entendre traiter de bon à rien. Mais, dans la vie, il ne faut pas avoir l'épiderme trop sensible.

– Ensuite, dit Giles, vous avez perdu votre emploi, n'est-il pas vrai ?

Le visage d'Afflick se rembrunit.

– On m'a flanqué à la porte de chez Fane et Watchman, c'est vrai. Et je crois bien savoir d'où venait le coup.

– Vraiment ? reprit Giles d'un ton interrogateur.

Afflick secoua doucement la tête.

– J'ai une idée sur la question, mais je ne cite personne, notez bien. Seulement, j'ai été accusé à tort, et je n'ai guère de doute sur l'identité du responsable.

Ses joues s'empourprèrent.

– Sale besogne, continua-t-il, que d'épier un homme et lui tendre des pièges, de le calomnier... Oh, j'ai eu des ennemis, certes. Mais je ne me suis jamais laissé abattre. Et je n'oublie pas !

Il s'interrompit et changea à nouveau d'attitude, retrouvant d'un coup sa jovialité.

– Vous le voyez, je crains fort de ne vous être d'aucun secours. Hélène et moi sommes un peu sortis ensemble, mais les choses ne sont pas allées plus loin entre nous.

Gwenda le dévisagea pendant un instant en silence. L'histoire paraissait assez claire, mais était-elle véridique ? Quelque chose sonnait faux ; quelque chose qui revint soudain à l'esprit de la jeune femme.

– Tout de même, dit-elle, vous lui avez rendu visite, plus tard, quand vous êtes revenu à Dillmouth.

Afflick se mit à rire.

– Là, je reconnais que vous m'avez eu, Mrs Reed. C'est vrai, je lui ai rendu visite. Peut-être voulais-je lui montrer que je n'étais pas sur la paille parce qu'un homme de loi guindé et constipé m'avait mis à la porte de son étude. J'avais une belle affaire, je conduisais une voiture de luxe et je m'étais bien débrouillé.

– Vous êtes venu la voir plusieurs fois, n'est-ce pas ?

– Deux... peut-être trois, répondit Afflick avec une légère hésitation. En passant.

Il haussa les épaules.

– Désolé de ne pouvoir vous aider.

Giles se leva.

– Veuillez nous excuser de vous avoir pris un peu de votre temps.

– Je vous en prie. Cela me change d'évoquer ces vieux souvenirs.

Au même instant, la porte s'entrouvrit. Une femme jeta un coup d'œil à l'intérieur de la pièce et s'excusa aussitôt.

– Oh ! Désolée... Je ne savais pas que tu étais occupé...

– Entre, ma chère, entre... Je vous présente ma femme Dorothée... Mr et Mrs Reed.

Mrs Afflick serra la main des deux visiteurs. Elle était grande et maigre, avec un air abattu. Mais, contre toute attente, ses vêtements étaient de bonne coupe.

– Nous parlions du passé, reprit Afflick. Un passé déjà lointain. Je ne te connaissais pas encore, à cette époque.

Puis, se tournant à nouveau vers ses visiteurs :

– J'ai rencontré ma femme au cours d'une croisière, expliqua-t-il. Elle n'est pas originaire d'Angleterre, mais c'est une cousine de Lord Polterham...

Il avait prononcé ces dernières paroles avec un certain orgueil. Mrs Afflick rougit.

– Les croisières sont très agréables, affirma Giles.

– Très instructives, aussi, renchérit Afflick. Et je peux bien avouer que, de l'instruction, je n'en avais pas à revendre.

– Je dis toujours à mon mari que nous devrions prendre part à une de ces croisières helléniques...

– Pas le temps. Je suis un homme très occupé.

– Aussi ne devons-nous pas vous importuner plus longtemps, dit Giles. Au revoir et merci, Mr Afflick. Vous me confirmerez par écrit le montant exact de cette excursion, n'est-ce pas ?

Tandis qu'Afflick raccompagnait ses visiteurs jusqu'à la porte, Gwenda jeta un coup d'œil par-dessus son épaule. Mrs Afflick était debout sur le seuil du bureau, et elle fixait le dos de son mari d'un regard étrange et comme chargé de crainte.

Giles et Gwenda dirent à nouveau au revoir à leur hôte et se dirigèrent vers leur voiture.

– Zut ! j'ai oublié mon écharpe, dit soudain la jeune femme.

– Tu oublies toujours quelque chose.

– Ne prends pas cet air outragé, chéri. Je vais la chercher.

Gwenda fit demi-tour et regagna la maison en courant. Par la porte ouverte, lui parvint tout à coup la voix forte d'Afflick.

– Qu'est-ce qui te prend de faire ainsi irruption dans mon bureau ? Ça n'a pas de sens.

– Excuse-moi, Jackie, je ne savais pas... Qui sont ces gens, et pourquoi t'ont-ils bouleversé ?

– Ils ne m'ont nullement bouleversé. Je...

Il s'interrompit en apercevant Gwenda sur le seuil.

– Excusez-moi, Mr Afflick, n'ai-je pas oublié mon écharpe ?

– Votre écharpe ? Ma foi, non, elle n'est pas ici.

– Mon Dieu, que je suis sotte ! Elle doit être dans la voiture.

Lorsque Gwenda rejoignit son mari, il avait tourné la voiture. Le long du trottoir, se trouvait une grande limousine jaune étincelante de chromes.

– Un drôle d'engin ! remarqua Giles.

– Oui. Te rappelles-tu ce que nous a raconté Édith Pagett ? Lily avait misé sur le capitaine Erskine, mais elle s'était trompée : le mystérieux inconnu dans sa voiture de luxe, c'était Jackie Afflick.

– Et dans sa lettre au docteur, elle parlait en effet d'une « chouette bagnole ».

Les deux jeunes gens se regardèrent en silence.

– Cette nuit-là, il était donc « sur place », comme dirait miss Marple. Oh ! Giles, j'ai hâte d'être à jeudi pour savoir ce que va dire Lily Kimble.

– Suppose qu'elle ait la frousse et ne vienne pas ?

– Elle viendra sûrement. Giles, si une voiture de luxe se trouvait près de la maison cette nuit-là...

– Tu crois donc qu'il s'agissait d'un... péril jaune comme celui-ci ?

La voix joviale de Jackie Afflick les fit soudain sursauter.

– Vous admirez mon wagon ?

Il se tenait derrière eux, appuyé contre la haie bien taillée.

– *Little Buttercup* [1], c'est ainsi que je l'appelle. J'ai toujours aimé les belles carrosseries. Et celle-ci jette du jus, non ?

– Certainement, reconnut Giles.

– J'adore les fleurs, aussi. Surtout les narcisses, les renoncules... Voici votre écharpe, Mrs Reed. Elle avait glissé derrière le bureau. Eh bien, au revoir. Ravi d'avoir fait votre connaissance.

Gwenda et Giles montèrent en voiture, tandis qu'il faisait demi-tour et s'éloignait en direction de la maison.

– Crois-tu qu'il t'ait entendu qualifier sa voiture de « péril jaune » ? demanda Gwenda.

Giles prit un air gêné.

– Je... ne pense pas. Il a été assez aimable.

– Heu... oui. Mais ça ne signifie pas grand-chose, à mon avis. Et as-tu remarqué l'attitude de sa femme ? Elle a peur de lui. Je l'ai lu sur son visage.

– Quoi ! Peur de ce bon vivant à l'air jovial ?

– Peut-être n'est-il pas, au fond de lui-même, aussi jovial qu'il le paraît. Je t'avoue que cet homme ne me plaît guère. Et je me demande depuis combien de temps il était là à nous écouter... Qu'avons-nous dit exactement ?

– Ma foi, rien de bien significatif.

Pourtant, Giles avait toujours l'air un peu mal à l'aise.

1. *Petit Bouton d'or.*

22

Lily est exacte au rendez-vous

– Que le diable m'emporte ! s'écria Giles.

Il venait d'ouvrir une lettre arrivée au courrier de l'après-midi, et il en considérait le texte d'un air ébahi.

– Qu'est-ce que c'est ?

– Le rapport des experts en écriture.

– Et, bien entendu, dit vivement Gwenda, Hélène n'a pas écrit cette lettre venant de l'étranger ?

– Précisément si ! Elle l'a écrite.

Les deux jeunes gens se regardèrent pendant un moment en silence.

– Ainsi donc, reprit enfin Gwenda d'un air incrédule, ces lettres n'étaient pas des faux. Elles étaient *authentiques.* Hélène a bien quitté la maison ce soir-là, et elle a ensuite écrit de l'étranger. Par conséquent, elle n'a pas été étranglée.

– Il ne semble pas, en effet, répondit Giles d'une voix lente. Tout cela est vraiment renversant. Je n'y comprends rien. Et pourtant, tout semble prouver une version des faits totalement différente.

– Les experts ont pu se tromper.

– C'est possible, évidemment, bien qu'ils paraissent très sûrs d'eux. Est-ce que, par hasard, nous nous serions rendus ridicules depuis le début ?

– Tout viendrait donc de ma conduite stupide au théâtre ?... Je vais te dire ce que nous devons faire : nous allons rendre visite à miss Marple. Nous avons largement le temps avant notre rendez-vous avec le Dr Kennedy.

Miss Marple, cependant, réagit d'une façon différente de celle qu'ils attendaient et déclara que tout cela était parfait.

– Que voulez-vous dire ? demanda Gwenda.

– Simplement que quelqu'un s'est montré moins astucieux qu'il n'aurait pu l'être.

– Mais... comment ?

– Quelqu'un a commis une bévue, ma chère Gwenda, et vous devez voir que cela nous indique la route à suivre.

– Hélène ayant véritablement écrit ses lettres, croyez-vous tout de même qu'elle ait été assassinée ?

– Je pense surtout qu'il était très important pour quelqu'un que les lettres fussent de sa main.

– Je... crois comprendre. Hélène a dû être poussée par certaines circonstances à les écrire...

– Voyons, Mr Reed, vous ne réfléchissez pas. C'est pourtant bien simple.

Giles paraissait ennuyé et contrarié.

– Pour moi, dit-il, je puis vous assurer que ce n'est pas très clair.

– Si vous réfléchissiez un peu...

Gwenda se tourna vers son mari.

– Il nous faut partir, Giles, si nous ne voulons pas être en retard à notre rendez-vous.

Ils se retirèrent, tandis qu'un léger sourire flottait sur les lèvres de miss Marple.

– Il y a des moments où cette vieille bonne femme m'énerve, dit Giles. Je ne comprends pas du tout où elle veut en venir.

Ils arrivèrent chez le Dr Kennedy à l'heure dite, et le vieux médecin vint en personne leur ouvrir la porte.

– J'ai donné congé à ma femme de charge pour l'après-midi, expliqua-t-il. Cela m'a paru mieux.

Il conduisit ses visiteurs jusqu'au salon, où les accessoires pour le thé étaient déjà disposés sur un guéridon.

– Une tasse de thé est un bon départ, n'est-ce pas ? dit-il en se tournant vers Gwenda d'un air interrogateur. Ça mettra à l'aise notre Mrs Kimble.

– Vous avez parfaitement raison.

– Quant à vous deux, je me demande si je dois vous présenter tout de suite. Je ne voudrais pas risquer de l'effaroucher.

– Les gens de la campagne étant souvent soupçonneux, répondit la jeune femme, je pense que vous feriez bien de la recevoir seul.

– Je le crois aussi, dit Giles.

– Néanmoins, si vous voulez rester dans la pièce voisine, en laissant entrouverte la porte de communication, vous pourrez suivre notre conversation. Étant donné les circonstances un peu spéciales de cette affaire, je crois que nous pouvons nous permettre cette petite entorse aux règles du savoir-vivre.

– Évidemment, ça ressemble à de l'indiscrétion, reconnut Gwenda. Mais je m'en moque.

Le Dr Kennedy ébaucha un sourire.

– Je ne pense pas, en effet, qu'il faille s'embarrasser de morale dans ce cas particulier. D'ailleurs, je n'ai nullement l'intention de promettre le secret à cette femme, bien que je sois disposé à lui donner un conseil si elle me le demande.

Il jeta un coup d'œil à sa montre.

– Le train arrive à Woodleigh Road à 16 h 35, c'est-à-dire dans quelques minutes. Mrs Kimble ne saurait donc tarder.

Il se mit à faire nerveusement les cent pas à travers la pièce. Il paraissait tendu et inquiet.

– Je ne comprends pas, dit-il. Je ne vois pas du tout ce que cela peut signifier. Si Hélène n'est pas partie cette nuit-là, si les lettres que j'ai reçues étaient des faux...

Gwenda fit vivement un pas en avant, mais son mari l'arrêta d'un signe de tête.

– ... et si ce pauvre Kelvin ne l'a pas tuée, continua le docteur, alors que diable s'est-il passé ?

– Le coupable est quelqu'un d'autre.

– Mais ma chère petite, dans ce cas, pourquoi votre père s'est-il accusé ?

– Parce qu'il se croyait coupable. Il a trouvé sa femme morte sur le lit et a été aussitôt convaincu qu'il l'avait tuée. C'est une chose qui peut se produire, n'est-il pas vrai ?

Le Dr Kennedy se frotta le nez, d'un air à la fois embarrassé et irrité.

– Comment le saurais-je ? Je ne suis pas psychiatre. Un traumatisme... un choc nerveux ? Oui, je suppose que c'est possible. Mais qui aurait pu vouloir tuer Hélène ?

– Nous hésitons sur trois personnes, dit doucement Gwenda.

– Trois personnes ? Lesquelles ? Nul n'avait la moindre raison de se débarrasser d'Hélène, à moins que nous n'ayons affaire à un fou. Elle n'avait pas d'ennemis... Tout le monde l'aimait...

Il se dirigea vers un secrétaire dont il ouvrit un des tiroirs.

– L'autre jour, en cherchant ces fameuses lettres, j'ai trouvé ceci.

Il tendit à la jeune femme une photo un peu passée. Elle représentait une grande lycéenne en tunique de sport, les cheveux tirés en arrière, le visage rayonnant. Kennedy – un Kennedy beaucoup plus jeune et à l'air heureux – était debout près d'elle, un petit fox-terrier dans les bras.

– J'ai beaucoup pensé à elle, ces temps-ci, reprit le vieux médecin d'une voix sourde. Depuis des années, je m'étais efforcé d'oublier... Mais, maintenant, sa pensée me hante. Et c'est vous qui en êtes la cause.

Ces dernières paroles avaient été prononcées d'un ton presque accusateur.

– Je crois que c'est surtout Hélène, qui en est la cause, répliqua Gwenda.

Kennedy tourna vivement la tête vers elle.

– Que voulez-vous dire ?

– Rien de particulier. En fait je suis incapable de m'expliquer plus clairement. Mais Giles et moi ne sommes pour rien dans tout ça. C'est Hélène qui...

Le bruit affaibli d'une locomotive se fit entendre au même moment. Kennedy franchit la porte-fenêtre, suivi de ses deux visiteurs.

– C'est le train, annonça-t-il.

– Il entre en gare ?

– Non, il repart... Mrs Kimble sera là d'une minute à l'autre.

Mais les minutes passèrent, et Lily Kimble ne vint pas.

*

Lily Kimble descendit du train à Dillmouth et traversa la passerelle pour gagner la voie secondaire où attendait la navette locale. Il n'y avait que peu de voyageurs – une demi-douzaine tout au plus. C'était le moment creux de la journée et, d'autre part, jour de marché à Helchester.

Le petit train se mit lentement en marche pour s'engager dans la vallée sinueuse. Il y avait trois arrêts avant le terminus de Lonsbury Bay : Newton Longford, Matchings Halt (qui desservait le camp de Woodleigh) et, enfin, Woodleigh Bolton.

Lily regardait, sans la voir, défiler devant ses yeux la campagne luxuriante. Elle imaginait un salon aux fauteuils recouverts de jade vert pâle.

Elle fut la seule personne à descendre à Matchings Halt. Elle remit son billet à l'employé et traversa la salle des pas perdus. Un peu plus loin, sur la route, un poteau indicateur portait la mention Woodleigh Camp, avec une flèche pointée vers un chemin étroit qui gravissait la colline. Lily s'engagea d'un pas alerte dans le sentier, qui longeait un petit bois. De l'autre côté, s'élevait une butte couverte de bruyère et d'ajoncs.

Quelqu'un émergea soudain du bosquet. Lily Kimble sursauta.

– Mon Dieu, vous m'avez fait peur ! s'écria-t-elle. Je ne m'attendais pas à vous rencontrer ici.

– Une petite surprise, hein ? Et j'en ai encore une autre pour vous.

L'endroit était solitaire. Personne pour percevoir un cri ou le bruit d'une lutte. D'ailleurs, il n'y eut vraiment ni lutte ni cri.

Seul un ramier se leva et s'enfuit dans un battement d'ailes.

*

– Qu'est-ce qu'a bien pu devenir cette femme ? grommela Kennedy avec une certaine irritation dans la voix.

Les aiguilles de la pendule indiquaient cinq heures moins dix.

– Peut-être s'est-elle égarée, suggéra Gwenda.

– Impossible. Je lui ai fourni des indications très précises quant au chemin à suivre. C'est d'ailleurs très simple : il suffit de tourner à gauche en sortant de la gare et de prendre ensuite la première route à droite. Quelques minutes de marche seulement pour arriver jusqu'ici.

– Elle a pu changer d'avis, fit observer Giles.

– Ma foi, on le dirait bien.

– Ou tout simplement manquer le train, dit Gwenda.

– À mon avis, reprit le docteur d'une voix lente, elle a probablement décidé de ne pas venir. Peut-être son mari s'est-il mis en travers de son projet. Il est impossible de se fier à ces gens de la campagne.

Kennedy s'était remis à parcourir nerveusement la pièce. Finalement, il alla décrocher le téléphone et forma un numéro.

– Allô ! La gare ? Ici le Dr Kennedy. J'attendais quelqu'un par le train de 16 h 35. Une femme de la campagne, d'âge moyen. A-t-on, par hasard, demandé le chemin pour venir chez moi ? Ou bien... Qu'est-ce que vous dites ?

Giles et Gwenda étaient assez près de l'appareil pour percevoir l'accent traînant de l'unique employé de la petite gare.

– Je ne crois pas qu'il ait pu y avoir quelqu'un pour vous, docteur. Il n'y avait aucun étranger au train de 16 h 35. Seulement Mr Narracott, Johnnie Laws et la fille du vieux Benson. Aucun autre voyageur.

Kennedy remercia et raccrocha le combiné.

– Elle a donc changé d'avis, après tout, soupira-t-il. Eh bien, nous allons tout de même prendre le thé. La bouilloire est sur le feu.

Il s'éloigna un instant et revint avec la théière.

– Bah ! ce n'est que partie remise, dit-il d'un ton jovial. Nous avons l'adresse de cette femme, et nous pouvons tout simplement nous rendre chez elle.

Au même moment, le téléphone se mit à sonner. Le docteur se leva pour aller répondre.

– Le Docteur Kennedy ?

– Lui-même.

– Ici, l'inspecteur Last, de la police de Longford. Attendiez-vous cet après-midi une femme du nom de Lily Kimble ?

– Oui. Pourquoi ? A-t-elle eu un accident ?

– Pas exactement ce qu'on peut appeler un accident. En tout cas, elle est morte. Or, nous avons trouvé sur elle une lettre de vous. Pourriez-vous faire un saut jusqu'ici dès que possible ?

– Bien entendu. J'arrive tout de suite.

*

– Et maintenant, tâchons de mettre tout cela au point, dit l'inspecteur Last.

Ses regards allèrent de Kennedy à Giles et à Gwenda, lesquels avaient accompagné le docteur.

La jeune femme était très pâle et avait les traits tirés.

– Vous attendiez cette personne au train qui quitte Dillmouth à 16 h 05 pour arriver à Woodleigh Bolton à 16 h 35, n'est-ce pas ?

Kennedy approuva d'un signe.

L'inspecteur baissa les yeux vers la lettre étalée sur son bureau. Le texte en était parfaitement clair.

Chère Mrs Kimble,

Je serai ravi de vous conseiller du mieux que je le pourrai. Ainsi que vous pouvez le constater d'après l'en-tête de ma lettre, je n'habite plus Dillmouth. Pour parvenir jusqu'ici, vous pouvez quitter Comberley par le train de 15 h 30, changer à Dillmouth Junction et prendre la navette locale de Lonsbury jusqu'à Woodleigh Bolton. Là, vous n'êtes plus qu'à quelques minutes à pied de chez moi. Tournez à gauche en sortant de la gare et prenez ensuite la première route à droite. Ma maison se trouve tout au bout. Mon nom est inscrit sur la grille.

Bien à vous,

James KENNEDY.

– Cette femme n'avait donc aucune raison d'arriver par le train précédent ? reprit l'inspecteur.

– Par le train précédent ? répéta Kennedy d'un air surpris.

– Parce que c'est ce qu'elle a fait. Elle est partie de Comberley non pas à 15 h 30, mais à 13 h 30. Elle a pris ensuite à Dillmouth le train de 14 h 05 et est descendue non pas à Woodleigh Bolton, mais à Matchings Halt, qui est, comme vous le savez, la station précédente.

– C'est extraordinaire.

– Avait-elle l'intention de vous consulter professionnellement, docteur ?

– Non. J'ai abandonné ma clientèle depuis déjà plusieurs années.

– C'est bien ce qu'il me semblait. La connaissez-vous bien ?

Kennedy hocha la tête.

– Je ne l'avais pas vue depuis près de vingt ans.

– Vous l'avez néanmoins reconnue.

Gwenda frissonna. Mais la vue d'un cadavre n'affectait nullement le docteur, qui répondit d'un air pensif :

– Étant donné les circonstances, il m'est difficile d'être affirmatif. Je présume qu'elle a été étranglée.

– Oui. Le corps a été découvert dans un bosquet, presque au début du sentier qui conduit de Matchings Halt au camp de Woodleigh, par un touriste qui descendait du camp. Il était à ce moment-là quatre heures moins le quart ; mais le médecin de la police situe la mort entre 14 h 15 et 15 heures. La victime a sans doute été tuée peu de temps après avoir quitté la gare. Aucun autre voyageur n'est descendu à Matchings Halt. La question qui se pose, c'est de savoir pourquoi elle est descendue à cette petite halte. S'est-elle trompée ? Cela me paraît improbable. D'autre part, elle avait deux heures d'avance sur votre rendez-vous, n'ayant pas pris le train que vous lui indiquiez dans votre lettre, mais le précédent. Pourtant, cette lettre, elle l'avait sur elle. Et maintenant, docteur, voulez-vous nous apprendre le motif de sa visite ?

Kennedy tira de sa poche la lettre de Lily Kimble.

– Veuillez prendre connaissance de ceci. La coupure de journal est une annonce que Mr et Mrs Reed, ici présents, ont fait paraître dans une feuille locale.

L'inspecteur Last lut attentivement la lettre, puis la coupure de journal avant de lever à nouveau les yeux sur ses interlocuteurs.

– Pouvez-vous m'expliquer ce qu'il y a derrière cette histoire qui, apparemment, remonte assez loin ?

– Dix-huit ans, en effet.

L'inspecteur était un auditeur attentif. Il laissa les trois personnes assises en face de lui raconter l'affaire à leur façon. Kennedy fut sec et positif, Gwenda légèrement incohérente, mais son récit avait une certaine puissance évocatrice. Ce fut cependant Giles qui parut fournir à l'enquête la contribution la plus valable. Il fut extrêmement clair, avec moins de réserve que le docteur et plus de cohérence que Gwenda.

Quand il eut terminé, l'inspecteur poussa un soupir et résuma les faits.

– Mrs Halliday était donc la sœur du Dr Kennedy et votre belle-mère, Mrs Reed. Elle a disparu de chez elle – de la maison même que vous habitez actuellement –

il y a de cela dix-huit ans. Lily Kimble – Abbott de son nom de jeune fille – y était employée en qualité de femme de chambre. Or, à présent, pour une raison inconnue, elle semblait croire – après toutes ces années – qu'un crime avait été commis. À l'époque, on a supposé que Mrs Halliday s'était enfuie avec un homme dont on ignorait l'identité. D'autre part, son mari est décédé il y a quinze ans dans une maison de santé avec la conviction qu'il avait lui-même étranglé sa femme. Ces faits ne sont certes pas dépourvus d'un certain intérêt, mais ils ne constituent pas, à vrai dire, une histoire absolument cohérente. L'essentiel me paraît être, en l'état actuel des choses, de déterminer si Mrs Kalliday est morte ou vivante. Dans le premier cas, quand est-elle décédée ? D'autre part, que savait Lily Kimble ? Il semble, étant donné les circonstances qu'elle devait être en possession d'un renseignement important. Si important qu'on l'a tuée pour l'empêcher de le divulguer.

– Mais enfin, s'écria Gwenda, comment quelqu'un a-t-il pu savoir qu'elle avait l'intention de nous dévoiler ce qu'elle savait ?

L'inspecteur tourna ses regards vers la jeune femme.

– Un détail significatif, Mrs Reed, me paraît être le fait qu'elle a pris, à Dillmouth, le train de 14 h 05 au lieu de celui de 16 h 05. Il doit y ayoir une raison à cela. De plus elle est descendue avant Woodleigh Bolton. Pourquoi ? Il me semble possible que, *après* avoir écrit au docteur, elle ait écrit à *quelqu'un d'autre* pour suggérer à cette personne un rendez-vous à Woodleigh Camp, se proposant, si ce rendez-vous ne lui donnait pas satisfaction, d'aller ensuite demander conseil au Dr Kennedy.

Et il n'est pas impossible qu'elle ait imprudemment mentionné le fait qu'elle savait quelque chose de compromettant pour son correspondant.

– Du chantage, donc, dit brutalement Giles.

– Je ne pense pas que ce fût exactement ça dans son esprit, répondit l'inspecteur. Elle devait simplement se demander comment elle pourrait exploiter la situation. Nous verrons. Peut-être son mari pourra-t-il nous en dire un peu plus.

*

– Je l'avais pourtant avertie, dit Mr Kimble d'un air sombre. « Ne te mêle pas de ça », que je lui avais dit. Mais elle a tout manigancé derrière mon dos. Elle croyait toujours mieux faire que les autres, Lily. Un peu trop futée, qu'elle était.

Mais l'interrogatoire de Mr Kimble révéla finalement qu'il ne savait que bien peu de chose. Avant qu'il ne fît sa connaissance, Lily avait été femme de chambre à la villa Sainte-Catherine. Elle aimait beaucoup le cinéma, et elle lui avait raconté qu'elle avait servi dans une maison où on avait sûrement commis un crime.

– J'y ai pas prêté beaucoup d'attention. Des inventions, que je me disais. Lily, il lui fallait toujours compliquer les choses. Elle m'avait débité une histoire sans queue ni tête : le patron, qu'elle disait, avait liquidé sa femme et peut-être caché le cadavre dans la cave ; et puis y avait une Française qui avait vu quelque chose par la fenêtre. « Fais pas attention aux étrangers, ma fille, que je lui avais dit. Ce sont tous des menteurs. Pas du tout des gens comme nous. » Et quand elle se remettait à rabâcher son histoire, j'écoutais même pas ; je pensais qu'elle inventait toutes ces sornettes. Le crime lui déplaisait pas, à Lily. Même qu'elle achetait le *Sunday News*, qui publiait une série d'articles sur les *Criminels célèbres*. Elle en avait la tête farcie, pas moins. Et alors, ça lui déplaisait pas de penser qu'elle avait travaillé dans une maison où qu'on avait commis un meurtre. Ça faisait de mal à personne, d'accord. Mais quand elle a parlé de répondre à cette annonce, j'y ai dit tout net : « Laisse tomber. Faut pas aller au-devant des ennuis. » Et si elle m'avait écouté, elle serait encore en vie aujourd'hui.

Mr Kimble réfléchit quelques secondes.

– Hem ! grommela-t-il ensuite. Sûr qu'elle serait encore en vie. Beaucoup trop futée qu'elle était, Lily.

23

Lequel d'entre eux ?

Tandis que l'inspecteur Last s'en allait interroger Mr Kimble, Giles et Gwenda rentrèrent chez eux où ils arrivèrent vers sept heures. La jeune femme était pâle et assez mal en point.

– Donnez-lui du cognac et faites-lui manger quelque chose, avait conseillé le Dr Kennedy. Ensuite, mettez-la au lit. Elle a éprouvé un sérieux choc.

À présent, Gwenda ne cessait de se lamenter.

– C'est affreux, Giles. Tellement affreux. Cette pauvre femme donnant rendez-vous à un assassin avec une telle désinvolture, une telle confiance... pour aller se faire tuer. Exactement comme un mouton à l'abattoir.

– Essaie de ne plus y penser, chérie. Après tout, nous savions qu'il y avait quelque part un meurtrier.

– Non, nous ne le savions pas. Je veux dire... actuellement. Il y a dix-huit ans, oui. Mais tout cela semblait tellement... irréel. Ç'aurait pu être une erreur.

– Eh bien, ceci prouve que ce n'en était pas une ; et que tu avais raison depuis le début.

Giles s'était réjoui de trouver miss Marple à Hillside. La vieille demoiselle et Mrs Cocker s'occupèrent avec empressement de Gwenda, mais celle-ci refusa de boire du cognac, sous prétexte que cela lui rappelait les bateaux sur la Manche ; elle accepta cependant un grog au whisky ; puis, encouragée par Mrs Cocker, mangea une omelette.

Giles aurait volontiers parlé d'autre chose, mais miss Marple se mit à évoquer le crime.

– Épouvantable, je l'admets, dit-elle en réponse aux lamentations de Gwenda. Et cela vous a causé un choc. Mais un choc qui n'est pas... sans intérêt. Évidemment, moi, je suis vieille, et la mort n'est pas aussi terrible à mes yeux qu'elle peut l'être aux vôtres. Les maladies longues et douloureuses, comme le cancer, m'affectent davantage. Ce que je voulais dire, c'est que le meurtre de cette pauvre Hélène Halliday ne fait plus maintenant le moindre doute. Nous pensions qu'elle avait été tuée ; à présent, nous en sommes sûrs.

– Et, selon vous, nous devrions sans doute savoir où

se trouve le cadavre, dit Giles. Dans la cave, probablement.

– Non, non, Mr Reed. Rappelez-vous ce qu'a déclaré Edith Pagett. Le lendemain de la disparition d'Hélène, à la première heure, elle est descendue à la cave, troublée malgré elle par ce que lui avait raconté Lily. Et elle n'a trouvé aucune trace pouvant laisser supposer qu'un cadavre y fût enterré. Or, s'il y avait eu des traces, une personne résolue à les chercher les aurait forcément découvertes.

– Qu'est-il donc advenu du corps ? L'a-t-on emporté en voiture pour aller le jeter dans la mer du haut de la falaise ?

– Non plus. Voyons, mes amis, qu'est-ce qui vous a le plus frappés lorsque vous êtes arrivés ici pour la première fois ? Je devrais plutôt dire : qu'est-ce qui vous a frappée, vous, Gwenda ? Le fait que, depuis la porte-fenêtre du salon, on n'avait pas vue sur la mer. Et à l'endroit où vous éprouviez l'impression – fort juste, au demeurant – qu'il aurait dû y avoir des marches conduisant à la pelouse, il n'y avait rien d'autre que des buissons. Ces marches – vous l'avez appris par la suite – avaient primitivement existé à cet endroit-là ; mais, à un moment donné, elles avaient été transportées à l'extrémité de la terrasse. Pourquoi ?

Gwenda fixait attentivement la vieille demoiselle. Elle commençait à comprendre.

– Vous voulez dire que c'est à cet endroit-là que...

Miss Marple continua sans répondre directement à la question.

– Il a dû y avoir une raison à ce changement, qui ne

paraît vraiment pas très judicieux. À franchement parler, il était stupide de placer à cet endroit les marches descendant à la pelouse. Seulement, voilà : cette partie de la terrasse est particulièrement tranquille. On ne l'aperçoit pas de la maison, sauf depuis la fenêtre de la nursery, au premier étage. Réfléchissez... Si vous désirez enterrer un cadavre, il vous faudra naturellement remuer la terre ; et pour cela vous aurez besoin d'une raison plausible. Dans ce cas particulier, la raison, c'était que l'on avait décidé de placer à l'extrémité de la terrasse les marches qui se trouvaient auparavant en face de la porte-fenêtre du salon. J'ai déjà appris par le Dr Kennedy qu'Hélène et son mari aimaient beaucoup leur jardin et s'en occupaient activement. Le jardinier qui venait chaque jour ne faisait que suivre leurs directives. Et si, arrivant un matin pour prendre son travail, il constatait qu'on avait commencé d'opérer un certain changement et qu'un certain nombre de dalles avaient déjà été ôtées, il penserait tout naturellement que ses patrons avaient entrepris ces travaux pendant son absence. Le cadavre, bien entendu, aurait pu être enterré à un quelconque des deux endroits, mais nous pouvons être assurés qu'il l'a été à l'extrémité de la terrasse et non devant la porte-fenêtre du salon.

– D'où vous vient cette certitude ? demanda Gwenda.

– Essayez de vous rappeler. Cette pauvre Lily avait abandonné l'idée du cadavre dans la cave en raison de ce que Léonie, la jeune fille suisse, avait vu par la fenêtre de la nursery. N'est-ce pas clair ? À un certain moment de la nuit, Léonie jette un coup d'œil par cette même fenêtre et voit quelqu'un en train de creuser une tombe. Peut-être même reconnaît-elle l'homme.

– Et elle n'aurait jamais rien dit à la police ? objecta Giles.

– Mon cher, je vous fais remarquer que personne, à l'époque, n'a émis l'hypothèse d'un crime. Mrs Halliday s'était enfuie avec un amant – c'est tout ce qu'a dû saisir Léonie, qui comprenait et parlait fort mal l'anglais. Néanmoins, elle fait part à Lily – peut-être pas sur le moment, mais plus tard – de quelque chose d'étrange qu'elle a aperçu cette nuit-là par la fenêtre. Et elle a confirmé Lily dans son idée qu'un crime avait bel et bien été commis. Mais je ne doute pas que Edith Pagett n'ait rembarré la jeune femme de chambre en lui disant qu'elle racontait des sornettes. Et la petite Suissesse a dû adopter ce point de vue, ne voulant probablement pas être mêlée à une enquête de la police. Beaucoup de gens semblent être plus ou moins intimidés par la police lorsqu'ils se trouvent en pays étranger. Aussi a-t-elle dû retourner en Suisse et oublier toute cette histoire.

– Si elle est encore en vie, il est peut-être possible de la retrouver, suggéra Giles.

– Peut-être, répondit miss Marple d'un air rêveur.

– Comment faire, dans ce cas, pour entrer en contact avec elle ?

– La police s'en occupera beaucoup mieux que vous ne pourriez le faire.

– L'inspecteur Last doit nous rendre visite demain matin.

– Dans ce cas, à votre place, je lui parlerais de cet escalier de la terrasse.

– Et aussi de ce que j'ai vu – ou cru voir – autrefois dans le hall ?

– Oui. Vous avez agi sagement en ne disant rien jusqu'à présent, mais je crois le moment venu d'en faire mention.

– Hélène a été étranglée dans le hall, dit Giles d'une voix lente. Ensuite, le meurtrier l'a transportée au premier étage et allongée sur son lit. Kelvin est entré quelques instants plus tard dans la maison, a perdu connaissance après avoir absorbé du whisky drogué et a été à son tour transporté dans la chambre à coucher. En revenant à lui, il a cru avoir tué Hélène. Le meurtrier devait être aux aguets près de là et, lorsque Kelvin est parti pour se rendre chez le Dr Kennedy, il a probablement caché le cadavre dans les buissons et a attendu que tout le monde soit couché avant de se mettre à creuser la tombe. Ce qui signifie qu'il a dû rester là, à proximité de la maison, une bonne partie de la nuit.

Miss Marple approuva d'un signe.

– Il fallait qu'il fût *sur place*. Je me rappelle vous avoir dit que c'était là un point important. Il nous faut maintenant essayer de déterminer lequel de nos trois suspects remplit le mieux les conditions requises. Prenons d'abord Erskine. Il ne fait aucun doute qu'il était sur place, puisqu'il a reconnu lui-même avoir rencontré Hélène sur la plage et l'avoir raccompagnée ici aux environs de neuf heures. Il a également déclaré lui avoir dit adieu. Mais est-ce bien la vérité ? Supposons, au contraire, qu'il l'ait tuée ?

– Mais tout était fini entre eux ! s'écria Gwenda. Depuis longtemps. Et il a affirmé n'être resté que très peu de temps avec Hélène, ce soir-là.

– Tu dois bien comprendre, ma chère Gwenda,

intervint Giles, qu'au point où nous en sommes, nous ne pouvons absolument pas nous fier aveuglément aux déclarations de qui que ce soit.

– Je me réjouis de vous entendre parler ainsi, dit miss Marple, parce que je me faisais un peu de souci, je l'avoue, de vous voir tous les deux prêts à accepter comme argent comptant tout ce que l'on vous a raconté. Je reconnais que je suis, par nature, extrêmement méfiante. Mais, surtout dans une affaire de meurtre, je me fais une règle de ne jamais admettre comme véridiques les déclarations d'autrui, à moins que je ne les aie contrôlées. Par exemple, la déclaration de la femme de chambre concernant les vêtements disparus est très certainement exacte, car nous avons la confirmation d'Edith Pagett ; d'autre part Lily elle-même mentionne ce détail dans sa lettre au Dr Kennedy. Nous sommes donc ici en possession d'un *fait.* Autre chose : d'après le Dr Kennedy, Halliday était persuadé que sa femme lui administrait une quelconque drogue, et le même Halliday le confirme dans ses notes. Voilà donc un second fait. Très curieux, d'ailleurs, ne croyez-vous pas ? Mais ne nous attardons pas à présent sur ce point particulier. Ce que je voudrais vous faire remarquer, c'est qu'un grand nombre des hypothèses que vous avez formulées sont basées *sur ce qu'on vous a dit.*

Gwenda considéra la vieille demoiselle avec de grands yeux étonnés. Elle avait repris un peu de couleur et buvait son café à petites gorgées, les coudes appuyés sur la table.

– Efforçons-nous donc, suggéra Giles, de contrôler ce

que nous ont dit trois personnes. Commençons par Erskine. Il déclare...

– Il semble que tu lui en veuilles particulièrement, fit remarquer Gwenda. Or, c'est une perte de temps que de s'occuper de lui ; en effet, il n'est plus dans le coup, étant donné qu'il n'a pas pu, matériellement, tuer Lily Kimble.

Mais Giles poursuivit, imperturbable.

– Il affirme qu'il a rencontré Hélène sur le bateau qui les amenait tous les deux aux Indes et qu'ils se sont épris l'un de l'autre ; mais, toujours d'après lui, il n'a pu se résoudre à quitter sa femme et ses enfants. Et il ajoute qu'Hélène et lui sont tombés d'accord pour se dire adieu. Supposons, néanmoins, que les choses ne se soient pas passées tout à fait de cette manière. Supposons que, étant tombé follement amoureux d'Hélène, ce soit *elle* qui ait refusé de s'enfuir avec lui ? Il a pu alors la menacer de la tuer si elle épousait quelqu'un d'autre.

– Très improbable, affirma Gwenda.

– De telles choses peuvent cependant se produire. Rappelle-toi ce que tu as entendu sa femme lui reprocher. Tu as mis tout cela au compte de la jalousie, mais c'était peut-être l'expression de la vérité. Peut-être en a-t-elle vu de toutes les couleurs avec lui, en ce qui concerne les femmes. Il se peut que ce soit un obsédé sexuel.

– Je n'en crois rien.

– Parce qu'il est séduisant aux yeux des femmes. Je pense, quant à moi, qu'il y a en lui quelque chose d'étrange. Hélène rompt ses fiançailles avec Fane, rentre en Angleterre, épouse ton père et s'installe ici. Et puis, soudain, Erskine reparaît. Il vient ostensiblement à Dillmouth pour y passer les vacances avec sa femme. Décision étrange en vérité. Mais il admet ensuite qu'il n'est venu que dans l'intention de revoir Hélène. Maintenant, supposons que l'homme qui se trouvait dans le salon avec elle le jour où Lily a surpris une certaine conversation fût précisément Erskine. « J'ai peur de toi... J'ai toujours eu peur de toi... Tu n'es pas normal : tu es fou. » Et parce qu'elle a peur, elle forme le projet d'aller vivre dans le Norfolk. Mais elle se montre extrêmement réservée à ce sujet. Personne ne doit être au courant, personne ne doit rien deviner. Du moins tant que les Erskine n'auront pas quitté Dillmouth. Jusqu'ici, tout cadre. Venons-en maintenant à la nuit fatale. Ce qu'ont fait les Halliday au cours de la soirée, nous l'ignorons...

Miss Marple toussota.

– En fait, dit-elle doucement, j'ai revu Edith Pagett. Elle se rappelle que, ce soir-là, le dîner fut servi plus tôt que d'habitude – vers sept heures –, car le major Halliday devait se rendre à une réunion. Au club de golf, croit-elle. Et Mrs Halliday est sortie après le repas.

– Exact, puisque nous savons qu'elle a rencontré Erskine sur la plage. Peut-être s'étaient-ils donné rendez-vous. Le capitaine doit quitter Dillmouth le lendemain. Il est possible que la jeune femme ait refusé de partir avec lui. Il la presse de le suivre. Elle reprend le chemin de la maison, et il l'accompagne. Finalement, devant le refus persistant d'Hélène, il l'étrangle au cours d'une crise de démence. Non content de cela, il désire que Halliday soit convaincu d'avoir tué sa femme. Plus tard, dans la nuit, il enterre le cadavre. Vous vous rappelez qu'il a avoué à Gwenda ne pas être retourné immédiatement à son hôtel parce qu'il avait marché un certain temps à travers la campagne.

– On peut d'ailleurs se demander, fit remarquer miss Marple, ce que faisait sa femme pendant ce temps.

– Elle devait sans doute ruminer sa jalousie, dit Gwenda. Et elle a dû lui passer un sacré savon quand il est rentré.

– Telle est ma reconstitution, conclut Giles. Reconnaissez qu'elle se tient.

– Mais il aurait été impossible à Erskine de tuer Lily Kimble, objecta encore Gwenda, étant donné qu'il habite le Northumberland. S'occuper de lui n'est donc, comme je le disais tout à l'heure, qu'une perte de temps. Examinons plutôt le cas de Walter Fane.

– D'accord. Fane appartient au genre renfermé. Il paraît doux et aimable. Néanmoins, miss Marple nous a apporté un témoignage qui n'est pas dépourvu d'intérêt. Alors qu'il était encore tout jeune, il s'est mis un jour dans une telle rage qu'il a failli tuer son frère. Bien sûr, ce n'était à l'époque qu'un enfant, mais son acte était d'autant plus surprenant et inattendu qu'il avait toujours été, jusque-là, de caractère facile et peu rancunier. Quoi qu'il en soit, il tombe amoureux d'Hélène Kennedy. Amoureux n'est même pas le mot juste : il en est fou. Mais elle ne veut pas de lui, et il s'embarque pour les Indes. Plus tard, cependant, elle lui écrit qu'elle est disposée à aller le retrouver et à l'épouser. Seulement, dès son arrivée, elle l'envoie à nouveau promener, car elle a fait la connaissance de quelqu'un d'autre sur le bateau. Rentrée en Angleterre, elle épouse aussitôt Kelvin

Halliday. Walter Fane est très certainement persuadé que c'est à cause de ce dernier qu'il a été à nouveau repoussé. En proie à une folle jalousie, il regagne à son tour l'Angleterre. Là, de retour à Dillmouth, il adopte une attitude apparemment amicale et dépourvue de toute rancune. Il vient fréquemment à la villa Sainte-Catherine, jouant à la perfection le rôle de l'ami fidèle et dévoué. Mais peut-être Hélène se rend-elle compte de son manque de sincérité. Peut-être même a-t-elle depuis longtemps décelé en lui quelque chose d'inquiétant. Et elle le lui dit : « Je crois que j'ai toujours eu peur de toi. » Secrètement, elle projette de quitter Dillmouth pour aller vivre dans le Norfolk. Pourquoi ? Parce qu'elle a effectivement peur de lui !

« Et nous voici revenus à la fatale soirée. Ici, nous ne sommes plus sur un terrain très sûr, car nous ignorons ce que faisait Walter Fane ce soir-là, et je ne vois pas comment nous pourrions jamais le découvrir. Mais il remplit néanmoins la condition exigée par miss Marple : il est sur place, puisqu'il n'habite qu'à deux ou trois minutes à pied de la villa des Halliday. Il a pu déclarer chez lui qu'il allait se coucher avec la migraine, ou bien s'enfermer dans son bureau sous prétexte d'un travail urgent à terminer. Et, au lieu de cela, il a parfaitement pu assassiner Hélène. Je crois, entre parenthèses, qu'il est de nos trois suspects celui qui était le plus susceptible de commettre des erreurs dans le choix des vêtements destinés à remplir une valise, car il ne devait pas être très au courant de ce qu'une femme porte ou ne porte pas dans telle ou telle circonstance.

– C'est curieux, intervint Gwenda. Le jour où je suis

allée le voir sous prétexte de rédiger un nouveau testament, j'ai eu l'étrange impression que son visage ressemblait un peu à la façade d'une maison aux stores baissés. Et... j'ai même eu l'idée fantasque... qu'un mort se cachait derrière cette façade.

La jeune femme leva les yeux vers miss Marple.

– Cette impression vous semble-t-elle stupide ?

– Non, ma chère enfant. Je crois que vous aviez peut-être raison.

– Et maintenant, reprit Gwenda, nous en arrivons à Jackie Afflick. La première chose contre lui, c'est que le Dr Kennedy l'avait cru atteint de la manie de la persécution. En fait, il ne le trouvait pas réellement normal. Et si nous nous rappelons ce qu'il nous a dit de lui et d'Hélène, nous nous rendons compte qu'il nous a raconté un tas de mensonges. En réalité, il ne pensait pas seulement qu'Hélène était une gentille gosse, ainsi qu'il nous l'a affirmé : il en était passionnément, follement amoureux. Mais elle, de son côté, ne l'aimait pas : elle ne faisait que s'amuser, car elle était toquée des hommes, ainsi que l'a dit miss Marple.

– Non, ma chère Gwenda. Moi, je n'ai jamais rien dit de semblable.

– Mettons qu'elle était un peu nymphomane, si vous aimez mieux ce terme. Elle a eu une aventure avec Afflick, puis l'a laissé tomber. Mais cela ne faisait pas son affaire, à lui. Certes, le Dr Kennedy a tiré sa sœur de ce mauvais pas. Seulement, Afflick n'a jamais pardonné ni oublié. Il avait perdu son emploi, après avoir été – selon lui – victime d'une machination. Cela peut confirmer la théorie selon laquelle il était plus ou moins atteint de la manie de la persécution.

– Oui, approuva Giles. Mais, d'un autre côté, si l'histoire est véridique, il y a là un autre argument – puissant, celui-là – contre Walter Fane.

Gwenda poursuivit sans tenir compte de l'interruption.

– Hélène part pour l'étranger, et Jackie Afflick quitte Dillmouth. Mais il ne l'oublie pas, et quand elle revient, mariée, il lui rend visite. Il nous déclare d'abord n'être allé la voir qu'une seule fois, mais ensuite, il avoue l'avoir revue à plusieurs reprises. Te rappelles-tu, Giles, l'expression dont s'est servie Edith Pagett ? « Notre mystérieux inconnu dans sa bagnole tape-à-l'œil. » Il est donc venu assez souvent pour faire jaser les domestiques. Mais Hélène a pris grand soin de ne pas l'inviter à dîner, afin qu'il ne rencontre pas mon père. Peut-être avait-elle peur de lui ; peut-être...

Giles interrompit sa femme.

– Cela peut devenir un argument à double tranchant. Supposons qu'Hélène fût amoureuse de lui – du premier homme qu'elle eût jamais connu – et supposons aussi qu'elle l'aimât toujours. Ils ont pu avoir une liaison dont personne n'a jamais été au courant. Peut-être aussi Afflick voulait-il qu'elle s'enfuît avec lui ; mais elle commençait à se lasser. Elle refuse donc de le suivre, et il la tue. Rappelle-toi la « chouette bagnole » selon l'expression de Lily Kimble – qui stationnait à proximité de la villa le soir de sa disparition. C'était, naturellement, la voiture de Jackie Afflick, lequel était donc, lui aussi, *sur place.* Ce n'est qu'une hypothèse, mais qui me semble assez raisonnable.

« Seulement, il y a aussi les lettres d'Hélène, dont nous devons tenir compte dans notre théorie. Je me suis creusé la tête pour essayer d'imaginer dans quelles circonstances elle a pu être poussée à les écrire, et il me semble que, pour les expliquer, il nous faut admettre qu'elle avait véritablement un amant et qu'elle s'attendait à s'enfuir avec lui. Nous allons donc à nouveau examiner trois possibilités. D'abord, Erskine. Disons qu'il n'était pas encore tout à fait disposé à quitter sa femme et à briser son ménage, mais qu'Hélène avait tout de même déjà décidé de quitter Kelvin Halliday pour aller s'installer quelque part où son amant pourrait venir la voir de temps à autre. Dans ce cas, la première chose à faire était évidemment d'endormir les soupçons de Mrs Erskine. Hélène rédige donc deux lettres qui doivent être expédiées à son frère en temps voulu et qui donneront l'impression qu'elle s'est enfuie à l'étranger avec quelqu'un d'autre. Cela explique fort bien qu'elle ait été aussi réservée dans ses lettres quant à l'identité de l'homme avec qui elle était censée s'être enfuie.

– Mais si elle devait quitter son mari pour partir avec Erskine, pourquoi donc celui-ci l'aurait-il tuée ? demanda Gwenda.

– Peut-être parce qu'elle avait brusquement changé d'idée, s'étant aperçue qu'elle aimait véritablement son mari, après tout. L'homme a vu rouge et l'a étranglée. Ensuite, il a entassé des vêtements dans une valise et un sac de voyage. Un peu plus tard, il a utilisé les lettres. C'est là une théorie qui, me semble-t-il, explique tout.

– Seulement, la même théorie pourrait s'appliquer à Walter Fane, objecta Gwenda. J'imagine que le scandale eût été absolument désastreux pour un notaire de petite ville. Afin d'éviter cela, Hélène aurait pu feindre de s'enfuir avec quelqu'un d'autre ; mais au lieu de cela, aller se fixer en un endroit peu éloigné où Fane aurait pu aisément lui rendre visite. Les lettres sont déjà prêtes ; mais, ainsi que tu l'as supposé, elle change d'avis. Fane, fou de rage, la tue.

– Et Jackie Afflick ?

– En ce qui le concerne, les lettres sont plus difficiles à expliquer, car j'imagine que le scandale possible ne l'aurait pas autrement dérangé. Peut-être Hélène a-t-elle eu peur non pas de lui, mais de mon père, et a-t-elle cru plus prudent de faire croire qu'elle se trouvait à l'étranger. Peut-être aussi Afflick comptait-il investir l'argent de sa femme dans ses affaires. Il lui était donc impossible de la quitter officiellement. Oui, là aussi, il y a plusieurs possibilités qui peuvent expliquer ces lettres. Sur lequel de ces trois suspects misez-vous, miss Marple ? Pour moi, je ne vois pas très bien Walter Fane. Mais alors...

Mrs Cocker venait d'entrer pour débarrasser la table de la théière et des tasses.

– Excusez-moi, madame, dit-elle, mais j'ai complètement oublié. Avec cette pauvre femme assassinée, les ennuis que cela vous a attirés, à vous et à Monsieur... Vraiment, ce n'est pas ce qu'il vous fallait en ce moment... Mais voici ce que je voulais vous dire. Mr Fane est venu vous demander, cet après-midi. Il paraissait croire que vous l'attendiez, et il est resté une bonne demi-heure.

– Comme c'est curieux ! À quelle heure est-il venu ?

– Il devait être quatre heures, madame. Peut-être un peu plus. Et puis, il venait à peine de repartir qu'un autre monsieur est arrivé dans une grosse voiture jaune. Lui, il a carrément affirmé que vous lui aviez demandé de venir. Et il a attendu quelque chose comme vingt minutes. Je me suis demandé si vous aviez invité ces deux messieurs pour le thé et aviez ensuite oublié.

– Certainement pas. Tout cela est vraiment curieux.

– Appelons Fane, suggéra Giles. Il n'est sûrement pas encore couché.

Joignant aussitôt le geste à la parole, il se leva pour aller décrocher le téléphone.

– Allô ! Mr Fane ? Reed à l'appareil. J'apprends que vous êtes venu chez moi cet après-midi... Quoi ?... Non... non, j'en suis certain... Voilà qui est étrange... Oui, j'avoue que je me le demande aussi. Excusez-moi de vous avoir dérangé.

Il raccrocha l'appareil d'un air soucieux.

– Voilà qui est bizarre, en vérité. Fane a reçu ce matin, à son bureau, un coup de téléphone lui demandant de passer nous voir cet après-midi à l'heure du thé, afin de régler une question importante.

Giles et Gwenda se regardèrent avec étonnement.

– Appelle Afflick, dit ensuite la jeune femme.

À nouveau, Giles se dirigea vers le téléphone, feuilleta l'annuaire et forma le numéro. Ce fut un peu plus long, mais il obtint finalement la communication.

– Mr Afflick ? Ici Giles Reed. Je...

Il fut brusquement interrompu par un flot de paroles à l'autre bout du fil. Au bout d'un moment, il parvint tout de même à placer quelques mots.

– Mais non ! Nous n'avons rien fait de tel... Oui... Oui, certainement... Je n'ignore pas que vous êtes un homme très pris, et je n'aurais jamais songé... Bon. Mais, dites-moi, qui vous a appelé ? Un homme ?... Non, je vous répète que ce n'était pas moi... Non, non... je comprends parfaitement... D'accord, je veux bien reconnaître que c'est assez extraordinaire...

La conversation terminée, il revint prendre place devant le guéridon.

– Eh bien, voilà. Un individu qui s'est fait passer pour moi a appelé Afflick et lui a demandé de nous rendre visite cet après-midi pour traiter une affaire urgente dans laquelle une importante somme d'argent était en jeu.

– Il est possible, dit Gwenda après un moment de silence, que le mystérieux correspondant soit précisément Fane ou Afflick. Ne comprends-tu pas, Giles ? N'importe lequel des deux a pu tuer Lily Kimble et venir ensuite ici pour se créer une sorte d'alibi.

– Un alibi, intervint doucement miss Marple, sûrement pas.

– Je ne veux pas dire exactement un alibi, mais plutôt un prétexte pour être absent de son bureau. Ce qui paraît certain, c'est que l'un d'eux dit la vérité et que l'autre ment. Malheureusement, il nous est impossible de déterminer celui qui a appelé l'autre, afin de faire tomber les soupçons sur lui. Mais, de toute évidence, ce ne peut être que Fane ou Afflick... Je mise sur Afflick.

– Et moi sur Fane, déclara Giles.

Tous deux levèrent les yeux sur miss Marple. La vieille demoiselle hocha doucement la tête.

– Il existe une troisième possibilité, affirma-t-elle.

– Bien sûr, Erskine.

Déjà, Giles se dirigeait pour la troisième fois vers le téléphone.

– Que vas-tu faire ? demanda Gwenda.

– Demander la communication avec le Northumberland.

– Oh ! Giles, tu ne penses vraiment pas...

– Il nous faut savoir. Si Erskine est chez lui, il ne peut évidemment pas avoir tué Lily Kimble cet après-midi. Nous éliminons, naturellement, l'avion particulier ou d'autres balivernes du même ordre.

Un instant plus tard, la communication était établie.

Giles s'éclaircit nerveusement la gorge.

– Allô ! Major Erskine ? Ici Reed... Oui, Giles Reed, de Dillmouth.

Il jeta à Gwenda un coup d'œil angoissé qui signifiait clairement : « Qu'est-ce que je fais maintenant ? »

La jeune femme se leva et se saisit du combiné.

– Major Erskine ? Mrs Reed à l'appareil. Nous avons entendu parler d'une maison : Linscott Brake. Est-elle... je veux dire... la connaissez-vous ? Je crois qu'elle n'est pas très loin de chez vous.

– Linscott Brake ? répéta la voix d'Erskine. Non, il ne me semble pas en avoir jamais entendu parler. De quelle localité depend-elle ?

– Je ne sais pas exactement, car l'adresse est affreusement gribouillée, comme il arrive souvent avec ces agences immobilières. Mais on signale que la propriété en question se trouve à une quinzaine de milles de Daith. Aussi avons-nous pensé...

– Je suis désolé, Mrs Reed, mais je ne vois pas du tout... Qui l'habite actuellement ?

– Elle est vide, paraît-il. Mais peu importe, parce que nous nous sommes presque décidés pour une autre... Veuillez m'excuser. J'imagine que vous étiez occupé ?

– Pas le moins du monde. Enfin... simplement des tâches domestiques. Ma femme est absente, et la bonne est allée rendre visite à ma mère. De sorte que je dois m'occuper du train-train quotidien. Et j'avoue que cela ne me convient guère. J'aime mieux le jardinage.

– Je préférerais souvent, moi aussi, m'occuper de jardinage que de travaux domestiques. J'espère que Mrs Erskine n'est pas souffrante ?

– Oh non. Elle a simplement été appelée auprès d'une de ses sœurs. Elle sera de retour demain.

– Eh bien, je vous souhaite une bonne nuit. Et excusez-nous de vous avoir dérangé.

Gwenda reposa le récepteur et revint s'asseoir.

– Erskine n'est donc pour rien dans l'affaire, dit-elle d'un air triomphant. Sa femme est absente, et il s'occupe du ménage. Cela ne nous laisse donc que les deux autres suspects. N'est-ce pas, miss Marple ?

Miss Marple, cependant, avait l'air grave.

– Je crois, mes enfants, dit-elle au bout d'un moment, que vous n'avez pas encore suffisamment réfléchi à cette affaire... Mon Dieu, mon Dieu, je suis vraiment très ennuyée. Si seulement je savais exactement quoi faire...

24

Les pattes de singe

Les coudes sur la table, le menton entre ses mains, Gwenda considérait d'un air distrait les restes de son déjeuner hâtif. Il lui faudrait débarrasser tout cela, le transporter à la cuisine, faire la vaisselle et ranger ; ensuite, elle verrait ce qu'elle pouvait envisager pour le repas du soir.

Mais cela ne pressait pas, somme toute. Elle avait besoin d'un peu de temps pour réfléchir, pour bien comprendre la situation. Tout s'était passé avec une telle rapidité ! Les événements de la matinée, quand elle les passait maintenant en revue, lui semblaient extravagants et quasi impossibles. Les choses étaient arrivées trop vite et d'une manière invraisemblable.

L'inspecteur Last était arrivé assez tôt – vers neuf heures et demie –, accompagné de l'inspecteur Primer, de la police du Comté, lequel était à présent chargé de l'enquête sur le décès de Lily Kimble et les suites qui pouvaient en découler. Il avait demandé à Mr et Mrs Reed s'ils verraient un inconvénient à ce que ses hommes fissent des recherches dans le jardin. Et, d'après le ton de sa voix, on aurait pu croire qu'il s'agissait simplement de procurer aux agents un peu d'exercice physique et non de chercher un cadavre enterré depuis dix-huit ans.

– Je crois, avait répondu Giles, que nous pourrions vous aider d'une ou deux suggestions.

Et, conduisant l'inspecteur jusqu'à la terrasse, il lui avait expliqué le changement qui avait eu lieu en ce qui concernait l'emplacement des marches conduisant à la pelouse. L'inspecteur avait levé la tête vers une fenêtre du premier étage.

– La nursery, j'imagine ?

Il avait ensuite regagné la maison en compagnie de Giles, tandis que deux hommes, armés de pelles et de pioches se dirigeaient vers le jardin.

– Je pense, inspecteur, avait repris Giles, que vous devriez maintenant être mis au courant de quelque chose dont ma femme n'a, jusqu'à présent, fait part qu'à moi-même et... à une autre personne.

Le policier avait posé son regard sur Gwenda et avait gardé le silence pendant un moment, se demandant probablement si on pouvait se fier aux dires de cette jeune femme, ou bien si elle appartenait à la catégorie de celles qui laissent vagabonder leur imagination. Gwenda fut tellement consciente de cette pensée de l'inspecteur qu'elle se mit aussitôt sur la défensive.

– Il se peut que j'aie imaginé ce que je vais vous raconter. Mais cela me semble pourtant terriblement, affreusement réel.

– Eh bien, Mrs Reed, avait répondu le policier, voyons ce que vous avez à nous dire.

Et Gwenda avait tout expliqué. Comment la maison lui avait paru familière la première fois qu'elle l'avait aperçue, dès après son arrivée en Angleterre ; comment elle avait appris, par la suite, qu'elle y avait effectivement vécu quand elle était enfant ; comment elle avait gardé le souvenir du papier qui tapissait la nursery et de la porte de communication entre le salon et la salle à manger ; comment, enfin, elle avait eu l'impression qu'il aurait dû y avoir devant la porte-fenêtre un escalier conduisant à la pelouse.

L'inspecteur Primer approuva d'un signe. Il ne dit certes pas que ces souvenirs d'enfance lui paraissaient sans grand intérêt, mais la jeune femme se demanda si telle n'était pas sa pensée. Elle dut faire appel à tout son courage pour expliquer comment, alors qu'elle était tranquillement assise dans une salle de théâtre de Londres, elle s'était soudain rappelé avoir, à travers les barreaux de l'escalier de Hillside, aperçu une femme morte dans le hall.

– Une femme étranglée, au visage bleui. Elle avait des cheveux blonds, et... c'était Hélène. Ce qui paraît complètement stupide, c'est que je ne savais pas du tout *qui* était Hélène.

– Nous pensons...

Mais l'inspecteur leva la main pour couper court à l'intervention de Giles.

– Laissez, je vous prie, Mrs Reed me raconter tout cela à sa manière.

Et Gwenda avait poursuivi, un peu rougissante, aidée par le policier qui faisait preuve d'une habileté qu'elle ne semblait pas apprécier à sa juste valeur.

– Webster ? dit-il d'un air songeur. Hum ! *La Duchesse d'Amalfi*... Des pattes de singe...

– Ce n'était probablement qu'un cauchemar, intervint à nouveau Giles.

– Je vous en prie, Mr Reed.

– Ce pouvait fort bien être un cauchemar, en effet, approuva la jeune femme.

– Je ne le pense pas, dit l'inspecteur. La mort de Lily Kimble serait extrêmement difficile à expliquer si nous nous refusions à admettre qu'un autre crime a été autrefois commis dans cette maison.

Cela semblait si raisonnable – presque réconfortant – que Gwenda s'empressa de continuer.

– Et ce n'est pas mon père qui l'a commis ! dit-elle d'un ton ferme. Ce n'est pas possible. Le Dr Penrose lui-même prétend qu'il aurait été incapable de tuer qui que ce soit : ce n'était pas le genre de malade atteint de folie homicide. Quant au Dr Kennedy, il est persuadé, lui aussi, que mon père, bien qu'il se crût coupable, ne l'était pas en réalité. Le véritable assassin est donc quelqu'un qui voulait faire accuser mon père d'avoir commis ce meurtre.

La jeune femme marqua un temps d'arrêt avant d'ajouter avec un rien d'hésitation :

– Et nous croyons savoir *qui* est le coupable. Du moins avons-nous... deux suspects.

– Gwenda, protesta Giles, nous ne pouvons vraiment pas...

– Mr Reed, dit l'inspecteur, voudriez-vous, je vous prie, aller faire un tour dans le jardin pour voir comment se débrouillent mes hommes ? Dites-leur que c'est moi qui vous envoie.

Lorsque Giles fut sorti, le policier alla refermer la porte-fenêtre, puis revint vers Gwenda.

– Faites-moi part de toutes vos idées, Mrs Reed,

reprit-il. Même si elles vous paraissent parfois un peu étranges ou incohérentes.

Et Gwenda avait énuméré ses idées et celles de Giles, leurs raisonnements et leurs conjectures. Elle avait parlé des démarches qu'ils avaient effectuées pour obtenir le maximum de renseignements sur les trois hommes qui avaient joué un rôle dans la vie d'Hélène Halliday. Pour terminer, elle avait fait part des conclusions auxquelles ils étaient parvenus, sans omettre de mentionner les deux coups de téléphone mystérieux qui, l'après-midi précédent, avaient attiré à Hillside Walter Fane et Jackie Afflick.

– Vous voyez bien, n'est-ce pas, inspecteur, que l'un des deux doit mentir.

– C'est là, répondit le policier d'une voix traînante, une des principales difficultés de ma tâche. Il y a tant de gens qui peuvent mentir, et tant de gens qui le font par habitude... bien que pas toujours pour les raisons que l'on pourrait imaginer ! Et certaines personnes ne se rendent même pas compte qu'elles mentent.

– Pensez-vous que ce soit mon cas ? demanda Gwenda d'un air anxieux.

– Je pense, au contraire, répondit le policier en esquissant un sourire, que vous êtes un excellent témoin.

– Et croyez-vous que j'aie vu juste en ce qui concerne l'identité du coupable ?

L'inspecteur poussa un soupir.

– Dans mon métier, voyez-vous, il ne s'agit pas de croire, mais de vérifier les déclarations des témoins, de contrôler leurs faits et gestes, de savoir où ils se trouvaient à tel ou tel moment, ce qu'ils faisaient... Nous savons avec assez de précision à une vingtaine de minutes près – à quelle heure Lily Kimble a été tuée. C'était entre 2 h 20 et 2 h 40. N'importe qui aurait donc pu commettre le crime et venir ensuite ici hier après-midi. J'avoue que je ne vois pas très bien la raison de ces coups de téléphone, étant donné qu'ils ne fournissent pas le moindre alibi à aucune des deux personnes que vous avez mentionnées.

– Mais vous parviendrez à découvrir, n'est-ce pas, ce que faisaient ces deux hommes à l'heure du crime. Vous pouvez leur poser la question.

L'inspecteur sourit à nouveau.

– Nous poserons toutes les questions nécessaires, Mrs Reed, vous pouvez en être assurée. Tout se fera en temps voulu, car il ne sert à rien de précipiter les choses. Il faut les voir venir posément, calmement.

– Oui, je comprends... Vous êtes un professionnel, et nous ne sommes que des amateurs. Nous avons pu avoir un coup de chance, mais nous ne saurions pas comment l'exploiter.

– C'est un peu ça, en effet, répondit l'inspecteur en souriant à nouveau.

Il se leva et alla ouvrir la porte-fenêtre. Il allait franchir le seuil lorsqu'il s'immobilisa soudain. Un peu comme un chien d'arrêt, songea Gwenda.

– Excusez-moi, Mrs Reed, dit-il, mais cette dame, là-bas, n'est-elle pas une certaine miss Marple ?

Gwenda s'approcha à son tour de la porte. Au fond du jardin, miss Marple faisait toujours la guerre aux liserons.

– Oui, c'est bien miss Marple. Elle a la gentillesse de nous aider à l'entretien du jardin.

– Miss Marple ! répéta l'inspecteur. Hum ! Je comprends.

– Elle est tout simplement adorable, reprit Gwenda en levant vers l'inspecteur un regard interrogateur.

– Et fort célèbre, ma foi. Elle a déjà mis dans sa poche les chefs de la police d'au moins trois comtés. Pas encore le nôtre, mais je sens que ça ne va pas tarder. Ainsi donc, notre miss Marple est mêlée à l'affaire.

– En tout cas, elle nous a fait part d'un tas de suggestions qui nous ont considérablement aidés.

– Je n'en doute pas. Vous a-t-elle dit également où il fallait chercher le cadavre de Mrs Halliday ?

– Elle a simplement déclaré que mon mari et moi devrions parfaitement savoir à quel endroit il fallait effectuer des recherches. Et il semble, en effet, que nous ayons été stupides de ne pas y penser plus tôt.

L'inspecteur fit entendre un petit rire et s'éloigna pour aller se planter devant la vieille demoiselle.

– Je ne pense pas, dit-il, que nous ayons été présentés l'un à l'autre, miss Marple. Mais le colonel Melrose vous a, un certain jour, signalé à mon attention.

Miss Marple se redressa en rougissant un peu.

– Ah ! ce cher colonel Melrose. Il a toujours été extrêmement aimable, depuis que...

– Depuis qu'un certain marguillier est allé se faire tuer dans le bureau du pasteur du village, n'est-ce pas ? Il y a déjà longtemps de cela. Mais vous avez eu d'autres succès, depuis lors. En particulier dans une affaire de lettres anonymes, du côté de Lymstock.

– Vous paraissez savoir pas mal de choses sur mon compte, inspecteur...

– Primer. Je m'appelle Primer. Et j'imagine que vous n'avez pas perdu votre temps, ici non plus.

– Mon Dieu, j'essaie de faire ce que je peux dans ce jardin. Il a été terriblement négligé, vous savez. Les liserons, par exemple, sont une vraie plaie.

Puis, scrutant d'un air grave le visage du policier :

– Des racines qui s'enfoncent profondément dans le sol. Très profondément.

– Je crois que vous avez raison. Des choses qui ont leurs racines dans un passé déjà lointain... Dix-huit ans, n'est-ce pas ?

– Et peut-être plus encore. C'est affreux, inspecteur, que d'ôter la vie à de belles fleurs en pleine éclosion.

Au même moment, un des agents remontait l'allée. Il transpirait, et son visage était maculé de terre.

– Nous avons trouvé... quelque chose, inspecteur, annonça-t-il.

*

Et c'était alors, se dit Gwenda, que le cauchemar avait commencé. Giles était revenu du jardin, très pâle, en bredouillant :

– Elle est... bien là, Gwenda...

Puis un des agents s'était précipité au téléphone pour appeler le médecin de la police.

Ce fut le moment que choisit Mrs Cocker – toujours aussi calme et imperturbable – pour se rendre au jardin. Non point poussée par une curiosité morbide, mais simplement pour aller cueillir des fines herbes et quelques feuilles de menthe. La veille, à l'annonce du meurtre, elle avait fait preuve d'une réprobation scandalisée et éprouvé une certaine anxiété quant à l'effet que cela pourrait avoir sur l'état de santé de Gwenda ; car elle était parvenue à la conclusion que, d'ici à quelques mois, la nursery devrait être à nouveau occupée. Mais aujourd'hui, sa réaction avait été d'un autre ordre. Arrivant brusquement en vue de la macabre découverte, elle s'était sentie affreusement mal.

– C'est horrible, madame, avait-elle déclaré. Les ossements sont une chose que je n'ai jamais pu supporter. Et là, dans le jardin, juste à côté de la menthe... Mon cœur bat si fort que je peux à peine respirer. Si j'osais, je vous demanderais bien un dé à coudre de cognac...

Alarmée par la respiration haletante et le visage couleur de cendre de Mrs Cocker, Gwenda s'était précipitée vers le buffet de la salle à manger, avait versé un peu de cognac dans un verre et le lui avait fait boire.

– J'avais besoin de ça, soupira Mrs Cocker.

Et puis, d'un seul coup, sa voix s'était brisée, et son visage avait pris un aspect si inquiétant que Gwenda avait poussé un grand cri. Giles était apparu et avait aussitôt appelé le médecin de la police qui se trouvait dans le jardin.

– Heureusement que j'étais sur les lieux, avait déclaré celui-ci un peu plus tard, sinon elle y passait bel et bien. Il était moins cinq.

L'inspecteur Primer s'était immédiatement emparé du carafon de cognac et avait demandé à Giles et Gwenda à quel moment ils en avaient bu pour la dernière fois.

La jeune femme avait déclaré qu'on n'y avait pas touché depuis plusieurs jours. Son mari et elle avaient effectué un court voyage dans le Nord, et la dernière fois qu'ils avaient bu un verre d'alcool, c'était du gin.

– J'ai pourtant bien failli en boire hier, avait-elle ajouté. Seulement, ça me fait penser aux bateaux de la Manche, et mon mari a ouvert une bouteille de whisky.

– Vous avez eu de la chance, Mrs Reed, avait affirmé le médecin. Parce que si vous aviez bu du cognac hier, vous ne seriez sans doute pas vivante aujourd'hui.

Gwenda avait éprouvé un frisson.

– Et dire que Giles a failli en prendre un verre ! Mais, finalement, il a préféré du whisky, lui aussi.

Et à présent, la jeune femme était seule dans la maison, Giles étant parti avec l'inspecteur Primer, et Mrs Cocker ayant été transportée à l'hôpital. Mais même en ce moment, après un léger repas composé essentiellement de conserves, elle pouvait à peine croire aux événements qui venaient de se dérouler.

Une seule chose lui apparaissait clairement : la présence dans la maison, la veille, de Walter Fane et de Jackie Afflick. N'importe lequel des deux avait eu la possibilité de trafiquer le cognac. Et quelle était la raison des coups de téléphone, sinon de fournir à l'un d'eux l'occasion d'empoisonner le carafon de cognac ? Giles et Gwenda avaient frôlé la vérité de trop près. Mais peut-être une tierce personne était-elle venue et avait-elle pénétré dans la maison par la porte-fenêtre de la salle à manger pendant que Giles et elle se trouvaient chez le Dr Kennedy, attendant la visite de Lily Kimble ? Et cette personne aurait également passé les deux coups de téléphone pour faire tomber les soupçons sur Fane ou sur Afflick.

Mais non. Cela n'avait aucun sens. Car une tierce personne n'aurait téléphoné qu'à *un seul* des deux hommes, n'ayant évidemment besoin que d'un suspect et non de deux. D'ailleurs, qui aurait pu être ce mystérieux inconnu ? Erskine se trouvait dans le Northumberland : cela ne faisait pas le moindre doute. Non. De deux choses l'une : ou bien Walter Fane avait appelé Afflick et feint d'avoir reçu, lui aussi, un coup de téléphone, ou bien c'était l'inverse qui s'était produit. Oui, le coupable était forcément l'un d'eux, et la police – qui avait à sa disposition plus de moyens qu'ils n'en avaient, Giles et elle – saurait déterminer lequel des deux était coupable. En attendant, les deux hommes étaient soumis à une surveillance discrète et n'auraient pas la possibilité de recommencer.

Gwenda frissonna de nouveau. Il fallait un certain temps pour s'habituer à l'idée que quelqu'un avait voulu la tuer. Miss Marple avait bien déclaré dès le début que le jeu qu'ils jouaient était dangereux, mais ni elle ni Giles n'avaient pris cette affirmation très au sérieux. Même après le meurtre de Lily Kimble, il n'était jamais venu à la pensée de la jeune femme que l'on pouvait vouloir se débarrasser d'elle et de son mari, uniquement parce qu'ils avaient commencé à entrevoir ce qui s'était réellement passé dix-huit ans plus tôt.

Walter Fane ou Jackie Afflick ? Lequel des deux ?

Gwenda ferma les yeux. Elle s'efforça de revoir les deux hommes à la lueur des faits nouveaux.

L'impassible Fane, assis derrière son bureau – l'araignée au centre de sa toile. Si calme, tellement inoffensif d'apparence. Une maison aux stores baissés. Mais quelqu'un de mort dans la maison. Mort dix-huit ans plus tôt. Et pourtant encore présent. Comme il paraissait sinistre, à présent, le calme Walter Fane qui, un jour, s'était jeté sur son frère en menaçant de le tuer. Walter Fane qu'Hélène avait dédaigneusement refusé d'épouser, une première fois à Dillmouth et une seconde fois aux Indes. Un double échec pour lui, une double mortification. Et Walter Fane, d'aspect si calme, si peu émotif, avait peut-être pu se défouler en s'abandonnant soudain à une criminelle violence, comme l'avait peut-être fait Lizzie Borden autrefois.

Gwenda ouvrit les yeux. Elle était parvenue à la conviction que le coupable était bien Walter Fane.

Mais rien ne l'empêchait de penser tout de même un peu à Jackie Afflick. Avec son complet à carreaux trop voyant, ses manières autoritaires, il était exactement le contraire de Walter Fane. Il n'y avait certes en lui rien de calme ou de renfermé. Mais peut-être avait-il adopté cette attitude par suite d'un complexe d'infériorité. Les spécialistes prétendent qu'il en est souvent ainsi. Si on n'est pas sûr de soi, il faut se mettre en évidence, s'affirmer, s'imposer. Repoussé par Hélène parce qu'il lui était socialement inférieur, il n'oublie pas l'affront qu'il a subi. Et la plaie ne fait que s'envenimer avec le temps. Il veut faire son chemin dans le monde malgré les persécutions de tous ceux qui se dressent contre lui. Il déclare avoir perdu son emploi à la suite de la fausse accusation d'un « ennemi ». Cela prouve sans conteste qu'il n'est pas normal. Et quel sentiment de puissance un homme comme celui-là ne retirerait-il pas d'un crime ! Ce visage jovial et bon enfant n'était au fond qu'un visage cruel. Oui, Jackie Afflick était un homme cruel ; et sa femme, maigre et pâle, avait peur de lui. Lily Kimble l'avait menacé, et elle était morte. Gwenda et Giles s'étaient mêlés de ses affaires ; ils devaient donc mourir à leur tour. Et il ne ferait pas grâce non plus à Walter Fane qui, autrefois, lui avait fait perdre son emploi. Oui, tout cela cadrait parfaitement.

Gwenda se secoua, chassa ces chimères et revint à la réalité. Giles allait rentrer, et il voudrait prendre son thé. Il fallait donc débarrasser cette vaisselle du déjeuner. Elle alla chercher un plateau et emporta le tout à la cuisine. La pièce était d'une netteté parfaite : Mrs Cocker était véritablement une perle.

Près de l'évier, se trouvait une paire de gants de caoutchouc. Mrs Cocker les mettait toujours pour faire la vaisselle. Sa nièce, qui travaillait dans un hôpital, les lui procurait à prix réduit. Gwenda les enfila et se mit à laver plats et assiettes. Mieux valait éviter de s'abîmer les mains.

La vaisselle une fois essuyée et rangée, la jeune femme monta au premier étage, toujours plongée dans ses pensées. Elle n'avait pas quitté les gants de caoutchouc et se dit qu'elle allait en profiter pour laver deux chemisiers et quelques paires de bas. Ces petits détails d'ordre domestique étaient au premier plan de son esprit ; pourtant, à l'arrière-plan, quelque chose la tracassait.

Walter Fane et Jackie Afflick, avait-elle dit. L'un ou l'autre. Et elle avait fait le procès des deux. Peut-être était-ce cela même qui la troublait, parce qu'il eût été beaucoup plus satisfaisant de pouvoir en accuser *un seul.* Elle aurait maintenant dû savoir *lequel des deux* était coupable. Hélas, elle n'était sûre de rien.

Si seulement il y avait quelqu'un d'autre... Mais il ne pouvait y avoir personne d'autre, puisque Richard Erskine était hors de cause. Il se trouvait dans le Northumberland lorsque Lily Kimble avait été tuée et aussi lorsque le cognac avait été empoisonné dans le carafon. Oui, Erskine était incontestablement innocent. Elle s'en réjouissait, d'ailleurs, parce que c'était un homme extrêmement séduisant. Comme il était triste pour lui d'être marié à cette affreuse mégère aux yeux soupçonneux et à la voix profonde. Une voix aussi grave que celle d'un homme.

Aussi grave que celle d'un homme.

Une idée soudaine traversa comme un éclair l'esprit de Gwenda. Un étrange soupçon.

Une voix d'homme... Était-il possible que ce fût Mrs Erskine qui eût répondu au téléphone la veille au soir ? Non, bien sûr que non. Elle s'en serait aperçue, et Giles aussi. Et puis, d'abord, Mrs Erskine n'aurait pas su qui appelait. Non, c'était bien le major Erskine lui-même qui parlait. Et qui avait dit que sa femme était absente.

Sa femme était absente.

Mrs Erskine aurait-elle pu être coupable ? Mrs Erskine que la jalousie aurait rendue folle ? Mrs Erskine à qui Lily Kimble aurait écrit pour lui fixer un rendez-vous ? Était-ce une femme que Léonie avait vue dans le jardin, la nuit de la disparition d'Hélène ?

Soudain, en bas, la porte du hall claqua. Quelqu'un venait d'entrer. Gwenda sortit de la salle de bains pour aller jeter un coup d'œil par-dessus la rampe de l'escalier. Elle fut soulagée en apercevant le Dr Kennedy.

– Je suis en haut ! cria-t-elle.

Elle tenait devant elle ses mains humides et luisantes, d'une étrange couleur. Une sorte de rose grisâtre... Cela lui rappelait quelque chose...

Kennedy leva la tête et mit la main devant les yeux.

– C'est vous, Gwennie ? Je ne vois pas votre visage. En venant du dehors, je suis ébloui...

Gwenda poussa un cri aigu.

En regardant devant elle ses mains gantées de caoutchouc – de vraies pattes de singe –, en entendant cette voix dans le hall...

– C'était donc vous ! dit-elle d'une voix haletante. Vous qui l'avez tuée... Vous avez tué Hélène... Je sais... maintenant. C'était vous... vous...

Le docteur monta lentement l'escalier, les yeux fixés sur elle.

– Pourquoi ne m'avez-vous pas laissé tranquille ? demanda-t-il d'une voix sourde. Pourquoi vous êtes-vous mêlés de tout ça, vous et votre mari ? Pourquoi a-t-il fallu que vous la rameniez, que vous fassiez revivre son souvenir ? Oui, vous avez ramené Hélène, mon Hélène... Vous avez fait revivre le passé. Il m'a fallu tuer Lily... Et maintenant, c'est vous que je vais être obligé de supprimer. Comme j'ai supprimé Hélène... Oui, comme j'ai tué Hélène...

Il était à présent tout près de la jeune femme terrorisée... Ses mains s'avançaient vers elle, vers son cou. Il avait toujours son même visage doux et bienveillant. Seuls ses yeux avaient changé d'expression.

Gwenda recula lentement, tout en essayant de hurler à nouveau. Mais son cri s'arrêta dans sa gorge. Elle ne pouvait plus émettre le moindre son. Et même si elle avait pu appeler au secours, personne ne l'aurait entendue. Car il n'y avait personne d'autre dans la villa : ni Giles, ni Mrs Cocker, ni même miss Marple. Personne. Et la maison voisine était trop éloignée pour que l'on pût percevoir ses appels. D'ailleurs, elle ne pourrait plus crier ; elle était paralysée, terrifiée par ces horribles mains qui s'approchaient d'elle...

Elle pouvait reculer encore de quelques pas, mais il la suivrait jusqu'à ce qu'elle fût adossée à la porte de la nursery ; et alors... et alors... ces affreuses mains lui entoureraient la gorge...

Un gémissement étouffé, pitoyable, s'exhala de ses lèvres.

Et soudain, Kennedy s'immobilisa, puis chancela légèrement en faisant un pas en arrière, tandis qu'un jet d'eau savonneuse lui aspergeait les yeux. Il eut un haut-le-corps, battit des paupières et porta les mains à son visage.

– Heureusement, dit miss Marple d'une voix haletante – car elle venait de monter en courant l'escalier de service – que j'étais justement en train de seringuer les pucerons de vos rosiers.

25

Épilogue à Torquay

– Mais, ma chère Gwenda, je n'aurais jamais songé à m'éloigner et à vous laisser seule dans la maison, dit miss Marple. Je savais qu'il y avait une personne très dangereuse en liberté, et j'exerçais une surveillance discrète depuis le jardin.

– Saviez-vous que c'était... lui... depuis le début ? demanda la jeune femme.

Ils étaient tous les trois – miss Marple, Gwenda et Giles – assis sur la terrasse de l'*Imperial Hotel,* à Torquay.

– Ça vous fera un changement d'ambiance, avait déclaré la vieille demoiselle.

Giles avait reconnu que ce serait, en effet, la meilleure des choses pour Gwenda, et l'inspecteur Primer avait été de son avis.

– Ma foi, répondit miss Marple à la question de Gwenda, il semblait vraiment tout indiqué. Bien que, malheureusement, il n'existât aucune preuve réelle sur quoi s'appuyer. Juste quelques indices, et rien de plus.

Giles leva vers elle des yeux intrigués.

– J'avoue que je ne les vois pas bien, vos indices.

– Réfléchissez donc, voulez-vous ? Tout d'abord, Kennedy était *sur place.*

– Sur place ?

– Mais certainement. Lorsque, ce soir-là, Kelvin Halliday s'est rendu chez son beau-frère, celui-ci se trouvait encore à l'hôpital – selon ses dires – et est rentré chez lui quelques instants plus tard. Or, à cette époque, l'hôpital était situé – ainsi que plusieurs personnes nous l'ont déclaré – tout près de la villa Sainte-Catherine. De sorte que Kennedy était bel et bien à l'endroit voulu à l'heure voulue. Et il y avait ensuite une quantité de petits faits significatifs. Hélène Halliday avait dit à Richard Erskine qu'elle venait de quitter l'Angleterre dans l'intention d'épouser Walter Fane, parce qu'*elle n'était pas heureuse chez elle.* Or, elle habitait avec son frère. Pourtant, ce dernier lui était, de l'avis de tout le monde, extrêmement dévoué. Pourquoi, dans ces conditions, n'était-elle pas heureuse ? Mr Afflick vous a déclaré qu'*il plaignait cette pauvre gosse.* Et je crois qu'il était absolument sincère. Il la plaignait *vraiment.* Pourquoi était-elle obligée de se cacher pour aller retrouver le jeune Afflick, puisque, de l'aveu général, elle n'était pas follement éprise de lui ? Était-ce parce qu'elle ne pouvait rencontrer des jeunes gens d'une façon normale ? Son frère était strict et vieux jeu. Cela rappelle vaguement, n'est-il pas vrai, Mr Barrett, de Wimpole Street.

Gwenda frissonna.

– Il était fou, dit-elle. Complètement fou.

– Oui, répondit miss Marple. Il n'était certes pas normal. Il adorait sa demi-sœur, et cette affection était devenue possessive et résolument pernicieuse. Ce genre de chose se produit plus souvent que vous ne pouvez le croire. Il existe, par exemple, des pères qui ne veulent pas que leur fille se marie ou même rencontrent des jeunes gens. Comme Mr Barrett, précisément. J'ai aussitôt pensé à cela quand j'ai appris l'incident du filet de tennis.

– Le filet de tennis ?

– Mais oui. Cela m'a tout de suite semblé très significatif. Songez à cette jeune fille, qui revient du lycée et a envie de tout ce qu'une jeune fille peut retirer de la vie : envie de faire la connaissance de jeunes gens sympathiques, de flirter...

– Un peu nymphomane, peut-être ?

– Certainement pas, déclara miss Marple d'un ton ferme. Cela est précisément un des aspects les plus abjects de ce crime, car ce n'est pas seulement physiquement que Kennedy a tué sa sœur. Si vous repassez avec attention tout ce que l'on vous a dit, vous constaterez que la seule personne qui nous ait suggéré qu'Hélène Kennedy pouvait être plus ou moins nymphomane, c'est précisément le docteur lui-même. Je suis absolument convaincue, pour ma part, que c'était une jeune fille parfaitement normale et équilibrée, qui voulait simplement sortir et flirter un peu avant de se fixer sur l'homme de son choix. Rien de plus que cela. Et voyez les mesures prises par son frère. D'abord, il se montre extrêmement strict et vieux jeu en ce qui concerne la liberté de sa sœur. Ensuite, lorsqu'elle manifeste le désir d'organiser des parties de tennis – désir absolument normal et bien inoffensif –, il feint de l'approuver ; mais une nuit, il va secrètement mettre en charpie le filet neuf qui vient juste d'être acheté – acte sadique s'il en est. Ensuite, étant donné qu'Hélène peut tout de même aller jouer au tennis à l'extérieur ou même aller danser, il tire avantage d'une égratignure au pied de la jeune fille et s'emploie à infecter la blessure au lieu de la soigner. Oui, je suis persuadée qu'il a agi ainsi... En fait, j'en suis sûre.

« Je ne crois pas, notez bien, qu'Hélène ait été consciente de tout cela. Elle savait que son frère avait une profonde affection pour elle, et elle ne devait pas comprendre pourquoi elle se sentait mal à l'aise et malheureuse chez elle. Mais elle éprouvait réellement cette impression et, finalement, un beau jour, elle décide de partir pour les Indes et d'épouser le jeune Fane. Uniquement dans le but de s'éloigner. S'éloigner de quoi ? Elle n'en sait rien. Elle est trop jeune et trop naïve pour le savoir. Elle part donc pour les Indes et, sur le bateau, fait la connaissance de Richard Erskine dont elle s'éprend aussitôt. Là, à nouveau, elle se comporte non point comme une nymphomane, mais comme une jeune fille saine, honnête et honorable. Elle ne l'incite pas à quitter sa femme pour fuir avec elle ; au contraire, elle l'en dissuade, bien qu'elle l'aime sincèrement. Seulement, quand elle revoit Walter Fane, elle sent qu'il lui est impossible de l'épouser. Et, ne sachant que faire d'autre, elle télégraphie à son frère de lui envoyer l'argent du retour.

C'est au cours de ce voyage de retour qu'elle rencontre votre père. Et elle entrevoit alors une autre issue ; avec, cette fois, une solide perspective de bonheur. Elle n'épouse pas votre père sous de faux-semblants, Gwenda. Il se remettait lentement de la mort d'une femme qu'il avait tendrement aimée ; elle – Hélène – sortait d'un amour malheureux : ils pouvaient s'aider et se soutenir mutuellement.

« À mon avis, il est significatif qu'ils se soient mariés

à Londres et ne soient allés à Dillmouth qu'après le mariage pour annoncer la nouvelle au Dr Kennedy. Hélène avait dû sentir d'instinct que c'était la solution la plus sage, alors qu'il eût été normal, après tout, qu'elle se mariât à Dillmouth. Je crois aussi qu'elle n'était pas vraiment consciente de la situation, qu'elle ne savait pas à quelles forces mauvaises elle se heurtait. Mais elle se sentait mal à l'aise et avait l'impression qu'il était plus sûr de placer son frère devant le fait accompli.

« Kelvin Halliday était en termes très amicaux avec Kennedy et éprouvait de la sympathie à son égard. Le docteur, de son côté, paraît avoir changé d'attitude et accepté ce mariage avec satisfaction. Le couple loue donc une maison à Dillmouth.

« Et nous en arrivons à cette hypothèse selon laquelle Hélène administrait une quelconque drogue à son mari. Il n'existe à cela que deux explications possibles, parce qu'il n'y a que deux personnes qui auraient pu avoir l'occasion de faire une chose semblable. Ou bien Hélène droguait *véritablement* son mari ; si oui, pourquoi ? Ou bien la drogue était administrée par le Dr Kennedy. Cela lui était facile, car nous savons qu'il était le médecin de Kelvin, lequel avait toute confiance en lui. Et la conviction selon laquelle sa femme le droguait lui avait été très habilement suggérée par Kennedy.

– Mais, intervint Giles, existe-t-il une drogue quelconque susceptible de donner à un homme l'illusion qu'il a étranglé sa femme ? Je suppose qu'il n'existe pas de produit ayant ce pouvoir *particulier*.

– Mon cher Giles, vous êtes à nouveau tombé dans le piège : celui qui consiste à croire sans vérification *ce que l'on vous a dit.* C'est Kennedy qui vous a raconté que Halliday était victime d'une telle hallucination. Et vous n'avez que sa parole. Kelvin ne parle pas de cela dans ses notes écrites durant son séjour à la maison de santé. Il souffrait d'hallucinations, certes, mais il ne mentionne nullement leur nature. Seulement, j'imagine que Kennedy lui a parlé d'hommes ayant étranglé leur femme après avoir passé par une expérience semblable à celle qu'il vivait.

– Un homme vraiment machiavélique, murmura Gwenda.

– Oui. Je pense que, dès cette époque, il avait nettement franchi la limite entre la raison et la folie. Et Hélène, la pauvre enfant, avait commencé à s'en rendre compte. C'est, de toute évidence, à son frère qu'elle s'adressait le jour où Lily lui a entendu dire : « Je crois que j'ai toujours eu peur de toi. » Elle décide donc de quitter Dillmouth. Elle persuade son mari d'acheter une maison dans le Norfolk sans en rien dire à *personne.* Avouez que ce dernier point est assez étrange. Et significatif, aussi. Oui, Hélène est véritablement terrifiée à l'idée que quelqu'un pourrait apprendre cette décision. Mais ça ne cadre pas avec la culpabilité de Walter Fane ou avec celle de Jackie Afflick. Encore moins avec celle de Richard Erskine. Non, la personne dont elle a peur est beaucoup plus proche, mais elle a eu le tort de ne pas se confier à son mari. Ce dernier, à qui ce secret devait peser et qui le considérait sans doute comme dénué de sens, va tout raconter à son beau-frère.

« Ce faisant, il règle sans le savoir le sort de sa femme et, par contrecoup, le sien. Car Kennedy ne va pas laisser Hélène aller vivre au loin et connaître le bonheur auprès de son mari. Je pense qu'il avait peut-être, au début, dans l'idée de ruiner la santé de Halliday en lui administrant régulièrement des médicaments dangereux. Mais, en apprenant que sa victime et Hélène sont sur le point de lui échapper, sa raison s'égare complètement. Un soir, en revenant de l'hôpital, il s'introduit dans le jardin de la villa Sainte-Catherine, ayant conservé aux mains ses gants chirurgicaux. Il surprend sa sœur dans le hall et l'étrangle. Personne ne l'a vu : il n'y avait personne susceptible de le voir. Du moins, le croit-il. Et alors, l'esprit torturé à la fois par l'amour et la folie, il déclame ces vers tragiques qui s'appliquent si bien à la situation.

Miss Marple poussa un soupir.

– J'ai été stupide, dit-elle. Vraiment stupide. Nous avons tous été stupides. Nous aurions dû comprendre tout de suite. Ces vers tirés de la *Duchesse d'Amalfi* constituaient vraiment la clef de l'énigme. Car, dans la pièce de Webster, ils sont prononcés par un homme qui vient de comploter la mort de sa *sœur* pour la punir d'avoir épousé celui qu'elle aimait. Oui, nous avons été stupides.

– Et ensuite ? demanda Giles.

– Kennedy poursuit son plan démoniaque. Il transporte le cadavre au premier étage, entasse des vêtements dans une valise et un sac de voyage, puis écrit un billet qu'il jette dans la corbeille à papier, de manière que Halliday, drogué, se croit lui-même coupable du crime.

– J'aurais pensé, dit Gwenda, qu'il eût été mieux, à son point de vue, de faire accuser mon père de meurtre.

Miss Marple hocha la tête.

– Non, il ne pouvait pas risquer cela. Malgré sa folie latente, il possédait un solide bon sens d'Écossais ; et il avait de plus une crainte salutaire de la police, à qui il faut des preuves convaincantes pour accuser quelqu'un de meurtre. Or, dans ce cas particulier, les enquêteurs auraient posé un tas de questions embarrassantes et fait des recherches approfondies quant aux faits et gestes de Kennedy au moment du crime. Son plan était plus simple et, à mon avis, plus démoniaque. Il lui suffisait de convaincre Halliday d'abord qu'il avait tué sa femme, ensuite qu'il était fou. Il le persuade donc d'entrer dans une maison de santé. Mais je ne pense pas qu'il voulût réellement lui faire croire que tout cela n'était qu'hallucination. J'imagine, Gwenda, que votre père n'a accepté cette théorie qu'à cause de vous. Mais il a conservé au fond de lui-même la conviction qu'il avait tué sa femme, et le pauvre homme est mort avec cette pensée.

– Horrible, murmura Gwenda. Horrible... horrible...

– Oui, il n'y a vraiment pas d'autre mot. Et je crois que c'est pourquoi le souvenir de ce que vous avez entrevu ce soir-là est resté aussi profondément ancré dans votre subconscient. Cette nuit-là, le démon du mal était vraiment dans l'air.

– Mais... les lettres d'Hélène ? dit Giles. Elles étaient pourtant bien authentiques. Ce n'étaient pas des faux !

– Bien sûr que si, c'étaient des faux. Et c'est là, précisément que Kennedy a été en quelque sorte victime de sa propre fourberie. Voyez-vous, il voulait à toute force vous obliger, Giles et vous, à abandonner vos recherches. Il était sans doute capable d'imiter assez convenablement l'écriture d'Hélène, mais cela n'aurait tout de même pas trompé un expert. Aussi l'échantillon de l'écriture de sa sœur qu'il vous a apporté n'était-il pas, lui non plus, authentique. Il l'avait rédigé lui-même. De sorte que, naturellement, ça cadrait.

– Bonté divine ! s'écria Giles. Je n'aurais jamais pensé à ça.

– Non, répondit miss Marple, parce que *vous croyiez ce qu'il vous racontait.* Il est très dangereux de croire les gens. En ce qui me concerne, il y a bien des années que je ne donne plus dans ce travers.

– Et le cognac ?

– Il l'a trafiqué le jour où il est venu apporter la « lettre d'Hélène », alors que je me trouvais dans le jardin. Il attendait à l'intérieur de la maison pendant que Mrs Cocker venait m'annoncer sa visite, et il ne lui a pas fallu plus d'une demi-minute pour déboucher le carafon et y introduire le poison.

– Seigneur ! murmura Giles. Et dire que lorsque nous avons quitté le commissariat de police, après la mort de Lily Kimble, il me pressait de ramener Gwenda à la maison et *de lui faire boire du cognac* ! Mais, au fait, comment s'était-il arrangé pour rencontrer Lily ?

– C'est très simple. La lettre originale qu'il lui avait envoyée lui donnait rendez-vous à Woodleigh Camp et lui demandait de venir par le train de 14 h 05 en descendant à Matchings Halt. Il a probablement surgi du bois au moment où elle gravissait le sentier, et il l'a étranglée. Ensuite, il a tout simplement substitué la lettre que vous avez vue à celle qu'il lui avait expédiée en lui demandant de l'apporter avec elle, sans doute à cause de l'itinéraire à suivre. Il ne lui restait plus qu'à rentrer chez lui et à vous jouer la comédie en feignant d'attendre en votre compagnie l'arrivée de Lily Kimble.

– Est-ce que cette femme le menaçait réellement ? Sa lettre n'en donnait pas l'impression. Elle semblait, au contraire, soupçonner Afflick.

– Peut-être soupçonnait-elle Afflick, en effet. Voyez-vous, à l'origine, c'était Léonie, la jeune fille suisse qui constituait pour Kennedy le seul véritable danger, parce qu'elle l'avait vu par la fenêtre de la nursery alors qu'il creusait la tombe dans le jardin. Le lendemain, il était allé lui parler et lui avait raconté que le major Halliday, ayant tué sa femme dans un accès de folie, lui, Kennedy, souhaitait étouffer l'affaire à cause de l'enfant. Si Léonie voulait tout de même se rendre à la police, elle était libre de le faire, mais cette démarche lui attirerait des tas d'ennuis. À l'idée de la police, la pauvre jeune fille avait pris peur. Elle adorait la petite fille dont elle avait la garde et avait une confiance aveugle en ce que lui racontait *M. le docteur* [1] qui, bien entendu, agissait pour le mieux. Kennedy lui avait donc versé une somme d'argent assez rondelette et l'avait renvoyée en Suisse sans perdre un instant. Seulement, avant de partir, la jeune fille avait laissé entendre à Lily que votre père avait tué sa femme et qu'elle avait vu enterrer le corps. Cela cadrait absolument avec l'idée que Lily s'était déjà faite. Elle était persuadée que Kelvin Halliday était coupable et que c'était lui que Léonie avait vu en train de creuser la tombe.

1. En français dans le texte.

– Mais Kennedy ignorait ce détail, n'est-ce pas ?

– Bien sûr. Aussi, dans la lettre de Lily, a-t-il été effrayé par la mention de la voiture aperçue par la fenêtre.

– La voiture de Jackie Afflick ?

– Autre malentendu. Lily se rappelait – ou croyait se rappeler – une voiture semblable à celle de Jackie Afflick arrêtée sur la route. Déjà, son imagination avait commencé à travailler, et elle songeait au mystérieux inconnu qui venait voir Mrs Halliday. L'hôpital étant, à cette époque, tout proche de la villa Sainte-Catherine, il est évident qu'un bon nombre de voitures stationnaient sur cette route. Et, à la lecture de la lettre de Lily, Kennedy a probablement cru que la pauvre femme voulait parler de sa voiture à lui. L'adjectif « chouette » n'avait pour lui aucun sens précis.

– Je comprends, dit Giles. Oui, pour une conscience coupable, cette lettre de Lily pouvait prendre l'apparence d'une sorte de chantage. Mais comment avez-vous eu tous ces renseignements sur Léonie ?

Miss Marple pinça les lèvres.

– Vous savez, Kennedy a complètement perdu la raison. Dès que les hommes de l'inspecteur Primer se sont précipités dans la villa pour s'emparer de lui, il a raconté tout ce qui s'était passé, tout ce qu'il avait fait. Léonie est morte en Suisse très peu de temps, semble-t-il, après son retour, pour avoir absorbé une trop forte dose de somnifère... Oh, il ne laissait rien au hasard.

– Comme lorsqu'il a essayé de m'empoisonner avec le cognac.

– Bien sûr. Giles et vous présentiez pour lui un très

grand danger. Fort heureusement, vous ne lui avez jamais dit que vous vous rappeliez avoir vu Hélène morte dans le hall. Il n'a jamais su qu'il y avait un témoin oculaire.

– Et les coups de téléphone à Fane et à Afflick, est-ce lui qui les a passés ?

– Naturellement. Si on recherchait qui avait eu l'occasion de trafiquer le cognac, n'importe lequel des deux ferait un magnifique suspect. Et si Jackie Afflick venait seul dans sa voiture, cela pourrait également le compromettre dans le meurtre de Lily Kimble. Fane, lui, avait toutes les chances de posséder un alibi.

– Et dire qu'il paraissait m'aimer ! dit Gwenda. « La petite Gwennie. »

– Il lui fallait jouer son rôle. Imaginez ce que cela signifiait pour lui. Au bout de dix-huit ans, vous revenez en compagnie de votre mari, et vous vous mettez à poser des questions, à fouiller dans le passé, à ressusciter un meurtre qui semblait mort mais qui n'était qu'en sommeil... C'était là une chose fort dangereuse, mes enfants, et je dois avouer que vous m'avez causé bien du souci.

– Et cette pauvre Mrs Cocker ? dit Gwenda. Elle l'a échappé belle. Je suis heureuse qu'elle aille mieux. Crois-tu qu'elle nous reviendra, Giles, après tout ce qui s'est passé ?

– Elle reviendra s'il y a une nursery, répondit le jeune homme d'un air grave.

Gwenda rougit. Miss Marple ébaucha un sourire et détourna les yeux.

– Il est étrange que les choses se soient passées ainsi, reprit la jeune femme d'un air pensif. Quelle coïncidence ! J'avais justement aux mains les gants de caoutchouc, que je regardais distraitement, et c'est à ce moment-là qu'il est entré dans le hall en prononçant ces paroles qui rappelaient les autres : « Votre visage »... Et puis « Mes yeux éblouis »...

Elle frissonna :

– *« Couvrez son visage... Elle est morte jeune, et mes yeux sont éblouis. »*

Elle ajouta après un instant de silence :

– Il aurait pu s'agir de moi, si miss Marple n'avait pas été là. Pauvre Hélène... Pauvre et charmante Hélène, qui est morte jeune... Tu sais, Giles, elle n'est plus dans la maison, maintenant. Plus dans le hall. Je l'ai senti hier au moment où nous partions. Il ne reste que la maison. Une maison qui nous aime et nous attend. Nous pouvons y retourner dès que nous le voudrons...

Aubin Imprimeur
LIGUGÉ, POITIERS

Achevé d'imprimer en avril 1998
pour le compte de France Loisirs
123, bd de Grenelle, 75015 Paris
N° d'édition 29723 / N° d'impression L 55907
Dépôt légal, avril 1998
Imprimé en France